墨香财经学术文库

"十二五"辽宁省重点图书出版规划项目

教育部人文社科青年基金项目（15YJC630163）

U0674502

Research on Network Relationship,

Dynamic Capabilities and Innovation Performance

网络关系、动态能力与创新绩效研究

于 淼◎著

东北财经大学出版社
Dongbei University of Finance & Economics Press

大连

图书在版编目（CIP）数据

网络关系、动态能力与创新绩效研究 / 于淼著. —大连：东北财经大学出版社，
2018.4

（墨香财经学术文库）

ISBN 978-7-5654-3133-3

Ⅰ．网… Ⅱ．于… Ⅲ．互联网络-应用-企业管理-研究 Ⅳ．F272-39

中国版本图书馆CIP数据核字（2018）第079954号

东北财经大学出版社出版发行

　　大连市黑石礁尖山街217号　邮政编码　116025

　　网　　址：http：//www.dufep.cn

　　读者信箱：dufep @ dufe.edu.cn

大连永盛印业有限公司印刷

幅面尺寸：170mm×240mm　字数：196千字　印张：14.25　插页：1

2018年4月第1版　　　　　2018年4月第1次印刷

责任编辑：李　彬　王　斌　　责任校对：王　娟

封面设计：张智波　　　　　　版式设计：钟福建

定价：45.00元

教学支持　售后服务　　联系电话：（0411）84710309

版权所有　侵权必究　　举报电话：（0411）84710523

如有印装质量问题，请联系营销部：（0411）84710711

前言

　　战略大师普拉哈拉德（Prahalad）与其合作者在《创新的新时代》（The New Age of Innovation）中精辟地指出，随着知识经济和信息技术的推动，21世纪的企业面临着新的创新"风险"（威胁+机会）。威胁来自于知识分散性明显、知识型员工流动性加强、产品研发周期大大缩短、市场需求多元化加强以及市场风险和不确定性增加；机会来自于创新资源全球化分布、资源外部可用性提升、创新成果商业化渠道拓宽。上述因素引起的环境变化导致传统的创新模式局限性逐渐显露，封闭式创新的良性循环开始受到挑战。在这种情况下，任何企业都无法独立掌握或开发与其发展相关的所有知识和技能，企业必须从传统的封闭创新模式向开放的网络化创新模式转变，即不再局限于内部创新资源，而是积极寻求与多元的创新参与者联结在一起，基于一种快速的信任组建团队并联合，套嵌在密集互动的网络中实现创新。战略联盟、企业集群、供应链、连锁经营、技术外包和虚拟企业等网络组织（Network Organization）大量涌现，充分证明了外部网络已经成为新一代创新活动的重要渠道和载体，组织间关系成为获得竞争优势的重要战略资源。

　　企业通过组织间关系被联结到更广泛的创新系统中。创新网络通过所固有的协同、多样、新颖、互补等系统性特征给企业带来了规模效益和范围收益，促进了企业的创新绩效；与此同时，复杂的网络关系和创新过程使嵌入在系统中的企业面临着知识外溢、利益冲突、路径依赖、关系锁定、骨牌效应等一系列风险和阻碍。企业常常面临一种嵌入悖论的困扰：一边积极构建多元而广泛的网络联结，一边挣扎于如何避免联结带来的系统性风险。由此，理解和挖掘外部网络与企业创新之间关系的课题变得复杂难解。一方面，企业所嵌入网络的组织间关系复杂性远远高于网络结构本身；另一方面，网络对企业创新绩效的影响差异还源于不同的组织条件等情境因素。"什么样的网络联结在何时最有效"成为指导企业有效地构建外部网络环境、实现创新绩效的重要理论依据。而对于这个问题的解答，既要考虑到网络因素，又要考虑到企业自身因素，探索出创新网络促进企业绩效的作用条件和路径。

　　在实践中，企业通过构建自身的能力来应对复杂多变的外部环境。相对于传统封闭的创新模式，开放的网络化创新模式对企业能力提出了更高的要求，某种特定的普通能力已经无法解决创新中的所有问题。动态能力强调适应性与开拓性，通过整合、建立和重新配置内外部资源提升企业资源与能力，是沟通外部环境与企业行为的重要桥梁，对创新网络影响企业绩效起到关键的中介作用，将成为解决网络与创新之间关系研究难题的关键所在。

　　本书的核心研究基于开放式创新、动态能力、知识管理、社会网络、组织学习等基础理论，围绕"什么样的网络联结在何时最有效"的核心问题，构建了"网络关系–动态能力–创新绩效"的关系模型，对创新网络通过动态能力促进企业创新绩效的机制和作用路径进行了深入分析，并通过统计分析、SEM 结构方程等实证方法对提出的理论假设进行了验证。在此基础上，结合实践的发展对前期研究进行了深化和拓展，进一步讨论了管理者因素在创新导向–能力与创新绩效之间的调节作用，以及战略转型升级背景下企业动态能力的具体表现及功效。

　　本书的内容总体上分为五部分：

　　第一部分为序章（第 1 章和第 2 章）。阐述本书写作的前提和基础。

其中：

第 1 章从选题背景出发，明确研究问题与目标，建立研究内容框架，界定研究内容涉及的核心概念，确立研究的总体思路和具体方法，进而表明研究的理论和现实意义。

第 2 章运用文献分析方法，对创新网络、动态能力、企业绩效等相关理论进行了回顾，并进一步梳理和总结了网络关系、动态能力、创新绩效以及三者之间关系的现有研究情况。在此基础上确定了本书研究的方向与思路。

第二部分为理论研究（第 3 章、第 4 章、第 5 章）。基于开放式创新、动态能力、组织学习、社会网络、网络能力等基础理论对本书的构念及它们之间关系进行探究和分析。其中：

第 3 章从创新主体、创新过程、创新结果三个方面剖析了开放范式下创新的网络化特征。进一步明确了网络关系的复杂性是影响企业创新绩效的重要前因变量；网络关系对企业创新结果的影响并不都是正向的，企业面临关系嵌入的"悖论"。

第 4 章基于对网络化环境的分析，提出企业创新面临的新压力：知识创新的压力和网络嵌入的压力。运用"压力筛选"的逻辑，构建了企业应对压力的动态能力拓展模型，并详细分析了学习能力和网络能力的构成和特征。

第 5 章在第 3 章、第 4 章分析的基础上系统地搭建了网络关系、动态能力与创新绩效之间的关系模型，并结合文献分析提出了相应的理论假设：网络关系能够促进企业创新绩效，动态能力在网络关系与创新绩效之间起重要的中介作用。

第三部分为实证研究（第 6 章、第 7 章、第 8 章）。在理论分析的基础上，通过实地访谈、问卷调查、统计分析等方法对理论假设进行大样本实证检验。其中：

第 6 章从问卷设计、变量测量、数据来源等方面详细介绍了实证研究方法和操作过程。

第 7 章利用 SPSS19.0 和 AMOS19.0 等统计软件，通过描述统计、因子分析、相关分析及 SEM 结构方程模型等方法，对网络关系、动态能力与创新绩效之间的关系假设进行了验证。

第 8 章解释实证结果，得出研究结论和启示。

第四部分为拓展性研究（专题 1、专题 2）。基于实践的发展和前期研究的空间，进一步拓展了创新与动态能力研究的视角和理论框架，分别探讨了战略转型情境下的动态能力功效作用和管理者性格特征在企业创新导向、能力与绩效关系机制中的影响机理。

第五部分为总结和展望（第 9 章）。归纳并总结了本书研究的基本内容和主要结论，进一步明确了研究的理论贡献和实践价值。针对存在的不足，从理论构建、研究方法等方面对后续研究进行了展望和规划。

作　者

2017 年 12 月

▌目录

第四部分 拓展研究

第五部分 总结和展望

第一部分　序章

　　本部分为本书研究的前提和基础，包括绪论、理论回顾与文献综述两章内容。在绪论一章中，主要介绍了选题依据、核心内容以及研究方法；在理论回顾与文献综述一章中，主要回顾了本书研究涉及的基础理论，并就目前国内外研究现状进行了文献梳理、归纳和评价。

1 绪 论

1.1 研究背景

传统创新理论一般都假定企业技术创新是在企业内部完成的。通常是企业要先有自己的创意,然后进一步开发、研制新产品,进而推向市场,自己分销,提供服务、资金以及技术支持。这种创新模式被称为"封闭式创新"(Chesbrough,2003)。封闭式创新能够产生这样一种良性循环:企业在内部研发方面投入大量资金,研发出新技术,且使用知识产权来保护这些新技术,然后将它们转化为新产品推向市场,实现更高的利润,进而再投资于更多的内部研发工作。然而,随着产品生命周期缩短、知识员工流动性增强、风险投资兴起以及创新成果所面临的外部选择增加等侵蚀性因素导致的创新环境变化,特别是随着许可、风险投资、开放源码、创新社群等新现象的出现,加之新信息技术和创新的大量涌现,封闭式创新的成本高、风险大,一些技术因被束之高阁而无法实现其价值等弊端日益显露出来,它的良性循环也随之被打破。在此背景下，Chesbrough（2003）在《开放式创新：进行技术创新并从中赢利的新规则》（Open Innovation：The New Imperative for Creating and Profiting from Technology）一书中首次提出了"开放式创新"的概念，指出当企业着眼于发展新技术的时候，可以并应当同时利用内部和外部的所有有价值的创新资源，同时使用内部、外部两条市场渠道将创新成果市场化，即开放式创新是企业有意图地利用知识在组织内外部的流动而实现的价值创新。

开放式创新不仅成为一种新的创新范式，也成为解释这种范式的新语言。企业逐渐倾向于与多元化的创新参与者联合在一起，基于一种快速信任（Swift Trust）而组建团队与联合，套嵌在密集的互动网络中而实现创新（Brown，1998）。联结、社群、网络已经成为提升企业创新绩效的关键合作形式。早期封闭的创新模型逐渐被不同成员汇聚在一起共同创新的模式所代替，创新资源变得更加分散（Distributed）、创新主体变得更加民主（Democratic）、创新过程变得更加开放（Open）。进一步而言，开放式创新不再强调对创新资源的所有权和控制权，而是强调对创新资源的重新获取和重新配置；创新活动不再被严格地控制在企业内部进行，而是嵌入在组织间层面并依赖其他组织的合作来完成；竞争优势的取得不再依靠蓄积知识存量，而是依靠组织间知识的交换以及创新收益的分享。由此可见，外部组织间关系构成了开放式创新的重要维度，成为一项重要的战略资源。企业通过组织间的网络关系被连接到更广泛的创新系统中，共同面对由于市场和技术变化带来的风险和不确定性。Powell 等（1996）认为，组织间网络是企业获取外部知识的重要通道，网络关系通过提供使用互补技术的途径，以规模效益和丰富的知识基础影响企业创新。Dyer 等人（2000）通过对丰田知识网络的研究指出，网络中制度化的协作规则促进成员间知识的共享，进而影响了知识的创造。Nohria 和 Zaheer（2000）进一步强调安全而稳定的网络关系能够促进互补性资源的流动，加强跨组织的学习，实现创新过程中知识和信息的传递、反馈和交互，进而提高创新效率和结果。

1.2 问题的提出

　　企业同其他组织建立一种相互联结的关系模式对于创新影响的重要性已经普遍得到了认可，网络已经成为企业竞争力的重要来源之一，成为新一代创新活动的重要渠道和载体（罗珉和王雎，2008）。然而，网络关系对创新的积极作用也并非绝对。实践中，企业常常陷入两难的境地：一边不断地建立多元而广泛的外部联结以获得创新需要的资源；一边挣扎于如何利用好这些复杂的外部联结以避免系统性风险。

　　随着研究的深入，学者们发现在创新网络中信任度和新颖性、安全性和灵活性之间存在着内在的权衡（Gargiulo 和 Benassi，2000）。正如 Barringer 和 Jeffrey（2000）曾告诫创新者，通过组织之间关系创造价值犹如在走钢丝。网络既可以帮助企业扩大视野、学会新知识或拓展新业务，也可以因为选择错误的合作伙伴而导致企业分解、信息外泄、声誉受损等风险。相类似地，Hakansson（2002）也提出了企业嵌入在外部网络关系中进行创新活动存在机遇与限制并存、影响与被影响并存、控制与失控并存的悖论（Paradox）。此外，这一点还体现在实证研究结果的难以统一上。以 Ahuja 和 Dyer 等为代表的一部分学者认为强联系有利于企业创新资源的获取和创新绩效的提升；另一部分学者（以 Granovetter 和 Burt 为代表）则强调了弱联结（即臂长关系）在企业创新中的力量和优势，认为强联结会产生过度嵌入。网络会对外部信息变得封闭并开始产生冗余信息，从而抑制创新的实现（Uzzi，1997）。此外，以 Lausen 和 Salter 为代表的开放式创新理论研究者们则基于"开放度"的概念，探讨了企业与外部机构之间关系特征与创新绩效的关系。对欧洲企业的实证研究指出，企业对外部创新要素的开放广度和深度与创新绩效呈倒 U 形关系。

　　由此可见，网络嵌入效应本身就是硬币的两个方面：一方面通过协同、多样、新颖、互补、涌现等特征促进企业的创新绩效；另一方面也会给企业带来技术外溢、关系锁定、路径依赖、骨牌效应等负面影响和风险。英特尔的成功与困境就是很好的例证。①因此，如何利用外部网络在开放式创新中获利成为企业面临的现实问题。更加深入地理解和探索网络与创新之间的复杂关系及作用机制成为学术界普遍关注的问题。

综观相关文献，我们发现以往的众多研究尽管勾勒出了创新网络的特征以及整个网络给企业带来的竞争优势，但是对于网络究竟如何影响企业创新绩效的作用条件和机制，目前尚缺乏深入的研究和清晰的结论。究其原因：一方面，企业与其他组织间网络关系的复杂性远远高于网络结构本身，它不仅包括网络成员间联结的强弱之分，还涉及这些联结关系的质量高低以及它们在时空上的稳定性；另一方面，网络对企业创新绩效的影响差异还源于个体的组织条件和能力特征等内部因素。正如 Gulati（2003）所言，以往的多数研究过于强调网络联结的绝对效应，却忽视了网络联结的组织条件作用。"什么样的网络联结在何时最有效（Which tie patterns matter when（Gulati，2003））"将成为企业有效地构建外部创新网络实现创新绩效的重要理论依据。

而对于这个问题的解答，简单地考察网络关系与创新绩效两个变量的直接关系已经很难得出准确的认识。必须既要考虑到网络因素，又要考虑到企业的自身因素，找出网络关系对创新绩效的组织条件和作用路径，以更加系统、准确地解释网络促进企业创新的内在机制。在实践中，企业通过构建自身的能力来应对复杂变化的外部环境。相对于传统封闭的创新模式，开放的网络化创新模式对企业能力提出了更高的要求。面对网络的系统性和复杂性，以往研究中提到的技术能力、知识能力以及吸收能力等特定的普通能力已经无法解决创新中的所有问题，企

---

① 半导体大厂英特尔（Intel）从 20 世纪 80 年代以来，整合全球资源提升竞争优势。三大研究中心除了与主要设备制造企业紧密合作，同时积极搜寻外部知识来源，与大学、科研机构、半导体产业研发联盟等结成创新网络，获取资源和新知识与内部研究项目结合，以强化自身技术创新与能力。MRL 研究中心主要研究 Intel 的核心产品技术——微处理器，是 Intel 研发资源主要投入之处。这个实验室采取战略联盟，大量引进外部知识与创新成果。微处理器的架构技术源自于惠普公司，并且运用所并购的 DEC 公司的制造技术设备来进行生产。IAL 研究中心主要研究与设计产品系统架构。对此，Intel 成立了研究委员会（Intel's Research Council），成员包括高级主管、资深科学家及各研究部门的代表人。这个组织制定许多有关如何运用外部研究资源的政策，除了负责 Intel 对外合作项目的重要决策，同时更将重点放在如何将外部研发资源与内部研究活动加以整合，以有效扩大 Intel 的研究产出。Intel 与操作系统巨人微软的合作使两家公司在很长时间内垄断了计算机市场的大部分收益。随着计算机市场主体的多极化和移动互联网产业的蓬勃发展，Wintel 联盟逐渐解体。Intel 面临的困境使网络嵌入的负面影响逐渐显露。在微处理器上对合作伙伴的依赖，使 Intel 面对激烈的市场竞争，难以迅速实现升级。尝试寻找新的合作伙伴，将付出更多的时间和成本。随着合作关系的瓦解，Intel 与微软之间迅速成为"劲敌"，在移动互联领域，特别是手机市场展开了激烈的角逐，互相"争抢"合作伙伴给对方造成了很大伤害。

业需要的是一种更高层次的能力，这种能力与动态能力的概念相一致（Christensen，2006；Helfat et al.，2007），是企业对内部和外部的资源和能力进行整合、构建或者重置以适应动态环境的能力（Teece et al.，1997）。在网络化创新环境中，其"动态"是指与企业网络保持协调一致，适应网络环境的变化。动态能力强调开拓性和开放性，将焦点放在创新的开拓动力上（黄江圳和谭力文，2002），以组织间网络关系为基础发挥提升竞争优势的效力，是沟通外部环境与企业行为的重要桥梁，对创新网络影响企业绩效起到关键的中介作用，将成为解决网络与创新绩效之间关系研究难题的关键所在。

因此，对于网络关系如何通过企业的动态能力影响创新绩效，即创新网络促进企业绩效的有效性机制的研究将解答"什么样的网络联结在何时最有效"的问题，成为本书研究的逻辑框架，如图 1-1 所示。

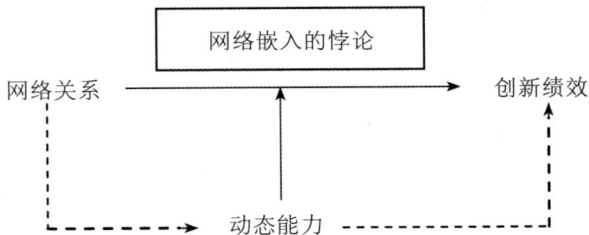

图 1-1　研究问题关系图

1.3　核心概念界定

本书主要涉及网络关系、动态能力、创新绩效三个主要概念。为了进一步明确概念的内涵及研究边界，我们在现有研究和文献成果的基础上，结合本书的理论框架对核心概念进行了界定。

网络关系是企业为了获得竞争优势，基于专业分工、合作、资源互补、知识共享，与外部相关组织或个人之间形成的具有持续性、重复性与互惠性等特征的联结关系（根据 Thorelli，1986；Jarillo，1988；Uzzi，1997；余红剑，2007 等归纳）。网络关系的属性可以分为关系强度、关系质量和关系稳定性。关系强度表现为组织间互动的频繁、紧密程度；关系质量表现为组织间的承诺、信任程度；关系稳定性表现为组织间互动的持久、稳定程度。

动态能力是企业为了应对网络化的创新环境做出的迅速反应，是通过对内、外部资源进行整合、构建和重新配置的战略和组织过程（Teece，1997）。本书基于"压力筛选"的逻辑，进一步构建了网络化创新环境下动态能力模型，从两个维度将动态能力的构成进行了拓展和深化：一方面，企业为了开发与挖掘组织潜力所需的知识和技能，存在于对知识的获取、吸收、创造和整合等一系列管理过程中的学习能力（Eisenhardt 和 Martin，2000；Prieto 和 Easterby-Smith，2008）；另一方面，为了扩展企业能力而与其他组织的合作，通过形成、发展与支配网络伙伴关系而形成竞争优势的网络能力（McEvily et al.，2004）。

创新绩效类似于组织绩效、财务绩效等概念，是对企业技术创新活动效率和效果的评价，这里是指企业对内、外部生产要素和资源进行重新组合所带来的有效性产出（根据 Hagedoorn 和 Cloodt，2003；Gemtinden et al.，1996；Ritte et al.，1999，2002，2003 等整理）。基于 Grimaldi 和 Tunzelman（2002）提出的衡量组织间合作创新绩效的三个方面：直接实质产出、间接产出和目标实现性，本书进一步将网络化创新绩效的测量维度划分为收益性预期和关系性预期的实现。

1.4 研究方法和整体思路

本书主要基于创新范式从封闭转向开放，组织间网络成为企业创新活动的重要载体和平台的实践背景，围绕"究竟如何有效提高企业创新绩效"的根本问题，借鉴开放式创新、动态能力、组织学习、社会网络、网络能力等理论和相关文献，构建了网络关系、动态能力与创新绩效关系的研究框架。研究具有复杂性特征，涉及网络关系、动态能力、学习能力、网络能力、创新绩效等多个抽象概念以及概念之间的复杂关系。为了保证研究质量，提高结论的准确性，我们将综合运用文献梳理、理论推导、问卷调查、统计分析等多元的研究方法。

（1）文献梳理。在确定了研究问题与具体目标之后，我们对国内外电子数据库进行全面搜索，查阅近年来相关研究的期刊文章、会议论文、学位论文、专著书籍、电子文档等资料；在认真、深入研读的基础上综合分析开放式创新理论、动态能力理论、创新网络理论、组织学习理论、网络能力理论；从理论基础、研究问题的解决方法及实际应用等方面进行归纳、比较，明确各概念、变量之间的逻辑关系，结构化研究问题并为后续研究奠定基础。

（2）理论推导。在确定研究问题后，通过学术文献数据库检索，分别对创新理论、企业网络理论、动态能力理论以及相关研究文献进行了跟踪与收集，阅读了国内外相关研究的文献。根据研究的需要和既定的逻辑关系，对现有的相关研究成果加以归纳、总结和整理，理清该问题的研究脉络和已有的研究成果，并分析其中的缺失以确定本研究的理论框架。继而，在文献梳理的基础上，通过理论逻辑分析和推演，辅以一定的理论模型，对现有的相关概念进行提炼、归纳，对既有研究中尚未充分展开的部分，采用理论推演的方法，予以拓展分析。在网络化创新特征和网络化创新下动态能力构建部分，由于兼有"技术创新过程"和"社会网络过程"双重属性，分析中采用多学科交叉的研究方法进行规范研究，主要借鉴和运用创新理论、动态能力理论、社会网络理论、知识理论及复杂性理论等相关知识。

（3）问卷调查与统计分析。本书的研究涉及多处需要实际数据支撑的研究内容，如网络化创新的构成维度、动态能力的测量量表发展，网络化创新、动态能力与组织绩效的影响关系分析。大样本问卷可以对上述研究进行现有理论的检验以及对现实情况进行掌握，其优点在于通过一次调查可以对研究所需的多个变量和问题予以考察和了解，能够在很大程度上提高研究的效率。基于网络关系通过动态能力促进创新绩效的理论假设，我们通过实地访谈和间接发放的方法，共计发放调查问卷500份，收回问卷428份，其中有效问卷327份。本研究根据全部有效问卷的调查结果建立数据库，验证理论分析所提出的假设模型。统计分析主要运用统计软件 SPSS 19.0 对模型中各要素进行描述性统计、信效度检验、因子分析和相关分析；运用 AMOS19.0 进行了结构方程模型检验及模型修正，最终验证了理论假设的成立并确定了变量间作用路径。

1.5　核心内容和主要框架

本书研究的总体目标是，在现有学者讨论的基础上，在理论和实证上能回答一个主要问题：企业如何通过动态能力有效地运用外部网络以改善创新绩效？根据这一核心目标，重点探讨网络关系、动态能力、创新绩效的关系机理并实证检验，具体包括对以下三个具体问题的回答：

（1）创新范式从封闭转向开放，企业创新特征发生了怎样的变化？

（2）创新网络化特征下企业需要什么样的动态能力，如何构建这些能力？

（3）企业外部网络关系和动态能力之间关系如何？

（4）动态能力如何作用于企业创新绩效？

（5）网络关系如何通过动态能力促进企业创新绩效？

围绕上述问题，我们将研究的核心内容分为四个部分：

第一部分，明确选题并梳理相关文献。介绍研究的背景、选题的意义，界定相关概念，并针对概念以及概念之间关系的现有研究情况进行归纳和梳理。

第二部分，从理论上推导企业创新的网络化特征。明确网络关系与动态能力是新范式下影响企业创新绩效的重要变量。基于社会网络、创新网络理论分析网络关系影响创新绩效的主要特征维度。探索网络化创新下的企业动态能力构建路径及动态能力具体构成要素。进一步构建变量间关系模型，并提出理论假设。

第三部分，通过大样本问卷调查获得数据，运用数据分析的方法从实证上检验理论假设，解释检验结果并进行讨论。

第四部分，结合实践发展和情境变化，通过增加研究变量、引入新的研究视角等途径对网络关系、动态能力、创新绩效之间关系问题进行深入探讨和拓展性研究。

本书研究框架和具体内容如图 1-2 所示。

第 1 章　绪论

确定研究问题

序篇

第 2 章　理论回顾与文献综述

形成
研究基础

理论篇

第 3 章
创新的网络
化特征分析

第 4 章
网络化创新
下的企业动
态能力构建

第 5 章
网络关系、动态
能力与创新绩效
关系模型与假设

构建
理论假设

实证篇

第 6 章
实证设计与
研究方法

第 7 章
检验过程与
结果解释

第 8 章
实证结论与
启示

明确调
研方案

实证检验
与解释

拓展篇

专题 1
CEO 个性在网络
创新导向与能力关
系间的调节作用

专题 2
战略转型情景下的
企业动态能力与绩
效：拼凑的视角

研究拓展
和延伸

研究结论与应用

第 9 章　总结与展望

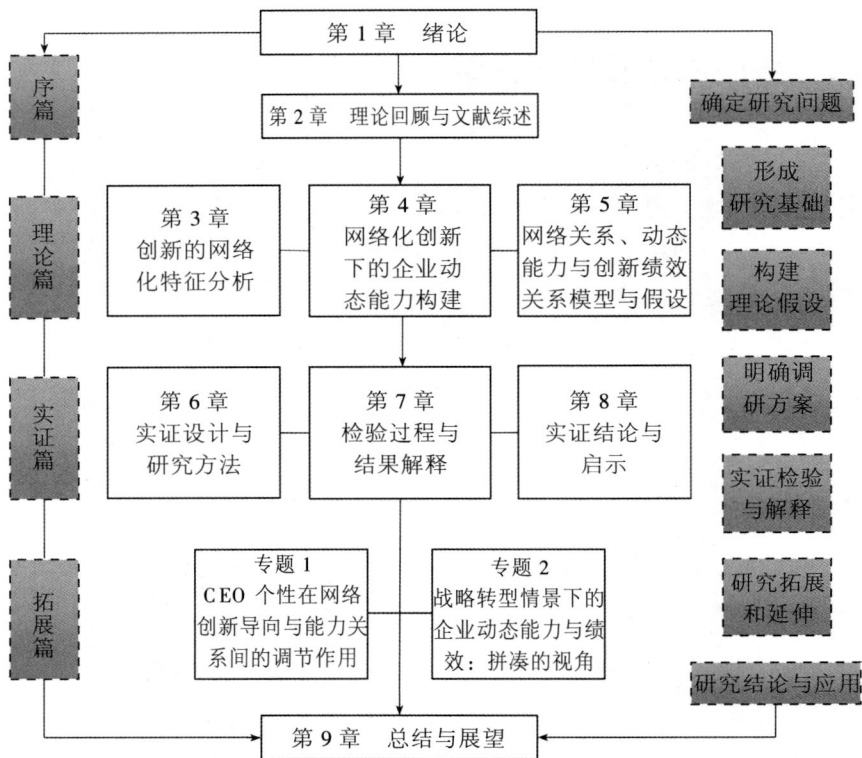

图 1-2　研究框架和具体内容

2 理论回顾与文献综述

2.1 网络关系的相关研究

2.1.1 社会网络理论和网络分析

（1）社会网络理论的发展和主要观点

网络的概念来源于社会学中"社会网络"的研究。1931 年，英国社会学家拉德克利夫-布朗（A.R.Radcliffe-Brown）在其著作《澳大利亚社会的部落组织》中首次使用了"社会结构"和"网络"的概念，他认为"社会结构是社会关系构成的复杂的网络"，网络当时在这里只是一个隐喻（Metaphor）。随后，美国社会学家帕森斯（Parsons）、默顿（Merton）等人进一步深化了该项研究，提出了结构功能主义的概念，认为社会是具有一定结构或组织化手段的系统，社会的各组成部分以有序的方式相互关联，并对社会整体发挥着必要的功能。伴随着结构功能主义社会学（Structural Functionalism Sociology）的发展，越来越多的社会学家利用网络来描述和分析社会结构以及不同社会群体之间的跨界关系，希望探讨和总结出一种文化体系是如何规定一定社会群体中人类的行为以及其规律的，由此社会网络分析理论逐步形成。

20 世纪 70 年代以后的社会网络研究主要由以格兰诺维特为代表的网络结构流派和以弗里曼为代表的网络分析流派两大流派构成。尽管他们的思路不同，但是都遵循了一些共同的观点和方法（Wellman，1988）：①对行为的解释由个体属性转向限制行为主体的网络特征。社会网络分析不强调研究个体属性而是强调研究人类行为的社会关系。②社会网络分析关注的是不同行为主体之间的关系而不是将关系还原为其内在的属性和本质特征的规则，认为解释行为主体如何采取行为的规则来自于社会关系体系中的位置（Lotion）而非动机。③网络方法取代和补充个体方法。社会网络分析方法是一种将关系作为基本统计处理单位的研究方法，矩阵方法和数学模型的运用成为社会网络统计方法的一大特色。

（2）网络分析的应用

产生于社会学的社会网络理论表现出非凡的学术活力，20 世纪80 年代以后逐渐在经济、政治、管理等众多领域得到广泛应用。社会网络分析在企业理论中的应用通常分为两大部分——组织内部研究和组织外部研究。组织内部的应用研究主要集中在：第一，知识管理与组织学习。Rice（1991）较早地应用网络分析方法来研究网络地位强的员工在新技术应用中的影响；Nicolini（1995）全面概括了组织内部学习中的社会网络理论和实际应用问题；Tsai 等（1998）研究了企业内部的社会资本与网络对知识管理，尤其是知识传播的影响。第二，工作效率与员工满意。这类研究实际是社会网络对人力资源管理的影响。Wasserman 等（1994）认为社会网络地位相同的成员容易持有相同的工作态度。赵必孝（2004）则研究了知识管理和工作效率方面的问题。组织外部的研究主要是指如何利用社会网络分析来研究企业之间的网络组织，其中包括：第一，知识传播与创新扩散。主要针对产业集群进行研究，但是成果并不多。Kratke（2002）和 Ouimet（2004）

利用社会网络分析方法分别对德国波茨坦电影集群、加拿大魁北克光电产业集群的网络结构做了研究，并实证分析了这种结构对创新的影响。Giiuliani（2004）对智利葡萄酒产业集群进行了网络分析，认为知识的获得与扩散和企业的吸收能力有关，而吸收能力又与集群的网络结构密切相关。第二，企业之间的信任和社会资本。不同于管理学的一般性研究，社会网络分析的信任研究是建立在网络关系基础上的，如认为信任能使信息跨越结构洞更准确地传递（Droege，2003）；信任和网络、规范共同构成了社会资本（Pollitt，2002）。社会资本成为当前企业理论研究的热点，集中研究社会资本对企业效率、知识扩散和创新的影响。

2.1.2　创新网络

（1）创新网络的含义

创新网络（Innovation Networks）是企业的一种网络化创新行为，一般认为，创新网络最早的定义来自 Imai 和 Baba（1989），他们认为创新网络是企业为了应对系统性创新而结成的组织间的一种创新合作关系。而正式的定义来自 Freeman（1991），他在创新研究领域的重要期刊 Research Policy 第 20 卷第 6 期上发表了一篇综述性的文章，文章综合了多位学者对创新网络的定义，正式提出了他对创新网络的定义，即创新网络是一种应付系统性创新的制度安排，通过企业间的创新合作关系联系起来的一种网络构架，并提出创新网络按照创新合作形式可以分为合资企业和研究公司，技术交流协议，合作 R&D 协议，分包、生产协作和供给者网络，政府资助的联合研究项目等类型。之后大量学者开始对创新网络进行研究，创新网络的概念逐渐丰富起来。根据陈光学（2007）、吴晓冰（2009）等人的研究，现有创新网络定义汇总如表 2-1 所示。

综合各位学者的观点，我们认为创新网络是指企业为特定创新项目而与多个合作伙伴（地方政府、大学、科研院所、其他企业）形成的相对稳定的、正式或非正式的多种合作创新关系的总和，是以包括组织间知识技能、信息交流和激发创意、创新为目的，体现为独立、平等组织之间的松散联结，能够达到创新的协同效应。

表 2-1 　　　　　　　　　　**创新网络定义**

学者	定义
Freeman（1991）	一种应付系统性创新的制度安排，通过企业间的创新合作关系联系起来的一种网络构架
Nonaka，Takeuchi（1995）	企业的一种用以获取系统知识、研究报告以及缄默知识的工具
Koschatzky（1998）	一个企业间相对松散的、非正式的、嵌入性的系统，用于进行学习和知识的交流
Jones，Conway，Steward（1999）	包含在创新行为主体之间复杂的一种交互、交换或联系作用的创新过程
Aken，Weggeman（2000）	指由平等、独立的组织通过持久的商业联系而构成的网络系统
Harris，Coles，Diekson（2000）	由创新者、研发机构、创新导向服务供应者在共同研发创新过程中建立的一种直接或间接的关系系统
吴贵生（2000）	技术创新过程中形成的企业之间以及个人之间的联系而形成的网络
董一哲（2000）	企业为获得创新资源以及提升创新能力，通过契约关系或在交易的基础上与外部组织机构建立的各种彼此信任、长期合作、互利互动的制度安排体系
王大洲（2001）	在企业技术创新过程中形成的与其他组织的各种正式与非正式合作关系的总体结构
沈必扬，池仁勇（2005）	区域内的企业与其他组织如大学、科研院所、地方政府、中介机构、金融机构等，在相互关系中建立的相对稳定的、能促进创新的、具有本地根植性的、正式或非正式的关系总和

（2）创新网络的结构及类型

创新网络的结构是指创新网络的组成形式，要探究创新网络的结构就要分析其形成机制。由前面对创新网络定义的分析可以看出，创新网络是行为主体之间主动或被动地参与活动，并在其中进行要素交换，最终形成的一个关系系统，所以，创新网络至少应该包含各种行为主体、关系结构和用以交换的要素。

Hakansson（1987）认为一个完整的网络应该包括行为主体、活动、资源三个基本要素，其中行为主体是指网络的参与者，广义上来看应该包括企业、个人、政府、中介机构、大学和科研机构等。Estades 和 Ramani（1998）按照网络节点将创新网络划分成子网络：科学网络（如与大学和科研机构的关系）、政治网络（如与政府相关部门的关系）、专业网络（如与专业协会和其他技术组织的关系）、金融网络（如与投资机构的关系）、企业间网络（如企业间战略联盟等）。陈新跃等（2002）从网络构成对象出发，认为创新网络是由作为创新投入、创新活动和收益的主体的企业，作为科研成果与创新的重要源头的大学与科研机构，作为创新过程的主要参与者和创新活动的推动者的政府，作为企业创新活动的资金支持者的资本市场，以及沟通企业与其他组织间知识流动的关键环节的中介机构组成的。除了节点以外，联结机制也是创新网络的重要组成部分。霍云福等（2002）提出创新网络的联结机制以企业为中心，分为企业与企业的联结，企业与大学、科研机构的联结，企业与政府的联结，企业与资本市场的联结，企业与中介机构的联结等。吴永忠（2005）从企业技术创新的阶段出发，将企业创新网络分为植根于研究开发系统的创新网络，植根于生产系统的创新网络和植根于营销系统的创新网络三个子网络，并通过夏普、丰田和美国石油在产品创新中的活动验证了这种划分。

（3）创新网络的功能

企业的创新是一个资源和要素整合的过程，嵌入在创新网络的组织间互动关系中，增加了企业从其他组织获得创新资源及要素的途径，进而提升企业的创新能力和效率。沈必扬（2004）认为，企业之所以会主动构建创新网络，主要出于以下目的：整合创新资源，获得溢出效应，突破技术障碍，减少创新风险，并提出企业创新网络的强弱会影响该企业的创新成本、创新速度和效率，因而从长远看会影响到企业的创新能力。张伟峰等（2003）基于创新能力的有限性和资源的稀缺性提出了创新网络的存在对企业的意义，包括扩大企业的规模和活动范围，分担创新的成本和风险，强化技术学习效应，提高效率效应，提高行为主体处理复杂技术的能力等。郑刚（2006）从协同创新的理论出发，提出创新网络是一种创新系统，企业内部创新要素在协同效应下发生复杂的线性作用，使创新系统运转有序从而提高创新绩效，所以，他认为创新网络是创新要素有序协同的过程。

2.1.3 网络关系

（1）网络关系的概念

在社会网络理论中，网络关系是行为主体之间的联系，是行为主体之间要素交换的中介。网络关系是企业创新网络的主要内容，不同的网络关系会形成不同的关系网络。关于网络关系的概念，社会网络和企业网络领域都给出了自己的理解，如表2-2所示。

表2-2 网络关系的概念

学者	概念
Mitehe（1969）	群体内各成员之间的相互联结机制
Williamson（1979）	两个组织之间的介于市场交易与组织层级之间的以契约、相互信任、授权等形式存在的相互联系
Thorelli（1986）	群体内各成员之间为了获取互补资源、共享知识等而形成的介于市场和科层组织之间的一种交易关系
Johnson，Mattson（1987）	不同行为主体之间为更好地从对方获取资源、进行技术交流而形成的相互沟通、互补、依赖的关系
Jarillo（1988）	组织为了获取竞争优势而有计划地与外部其他相关组织或个人形成的一种相对长期稳定的关系
Miles，Snow（1992）	为了共享资产、知识、信息等资源而通过市场机制彼此积极联系起来的企业间的相互关系
Uzzi（1997）	为实现相互间的信息转移和共同问题解决，不同企业在彼此信任基础上建立的相互紧密联结的关系
吴思华（2002）	不同组织间为了获取竞争优势而建立在彼此专业分工、合作、资源互补基础上的相互联结关系
宝贡敏，余红剑（2005）	行为主体为了更好地实现信息共享、获取互补资源、销售产品与服务以实现各自预期目标，而与其他外部主体建立在契约、信任、协调、依赖与授权基础之上的持续性、重复性与互惠性的联结关系

对比表 2-2 中各学者对网络关系的定义，大部分都是从目的和表现形式的角度来定义，在目的上强调通过建立网络关系来共享资源和信息（Thorelli，1986；Johnson，Mattson，1987；Miles，Snow，1992），表现形式上都强调了网络关系的互惠性、稳定性（Johnson，Mattson，1987；吴思华，2002），基于以上分析，本书将网络关系初步定义为各行为主体之间为了分享互补性资源、共享信息和知识、促进产品销售及获得供应商信息等目的而建立在多次交易基础上的一种互惠、稳定的正式或非正式连接。

（2）网络关系的分析维度

作为创新网络的重要内容，网络关系已有大量研究，诸多学者都根据自己的研究需要并结合自己的研究领域对网络关系进行了研究和拓展，从而出现了多种网络关系的研究维度，出现了如关系强度、网络动态性、强关系和弱关系（Granovette，1973，1982），网络规模、网络强度、网络密度、网络间距、网络异质性（Aldrich 和 Zimmer，1986），网络间距（Scott，1991），网络沟通性（Krackhardt，1992）等研究维度。

首先，关系强度。关系强度是指创新网络中主体之间的联系的强度。Granovette（1973）在其文章 The Strength of Weak Ties 中提出了使用关系强度来度量网络关系，并在 1985 年的一篇文章中正式提出了强关系和弱关系作为关系强度的两种类型，关系强度成为社会学和管理学领域一个非常重要的变量，如创业领域就把关系强度作为衡量创业网络的重要指标（Aldrich，Woodward，1986；Arent，1995）。然而，也是由于应用的范围广，各领域学者对关系强度的界定各执一词，至今尚无定论。Granovette（1973）提出关系强度应该包括节点之间交流的时间、情感的紧密程度、熟识性和互惠性四个方面，并根据关系强度的不同分为强关系和弱关系两种。对关系强度的测量指标也有很多，根据潘松挺（2009）的研究，已有研究中曾采用社交性、给予或收到的建议、关系投资方面的主动性、信任、互惠性、亲密性/紧密性、共同话题的范围、情感的紧密程度、频率等指标来测量关系强度。综合以上研究，我们可以发现，关系强度是衡量网络关系的一个重要维度，本书中使用关系强度作为衡量创新网络的一个维度，代表创新网络内部各参与主体之间网络联系的强度。

其次，关系质量。关系质量是测量网络关系特征的重要指标，在营销研究中经常用到，本意是指企业与顾客之间的关系，随着研究的扩展，也常指网络联系双方关系的深度、好坏。Smith（1998）认为关系质量能够反映网络联系各方整体关系力量以及关系对参与方需要和期望的满足程度。对有意进行网络联系的企业来说，与其他供应商、客户等机构保持良好的关系无疑非常重要。Kalwani（1995）认为企业与供应商保持较好的关系可以使企业以低成本获取原材料或零部件，从而降低生产成本。在关系质量的测量方面，Crosby等（1990）指出关系质量是一个包括信任和满足的高阶变量，Walter等（2003）提出关系质量的三个特征，即信任、承诺和满意，并认为这应该成为测量关系质量的重要参考维度。

第三，关系稳定性。关系稳定性是关系伙伴对于发展长期稳定关系的渴望，并愿意投入资源（时间、金钱、设备等）去维持这段关系（Zaltman和Deshpande，1992），必要时关系伙伴愿意不计短期的损失来换取长期稳定的合作（Anderson和Sullivan，1993）。稳定的网络关系有利于主体间形成相互信任，提高行动的一致性，进行更深层次的信息和资源的交流，从而提升企业绩效。Anderson（1990）的研究发现，稳定的合作关系能够使双方共享有价值的信息，降低双方预期的不确定性，使得组织更好地面对复杂多变的外部环境。Cronin和Baker（1993）也认为，由于外部环境的复杂变动，稳定的交往关系使双方更愿意进行沟通，从而减少双方的合作风险。

2.2 动态能力的相关研究

2.2.1 动态能力的内涵

企业能力理论来源于企业内生增长理论，是战略管理领域的核心研究要素，一直被用来解释企业竞争优势的来源问题。经过诸多学者的努力，企业能力理论已发展到包含"企业资源基础论""企业知识基础论""企业核心能力论"等一个庞大的系统。企业能力理论是对资源基础理论的继承和发展，从 20 世纪 90 年代开始，相继出现了"企业核心能力"和"企业动态能力"两种主流观点。首先，Prahald 和 Hamel 在《企业核心能力——企业战略的新规则》中率先提出了企业核心能力的观点，提出核心能力是指组织中的累积性知识，是协调不同的生产技能以及有机结合多种技术的知识，提出企业核心能力是企业竞争优势的来源，确立了核心能力理论在管理领域和实践中的地位。随后，企业核心能力成为企业能力领域研究的热点，诸多学者从不同角度发表了大量的论文，在这期间关于核心能力的"刚性"即不能随企业环境的动态性和复杂性变动的论调开始出现。直到 20 世纪 90 年代中期出现了企业动态能力理论，认为企业应该不断更新自己的能力来适应变化的环境（Teece，1997），这样既做到了关注企业竞争优势，又提出了如何适应不断变化的外部环境以及企业能力的不断更新。同时在实践领域，由于社会、经济环境的复杂性和不确定性迅速增长，动态能力作为企业一种维持企业长期竞争优势的无形资产对企业的运营具有很大的启发，因此，不论是管理领域还是实践界都对动态能力十分重视，动态能力理论因此得到了长足的发展。自从动态能力被提出后，诸多学者根据自己的研究需要对其具体概念进行了界定（见表 2-3）。

从以上概念可以看出，现有学者对动态能力的界定虽然不同，但有一定的共同点，主要包括：①体现动态性，强调企业能力随外部环境而不断更新和重置；②强调组织管理的过程，动态能力的获得需要企业极强的组织管理能力；③发展路径，强调企业能力在过去与现在的变化遵循一定的发展路径。基于以上分析，本书尝试界定在本研究框架下动态能力的概念，即动态能力是企业通过有意识地识别外部机会，进而科学地配置、重置和整合自身资源来实现能力的不断更新从而获得持续竞争优势的才能。

表 2-3 动态能力的定义

学者	定义
Teece 等（1997）	企业在长期经营中形成的学习、适应、变革的能力，其中包括组织惯例、技能以及互补资产
Petroni（1998）	动态能力包括资源资产（企业内部资产）和市场资产（企业外部资产）两个部分
Eisenhardt，Martin（2000）	企业通过整合、重新配置资源来适应市场变化的过程，是企业的一种重新组织和战略实施过程
Luo（2000）	动态能力是公司在追求持续竞争优势过程中创造、积累和提升能够为公司带来经济回报的资源和能力的才能
Magali（2001）	动态能力是企业拥有的一种协调、重新配置内部和外部的资源以适应市场变化的能力
Zollo，Winter（2002）	指需要靠不断学习来获得的一种集体活动方式、组织生成体系并通过改变其操作程序来追求效率
Zahra，George（2002）	动态能力是组织对于知识的创造和利用，是使企业获取和保持竞争优势的能力
Violina，Taylor（2002）	动态能力包含两个层面的演化，微观层面上进行企业惯例能力的提升，宏观层面上进行市场能力的重构
Ron，Constance（2003）	动态能力是组织的特殊惯例，组织通过这种特殊惯例使能力不断地演进
Oana，Vertinsky（2006）	动态能力指企业获取和吸收外部知识并将其转化为自身新的、独特的能力和创意的才能
Teece（2007）	动态能力的三种表现形式：①感知和适应机会及威胁的能力；②掌握机会的能力；③通过提升、保护、重组企业的资产来保持竞争力的能力
尹丽萍（2009）	企业在技术范式变化环境下为了抓住新的技术机会而建立新的基于资源与能力结构的组织管理惯例

2.2.2 动态能力相关研究

Teece 等人（1997）的文章是动态能力的奠基之作。在这篇文章中，企业动态能力包含动态和能力两个核心概念，其中，动态是指企业能力的不断更新以实现与多变的企业环境保持一致的状态；能力是企业在适应、整合内外部组织技能、资源以满足环境变化的才能，因此动态能力是企业整合、构建内外部能力以应对不断变化的企业外部环境的才能。文章还提出了动态能力的流程、位置、路径模型，其中流程指企业做事的方式或行为惯例，包含了整合、学习和重构三个方面。以往的资源基础观无法解释企业如何在复杂多变的市场环境中获得竞争优势，而动态能力理论提出企业应该通过不断地学习新知识，并通过与外界的联系开展交流合作，获得新的发展机会，实现自身能力的不断更新从而获得持续竞争优势。

动态能力体现在企业的运行中，由企业一系列的战略执行和组织管理等活动构成，如新产品开发、组织学习、扩展企业网络等。Zollo 和 Winter（2002）提出动态能力是一种基于学习的稳定的集体行为模式，它通过系统地产生和修改组织的运营惯例来实现组织效益的改善。Luo（2000）认为动态能力是由能力拥有（异质资源）、能力配置（资源分配）、能力提升（动态学习）等 3 个基本要素构成的，并提出动态能力在企业国际化过程中配置异质性资源和更新自身能力的重要意义。Cepeda 和 Vera（2007）根据能力阶层理论提出了常规能力（零阶能力）与动态能力的概念，常规能力（零阶能力）指企业的生存能力，而动态能力指企业扩展、改变或创造常规能力的高阶能力。

Nonaka（1994）等从组织角度分析动态能力，认为企业的动态性是由企业的知识创造能力驱动的，并通过分析隐性知识与显性知识的转化提出了学习能力这一重要的企业动态能力。Helfat（1997）通过对煤炭气化与液化研发密度进行实证研究，证实了互补性技术知识、互补性实体资产与其他知识与资源对于动态能力的累积具有正向显著的影响。Tripsas（1997）分析了全球排字机产业 1886—1990 年的数据，提出外部整合能力和地理分布位置是动态技术能力的两个关键要素。Pavlou 和 Sawy（2005）认为动态能力的实现主要依赖于重构过程，包括感觉市场变动、提升吸纳能力、整合企业资源和创新知识等，并将动态能力的获得与新产品的开发紧密相连，希望以此消除动态能力概念上的"黑箱"。Oliver 和 Holzinger（2008）分析战略政治管理与动态能力的联系，提出独特的动态能力能与可选择的政治战略相联系，并使用动态能力框架解释某一政治环境下何种战略管理行为是有效的，并基于此提出四种公司层战略，即前瞻、防御、预期、反应。Mintzberg（1998）认为动态能力是设计派和学习派观点的混合观，将企业的适应性战略看做概念化设计。

Eisenhardt 和 Martin（2000）认为市场机制对动态能力的影响主要表现在：①动态能力的稳定性会随着其动态性的增强而减弱；②动态能力将随着环境动态性的增强而变化；③动态能力的偶然性和模糊性将随着环境的动态性增强而变化。Lawson 和 Samson（2001）应用动态能力理论分析企业中的创新行为，发现在动态复杂环境中，将企业现有活动（主流活动）和创新活动（新出现的活动）割裂开来不能带来企业的成功，企业必须适用动态能力来使这两种活动紧密结合，这种动态能力包括远景和战略、能力基础、组织情报系统、新主意的管理、组织结构和系统、组织文化以及技术管理等。Prieto 等（2008）认为动态能力是知识产生、继承、重构的过程，企业知识管理中的授权、信任、管理支持和学习气氛会对动态能力产生影响。尹丽萍（2009）基于 Helfat 和 Petcraf 的能力周期的理论框架和 Zott 的改变资源的管理过程研究及企业能力重构机制的研究结论，构建了一个技术范式转变背景下的双过程-两阶段模型，认为动态能力是企业在技术范式变化环境下为了抓住新的技术机会而建立新的基于资源与能力结构的组织管理惯例。

通过以上分析可以看出，尽管关于动态能力的研究已有许多，也出现了很多研究成果，但由于其出现的时间较短，诸多研究尚未形成完善严密的研究体系。

2.2.3　动态能力的测量

由于动态能力概念出现得较晚，理论体系尚不成熟，基于理论体系的量化显得更加困难，因此动态能力的测量存在很大的不可操作性和难以检验性。对动态能力进行测量要从能力的角度入手，能力是战略管理领域的一个核心概念，因此已有很多学者对其测量进行过研究。根据贺小刚等（2006）的研究，目前对能力的测量存在以下几种方法：①对能力特性测量，如对能力的默会性、稳健性、嵌入性和一致性的测量；②对能力的构成要素进行测量，如知识、技术等；③综合生产要素与经营活动对能力进行测量，如参照流程活动、设备资源、内部学习和外部学习等因素进行测量。

Teece 认为企业动态能力可以从三个角度来认识：流程、位置、路径。其中流程又分为三种类型，分别为协调或整合（Coordination/Integration）、学习（Learning）、重构或转型（Reconfiguration /Transformation）。协调或整合是指协调组织内部活动以及整合组织外部活动和技术，如战略联盟、虚拟组织、客户关系管理、供应链管理等，都属于协调整合的范畴。学习是指通过重复与试验提升活动执行的绩效，组织持续的学习能够保持对环境变化的灵敏度，从而提升对新机会的识别能力。Teece 等人提出企业中的学习有以下特征：①学习分为个体和组织两个层面；②组织通过学习产生的新知识能够产生新的活动范式即组织"惯例"；③组织间的协调可以促进新的组织学习活动，使组织识别运作较差的流程和战略上的盲点。重构或转型指的是组织重整资产结构和完成内外部组织结构转型的能力。位置指组织特定资产的位置对组织能力的影响，一个组织的特定资产包括知识资产和补充性资产，可分为八大类：技术资产、互补资产、财务资产、企业利益相关者对企业的影响力、价值和知识的评价、结构资产、制度资产、市场资产、组织边界等（Teece et al.，1997；Richard Hall，1992）。路径主要指企业的发展方向，包括路径依赖和技术机会两方面内容。Daniel 和 Wilson（2003）分析了电子商务变革体现出来的两类动态能力：一类是业务创新的能力，其中包括快速决策和实施的能力、制订较好的策略方案的能力、争取企业内外利益相关者的支持的能力等；另一类是融合创新活动和现有活动的能力，包括现有系统平稳过渡、整合多个渠道以及密切连接电子商务与企业战略的能力等。Zollo 和 Winter（2002）将动态能力归结为一种学习机制，提出包含经验积累、知识表述、知识编码等过程。Caloghirou 等（2004）使用学习能力、协调能力、变革能力来测量动态能力，并通过对希腊制造企业的调查分析产业因素与企业因素对企业盈利的影响。

在国内研究方面，贺小刚等（2006）基于已有文献，提出从以下 6 个维度来测量动态能力：①客户价值导向，指企业在提升客户认同感、实现产品与服务的延伸等方面进行积极投入的导向；②技术及其支持系统，指促使企业提高效率和绩效的经验和知识及辅助设施的组合；③组织机构支持系统，指决定企业的权力与职责配置、信息流动等规则和程序的一种组织架构；④制度支持机制，指企业内部具体地规范员工行动以及对员工行动的结果进行相应的激励或惩罚措施的规程和准则；⑤更新的动力，指组织学习和组织革新，通过企业员工之间及企业与其他利益相关者之间进行的交流、沟通和对各种经营活动进行创新、变革以提高企业的效率；⑥战略隔绝机制，指组织抵制其他组织模仿的一种能力保护机制。随后，他们通过对6家高科技企业与23家传统企业进行调查以及对16位总经理、7位董事长、6位董事长兼总经理和其他5位高层管理者的访谈，将维度调整为市场潜力、组织柔性、战略隔绝、组织学习和组织变革5个维度，基于此进行问卷设计及实证分析。曹红军等（2009）依据已有研究，提出了动态能力测量的5个维度，即动态信息利用能力、动态资源获取能力、动态内部整合能力、动态资源释放能力、动态外部协调能力，并通过对清华科技园、南宁高新技术开发区、厦门保税区这三个高科技园区300份问卷的分析，通过信度效度分析，证实了5维度划分在中国情境下的应用。李兴旺（2006）分析已有文献，并从动态能力的作用出发，提出对动态能力的测量可以从环境洞察能力、价值链配置与整合能力、资源配置和整合能力入手。焦豪等（2008）综合已有研究成果，并根据对样本企业的调研，提出从环境洞察能力（对所处产业变化敏感并识别的能力）、变革更新能力（在企业内部进行创新与变革的能力）、技术柔性能力（企业技术的柔韧度）、组织柔性能力（企业组织柔性）四个角度来分析动态能力。

总体上看，动态能力维度的研究尚不成熟，而不同学者也会根据自己的需要和所处的不同情境进行调整，因而出现了多种维度划分，这样有利于动态能力研究理论的多样化，但从另一个角度看，没有统一的维度划分反而会引致动态能力的使用，因此，亟须出现一个科学普适性高的动态能力维度划分。

2.3　创新绩效的相关研究

2.3.1　创新绩效的含义

（1）创新的含义

对于创新的理解源于熊彼特对于"创新"与"发明"的区分讨论，并且重点强调了创新对于企业发展乃至社会进步的重大意义，由此学者们对于创新的研究与争论由此展开，发展至今对于创新概念的说法非常广泛，学者们基于各自的研究重点对创新有着不同的理解，主要的观点如下：Amabile（1996）认为创新是创造性的想法在组织中的成功执行，或者认为成功应用新的工艺或生产新的产品（Cumming，1998），提供新的方法，创造新的知识等（Chaharbaghi 和 Newman，1996），Souder（1988）主要强调创新是对企业利益有巨大潜在贡献的新奇的活动，Rogers（1983）认为创新是重大知觉或者实践的更改，Walker（2006）认为创新可能是新的产品、新的技术、新的服务或者是新的管理方法。

同时，对于创新类型的划分，不同学者也存在不同的理解。Yorukoglu（2000）将创新分为产品创新和制度创新，产品创新主要指企业提供新产品或新服务，制度创新则主要指对组织生产力的改善行为。特别是对于发展中国家的代工企业而言，创新的主要类型则为生产过程创新和产品创新这两个方面（Hobday，1995；Humphrey，2000）。Betz（1993a）和 Tidd（1995）主要注重对于过程创新、产品创新和服务创新这三种创新的考察和研究。Rochford（1997）对产品创新进行了细分，认为产品创新又分为创造全新产品和改良已有产品。国内学者李大伟（2007）提出创新主要包含产品创新、工艺创新、管理创新这三个方面。

综合以上观点，对于创新的分类主要集中于产品创新、过程创新以及两者相结合的综合创新。产品创新毫无疑问主要注重对于产品和服务的创新完善，过程创新主要指通过企业创新整个连续的过程来判断企业的创新成果，综合的观点主要是将两者结合通过创新的最终成果以及创新的实现过程两者综合进行考量分类。

（2）创新绩效

创新绩效（Innovative Performance）一般指对企业技术创新活动效率和效果的评价，即新技术或是新成果的应用，对企业价值的增加程度以及业务量的提升程度。由于创新绩效是对企业创新成果的综合反映（Drucker，1993），影响因素众多，涉及企业技术创新的各个方面（Vittorio Chiesa，1996），因此对于创新绩效概念的界定存在难度，所以国内外学者们针对创新绩效概念的研究很少。相对于概念的探讨，学者们更加关注对于创新绩效的衡量以及评价标准的探索。国外对于创新成果的评价主要集中于产品创新绩效和技术创新绩效（Choi 和 Valikangas，2001；Hagedoom，2003 等）以及成功的产品创新和成功的工艺创新（Ritter，2002）这两方面。

2.3.2　创新绩效的影响因素

探讨创新绩效的影响因素对于进行创新绩效衡量以及指标确定具有非常重大的意义，学者们根据以往研究提出了多个创新绩效模型，这些模型的提出对于我们分析创新绩效的影响因素具有很大的参考价值。

Cohen（1990）首次创新动力模型，重点强调企业通过研发投入的增加，增强企业吸收能力，以更高效率吸收外部有价值信息，从而推动企业创新绩效的提升。网络对于企业发展的作用不断引起实践以及理论界的重视，由此 Ahuja（2000）将网络能力加入创新绩效影响模型中，将直接联系、非直接联系以及结构洞同企业的创新能力结合起来，并通过实证研究证实其对创新绩效的重大影响。在此基础上，Landry（2002）又通过自己的研究加入社会资本因素，证明了社会资本主要通过结构性社会资本和认知性社会资本两个方面间接影响企业创新绩效。

虽然上述研究在不同的方面都存在一定的不足，但是通过对于创新动力模型的归纳，对于我们总结创新绩效的影响因素具有一定的启发意义。由此，综合以上多个创新绩效影响模型，我们认为创新绩效的主要影响因素为企业吸收能力、网络能力以及社会资本这三个方面。

（1）吸收能力与创新绩效

吸收能力的提出主要是基于"追赶假说"（Abramovitz，1986）[①]，说明技术落后国家如何实现技术赶超，由此吸收能力作为一个重要的影响创新成果的概念而被学者们所重视，最早由 Cohen（1989）提出，其在对研发作用研究过程中发现，企业的研发投入一方面会直接推动新产品的诞生，另一方面能够增强企业对于外部信息及技术的吸收、学习以及模仿能力，而后者对于企业取得竞争优势、实现技术赶超具有更为重要的意义。此后学者们对于吸收能力的概念及模型的研究不断深化，Zahra 和 George（2002）在前人研究的基础上重点强调吸收能力的动态性，并且细分了吸收能力的维度，将吸收能力细分为现实吸收能力和潜在吸收能力，两者互为补充地存在于组织中对组织创新绩效的提高共同起作用。

创新绩效是企业组织学习产出的结果，吸收能力与组织学习有着重要的关系，因此吸收能力与创新绩效之间存在一定的递推关系（Lane，2001）。知识作为技术创新实现的重要基础，通过吸收能力的提高能够提高知识获取的效率以及信息加工的效率，从而保证创新的实现，大多数学者都承认这一观点，认为吸收能力对创新绩效直接或间接地产生影响。如 Griliches（1998）认为企业通过吸收能力能够有效地吸收、消化外界庞大的知识流从而转化成企业创新成果，Bosch（1999）认为良好的吸收能力从技术创新速度、频率以及数量上推动创新实现，Tsai（2001）的研究也证实组织内各部门的吸收能力增强能够提高各部门的创新实现率和收益率，Andre Spithoven（2010）以中小企业为样本证实吸收能力在开放式创新中对创新绩效的积极作用。基于以上研究，企业的吸收能力能够在不同程度或不同角度上影响企业的创新绩效。

（2）网络能力与创新绩效

企业作为一个开放系统中的一部分，其与外部的信息与资源的交换也作为重要的创新影响因素而成为研究的又一重点。企业网络主要指企业与客户、供应商、合作伙伴、竞争者、政府机构、科研机构、中介机

[①] ABRAMOVITZ M. Catching up, forging ahead and falling behind [J]. Journal of Economic History 1986（46）.

构、服务机构等交往对象之间形成的相对稳定的关系网络。作为网络能力探索的先驱 Ritter（2003）主要研究了网络能力的构成维度以及测量量表，之后的学者在此基础上进行了更为深入的研究。企业外部环境的快速变化使得企业与组织外部成员之间的关系发生变化，从而影响企业竞争优势的获得以及经营方式（Gulati，1999b）。此外，国内学者徐金发（2001）认为企业网络能力的本质是通过对网络资源的搜寻和运用获得竞争优势。而创新绩效实现的重要途径是与外部技术和信息的交流交换，如何实现交流交换的高效率，需要网络的作用。

学者们对于网络能力与创新绩效之间的关系也做了大量的研究，并且许多学者的研究都认为网络能力对创新绩效有重要影响。Ting 和 Chiu（2009）认为网络能力和网络地位对集群企业的创新绩效具有正向影响作用，Ritter（2003）也认为企业通过网络能力参与其他企业的创新过程，从而证明企业现有的网络能力对于技术能力的提高有显著的正相关关系。国内学者也通过各自的研究证实网络能力与创新绩效之间存在重要联系（任胜钢，2010；曹鹏，2009；方刚，2008 等）。

从知识转移的角度来看，网络能力主要通过知识转移能力以及技术能力来推动企业创新绩效的实现（郝生宾等，2009），网络构建实现成员之间信息的交流、技术的互补，从而推动创新的实现，保证创新成果的有效性，影响创新绩效。

从降低创新实现成本的角度来看，由于技术创新尤其是新技术或新产品的研发过程需要耗费较大的创新成本，极大地限制了创新的效率和效果。而由于网络能力的存在，企业之间通过网络建立联系，不同网络成员之间能够协调参与创新，并通过网络资源的交换互通有无，通过合作极大地缩短创新产生的周期（Ritter 和 Gemunden，2004），提高创新绩效。

总之，网络能力能够从知识转移以及降低成本等多个方面对创新绩效产生影响。

（3）社会资本与创新绩效

社会资本指人员或团体所拥有的社会关系的总和，通过人与人之间关系杠杆的运用，推动个人社会资产和财富的创造（Bourdieu，1977）。

从企业角度来讲，企业社会资本主要指企业与外部实体之间的关系，以及企业内部所形成的关联，企业通过社会资本强化其与供应商关系，从而节约交易成本，获取所需资源，从而影响企业绩效（Dore，1983；Helper，1990；Gerlach，1992 等）。

社会资本对于创新绩效的影响主要表现在：良好的社会关系网络以及信任对于企业来讲能够更好地获得创新所需的资金、人才、技术、信息等，而这些都是实现良好创新绩效所必备的技术（郑美群等，2005；Cannella，2004）；另外，社会资本能够很好地传递隐性知识（李红艳等，2004），提高技术扩散速度，从而提高技术创新的数量和能力，保证创新绩效。

2.3.3 创新绩效的观测维度

企业技术创新的实现对于企业的持续成长具有重要意义，而对于创新的实际效率与效果的评价一直成为学者们研究的重要问题之一。在实证研究中，创新绩效的观测维度主要从以下三个方面测量企业的创新绩效：主观评估创新内容、考察新产品以及专利数、评价创新成功。其中，Mohamed 和 RichardS（1996）主要从产品和服务、产品质量、生产方式、营销战略等 15 个方面来确定企业创新绩效；Hagedoom（2003）主要用研发投入、专利数、新产品开发数量等 4 项指标衡量创新绩效，而 Ritter（2003）则主要从产品以及工艺创新成功来描述创新效果。此外，Griffin（1993）开发了研究实践中最为常用的产品创新收益量表，主要从顾客、财务、程序、公司、计划等五个方面研究企业的创新绩效。

国内学者（刘友金，2000；钱燕云，2004；易凤华，2002 等）也对于创新绩效的观测维度在国外学者前期探索的基础上做出了自己的贡献，对于创新绩效主要从新产品数、专利数、创新产品产值所占比重、新产品开发速度以及开发成功率等方面进行评价（韦影，2005；嵇登科，2006 等）。

综合以上观点，学者们都将专利申请与授权的数量作为创新绩效的重要衡量标准，但是现实中创新绩效无法完全通过专利来表现，尤其对于发展中国家来讲，由于经济实力较弱以及专利统计的不完善，专利的衡量存在较大误差。基于此，本书更倾向于对企业层面多项数据、多个指标的问卷收集来综合考察其创新能力。从新产品角度，主要测量企业三年内是否引入新产品（Wang 和 Chien，2006），以及创新产品对销售额的贡献水平（Vincent，2005；Grimpe 和 Sofka，2009）。

2.4 网络关系、动态能力与创新绩效关系的相关研究

2.4.1 网络关系与创新绩效

网络关系是企业能力的外在表现，创新绩效是企业内部资源的整合，那么，企业与外部组织的联系对其自身的创新有什么样的影响？Ahuja（2000）分析了企业网络关系结构与创新产出的关系，提出网络关系结构不论是直接和间接关联均对企业创新绩效有正向影响。Hagedoorn 和 Duysters（2002）对 88 家企业的实证研究表明，集群企业的网络嵌入性有利于获取新知识，逐步增强技术创新能力。稽登科（2006）认为在三种条件下网络关系会对企业创新绩效产生正向影响：①外部网络联系有利于企业之间共享技术资源；②企业与竞争对手建立的合作关系有利于提高创新绩效；③互补资产及互补技术可以提高企业创新绩效。吴晓波和韦影（2005）对医药企业的研究发现，网络嵌入中的强联结会促进知识转移，进而提高了企业的技术创新能力。同时，也有学者提出了不同的观点，Uzzi（1997）认为网络嵌入性关系与企业绩效呈现倒 U 形分布，因此企业的网络嵌入要保持一定的"度"，这个"度"根据 Granovetter（1985）的研究可以划分为强联结和弱联结。Hasen（1999）认为企业之间的强联结会增强相互之间的信任关系，从而更有效地实现企业之间的互通有无，进而促进技术创新，而 Petersen（2000）认为企业之间的弱联结会给企业带来异质性的知识从而更有利于企业创新，这说明强弱关系都会影响企业技术创新，但作用和机理不同，弱关系能为企业提供异质性信息，而强关系则会增强企业之间的信任关系从而使双方进行深层次的资源、信息交流而促进创新。

2.4.2 网络关系与动态能力

动态能力包含组织对外部环境的适应，因此与网络关系存在一定的联系。从社会资本理论来看，网络是企业获取外部信息和资源的重要途径，网络关系对企业动态能力的培养具有重要意义。网络关系是企业与外部组织的联结，企业可以从中获得外部知识和资源，因此网络关系在知识转移中起着非常重要的作用，能够促进企业的学习能力。Levin（2004）证明网络关系强度较弱时对知识转移具有有效性，因为较强的网络关系强度会导致频繁的知识流动，反而加大了知识转移的成本，最终阻碍企业之间的相互学习。因此，较弱的网络关系强度有利于企业对知识的获取，提高企业的学习能力。

企业对创新网络的嵌入是一个复杂的过程，既要把握好嵌入的程度，又要处理好与网络中其他机构的关系，要处理好这种关系就要具备管理外部网络关系的能力，即企业网络能力。企业网络能力的管理对提升网络关系具有重要意义，同时研究发现，网络中的企业通过学习能够增强网络能力（Powell et al.，1996）。

2.4.3 动态能力与创新绩效

企业的技术创新不仅需要独特的技术，还需要对市场环境有清楚的认识。动态能力使企业不断更新、整合内外部资源以适应环境变化，在这一过程中通过企业资源和能力的多种组合更新可能产生新创意、新产品，从而促进企业的技术创新。Zott（2003）认为动态能力会改变企业的能力、经营惯例和资源状况，进而影响企业的创新绩效。Rothaermel（2006）通过对成立 20 年以上的企业的调研分析发现动态能力存在于群众、组织中，并验证了动态能力对企业创新绩效的正向作用。魏泽龙等（2008）基于动态能力理论和创新理论，分析了多变环境下动态能力对创新的影响，提出动态能力对应用型创新和探索型创新有不同的影响，而环境的动态性对两者的关系具有调节作用。Wong 等（1999）通过分析 49 个中国台湾 IT 企业中的 100 个项目，认为具有高水平吸收能力的企业能有效地实现技术转移。杜建华等（2009）分析了 270 家在孵企业在创新方面的表现，认为网络能力对在孵企业的创业绩效有正向影响，并且在社会资本与创业绩效的关系中起到中介作用。张春明（2010）构建了基于超动态能力的企业自主创新机制模型，并提出企业的超动态能力会显著影响企业的自主创新机制，进而对创新绩效产生影响。

从以上分析可以看出，动态能力对创新绩效的影响已经得到了学术界的认同，诸多学者也从不同角度分析了动态能力对创新绩效的具体影响机制。

2.5　现有研究述评

上述相关领域的研究成果，无疑为研究网络关系、动态能力和创新绩效之间的关系奠定了基础。但同时值得注意的是，在网络关系与动态能力及二者与创新绩效之间关系的研究中，前期的成果比较散乱，尚未形成完整的研究框架和系统的理论体系，该领域的研究存在以下几个问题值得本书去探索并进一步深入拓展：

第一，现有研究没有打开网络关系究竟如何促进企业绩效的"黑箱"，从而无法系统地剖析其产生的效果与影响。随着创新研究的升温，创新网络成为比较前沿的问题，虽然现有研究从多个视角对其进行了探讨，但是忽略了企业微观视角下的创新过程和关系的联系以及组织特质变化。另外，现有研究缺乏对其中的关系、路径和机理的深入剖析。针对这些不足，本书将剖析网络关系的系统构成，并解释其内涵。

第二，现有研究缺乏对网络关系与动态能力关系的系统分析。目前，现有的研究只认识到了网络关系与动态能力相互作用的浅层次关系，而没有更加深入地挖掘作用机理以及进行路径分析和二者关系的检验。基于此，本书将重点考察网络关系与动态能力之间的作用关系，并进一步加以检验。

第三，缺乏网络关系、动态能力与创新绩效三者关系的分析及实证检验。动态能力为探讨网络关系与企业创新绩效的关系提供了一个有益视角，但是现有研究没有回答动态能力对二者的具体影响机理和路径，亦缺少三者的整体作用模型。因此，本书将从企业角度，以具有创新特征的高新技术企业为研究对象探讨三者的关系，并为我国企业实践提供理论指导。

　　基于以上研究空间，本书将充分借鉴现有研究，围绕现实问题，从企业实践入手，通过理论分析企业创新的内外部特征，构建外部网络通过内部条件促进创新绩效的关系模型及假设，加以实证检验，并进一步拓展研究结论的适用性和实践意义。

第二部分　理论研究

本部分是对创新网络化、动态能力等核心概念的理论性探索和分析，构成了本书研究的核心内容。首先，我们对创新的网络化特征进行了分析，指出了网络关系是影响企业创新的重要外部因素。其次，我们进一步探索了动态能力在新环境下的演化逻辑和构成要素，发现学习能力、网络能力是促进企业创新绩效的重要内部因素。最后，基于外部因素通过内部条件起作用的逻辑，我们探讨了网络关系、动态能力与创新绩效之间的关系，提出了网络关系通过动态能力促进创新绩效的相关理论假设。

3 创新的网络化特征分析

21 世纪，知识成为取代土地、劳动力和资本的更为重要的资源。社会进入以知识的生产、分配和消费为主要活动的知识经济新时代。技术与市场的推动导致创新资源呈全球性分散（Doz，2001）。交易成本的降低和二级市场（Secondary Market）的兴起加速了创新资源在企业边界内外的流动与交换（Chesbrough，2003，2006b）。由于社会学习和创新周期的大大缩短，相对于知识员工流失、市场不确定性，知识的价值悖论（Value Paradox）成为企业面临的更重要挑战。正如 Boisot（1998）指出的，提高产品中知识的编码与抽象程度，可以从中取得更大的效用。与此同时，由于竞争力量推动了技术诀窍的扩散，其稀缺性难以保持，从而加速了知识的贬值。面对这样的挑战，企业一改传统模式中强调内部控制的"封闭式"创新理念，逐渐将注意力转向企业外部有价值的创新资源，通过与外部创新参与者联合在一起，套嵌在密集的互动网络中实现创新。企业与其他个人或组织间依赖信任和互惠关系形成的网络成为新一代创新活动的主要渠道和载体，是企业在新经济环境下获得竞争优势的重要来源。网络化创新提供了一种协作和交流的有效制度，提高了组织柔性，体现了企业对环境的适应性（李维安，2000）。相对于传统创新的线性模式，网络化创新更强调系统性和开放性：创新的潜在主体远远超出了企业内部研发人员及其他员工，而是分布在全球的具有不同社会、文化、技术背景的组织及个人（Teece，1996；Brown，1998；Chesbrough，2003；Prahalad，2008）；创新的实现不再被严格地控制在企业内部，而是嵌入在组织间的网络层面，依赖于网络成员间的关系和互动合作；创新的能力边界逐渐拓展，面对产业技术和市场竞争的变化迅速做出反应，并通过整合、建立和重新配置内外部资源提高"发展适用性"。组织间交错的网络关系成为企业一项重要的战略性资源，补充了个体的（有限）资源，降低了交易成本，提高了学习与创造能力，进而增加了企业创新的合作利得。

3.1　创新主体的网络化特征

在开放的创新范式下，创新主体呈现出明显的多元化趋势，成为网络化创新模式区别于传统创新模式的最显著特征。这种多元化表现在创新主体超越了企业内部的研发人员和其他员工，而是分布在企业外部的所有创新资源和商业途径的潜在来源。这些具有不同创新才能（包括创新资源和创新能力）的组织和个人成为网络化创新的潜在主体，它们在创新资源、能力和技术上的异质性和分散性是构成跨组织合作，形成互动关系网络的前提和基础。此外，这种多元化还表现在创新主体间基于创新性合作形成的错综复杂的组织间关系。基于异质性，组织之间不存在依附关系，具有独立的决策能力和平等的地位，相对于传统线性创新中的知识权力中心，创新网络中的权力中心是多元化的。Lundwall（1988）认为网络是创新参与者之间错综复杂的联系所形成的，通过关系的互动影响着创新形式和创新活动的变化。网络中每一个影响技术创新的联系被称为联结，结点与结点之间的交互作用表示形成某个技术创新网络的合作创新关系，技术创新网络就是创新参与者在创新过程中联网行为，是相互关系的联结所构成的网络。对于创新主体的特征，本书从主体构成和主体间关系两个维度进行分析。

3.1.1　主体构成

对于企业创新网络的主体，多数学者是以企业为核心，通过企业的外部知识体系来进行定义的。如 Laursen 和 Salter（2006）将企业外部创意来源分为企业、公共机构、其他来源及行业规则等四大类，包括了16 种要素。在开放的网络化创新环境中，创新的参与者与合作者超越了传统企业内部的研发人员和其他员工，在企业外部呈现更广泛的分布。这里不仅包括供应商、大学和科研机构等，还包括领先的用户与普通的消费大众、创业型的中小企业与各行业专家，以及其他行业的合作伙伴，等等（王雎，2011）。根据研究内容的需要，本书将企业、大学与科研机构、政府与公共部门、创新服务中介、金融机构界定为主要的创新主体，它们之间通过多元的、耦合的交互关系形成有机的网络化创新系统（如图 3-1 所示）。

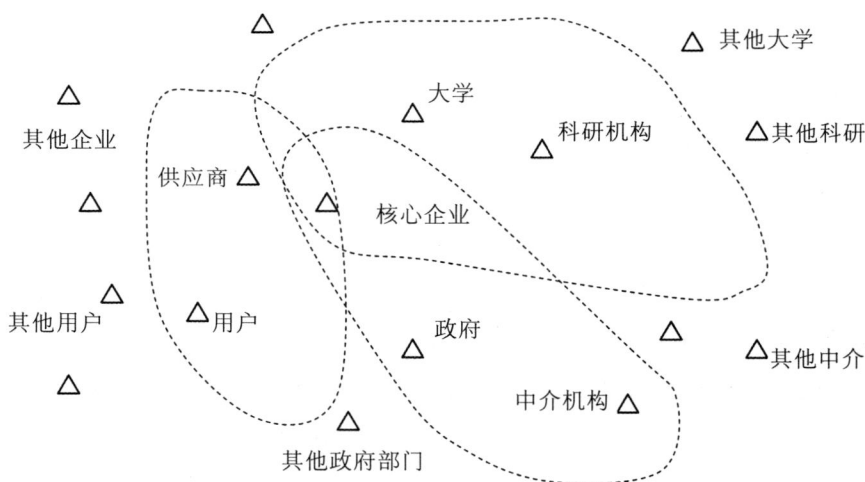

图 3-1　网络化创新主体构成

（1）企业。企业创新网络的效力最终是通过企业的创新活动，表现在产品和服务的竞争力提升上。企业是网络化创新的核心主体，其他网络成员实际上是为企业的创新活动服务的，最终通过企业实现创新增值。企业是网络形成和发展的驱动力，在网络的集体学习过程中处于"战略核心"，能够引发不同资源的汇聚，带领其他成员的创新活动，确保整个网络的存在和发展（朱海就，2004）。

（2）大学和科研机构。大学和科研机构通过科学知识的扩散为创新网络学习提供知识支持。高密度的大学与企业之间的人员流动能有效促进网络组织的集体学习，并能在减少不确定性的同时提高知识在网络中扩散的速度。美国硅谷周围的斯坦福大学、伯克利加州大学、旧金山加州大学对硅谷网络创新的最大贡献是培养并输送了大量知识型人才并对企业的现有人员提供职业培训。另外，大学和科研机构通过衍生出技术企业，将技术创新成果进行转化。这一点在我国就有很多成功范例，如北大方正、联想、清华紫光、东大阿尔派等企业。

（3）政府和公共部门。网络组织中的知识汇聚不仅受到创新主体个体差异的影响，还会由于市场失灵而导致知识资源配置的不合理。这时，政府与公共部门作为地方资源配置的权力行使者，可以站在宏观的视角，根据地区的创新和发展实际状况，协调各个创新主体之间的合作，引导创新资源在网络中的流向，使创新资源得到合理有效的配置。因此，我们把政府看做创新网络中的一个重要结点，对创新活动具有促进和协调功能。

（4）创新服务中介。创新服务中介是指为网络组织知识创新提供各种服务的机构的总称，一般介于政府和企业之间，起着桥梁和纽带的作用。如知识研究中心、知识开发中心等，为知识创新成果转化服务的工程化、中试和设计等提供服务；如生产力促进中心、创新咨询公司、创新中心、孵化器等，为创新活动提供咨询服务；如邮电通信、交通运输、商业、金融、广播影视等机构，为创新提供关联性服务。作为网络组织结点的创新服务中介，虽然不是创新活动的主体，但作为网络活动的主要辅助者，在促进网络形成和发展方面，发挥着一种重要的"黏合剂"和"催化剂"的作用。

（5）金融机构。创新基金、风险投资机构、本地的商业银行以及证券市场等在企业创新，如高技术的研发、商品化以及规模化生产过程中提供了资金保证。

3.1.2 主体间关系

3.1.2.1 主体间关系内容

（1）企业与企业之间的关系

战略联盟（Strategic Alliance）是企业之间形成网络联结的主要形式。所谓战略联盟，是指一家企业为实现自己的战略目标，与其他企业在共同利益基础上形成的一种优势互补、分工协作、非股权型的网络式联盟。企业联盟具有合作对象广泛、合作方式虚拟化、合作领域广阔、合作形式多样、灵活性与适应性强等特点。战略联盟近年来已成为企业扩张的一种重要方式，突出表现为西方跨国公司在国际经营中的普遍运用。企业通过缔结战略联盟广泛开展经营合作、推进自身迅速发展，一方面可提高本企业资源的使用效率，另一方面又可节约企业在可获得资源方面的新投入，从而降低企业的进入与退出壁垒，提高企业的战略灵活性。

（2）企业与大学、科研机构的关系

企业与大学和科研机构的联结通常表现为我们常说的产学研合作（Industry-University）。产学研合作的方式有很多种，常见的如联合项目，大学、科研机构承担企业的商业或工程项目，通过引进技术、设备的消化、吸收、使用等活动完成合作创新任务；产学、产研之间就该合作项目成立课题组，由大学、科研机构提供技术和知识型人员，由企业提供资金、设备等支持性资源；企业与大学、科研机构之间成立各种联合体，共同进行创新活动；通过建立中试或中心方式，企业与大学、科研机构共同承担国家科研课题、共建中试实验基地、共建各级工程技术中心等；另外，通过成立学院的方式，企业与大学、科研院所联合培养技术、管理人才，以及建立定期的人员交流、技术咨询的制度合作创新形式。

（3）企业与政府的关系

企业与政府部门的合作关系，表现为政府通过制定政策、监督实施等方式积极参与推动企业的创新活动。如政府针对企业创新项目，提供科研经费，并通过协调社会其他资源进行相应的配合。可以说，政府主要是从宏观层面通过计划、政策、法规三个方面来引导、激励、保护、协调、组织企业的创新活动。例如，美国政府为了推动企业的创新，制订了著名的先进技术计划（ATP），专门支持企业与大学、研究机构之间针对高新技术研发形成的联合体。我们应该看到，政府介入企业创新活动的方式与程度受历史、文化、制度以及经济、科技发展水平的影响，因此每个国家的情况各不相同。例如，与欧美国家和地区很不同的亚洲国家代表韩国，作为后发展国家，其为了更有效地配置资源，通过政府计划等直接干预形式参与并推动企业的创新活动，保障了企业竞争优势的获得，也使整个综合国力大幅提升。

（4）企业与资本市场的关系

创新是一个复杂的系统，企业在网络化环境下从事的技术创新，在获得高收益的同时，也面临着更大的风险和不确定性。这些风险和不确定性因素经常在资金方面对企业造成困难，融资成为创新活动面临的首要难题。这个问题的解决一方面有赖于资本市场的成熟与完善；另一方面有赖于企业自身创新水平提高以及融资策略和能力的加强。资本市场，尤其是风险投资的兴起，通过调整货币供给参与并促进了企业的创新活动。资本市场与企业之间的合作关系表现为：为促进企业创新提供长期的、低息的政策性贷款；为寻求新技术产品的使用者提供金融支持；为新创企业提供风险资本等。风险资本与企业结合不仅给企业带来了资金，而且给企业带来发展所需的市场、管理等各方面的网络资源。

（5）企业与中介机构的关系

中介机构通过与创新企业以及其他相关组织之间的沟通联系，促进创新资源，特别是知识和信息的传递和共享。通过对创新环境的改善和创新服务质量的提高，中介机构在网络化创新模式中起着越来越重要的作用：扩大了企业创新的空间，增加了企业创新的机遇，提供了企业创新的便利，进而提高了企业创新质量和效率。企业与中介机构之间的关系表现为：以会员身份加入中介机构；建立与中介机构定期沟通制度；请中介组织为企业咨询等。国外的实践表明，中介机构是促进企业在社会网络中实现创新的重要桥梁。与国外相比，我国中介机构还欠完善，主要表现为中介机构体制不健全、从业人员素质低、企业与中介机构的

对接不理想等，这在一定程度上也成为影响我国企业创新活动的重要
因素。

3.1.2.2　主体间关系层次

Pasillas（2001）将企业网络分为一级网络和二级网络：一级网络
是企业与供应商、销售对象、同行所构成的网络，即企业与企业之间的
网络；二级网络是企业与其他非企业机构所构成的网络，即企业与大学
或科研机构、金融机构、管理与技术咨询公司、商业协会、行业协会、
政府相关主管部门等构成的网络。创新网络的主体间联结关系从本质上
说是创新资源（特别是知识）在异质性组织间的流动链路。根据这种流
动链路结点的不同，网络关系呈现出以创新企业为中心的多层次模型，
具有星形拓扑结构特征（王炳富，2010），包括由企业与其他企业构成
的横向环形网络结构、企业与供应商和客户构成的纵向总线形网络结构
以及企业与科研机构和公共机构构成的斜向网状网络结构。同一企业网
络中同时存在着上述不同的网络形式，而且对于不同的企业来说，其重
要程度各有差别。

3.1.2.3　主体间关系特性

（1）结点活性

所谓结点活性，是指构成网络组织的结点是具有自主决策力、行为
力的独立单元。这种活性不仅表现为可以接收和传递信息，而且可以对
其进行加工、赋意，并自主做出判断和应对；在此过程中，也可以获
取、产生、存储、应用信息与规则（或称为"知识"）。结点活性是网
络组织的一个基本属性，是网络组织表现出柔性、动态性、灵活性、智
能性等特征的前提和基础。网络组织中的创新动力来源于结点的活性
（李维安，2003）。结点的活性涉及结点自身的能力和潜质，也涉及结点
在网络中的地位，是企业创新网络中组织成员合作的前提、创新的基础
和复杂性的来源。各个创新主体对流经它的知识具有处理能力；同时，
这种对知识的加工处理能力以及组织结点的构成会随着网络组织中合作
创新项目的进展情况、组织目标的完成状况而增减或调整。

（2）相互依赖性

网络组织的另外一个基本属性是成员之间的相互依赖性。这种依赖

性是由于网络成员基于自身需要和共同认知的集体目的而相互之间产生多重联系的必要条件。离开了相互依赖性，就没有必要产生联结，形成网络。从这种意义出发，Baum 和 Ingram（2002）认为，组织间关系从根本上可以被视为一种制度安排，并需要建立一系列规则和理解，以管理组织间的相互依赖，保证交换的顺利进行，降低成本和不确定性。对于知识创新而言，必要性（Necessity）、不对称（Asymmetry）、互惠性（Reciprocity）、效能性（Efficiency）、稳定性（Stability）和合法性（Legitimacy）是推动组织间关系形成的主要驱动力（Oliver，1990）。如马永生（2000）所指出的，在网络组织中，创新主体因各自的资源（主要是知识、信息、技能）有限，在经营过程中必须与其他组织进行交流与合作，这是一种以自身利益为驱动力的自愿的、频繁的交流与合作，有利于更大范围和更深层次的知识、信息、技能的共享。

（3）联结多元性

构成系统的成员之间的联结及其模式决定了系统的表现（Senge，1990；Sherwood，2002）。对于网络组织而言，构成网络组织的成员之间也存在多种联结内涵。李维安等人（2003）认为，网络组织与外部环境之间不断地进行着包括信息、知识、物质等多方面内容的能量交换，进而形成一个动态的、平衡的、开放的、自组织的复杂系统。在网络组织中，联结的多元性除了表现为主体间交换内容的多样化之外，还表现为组织间关系的多样化，即正式关系和非正式关系的同时存在。创新网络组织是知识节点间自然技术交流过程和社会过程的统一。经济学研究的重点是通过契约、协议约束的组织间的正式关系，社会学研究的侧重点更多地放在网络参与者之间通过信任、文化等建立的非正式关系等。

（4）持续互动性

网络组织的运行是一个互动、涌现的过程。持续互动性（或称为动态性）是网络组织的一个基本属性（林润辉和李维安，2000），构成了网络自适应和自我学习的基础。企业结成创新网络的重要目的之一就是要通过创新主体间的互动、合作与交流，创造比网络外其他对手更强的战略优势。所以，互动性是网络组织的又一根本性特征。网络中创新主体间的互动是创新产生的动力源泉，缺乏互动或者互动性较弱的企业间不容易建立起合作的网络关系。互动是知识在组织间流动得以实现的前提。知识的流动特别是隐性知识的流动，必须通过某种互动机制形成网络联结才能实现。结点密度越大，则交互作用机遇越多，创新机遇增加，则创新能力越强。创新主体的创新性和互动性为网络组织的发展提供了最为关键的两个要件，即目标指向和动力机制。知识节点之间的互动是网络组织环境适应能力的结构保障，驱动着网络组织运作，互动协议保证了创新网络组织的正常运转。

创新网络主体间关系特征如图 3-2 所示。

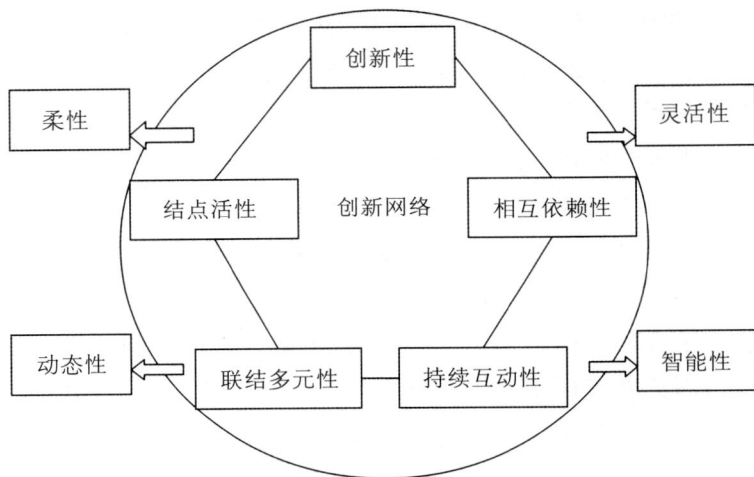

图 3-2　创新网络主体间关系特性

3.2　创新过程的网络化特征

按照 Rothwell（1994）对技术创新过程模型的划分，目前应用较多的是以系统集成和网络化为核心的第五代技术创新过程模型。在这一过程模型中，强调创新不仅是功能的集成，而且要实现系统的集成；不仅要实现组织内的资源的整合，还要实现资源在组织间的整合。在当代的知识经济环境下，技术创新活动更多的是一种系统型技术创新活动，是对技术创新网络中各个网络成员的功能的、系统的集成以及技术创新成果的整合。根据 Coombs 和 Metcalfe 的定义，网络中的系统型创新被看做一种分布式创新，是指创新所需要的技术以及相关能力在多个企业和其他知识生产机构之间分布实现的情形。在这个分布式创新过程中，每个成员从事专门化的活动、技术工艺和知识生产，创新是他们活动结合和复合的结果。随着技术创新不确定性的增大，第五代创新模型就是正在不断发展的网络模型，技术创新网络中进行的创新活动是网络成员不断进行跨组织学习的过程，各个成员的技术创新成果在这个过程中相互磨合协调并最终整合形成网络技术创新成果（Assis，2003）。因此，网络化创新过程既包括分布式的微观过程，又包括集成式的宏观过程。

3.2.1 基于知识流动的微观过程

网络组织知识创新的过程是一个通过知识流动实现的动态过程。这一动态过程包括知识源角色和知识接收者角色的交流过程以及位置的变化，是网络内各个知识节点间循环交叉的学习过程（Szulanski和Gilbert，1999）。基本元素之间的有效知识流动和转移是提升网络创新绩效的关键所在（Argote，1991）。本书认为网络组织知识创新的微观过程应该是知识通过中介载体或社会网络关系链接在知识提供者与知识接收者之间的流动过程。这里知识提供者一般为具有高知识势的知识节点，知识接收者一般为具有低知识势的知识节点。从这一假设出发，下面就组织间知识流出与吸收的微观过程进行分析（如图3-3所示）。

从图3-3可以看出，首先，当组织认识到自身缺乏某种知识时，会产生"知识落差"（Knowledge Gap），也就是产生了对知识引进和知识转移的行为要求。由于知识接收者（知识节点）需要某种知识，而知识提供者（知识节点）拥有该知识，两者具备知识传递和共享的可能性。通过分析各自组织的知识特点，进行知识识别和评价，知识需求者向知识提供者发出知识共享的请求，并为接收和学习新知识做好准备。在创新合作的前期，知识提供者和知识需求者就某项知识流动达成一致前，是一个"谈判阶段"，由于"知识暴露两难"和"信息不对称"等问题，以及对知识需求者缺乏信任，使得提供知识的组织非常警惕。当知识提供者和知识需求者就某项知识流动达成一致后，知识源结点将自

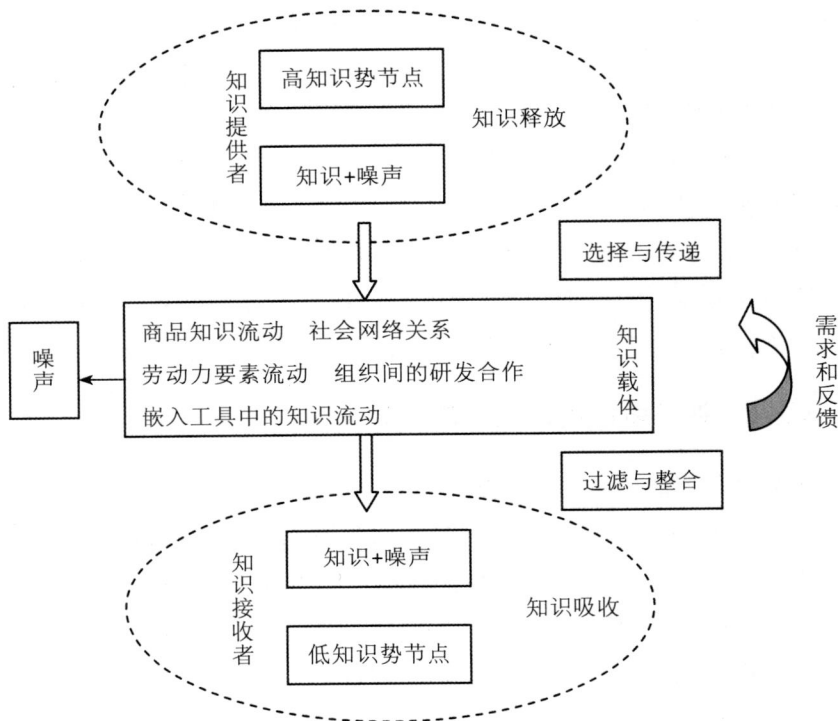

图 3-3 组织间创新的微观过程

己知识库中的有关知识进行筛选后，并对其用自身组织语言进行编码和解释，抽象成为"发送知识"，通过一定的知识载体传递给知识需求方。这时，由于知识具有无形性，在流动过程中不可避免地含有噪声。因此，接收者必须对含有大量噪声的知识进行选择和过滤，剔除无价值的知识，最后根据自己的知识、经验、感受等对保留下来的知识和噪声进行理解。知识接收者的"知识守门人"或相关合作部门通过中介载体，对流入的知识进行加工处理，将其变为符合自身组织语境的知识，根据组织的知识积累对知识进行整合和吸收，形成一种超越"原知识"的"新知识"，实现创新。从这一过程可以看出，知识提供者和知识接收者之间存在互动和反馈的过程。接受者的需求并非总能清晰地传递给发送者，发送者发送出来的知识并非能够完全地、准确无误地传递给接受者，双方的知识、经验、感受将影响知识流动的效果。

在网络中，由于各个成员的知识水平（或基础存量）具有差异性，因而在节点之间会产生知识由高到低的流动势差。在知识流动过程中，知识水平高的节点自然成为知识的供给者，也即知识源，而知识水平低的节点成为知识的接受者，知识从知识水平高的节点向知识水平低的节点流动。但一个知识接受者并不表示它是一个知识需求者，它并不会无条件地吸收所有流向自身的知识，而是会根据自身的需要判断是否吸收该知识，以及是否有必要在此基础上进一步继续创新活动。另外，它对于流向自身的知识的吸收能力和创新能力也是受到其知识水平限制的，一般来讲，知识水平高的节点，它理解和学习新知识的能力以及创新能力都相对较高。该节点在完成知识的吸收后，一是可能只是实现原有知识转移，二是在原有知识的基础上进行知识创新后，继续向下一个知识节点传递知识。在知识的流动过程中，一个节点既可以是知识的供给者，也可以是知识的接受者。随着时间的推移，各个节点所拥有的知识水平也在不断地发生变化，在某一时刻一个节点是另一个节点的知识需求者，在下一时刻很可能这个节点就成为另一节点的知识供给者。伴随着知识的流动，专有知识完成了向公共知识的转化，隐性知识完成了向显性知识的转化。由此可见，整个过程也是知识公共化和知识显性化的过程。

3.2.2　基于价值创造的宏观过程

不同于单一企业知识创新强调知识创新从起点到终点的线性特点，网络化创新由于创新主体的多样化、知识分布的广泛化而呈现出明显的非线性。组织间基于网络关系的创新过程关注和强调各个结点组织的知识如何将内外部资源统一到一个组织结构与系统中，并在这个组织结构关系中通过有效的商业模式利用内外的创新资源，同时建立相应的获利机制，分享所创造的新价值。这个过程是一个开放式的价值创新（Value Innovation）而非单纯的技术创新过程。这种价值创新是开放式创新（Open Innovation）的本质，也是网络组织学习、创新功能内涵的体现（如图3-4所示）。

汇聚（Assemble）强调多元的创新主体在创新任务的自我选择和创新能力的自我识别的基础上，成为网络组织的成员，使以创新能力为主的知识资源在网络组织中得以优化配置，形成创新基础。信息技术的发展，大大降低了知识分享与生产的物质成本，而且知识创新的物质资源

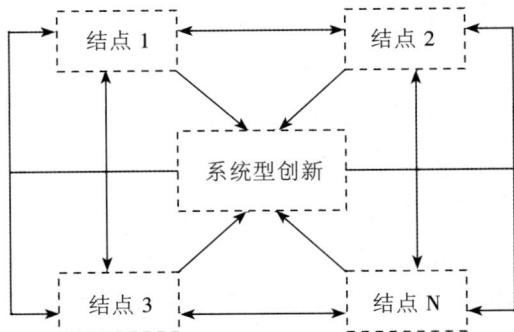

图 3-4　组织间创新的宏观过程

能够自由或便宜地获取，较低的交流成本会让创新者通过广泛的交流与反馈来收集信息，更好地识别参与者的能力与可获得性，从而在特定的时间约束中实现知识创新任务和价值的创造。在此基础上，企业通过知识扩散和知识共享活动实现了知识从组织内部到外部的外部化（Externalization）和社会化（Socialization）转换过程；组织创新行为经历了通过组织认同达成的知识分享的意愿，实现了从多样性走向一致性的演化过程；在这个过程中，网络组织既区别于市场通过价格定价机制实现对知识的配置，也不同于科层通过法规流程实现对知识的配置，而是通过创新者对知识的编码（Codification）能力实现知识的社会化，并通过解吸能力（Desorptive Capacity）实现知识从内部向外部的转移。

　　创造（Create）强调通过网络组织互动平台实现专业化成员的能力与实践的连接，促进网络中专业化水平的提升和特定知识的积累。知识的社会实践观赋予了知识创造以社会性内涵，即特定情境下的社会联系（Social Ties），并强调知识创新的情景嵌入性（Cook 和 Drown，1999）。在网络组织知识创新中，为了促进知识的互动与创造，重点不在于隐性知识和显性知识之间的相互转换，而在于知识的创造情景——互动平台。这个平台是开放的，也是复杂的（Chesbrough，2003；Chesbrough，Vanhaverbeke 和 West，2006），它依赖于成员之间的互动和学习，平台中的知识循环具有群体性，并且实现了网络组织知识创新动态与静态的协调。静态角度，平台将专业化成员的能力与活动连接起来，促进了网络中专业化水平的提升和特定知识的积累；动态角度，平台作为一个开放的结构促进了新成员的加入以及互动创新，由此实现了网络能力的建立。

整合（Integrate）本质上是在知识创新资源汇聚与新知识创造的基础上，提升新创知识的质量，进而挖掘其商业潜力，赋予新创知识商业价值。网络组织知识创新旨在将分散的创新资源转化为群体性的产出，其实质是创新成员对群体效应的追求。由于创新主体的多样性，会产生新创知识的冗余，这样的冗余是必要的，但是需要在多样化的基础上进行选择保留，创新成员结合自身的知识水平和知识状态在目的性（Teleological）、辩证性（Dialectical）以及进化性（Evolutionary）三者互动的基础之上（Lee 和 Cole，2001），在一个有目的的、松散协调的以及分布性的系统中进行知识的吸收、利用和转化，并通过评价与整合来实现知识的商业价值，最终得到有价值的知识产出。

占有（Possess）建立在组织间合作关系的基础之上，在知识分享的过程中获得整体与个体在知识创新中的最大回报。在网络组织创新中，组织对知识占有行为发生了根本性变化，其逻辑基础是从实体转向关系，由静态占有转化为动态占有，即在知识的分享过程中，通过关系性知识产权①和以信任为核心的组织规范，实现对创新价值的获取和占有。这种关系性产权旨在规避知识外部性所带来的机会主义行为，促使成员在合作与分享中更好地实现对知识创新结果的动态占有。除了知识产权这种显性的占有机制，还需要隐性的"组织规范"，这些规范能够使成员联合在一起，基于一种快速信任（Swift Trust）而组建团队与联合（Coalition），套嵌在实践社群中或互动的密集网络中（Scott 和 Brown，1999；Brown 和 Duguid，2000），从而保证成员对知识的公平占有，消除机会主义行为以及利益冲突所带来的负面影响。

综上所述，网络化技术创新过程体现了三个方面的特征：第一，明确了技术创新过程的多个参与者，包括组织和个人；第二，关注了创新参与者之间的联结关系，特别是个体与系统创新之间的关系；第三，强调了基于技术创新成果所形成的利益分享期望前提下的所有参与者之间

---

① 本概念是受到周雪光教授对关系产权研究的启发而提出的。在他的研究中，关系产权是一个更加广泛的概念，而关系性的知识产权可以视为对其的一个具体运用与拓展。

的互动（许庆瑞，2007）。

3.3 创新结果的多重性特征

"嵌入性"理论认为企业的创新活动嵌入其所在的关系网络中，因此网络关系特征会影响企业的技术创新效率。现有研究从不同角度探讨了网络关系对技术创新的重要影响，并勾勒了能有效提升企业技术创新绩效的各种网络特征。例如，Powell（1996）对美国一些制药企业的纵向研究发现，持续时期较长的网络关系，有利于企业实现产品的创新；Uzzi（1997）通过对纽约服装产业的实证研究也认为，关系持久度与企业技术创新绩效正相关。也有学者论证分析了企业与供应商、客户等创新伙伴的关系质量对技术创新绩效的积极作用。但作为描述创新网络关系最重要的特征变量，网络关系强度与技术创新绩效的相关关系尚未获得一致结论。Larson 等（1992）认为与合作伙伴建立的强联结能够促进信任与合作，进而便利企业获取更多精炼的、高质量信息和默会知识（Tacit Knowledge），与技术创新绩效正相关。Granovetter（1973）等则从弱关系的信息优势入手，认为弱关系通过提供异质性的知识更有利于企业技术创新。结合现有的相关研究，本书认为创新网络对企业创新绩效结果的影响主要体现在交易成本、互补性资源、知识共同创造三个方面。

（1）交易成本的降低

交易费用理论认为，网络内通过 R&D 组织产生的创新归结于成本的递减，网络的形成实际上是由成本降低促成的。Williamson（1987）也指出，R&D 成果等技术商品的特性决定了它的高额交易成本，因此，"纯市场"的方式并不是技术交易的最佳方式。但是在现代技术和市场条件下，以组织替代市场的"内化式"创新同样需要付出较高的成本，甚至还会高于技术创新的交易成本。正如 Bidault 和 Fisher（1998）所指出的，技术的特殊属性决定需要设计一种特殊的形式来实现其交易。这种组织形式要求建立一种特殊的企业间"关系"，既不同于市场中的"买卖关系"，也不同于企业内部的"层级关系"，而是一种建立在互惠基础上的长期合作、相互沟通、彼此信任、共担风险、合理划分收益的介于纯组织和纯市场之间的交易方式，即网络化交易（Network Transaction）。随着网络的出现，介于市场和组织之间的"第三种"交易方式突破了规范的组织界限，被称为网络化交易。其特点是通过组织间的关系网络寻找合作伙伴。在这个过程中，借助先验信息的关系网络可以最大限度地降低交易费用。

（2）互补性资源的获得

资源基础观认为企业的竞争优势建立在对有价值的、稀缺的、难以模仿以及难以替代的资源的积累之上。当企业内部资源具有这些特点时，就不会被竞争对手在战略要素市场上轻易获得。随着实践的发展和研究的深入，越来越多的学者发现，建立组织内部资源已经不是获得持续竞争力的唯一途径。通过在跨组织合作中分享有价值的、稀缺的、难以模仿和难以替代的资源，可以导致同样的效果，甚至有利于克服内部"刚性"（Barney，1999）。Miler（1990）认为企业技术创新依赖于其所拥有的资源，企业可以说是不同种类资源的集合体（有形或无形资源）。但任何企业的资源都是有限的，难以满足技术创新的全部需求，且一个企业所拥有而另一个企业所缺乏的资源，对于两个企业来说都是具有不可流动性、不可触摸性和不可替代性的资源，尤其是那些隐性的及基于互补的知识更是如此。企业只有通过跨组织的网络关系途径获取这些不可替代的优质资源，使资源的价值达到最大化。网络的形成是为了提供一种协作和交流的有效制度。作为一个整体，创新网络是为了获得多种创新资源和信息，由多元主体参与的一种流动的、开放的创新系统。高新技术产品的形成需要整合来自不同领域的特有知识和技术，通过联结关系获得知识对高新技术的形成具有重要作用。同时，外部知识的获取也加快了技术和产品的开发过程，缩短了开发周期。由不同企业组成的以共享资源为目的的跨组织网络，可以被企业用来获得技术窍诀与其他资源。企业组织合作伙伴的能力越强，就越有可能通过网络伙伴对即将出现的新技术机会实现快速反应。

（3）知识共同创造的实现

Ahuja（2000）认为组织间的合作和战略性资源与知识转移密切相

关。网络通过组织间的互动不仅促进知识在成员间的转移，还促进新知识的产生，网络中的企业相对于其他企业而言，更容易获得中心位置和网络影响力。Stuart（1998）认为组织间合作以及为合作创造便利条件的网络环境具有知识创造、知识扩散、知识实现的作用。Mora，Montoro 和 Guerras（2004）对市场中学习的研究，表明通过创造知识交易的渠道和降低学习的风险，网络形成了知识转移和学习过程。党兴华和李莉等（2005）从知识位势的角度出发，认为在网络环境中进行企业技术创新合作的所有企业组成一个知识场，其中每个企业都可以被看做一个知识主体，拥有特定的知识势能。高位势与低位势知识主体之间由于知识势差而存在着自然的知识流动。企业间的知识创造需要一定的条件：各个企业之间必须有进行知识创造的利益驱动；参与知识创造的企业所依赖的知识基础必须足够不同，以保证互动的价值；企业之间的认知距离过大或者知识基础过分不同，企业间的学习将会停止（郑亚莉，2005）。网络的主要功能是创造知识，组织通过知识交流与整合实现创新（Rutten，2003）。网络组织中强调彼此互惠可以有利于 Know-how 的形成与共享，企业通过联合共同分担创新中的风险以及创新活动带来的成本。由于 Know-how 具有内隐性，存在于个体当中，很难被命令所支配。因此，如果组织与个体之间存有一种信任，则个体因而会对组织有期望。相对于市场与科层，网络的形成是互惠的基础，组织可以集中个体的资源优势，调和与互补，有利于 Know-how 的形成与共享（Powell，1990）。

关于网络有效性，许多研究从实证角度对创新网络与企业绩效进行了论证。从国际来看，如 Dyer（2000）对日本丰田汽车的实证研究发现，基于紧密合作的网络创新模式，丰田汽车在 1982—1998 年经营绩效大幅提升，甚至赶超了当时处于鼎盛时期的欧美汽车企业。究其原因，基于组织间互动的合作创新模式是其绩效提升的关键所在。对1982—1998 年全球汽车制造业的平均获利水平进行横向比较，结果发现日本丰田汽车获利水平远远高于其他企业，成为从合作创新中获利的典范。从国内来看，一些高科技企业在网络化创新中同样取得了很大成功。如移动通信行业的领军企业——华为技术有限公司，其在世界各地都建立了研发部门，同当地的相关组织之间形成互动的网络进行创新。它在硅谷的研发部门逐渐融入当地的技术创新使其得以学到路由器等当今最为先进的技术，并逐渐成为我国乃至世界 IT 界的领军企业；又如上汽公司，在与韩国双龙、德国大众、美国通用、英国罗孚等著名企业形成的技术创新网络中，通过与这些企业之间的学习与交流，积累了大量的技术创新能力，为提升自主创新能力奠定了坚实的基础。但随着实践的发展和研究的深入，学者们发现，企业网络对于技术创新的作用并不是固定不变的（Gulati 和 Higgins，2003）。由于企业所处的环境变化以及个体条件的差异，网络对企业创新体现出的影响是有差别的（Burt，1997；Podony 和 Baron，1997；Gulati 和 Westphal，1999b）。从已有的文献看，众多学者从企业网络的不同特征来开展研究以解释企业创新绩效的差异。然而，企业网络与创新绩效关系的研究却得出了不一致的结论：大部分的实证研究表明，网络联结越强越好，即强联结能提升企业绩效（如 Powell，Kogut 和 Smith-Doerr，1996；Zaheer 和 Bell，2005），但也有些学者的实证研究表明强联结对企业绩效是负作用（如 Gargiulo 和 Benassi，2000），可能把企业锁定于非生产性的关系，或者是阻止企业寻求更为有效的合作伙伴（Burt，1992；Uzzi，1997），带来企业未来发展的风险（蔡宁和吴结兵，2006）。Uzzi（1997）则指出网络嵌入性的理想强度是处于中间状态，既不要太紧无法解散关系，也不要太松以至于无法形成关系，上述现象被学者们称为"嵌入性悖论"（Embeddedness Paradox）。Gulati（2003）认为，现有研究中之所以出现了结论上的矛盾，原因在于大部分研究过多地强调了网络联结的绝对效应（Absolute Effects），而忽视了组织间嵌入性联结的条件效应（Conditional Effects）。

3.4 本章小结

本章从创新主体、创新过程以及创新结果三个要素分别分析了创新的网络化特征。创新主体构成以及相互之间关系的多样性和复杂性，是构成网络关系的理论依据和基础。创新过程的动态性、多层次性是网络关系作用于创新绩效的路径，并对企业如何在网络化环境中实现创新提出了更高的能力要求。创新结果的网络化特征显示了网络化的创新范式在促进企业创新绩效的同时，也会带来"锁定""路径依赖"等负面效应。本章的分析，阐释了本书的研究视角，进一步具体化了研究对象，并为接下来的理论模型构建明确了范围。

4 网络化创新下的企业动态能力

4.1 网络化创新下企业动态能力构建的理论框架

如何保持竞争优势并获取超额利润是企业关注的根本问题。就此，学术界掀起了对企业资源和能力如何与所处环境相匹配的研究热潮，先后出现了强调外部环境的战略定位学派和关注内部要素的资源与能力学派。前者过于强调对产业环境及竞争对手的分析，忽视了企业自身的能力建设；后者在企业发展过程中，存在研究视角过于静态以及组织刚性和路径依赖等问题。随着全球管理实践的日趋复杂，以往的理论凸显出很大的局限，都没能解释在同样动态的环境下，为何企业的绩效表现不同。随后，Teece 基于资源基础观提出了"动态能力"的概念，并在1997 年进一步将其定义为企业整合、建立和重构内外部资源和能力以适应快速变化的环境的能力。目前，动态能力对于企业保持竞争优势的促进作用得到了广泛的认可，成为战略管理、创新管理以及组织理论等多个领域研究的焦点。

　　动态能力强调企业通过获取、释放及整合资源的组织过程来满足环境变化的需求，这一过程需要持续的创新支持。技术创新成为构建动态能力的重要前因变量得到大量的经验证实，并成为动态能力研究的重要取向之一。随着信息技术和经济全球化的迅速发展，知识扩散加剧、产品周期缩短、员工流动频繁及风险投资兴起等要素使得强调内部控制的传统创新模式日见掣肘。企业面临一种新的创新模式选择，逐渐将注意力转向外部有价值的创新资源，通过与外部创新者联合起来，嵌套在密集互动的网络中实现更大的价值创造。网络成为新一代创新活动的重要渠道和载体，为各个结点组织提供了协作和交流的有效机制。与此同时，网络化模式下，创新过程不再简单而线性，变得更加开放、民主和分散。面对创新环境和创新过程的复杂性，企业需要具备更高层次的能力——针对外部产业技术变动及市场竞争不确定性做出迅速反应，积极有效地利用分散在企业外部的资源，整合和重构企业内部资源来感知并抓住外部机会。可以说，新的创新范式改变了企业为存在和发展而创造、拓展和更改其资源库的过程，从而对构建动态能力提出了新的挑战。很多学者也注意到网络化创新与动态能力的理论联系，认为网络化创新和动态能力是"技术适用性"和"发展适用性"的关系。但是目前将网络化创新和动态能力联系起来的文献并不多见，研究尚缺少实质性进展。怎样构建网络化创新和动态能力的具体关系模型以及如何将其应用到企业管理实践中等问题并没有得到回答。

　　鉴于此，本书的目标是基于对现有研究的回顾和分析，在理论上回答一个重要的问题：企业如何利用网络化创新环境构建动态能力进而改善组织绩效？具体而言，将网络化创新纳入动态能力的研究框架（如图4-1所示），基于"压力筛选"的分析逻辑，拓展动态能力的内涵，构建网络化创新下的企业动态能力模型并探讨其作用机理。

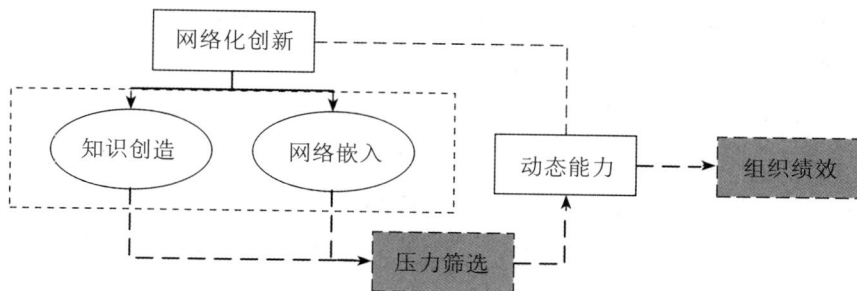

图 4-1　动态能力构建的理论框架

4.2　网络化创新下企业面临的"双重"压力

不同于传统的封闭式创新，强调内部控制，利用内部精英或全员探索新产品、新技术，通过内部的工艺和流程最终推向市场，网络化创新的核心思想在于企业能够并应该使用内外部两种创意、知识、技术等创新资源，同时使用内外部两种途径将创新结果商业化。企业通过有效的商业模式，将内外部资源统一到一个组织系统内，并建立相应的获利机制，分享共同创造的新价值。因此，网络化创新并非单纯的技术创新，而是一种开放式的价值创新。这种开放式的创新起点在于创新资源在组织边界内外部的自由流动和交换，重点在于创新者获得持续的竞争优势和超过行业平均水平的经济租金。

由于社会学习周期的不断缩短，知识的价值悖论（Value Paradox）成为创新企业面临的更大威胁。面对这个悖论，企业将对知识存量的关注转移到对知识流量的关注。但是由于知识本身具有内隐性、复杂性及系统性等基础风险，企业面临的核心任务就在于如何通过一种开放式的创新模式获取与运用分散在组织边界内外的知识资源，以创造更大的价值。具体而言，价值创新的实现嵌入在组织间的网络中。创新参与者与合作者从企业内部扩展到企业外部，不仅包括供应商、客户、大学、科研机构等利益相关者，还包括领先用户、创新型中小企业、行业专家以及其他行业的合作伙伴。Laursen 和 Salter 指出，开放范式下，创新要素涵盖了市场、机构、其他来源和行业规则等四大类 16 种外部要素。

这些创新参与者与合作者具有多样的知识背景和创新动机，并且具有广泛的地理及制度性差别。企业需要在多元化、跨边界的基础上使不同的行为主体按照共同的目标实现价值创造，也需要获得沟通和交流方式上的一致性，以促进创新资源的高效流动和交换。由此，基于一种快速的信任，企业与这些创新参与者组建团队和联合，以信息技术为支撑的先进的组织模式大量涌现。网络、社群以及联结成为提高组织创新绩效的关键。

由此可见，网络化创新下企业改变其资源库以适应快速变化的环境的过程变得更加复杂：不同类型的资源在创新各个环节中跨组织流动与交换；从模糊的创新前端和商业化阶段识别可行的价值机会；避免创新先动者失败的悲剧，在创新中最终获利。在这个复杂过程中，企业面临来自知识创造和网络嵌入两方面的重要挑战。

（1）知识创造带来的学习能力挑战

学者们普遍认为动态能力的形成和发展不是孤立的，并以知识为基础探讨了组织学习对动态能力的积极作用。网络化创新从根本上讲意味着有价值的知识呈更广泛分布，即使是最有能力的研发组织也必须把识别、获取和利用外部知识源作为创新的核心过程。因此，组织学习是企业网络化创新的重要支撑要件。国内外很多学者也都在其研究中指出了公司从"封闭式创新"走向"开放式创新"战略转型的关键在于组织学习能力。网络化创新是一个多流程的创新过程，在很大程度上增加了组织学习的难度；创新知识复杂性、多样性以及来自不同创新主体的差异性等基础性风险特征都将给企业原有的组织学习能力带来挑战。

（2）网络嵌入带来的网络能力挑战

面对新的创新范式，企业需要采用有效的组织模式支持特定的价值创造流程。许多新的组织模式在网络化创新中得到了运用，如基于社群的同侪生产、"联发"模式、创新网络等，这些组织模式以信息技术和工具为支撑，从本质上改变了企业与外部合作者的互动界面，超越了企业边界，打破了时间和空间上的限制，极大地促进了更为开放、分散、虚拟的知识交换和创造。企业不再是单一地自我实现偏好的交易单元，而嵌入在包括客户、供应商、科研机构、公共部门等利益相关者在内的复杂网络之中。企业能力的微观基础不仅受到知识活动的影响，同时也受到网络嵌入的制约。

4.3 基于"压力筛选"的动态能力构建

（1）知识创造的压力与学习能力构建

组织间基于网络联结的创新过程强调多元的创新主体能够自我选择创新任务和识别具有价值的创新资源。因此，企业在网络环境下，首先面临的是知识配置的压力。知识配置的压力主要是由知识的内隐性特质引起的。在网络化创新中，创新主体由企业员工扩展到分布在全球各地的组织和个人，如供应商、用户、消费者、竞争者、中小企业及各行专家，这些不同创新参与者之间存在着知识差异性，知识的内隐性增加了辨识这些差异性的难度。企业很难通过市场机制来对这些隐性的知识和能力进行定价或标识。同时，由于地理分散性，隐性的信息无法及时、有效地传达给核心的决策者。网络化创新行为具有明显的自组织的系统特征，企业在创新系统中识别、描述创新机会的发现能力将成为根据环境刺激做出适应性反应行为的前提和基础。我们所说的发现能力，是一种探测性的创新思维，更强调识别和获取外部创新机会。在这个发现过程中，一些传统战略中强调的核心概念，如所有权、进入壁垒等变得不再重要，而创新资源的流动交换与价值实现成为机会识别和获取的关键。构建路径 1A：知识配置压力促使企业动态能力向发现能力拓展。

企业学习的开始被视为知识的获取，知识的获取是为了创造新的知识。知识的获取不仅包括从企业外部获取，也包括从企业内部获取知识。知识的获取一般通过以下途径：一是对企业外部环境的及时洞察，以获取公开的信息、知识和事实情况等。根据此途径获取到知识后再对知识进行有效的加工、整合，创造出新的知识以利于企业自身的使用；二是企业从经验中学习，即企业从过去的经验（这种经验既包括企业本身的经验，也包括竞争企业的经验）中学习，由于企业长期的经营活动积累了大量的事实经验，从而积累了有效的经验，也逐渐地加强了企业的学习能力；三是通过战略联盟的方式学习，从合作企业处获取信息，进行企业间的合作，把获取的信息通过整合加工的方式，从而创造出双方均需要的新知识，再依据各自企业的需求应用于企业本身。

企业通过以上途径获取知识之后，这些来自企业内部或外部的知识（经验知识）能否通过企业的学习能力转化为企业未来发展所需的资源，就取决于其对知识的接受能力了。在学习的过程中，知识的获取仅作为过程环节中的一个动作，真正起到决定性作用的是企业能否接受这些被获取的知识。当人们对新知识的接受能力越强时，学习到的东西就会越多，因此企业对知识的接受能力成为衡量企业学习能力的一个重要方面。企业从其内部或外部通过有效的途径获取到知识，将知识进行再加工，获取到的新知识能否被企业所应用，就要靠企业对知识的接受能力了。因为不同企业对知识接受的能力有所不同，那么接受能力强的企业势必会根据对知识的有效接受程度创造出更多有利于企业本身的新知识。同时，对接受知识的态度也决定企业学习能力的强弱。所以，对于学习的态度也是企业学习能力不能忽视的因素之一。

创新是赋予知识以新的创造财富能力的行为。开放式创新给企业带来了大量的外部可利用知识。在这样的环境下，企业面临知识整合的压力。知识整合的压力主要来自于知识的复杂性。一方面，和创新相关的知识不再仅仅是技术方面的知识，还包括其他与创新商业化方面相关的知识，如客户知识、市场划分知识以及产品应用方面的知识等；另一方面，依靠传统的生产和修改创新惯例的决策过程，由于创新参与者认知差异而变得越加复杂。动态能力较少地依赖组织的现有知识，更多的是依靠及时地反映环境变化的新知识，因此，经验性学习和认知性学习共同塑造了动态能力。企业对获取的创意进行选择、保留、加工继而转化为商业建议的孵化能力成为价值创造的关键环节。我们强调的孵化能力，是一个以吸收能力为基础，更具有目的性、战略性的以市场学习、市场创造、商业建议测试为支撑的交互能力，具体表现为企业将获取到的外部创意和机会与现有组织条件相结合，进行甄选和吸收最终转化为商业建议。构建路径 1B：知识整合压力促使企业动态能力向孵化能力拓展。

在企业内部从知识的获取到对知识的接受，仅是完成了在企业内部知识传递的过程。此时的知识仅是被企业内部的少数人所掌握，要想让企业内更多的人对获取和接受的知识能够进行快速有效的运用，就必须使知识在更大的范围内被传播和接受，这就是企业所需的知识的共享能力。知识共享指知识在成员间共享的过程，随着信息的扩散可以扩大信息的共享范围，使组织中更多的成员能够分享相关的信息。企业学习能力的效果反映在企业学习群体和企业的工作范围中，而知识共享的深度和广度是与企业学习能力效果息息相关的影响因素。因为企业内部存在信息不对称，所以知识的共享能力在企业传递知识这一过程中就显得尤为重要。在企业获取知识后，经过有效接受知识的环节，虽然掌握一定的知识，但知识难以全面、迅速地流动，最终导致知识转移的停滞。加强企业内部知识的共享能力是改变这一现状的关键。只有在知识共享充分的企业，由于相同部门以及不同部门员工之间的频繁交流，降低了信息的不对称，知识共享的作用才能呈倍数扩大。企业在提高知识共享能力的同时，也应在企业成员所掌握的知识结构的互补性和相似性之间取得平衡。知识共享的本质就是企业内部的少数人将新的知识或经验积累的知识向企业内部的大多数人转移、传递的过程，是知识拥有者将自己的知识外化，并与其他成员共同分享的过程。

网络化创新的本质是开放式创新，其核心思想在于企业能够并应该像利用其内部知识、技术等创新资源一样地使用外部有价值的创新资源；同时像使用内部途径一样地使用外部一切有效途径将其创新成果实现商业价值。基于此，企业实现创新成果商业化的程度成为衡量企业创新绩效的又一重要指标。罗仲伟等人指出，技术范式转变时，现有知识被新知识替代的过程往往表现出明显的跃进性、非连续性和突变性。这时，知识表现出的动态性、非线性、非秩序性等系统性特质导致了创新知识向商业价值转化的压力。网络化创新起始于企业内外部创新资源的交换和流动，终止于创新企业获得超额利润和竞争优势。企业通过有效的商业模式利用分散在组织边界内外的创新资源，并建立相应的获利机制，占有创新价值的加速能力是实现创新目标的重要组成部分。这种加速能力从根本上说是将最初的创新思想集中到一点，在最终的商业平台上得以实现，具体表现为企业集中于创新机会和市场导向，构建商业平台及必要基础，实现创新利得。构建路径 1C：知识转化压力促使企业动态能力向加速能力拓展。

从知识的获取到知识的接受，经过知识的共享，提取到新的知识，要想达到对新知识的有效利用，还需对新的知识进行消化和吸收，才能真正地被企业所运用。个人和组织对获取的知识都会有其独特的理解与吸收能力，在企业学习的过程中对获取的知识达成一致的认识，能够做出共同接受的解释，并被整个企业所消化或吸收，最终达到对知识运用的效果。知识的吸收就是将获取到的新知识融入企业原有的知识中，经过企业成员对它的传递、共享、消化和吸收，使它作为与整个企业知识体系相协调的一部分，使之能有效地被企业所运用。在对知识进行消化与吸收的过程中，企业学习的能力也会变得越发明晰、深入。可以说知识的吸收能力是体现企业学习能力极为重要的一个环节。不论是知识的获取和接受还是知识的共享，最终的目的是让企业内所有成员能够消化、吸收新知识，使其在企业运营的过程中得以应用，提高企业的绩效。知识的吸收能力能够为企业带来知识上的竞争优势，创造出新的知识结构和内容体系，使其融入企业的运作中，使企业在生产、研发、营销等方面找到更为科学、有效的方法和手段，从而为企业带来更大的竞争优势、更多的效益。

从知识的获取和接受，到知识的共享，再到知识的吸收，都是为了创造出有利于企业运用的新的知识。Nonaka（1994）和 Peniland（1995）都认为，企业知识的创造是指替换或创新企业中显性与隐性的知识，透过交流和互动过程，以及个人认知过程，进而创造、分享、扩散，以及评定企业中的知识。知识的创造是企业成员在吸收新知识之后，对其加工、整合，再创造出新知识的过程。从企业学习能力过程的角度来看，知识的创造是一个非线性的、复杂的、交互式的学习过程。这个过程以从企业内部或企业外部获取的经验知识为基础，通过知识的转移和传递、共享及吸收，将企业内部或企业外部的经验知识转化为能被企业应用的新知识或技术。企业知识创造的活动提高了企业吸收新知识的能力，是企业学习能力运用效果的直观体现。

"组织学习"和"知识能力"被学术界和商业界公认为是企业获得

竞争优势的关键，通过知识的沟通与整合，企业得以学习和创新（Schumpeter，1934；March，1991；Kogut 和 Zander，1992；Dyer 和 Nobeoka，2000）。Drucker（1993）认为，创新是知识应用的结果。渐进性创新是经验性知识累积的结果，突破性创新则需要企业吸收外界知识并与企业现有知识进行整合从而改变组织的知识结构来促成。相对组织学习的动态性而言，知识资源更具有静态特征。在知识资源转化为企业创新能力的过程中，组织学习能力往往起着决定性的作用。基于网络化创新的情境，从动态能力观来看，企业的组织学习主要体现在对知识的吸收、整合、创造和共享四个环节中。吸收强调对外部知识的获得，整合是指知识的积累和传递，创造是指产生新的思想，对问题的解决方法进行革新和变化，共享是指在开放心智下的知识扩散。Zollo 和 Winter（2002）认为，这个过程实质上是一种学习能力，说明企业有能力利用外部有用知识。例如，企业能够从合作关系中获得知识，转换成企业专用性知识（Wang 和 Ahmed，2007）。同时，企业还具备将不同领域的知识进行整合的能力，在高度动态的市场下，将这些知识运用到新产品的开发、流程的改善、组织决策与新创事业等方面，实现企业经营创新的目的。企业网络中的组织学习是一种社会实践活动，学习的程度是逐步累积的。Lane 和 Lubtkin（1998）认为组织学习是个体、团队和组织间持续的、双向的互动过程。它同时具有个体和社会两种成分：其个体成分会导致个体知识（Individual Knowledge）的产生并为企业带来私有收益（Grant，1996），社会成分能够为企业带来共同知识（Common Knowledge），而这种所有网络成员企业都可以使用的共同知识将使整个企业网络共同受益（Gulati et al.，1998）。组织学习是企业把其个体知识和共同知识整合并转化为私有知识的过程，其最终目标是把这种私有知识变为产品、体制、结构、程序和战略，并在此基础上实现企业的优异绩效（Kogut，1988）。如果企业试图从合作伙伴处获取有价值的知识，它必须同时具有学习意图和学习能力（Simonin，2004）。这里，学习意图主要是指企业通过合作将获取的知识和技能进行内化的一种倾向，是学习成功的一个关键决定要素。企业学习能力根植于个人学习能力，但并不等于个人学习能力的简单加总，而是个人学习能力与组织知识结构的一种整合，不仅体现了组织对环境的反应能力，也是竞争力的主要来源。尽管主流的组织学习研究较多关注组织内部学习机制的发挥，但由于全球化的经营与竞争以及信息技术的发展，组织外部学习在能力构建和支持创新过程中的地位越来越重要。外部学习主要是指企业通过顾客、供应商、竞争者以及各种形式的合作者进行知识收集、转移、应用和再创造等的一系列活动。企业的学习能力成为企业能够识别、吸收、内化合作伙伴的知识并最终运用这些知识产生租金的一种能力（Lane，1998）。一般而言，拥有高水平学习能力的企业会对边界外的新知识有一个更为容易的理解和更快速的应用，从而具有更大的可能性取得创新的成功。

（2）网络嵌入压力与网络能力构建

网络化创新使企业能够利用内外部两种资源，并通过内外部两种途径实现商业化。这一开放的价值创造过程改善了企业的创新绩效。然而，企业过度开放和开放不足都将对组织产生消极的影响。过度开放往往导致企业注意力和资源配置分散、对外部技术过度依赖以及内部知识外泄等风险；开放不足则使企业无法从根本上摆脱封闭式创新的困境。由此可见，企业面临如何在网络中对开放程度进行动态规划的压力。网络构建能力强调战略性，包括对网络的搜索、识别和更新。企业对外部众多要素开放时，是一个不断试错，直至开放程度与实际需求及组织自身条件相匹配的过程，这个过程要求企业对网络环境不断地评估和认识，并根据环境的变化不断地进行调整和变革。构建路径2A：网络开放压力促使企业动态能力向构建能力拓展。

网络构建能力是组织在对网络态势、网络环境、网络机会与风险进行系统评估基础上，结合内部资源与战略重点，对未来的网络进行动态规划和变革的能力。它要求企业从网络演化与企业自身发展的角度进行网络战略思考与规划，把握网络变革的远景与方向，预测网络结构与网络范围的变动程度与趋势（邢小强和全允桓，2006），识别系统落差与机会，并及时制定与调整网络发展战略，降低特定网络的锁定效应并取得最佳预期效益。它具体包括：①预测网络变革及其趋势的能力；②识别网络机会与风险的能力；③明确网络活动目标的能力，知道从网络中获取什么和怎样获取；④制定网络行动策略的能力，选择一种适当的模式与伙伴结盟、搜寻合作伙伴，尤其是那些能提供独特和互补资源的伙伴，适时地进入和退出网络环境，规避网络"锁定效应"。

在错综复杂的合作创新网络中，每个企业所处的网络位置以及创新主体之间的网络联结是不同的。这两个主要的网络特征将进一步影响企业在网络交换和协调过程中的控制和影响能力。这种控制和影响能力被定义为网络权力，成为学术界研究的热点。孙国强等在研究中指出，在网络中，当一个组织拥有了其他成员赖以生存的资源，并对其流向具有一定支配权力的时候，探讨该类组织对整个网络绩效的影响就显得非常重要。网络权力关系往往呈现出不对称性，核心企业常常具有更大的资源获取机会和能力。面临网络权力压力的企业，对核心企业具有高度依赖性，难以掌握真正的空间决策权。结构决定论认为，企业在网络中的位置决定其权力的大小。占据良好网络位置的节点更具有收集和处理信息的优势。定位能力强调空间决策性，是企业改善其网络位置和处理网络关系的能力。网络权力不仅属于那些已经占据中心位置的企业，还属于那些对所在网络有着精准认知的企业。企业对社会结构的认知能力关系到其能否接近核心位置抑或暂时边缘。基于对网络价值与机会的识别，塑造网络结构，开发、维护并利用网络关系以获得稀缺性资源并引导网络变化是网络化创新下企业动态能力的重要拓展。构建路径 2B：网络权力压力促使企业动态能力向定位能力拓展。

网络定位能力首先表现为一种适应能力，是企业为了适应网络环境变化，不断调整战略与组织规则，获取资源、知识与技术来实现组织特定目标的能力。为适应高速环境变化的产业网络价值系统的演化，网络组织必须运用动态能力的整合与重组资源的能力加以响应（Luo，2000；Blyler 和 Coof，2003）。Blyler 和 Coof（2003）进一步认为企业的这种对网络的适应能力实质上是一种资源管理的能力，应视为动态能力的要素之一，能帮助企业获得、整合、再配置以及释放资源。国内学者赵爽、肖洪钧（2010）认为此项能力包含计划、组织、协调和控制四个环节：计划活动是对网络活动的统筹安排，规划网络活动的相应任务和责任；组织活动是明确合作过程中的相应资源和内部沟通方式；协调活动是对合作层面冲突和网络伙伴期望的管理；控制活动是对合作过程和结果的控制。

网络定位能力还表现为组织间的协调能力，是指维系、调整和优化组织与网络成员之间关系，以及协调网络成员关系，营造网络氛围，激励网络成员，进而达成网络或组织目标的能力。随着跨组织信息技术、企业组织的全球化经营、产品定制化与快速响应市场的发展，企业领导人发现包括采购、制造、市场营销、后勤、运输等活动已经突破企业组织的范畴而与组织间关系成员的上下游厂商的配合息息相关。要有效地管理这些活动，企业组织除了要强化内部跨职能活动的协调之外，更需要加强组织间关系和跨组织间功能活动的协调与管理（Ballou，Gilbert 和 Mukherjee，2000）。邢小强和全允桓（2006）则认为该项能力是包含执行发起、交换、协调与控制等各种网络管理活动的过程，通过这项能力的应用，撬动其他组织的资源与能力，引导网络朝有利于自身的方向发展，进而实现网络收益。

网络化创新强调共同创造，企业与外部的联结（即组织间关系）成为重要的战略资源和影响创新绩效的关键要素。传统的创新模式重视技术发明的本地化，与外部联结主要是通过技术溢出来实现的。而网络化创新是基于众多外部利益相关者的多主体创造模式，组织间关系建立在除了正式制度以外的意愿、信任、惯例、文化、伦理等非制度化因素之上。因而，共同创造过程中产生的机会主义、产权、价值分配等问题使企业面临着如何真正实现从创新中获利的控制压力。Teece 认为，占有制度能够保护创新企业从创新中获利。但是在网络化创新中，占有制度与创新之间并非简单的线性关系。企业过于强调对知识的保护，会导致企业忽视外部资源的整合，丧失外部商业化的机会。企业需要一种灵活的制度安排。治理能力强调灵活性，在规避机会主义行为的同时，还要促进网络内成员的合作积极性，推动创新资源在企业间顺利流动和分享，促进更大的价值创造。构建路径 2C：网络控制压力促使企业动态能力向治理能力拓展。

网络治理能力是企业在网络化合作创新过程中，处理与网络成员之间因共同创造而出现的机会主义、产权、沟通等关系问题的能力。厂商的成长不再简单地依赖于本企业内部的资源以及管理能力，同时还依赖于社会关系网络或战略联盟伙伴的资源状况、行为以及相互之间的关系与合作的紧密程度。Möller 和 Halinen（1999）认为网络管理能力包括关系管理能力和组合管理能力，关系管理能力是一个企业处理单个交易关系的能力，是包括分析能力和组织能力的多维度构念。它是交易组合有效管理的先决条件，创建、管理以及总结重要关系的能力是企业的核心能力。国内的诸多学者（邢小强和全允桓，2006；任胜钢，2010；赵爽和肖洪钧，2010）将关系管理能力看成是组织的一种建构、维系和强化二元关系的能力。它主要包括以下活动内容：①优化网络氛围，建立适宜的网络组织文化，营造良好的合作、共享与创新网络氛围；②增进互信，通过良好的跨组织沟通和交互作用，促进彼此的互信与合作；③关系整合，借助跨组织沟通机制，不断地整合现有关系资源，强化有利的伙伴关系，弱化乃至放弃缺乏前景的伙伴关系，同时，发展有潜力的网络成员。

新经济时代，企业不再是单一地自我实现偏好的交易单元而嵌入包含了客户、供应商、科研机构、公共机构等创新参与者在内的复杂重叠的网络之中（Gulati 和 Gargiulo，1999）。网络化成为企业活动的重要环境特征，建立和维持一个有效的外部网络日益成为改善运营绩效、提高企业竞争优势的关键。从动态能力观看来，高度动态的市场竞争环境下，市场具有高度的不确定性，创新参与者模糊不清，并且处于随时移动的状态，整个产业结构处于动态性与复杂性的混沌状态（Eisenhardt 和 Martin，2000），由于缺乏社会资本的关系而无法取得有效资源（Möller 和 Svahn，2003）。组织间的互动关系赋予了企业租金创造的能力，即网络化的组织环境将跨组织资源塑造成为真正的战略性资源（Gulati，Nohria 和 Zaheer，2000）。跨组织资源的共享过程是企业与其他组织间相互学习的过程。资源的共享路径就是一个知识的共享路径，即组织间进行资源（知识）的传递、重组以及创造的机制或制度性环境。组织间学习与知识的共享是在竞争中获胜的关键（Powell et al., 1996）。如 Von Hippel（1998）所指出的，如果一个生产网络具有覆盖用户、供应商以及制造商的知识传递机制，会获得超常收益。创新来自于整个网络而非某个企业，技术诀窍等隐性知识需要组织间长期互动，跨组织资源共享路径显得非常重要，企业能力的构成需要增强建立和维护资源共享路径的动态能力，即网络能力。网络能力作为企业改善外部网络环境、获取外部资源、提高创新绩效的重要能力成为理论和实践关注的焦点。一方面，网络能力作为一种整体战略能力，能够提高企业对整个外部网络环境的认识和理解，掌握外部网络的发展过程及演化趋势，有利于企业更好地感知环境中的战略机会，在较高层次上制定与实施创新战略（Holman 和 Pederseri，2003）；另一方面，网络能力是一种关系能力，企业可以利用个体和组织等多层面的关系获取外部资源，增加企业创新成功概率。

综上所述，知识创造和网络嵌入是影响和改变企业内外部胜任力的微观基础。企业需要具备更加多元化的能力机制以适应创新模式与组织结构带来的挑战。一方面，在价值的共同创造过程中，知识的内隐性、复杂性及系统性风险给企业带来知识配置、知识整合与知识转化的压力，企业为了适应并满足环境变化的需求，不断通过组织学习，感知并抓住机会，实现更大的价值创新并在创新中获利；另一方面，由于价值创造的实现嵌入在开放的网络联结中，企业组织界面的设计受到由动态、结构与关系等网络属性带来的开放度、权力、控制等的压力，企业需要具有更加动态的战略规划思维，不断评估和筛选联结关系，占据网络核心位置，引导资源流动以获取更大的创新主动权。概括而言，在网络化创新下，企业动态能力向实现跨组织价值创造的发现能力、孵化能力、加速能力等组织学习能力机制和发展、维护及支配网络联结的构建能力、定位能力、治理能力等组织网络能力机制两个方向拓展和演进。基于此，我们构建了网络化创新下的企业动态能力构建模型，如图 4-2 所示。

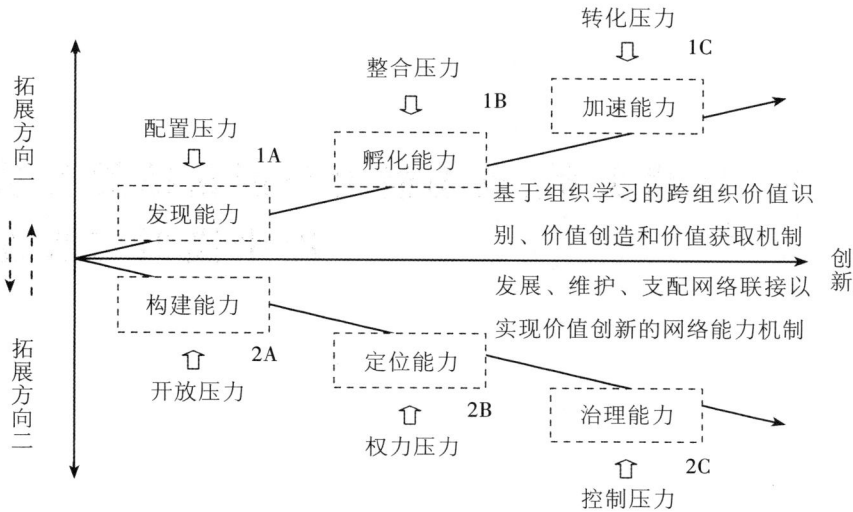

图 4-2　网络化创新下的企业动态能力构建模型

4.4　本章小结

　　基于创新范式与组织模式的共同转变，本章将动态能力进一步界定为企业在组织间层面实现知识流动和交换、创造和共享、转化和占有的复杂过程中，对分散在组织边界内外部的资源和能力的整合与重构机制。在对网络化创新环境下企业面临的知识创造和网络嵌入双重压力界定的基础上，通过压力筛选的逻辑形成动态能力构建模型，并深入分析了各个能力维度的构建路径。本章的研究是本书的重要组成内容，进一步明确了动态能力的内涵及构成维度，为后续的实证研究奠定了基础。

5　网络关系、动态能力与创新绩效关系理论模型与假设

5.1　理论模型

按照管理研究方法论的指导，科学研究过程的第一步是研究者的某种设想或创意转化为研究假设，也就是概念化的过程，第二步则是操作化过程，使得研究者所研究的各种概念转化成在现实世界中可观测的变量（李怀祖，2004）。对网络关系、动态能力和创新绩效的关系研究除了必要的规范性理论推理之外，为提高研究的普遍适用性，还需要运用科学和恰当的实证研究方法，对理论分析部分所提出的结论进行验证。在文献回顾和理论分析的基础上，本研究认为网络关系对创新绩效有复杂影响，而动态能力在网络关系与创新绩效之间起到中介效应，基于此，初步提出本研究的理论模型，如图 5-1 所示。

```
┌──────────────┐      ┌──────────────┐      ┌──────────────┐
│   网络关系    │      │   动态能力    │      │   创新绩效    │
│              │ ───▶ │              │ ───▶ │              │
│   关系强度    │      │   学习能力    │      │  报酬性期望关  │
│   关系质量    │      │   网络能力    │      │   系性期望    │
│   关系稳定性  │      │              │      │              │
└──────────────┘      └──────────────┘      └──────────────┘
```

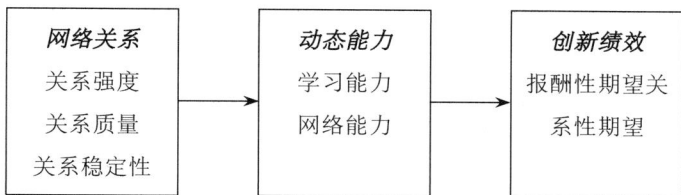

图 5-1　本研究理论模型图

5.2　研究假设

随着专业分工的深化与信息技术水平的不断提高，企业与外部合作成为经济活动中尤为显著的现象。企业正不断地嵌入更为广大以及相互重叠的网络中（Galaskiewicz 和 Zaheer，1999），并依赖于不同形式的网络。企业所在的网络使其从环境中获得了关键资源，如信息、渠道、资本、服务以及其他可以保持或提升竞争优势的资源（Gulati，Nohria 和 Zaheer，2000）。长期导向的跨组织关系交换能为企业带来相当多的利益（Doney 和 Cannon，1997），有助于长期绩效的提升（Kalwani 和 Narayandas，1995）。企业与外部相互合作、共享彼此独特的资源及能力要素，可以创造出竞争优势，并产生更高的绩效。

在企业的绩效中，网络对创新的作用尤为突出。Rutten（2003）认为网络的主要功能就是知识的创造，通过知识交流与整合组织得以实现创新。从资源的角度来看，网络是创新资源的载体，它可以使异质性的资源聚集于网络之中，并促使其流动，从而产生网络效应。企业则可以通过与外部进行交流、学习与共享来获取创新所需的互补资源，增加创新成功的机会。此外，企业在创新过程中通过与外部合作可以共同承担创新风险和成本，为创新提供更加便利的环境。在该网络中，网络关系是主要内容和现实体现。网络关系不仅表示企业与外部组织之间的共同联系，是一种客观存在，而且是一种主观的感知和建构。Granovetter（1973）认为，网络关系反映了交易双方对彼此的需求和目标的重视程度，以及交易双方的相互信任水平和信息共享程度，并且企业在网络关系中能够实现传递的信息资源通常质量较高，有利于企业的吸收和整合，为创新提供了资源基础。

从网络关系的具体内容来看，Granovetter（1973）提出了关系强度的概念，将关系分为强弱两种，划分关系的四个维度为：一是互动的频率，互动的次数多则为强关系，反之则为弱关系；二是情感强度，感情较强、较深则为强关系，相反则为弱关系；三是亲密程度（相互信任的程度），亲密到无话不谈的程度就成为强关系，反之则为弱关系；四是互惠交换，互惠交换多而广则为强关系，少而窄就是弱关系。而作为企业间关系研究最具代表性的维度，由 Kelley 和 Berscheid（1983）提出的关系质量的研究受到学者们的广泛关注。Young（2000）将关系质量引入对企业间合作关系的研究中。此外，关系的稳定性也是学者们在网络关系领域关注的重点，并将其视为网络关系的重要维度。因此，本书将网络关系分为关系强度、关系质量和关系稳定性三个维度。其中，关系强度表示企业与外部交往的频率和关系的深疏程度；关系质量表示信任和承诺程度；关系稳定性则从时间角度表示关系的持久程度。

Granovetter（1973）在其著名论文《弱联结的力量》中认为，组织之间的交流接触关系在强度上是有差别的，频繁的接触联系可以增强彼此之间的信任，有助于企业获取更多的资源。而弱关系在传递异质性资源上作用更加突出。由于网络强度表示了企业与其他网络主体之间的联系频度，描述了行为主体联系频率的高低和组织资源对联系承诺程度的高低，因此，支持强关系的观点认为，网络关系越强，网络参与者之间的行动越具有协同性，越有利于参与者之间的学习和模仿，提高相互间的信任程度，减少不确定性所造成的风险（郭劲光，2006），进而增强各自的竞争优势。具体来说，首先，强关系有利于控制合作中的机会主义，减少协调成本。合作中的搭便车等机会主义行为经常出现，而且沟通不畅、知识产权纠纷也是屡见不鲜的现象。为减少这种行为带来的弊端，企业通过加强与外部关系的强度，建立互信和互利机制，从而形成长期的合作关系，可以减少创新过程中的协调和治理成本，从而提高创新的效率。其次，强关系有利于知识的流动与共享。从知识类型本身来看，可以分为显性知识和隐性知识。显性知识是可编码化的、简单的、相对独立的知识；隐性知识是难以编码的、复杂的、高度依赖情景而存在的知识。Granovetter（1973）将关系强度分为强关系和弱关系，认为企业间保持紧密的联系可以相互了解，增强彼此之间的信任程度，在此基础上，在相互交流学习中，一些高质量的信息以及隐性知识更易获得，有助于企业获取更多的资源。网络关系越强，企业与外部的联系就越频繁，会有更多的学习和交流机会，更多对技术创新至关重要的私人信息将被共享，在频繁的交往中隐性知识会随之转移，促进企业对隐性知识的吸收。Uzzi（1997）的实证研究发现较强网络关系的企业具有经常交易和亲密交互各自的知识的倾向。

关系质量的概念在营销领域中得到了广泛的应用。根据 Smith 和 Barclay（1997）的观点，关系质量指的是包含各种正面关系结果的高层建构，它反映关系的总体强度以及关系人在需求与期望上的满足程度。随着研究深入，研究对象扩展至企业与其他相关利益者的关系（Holmlund，2001），代表了企业与外部组织之间的信任和承诺程度。信任是企业与外部合作创新的基础，在网络中信任的程度直接影响了知识的流动和共享。信任程度高能够促使各组织间的相互合作，减少机会主义行为和治理成本，致使更多的知识共享，为创新创造良好的关系氛围。Sivadas 和 Dwye（2000）发现，合作关系中各成员的投机主义或利益冲突等因素常常是导致合作关系失败的重要因素。而信任可以避免投机行为，同时通过减少冲突和核查信息的需要，降低双方的沟通成本，使知识转移的成本更低，从而实现创新的目的（Hansen，2002）。除了信任，承诺是资源交易关系中交易双方相互依存的一个重要因素（张首魁、党兴华，2009）。Dyer（1997）通过对日本和美国汽车产业中装配商与零部件供应商之间联盟关系的对比研究，发现日本企业通过持续关系专用性投资/承诺获得了更低的交易成本和更高的联盟价值。而且，承诺能够促进信任的增强，进而保持信任对创新的效用。

稳定性是关系伙伴对于发展长期稳定关系的渴望，并愿意投入资源（时间、金钱、设备等）去维持这段关系（Zaltman 等，1992），必要时关系伙伴愿意不计短期的损失来换取长期稳定的合作（Anderson 和 Sullivan，1993）。稳定性表示与网络参与者关系持久的程度。关系持久程度是衡量网络关系稳定程度的重要指标。一般认为，持久的关系可以生成相互信任，据此传递一些重要的知识和信息，对企业竞争优势的获取具有积极意义。从现有文献来看，保持持久关系至少有四方面的优势：①共享信息。在外界环境多变的情况下，持久的关系可以使双方共享必要的信息，从而降低关系双方经营环境的不确定性。②促进沟通。在高度不确定性的环境下，保持持久的关系会使沟通的内容丰富多样，使得关系双方的信息得以交换，从而降低风险。③促进合作。合作是一种长期导向的战略，保持关系的持久度为进一步合作奠定了基础，从而改善关系的互动质量。④缓解冲突。在关系处理过程中不可避免会发生冲突事件，但对关系持久的预期和努力有助于消除消极的行为。网络结构的稳定性衡量了网络结构随时间进化的特征。从投入产出的角度理解，企业培育和扶植网络关系属于投入阶段，而从网络关系中攫取价值则属于产出阶段，从投入到产出是需要一定时间的，所以在一定时间段内保持稳定的网络结构对企业更有价值。对于企业创新而言，稳定的网络联系可以帮助企业稳定地吸收伙伴成员的创新信息，有利于企业创新绩效的提升，而频繁变动的网络结构可能会使得企业无所适从。

5.2.1　网络关系与动态能力

网络关系为企业提供了互补资源，改变了企业的位势。而位势代表了企业内外部可用的资源，是动态能力的重要内容。企业通过网络关系整合内部和外部的资源，强调合作的重要性，提高了企业创新的效率。而且，网络关系越强、质量和稳定性越高，企业获取资源的途径就越便利，效率就越高，对企业更新内部资源库、适应外部环境具有重要意义。因而，网络关系为企业发展动态能力提供了资源基础。

由于动态能力中的"动态"是指与环境变化相一致而更新自身能力的能力，"能力"是指战略管理在为满足环境变化的要求而整合、重构内外部组织技能、资源和功能性能力的过程中的关键作用。因而，企业发展动态能力的过程具有开放性，即建立与外部的网络关系。在该网络中通常包括政府机构、科研院所、中介组织和金融机构等，与它们保持良好的网络关系，能够对企业的行为产生积极的支持性作用，有利于企业面对快速变化的环境保持战略柔性，从动态和能力两个方面满足了动态能力发展的要求。

（1）网络关系与学习能力

企业从网络中获取的信息可以改变企业可选择的机会集合，该过程可以提高企业的学习能力。个体所嵌入的创业网络具有较高的联结强度，会使得信息和知识流通更加迅速和通畅，进而有利于组织获得、整理、加工、记忆信息，直至成为组织的知识。

企业可以从支持性创业网络中获取知识，即可以从诸如银行、政府机构、非政府组织、研究机构、实验室、咨询机构等获取知识，提高学习能力（王莉、杨蕙馨，2008）。该网络关系越好，越有利于企业及时迅速地获得信息和知识，进而促进组织学习。新创企业与这些支持性机构频繁交往、互构信任、统一愿景，则彼此的信任程度将提高，容易共享信息，因而增强企业对新信息和知识的吸收能力。总之，支持性网络关系强度、质量和稳定性越高，企业越容易获得信息和知识，从而促进组织学习，改善企业行为。企业间网络是组织学习的重要来源，因为该网络促进了拥有多种技术和知识背景的组织成员间的接触，在这个过程中，组织成员获得了更多的学习机会。当一家企业与其他企业关系密切时，相互间交往频率就会增大，它们的信任程度不断提高，信息共享就变得更有可能，并且对新信息和知识的吸取能力不断增强。一些隐性知识对于组织学习具有重要的作用，关系越强，越有机会获取这些知识（王莉、杨蕙馨，2008）。

网络关系能够以较低的成本实现企业间的知识交易，具有较高的知识资源配置效率。所以，网络关系对于企业的学习能力乃至竞争优势的提高是至关重要的。创业网络关系越好，资源、知识和信息在企业之间的流通越流畅，越有利于新企业进行组织学习。

网络内各个相互联系的参与者间的知识交换和知识在网络中成员之间的流动需要一种社会化机制和传输渠道，而这种机制是可以使网络中的不同参与者能统一认识的机制。如果缺乏合适的、高效率的知识传输渠道，知识流动就不可能发生。而且，除了传输渠道外，传输渠道的特性也会影响参与者之间的知识流动，这些特性包括参与者之间沟通联系方式的丰富程度，如沟通的非正式联系、开放性以及密度等。网络内相互联系的行动者之间的关系越密切，相互交流就越开放。参与者之间更为开放的沟通也会进一步提高行动者之间知识交流、知识共享和知识流动渠道的丰富性程度，而知识交流和共享恰恰是网络中的企业赢得基于核心竞争力的竞争优势的基础和关键所在。Yli-Renko 等学者（2001）的研究表明，网络中主体之间关系的质量在主体间知识交流和共享过程中起着重要作用。Goh 和 Matthew（2006）也证实，网络主体间的信任是这种影响的主要途径。通过对来自中国 14 个城市的 215 家企业的调研数据进行分析，他们认为，网络主体关系中的信任成分，对企业主体间的知识转移影响最为显著。网络成员间高质量的关系可以提升信任，可以使企业依靠合作者来完成需要原来不得不花费时间和精力才能完成的工作。独特的基于信任的网络成员间关系可以成为企业竞争优势的一个基础。这些社会资本增加了企业外部资源的可获得性，并为企业提供了更多的成长机会，同时也减少了企业外部环境的威胁。

在网络关系中，信任往往被看成是正式的第三方治理机制的替代或互补机制（Dyer 和 Singh，1998）。因为企业与其他网络主体间共享专门知识的成本很高，因此必须有一种有效的机制来促进企业之间的知识共享，并且同时能够防范搭便车行为的发生。而基于信任的共同期望和目标减少了正式监督的需要，可以使企业将资源更多地投资于知识吸收和知识利用活动。企业的知识产生于新的活动方式和学习过程，但学习需要用于交流和协调程序的共同符号。组织中的信任关系是组织顺利运行的润滑剂，为组织学习提供了基础。当组织成员相互信任时，组织的知识创造过程便更具有生产性，组织成员可以进行更为快速的学习，生产工作也变得更加具有创造力。因此，信任通过提高组织间知识转移过程中的开放性、推动共同解决问题而影响着组织间的知识共享，进而影响学习能力。基于此，本研究提出：

假设 1（H1）：网络关系强度对学习能力存在显著的正向影响。

假设 2（H2）：网络关系质量对学习能力存在显著的正向影响。

假设 3（H3）：网络关系稳定性对学习能力存在显著的正向影响。

（2）网络关系与网络能力

网络关系强度、质量和稳定性越高，企业与外部合作者的沟通、信息和资源的传播越通畅，给企业提供了协商和说服的机会，促使企业获得来自网络成员的各种资源（比如市场信息、思想、问题解决办法、社会支持等），推动资源的共享和转移（Hoang 和 Antoncic，2003），为以资源为基础的网络能力构建提供了基础。

当企业利用网络关系获取互补资源之后，会面临更多的吸收问题（Absorptive Capacity Problem）、时机问题（Timing Problem）、注意力配置问题（Attention Allocation Problem）（Koput，1997）以及自身核心技术泄露的问题。因此，这些问题促使企业对网络的规划与发展进行增量考量，评估现有网络资源的可利用性，帮助企业更新现有网络，便于寻找新的合作对象和可利用资源。而且，这些问题将促进企业明确网络战略目标，激发员工的积极性、主动性以及合作热情，进而促使网络能力的提升。

基于此，本研究提出：

假设 4（H4）：网络关系强度对网络能力存在显著的正向影响。

假设 5（H5）：网络关系质量对网络能力存在显著的正向影响。

假设 6（H6）：网络关系稳定性对网络能力存在显著的正向影响。

5.2.2 动态能力与创新绩效

企业拥有较强的动态能力说明企业的位势较高，即拥有充裕的异质性资源，它们通常包括人力资源、财务资源、技术资源和外部的顾客、供应商、分销商等关系资源。这些资源是企业参与迅速变化的市场竞争的基础和前提，也是企业进行技术创新的基础和前提，它决定了企业技术创新的结果。因而，位势越高，企业的创新绩效就越高。

企业通过动态能力对所有资源进行持续不断的整合、重构，而这种整合、重构与外部环境相适应，从而使企业的行动与环境相匹配。基于资源的整合与重构，企业可以吸纳优秀的人才，充实内部知识库，增加技术创新的资源积累，使创新的基础更加牢固，从而使创新的速度和成功率大为提高。Lansti 和 West（1997）强调，整合是企业竞争优势的来源，它可以增进企业应对环境变化的能力，这种能力重点反映在通过知识整合实现创新，而不是传统意义上的发明创新。

（1）学习能力与创新绩效

通过学习，企业能够在网络中积累更多的知识、经验和教训，将获取的知识投入到企业的研发活动中，为发展新的产品、工艺和服务提供服务。而且，从所学习的经验、教训中能够避免企业自身研发的失误，降低研发成本和研发的风险，将对企业内部的研发活动产生积极的作用。

从现有研究来看，学习能力与创新绩效之间的关系研究相对而言比较成熟，因为学习被认为是企业维持创新的主要因素（Mabey 和 Salaman，1995）。Argyris 和 Schon（1978）认为在相同的组织条件下，学习在未来可使组织增加创新的能力。Stata（1989）发现学习可导致创新，尤其是在知识密集（Knowledge-intensive）的产业中，个人与企业的学习进而引导创新，才能成为组织中唯一可持久竞争优势的来源。Mabey 和 Salaman（1995）认为组织学习是组织维持创新的主要因素，Glynn（1996）也认为企业的学习能力不仅会影响到创新的初始阶段，也会影响到创新的执行阶段。Cohen 和 Levinthal（1990）认为，企业成员必须经过学习来吸收大量的知识，产生创新的意识，进而形成创新行为。Tuckerr 认为，构建学习型组织，提升学习能力，是提高组织创新绩效的重要途径。国内学者也对二者关系进行了研究，如周晓和何明升（2007）认为，知识是创新的基础，创新离不开众多知识及信息的支持，企业中学习倾向将有助于帮助成员解释和使用内外部的信息，提升成员的创造性，从而促进企业整体创新能力。谢洪明等通过利用我国珠三角地区企业的大量调查数据分析，认为企业的学习能力对技术创新和管理创新都有显著的正向影响。张明（2008）等的研究在此基础上有了进一步的深入，该研究通过使用 127 个德国联盟企业数据的统计结果，发现组织学习除了对企业创新活动具有积极作用外，还会通过知识创造的完全中介作用间接影响创新绩效。基于此，本研究提出：

假设 7（H7）：学习能力对创新绩效存在显著的正向影响。

（2）网络能力与创新绩效

网络能力重点表现在它是一种关系管理能力，能够使企业识别、构建、维持良好的网络关系，从而从中获取创新所需资源，同时能够获得创新的机会。网络能力能够帮助企业评估不同外部关系的重要性和其中蕴含的机会，鼓励和协调网络中其他行动者的资源和能力，满足协同创新的要求，达到改善创新工艺和流程的目的（Ritter，2000）。同时，网络能力的提升能够减少网络中机会主义、沟通障碍、产权纠纷等问题，促进网络成员的交流与合作，为合作创新提供良好的环境，进而提升企业的创新绩效。

关于网络能力与创新绩效的关系，国内外的一些研究结论值得借鉴。Möller 和 Halinen（1999）指出，通过网络规划能力、网络管理能力、组合管理能力和关系管理能力，企业可以实现在创新网络中的战略定位、合作伙伴选择、关系资源利用以及成员关系管理，从而建立与合作伙伴的信任关系和信息共享机制，最终获得满意的创新绩效。Ritter 等（2003）利用德国的样本，除了验证网络能力通过技术交织作为中介变量来影响创新绩效之外，还得出了网络能力对创新绩效有显著的直接正向影响的结论；Hagedoorn 等（2006）则从网络态势和网络效率方面对此进行了分析，认为网络能力不但可以帮助企业获得丰富的信息，而且提高了企业声誉和参与合作活动的水平，有利于企业进一步筛选合作伙伴，从而有利于创新绩效的提高。国内学者马刚（2005）则验证了网络能力通过作用于技术创新能力因子，而对集群企业的竞争优势产生显著的正向影响；陈学光（2006）在网络能力、创新网络和创新绩效的框架中，仅仅利用146 家制造类企业的数据分析发现，除了网络能力对创新绩效有显著正向影响之外，市场变动、技术变动和竞争强度还对网络能力和创新绩效的关系有显著正向调节作用。也就是说，网络能力在市场变动剧烈、技术周期较短和竞争激烈的环境下，更有利于企业实现技术创新。基于此，本研究提出：

假设 8（H8）：网络能力对创新绩效存在显著的正向影响。

基于以上对网络关系、动态能力和创新绩效的关系分析，本研究总结性地提出：

假设 9（H9）：动态能力在网络关系和创新绩效之间起中介作用。

5.3 本章小结

本章在回顾网络关系、动态能力和创新绩效相关研究的基础上，围绕本研究的基本问题，提出并构建网络关系、动态能力和创新绩效的关系模型。然后，根据组织网络理论、动态能力理论等，进一步推演三者的具体关系，并提出了研究假设，具体汇总如表 5-1 所示。

表 5-1 **研究假设**

假设序号	假设内容
H1	网络关系强度对学习能力存在显著的正向影响
H2	网络关系质量对学习能力存在显著的正向影响
H3	网络关系稳定性对学习能力存在显著的正向影响
H4	网络关系强度对网络能力存在显著的正向影响
H5	网络关系质量对网络能力存在显著的正向影响
H6	网络关系稳定性对网络能力存在显著的正向影响
H7	学习能力对创新绩效存在显著的正向影响
H8	网络能力对创新绩效存在显著的正向影响
H9	动态能力在网络关系和创新绩效之间起中介作用

第三部分　实证研究

　　本部分通过大样本问卷调查、数据统计分析的方法对网络关系通过动态能力促进创新绩效的理论假设进行了实证检验，是本书的重要内容。其中，第6章从问卷设计、样本选择、变量测量、分析工具等方面介绍了实证研究设计和具体方法；第7章具体展示了样本数据的分析过程及结果；第8章对实证研究的结论以及对事件的启示进行了总结。

6　实证设计和研究方法

李怀祖（2004）根据管理学研究方法论认为，科学研究包括两个步骤：首先是研究者的某种设想或创意转化为研究假设，也就是概念化的过程；其次是操作化过程，即将研究的各种概念转化成现实中可观测的变量。本书对创新网络绩效差异的影响机制的分析，遵循科学研究的要求，在规范性理论研究的基础上，将运用实证研究方法对理论假设进行验证。通过前面几章的论述和分析，研究构建了网络关系、动态能力与创新绩效关系的理论模型并提出了相应的假设。本章从问卷设计、变量测量、样本选择与数据收集等方面来阐述本研究的实证研究方法和过程。

6.1　问卷设计

6.1.1　问卷设计内容

问卷是管理学科调查取得数据的重要工具。研究者需要根据研究目标确定收集哪些数据，从而确定设置哪些问题。本研究问卷的设计，主要是围绕网络关系如何通过动态能力影响企业创新绩效的研究内容展开的。通过问卷得到有效的数据，运用描述统计、因子分析、结构方程模型等定量方法，理清网络关系（包括关系强度、关系质量和关系稳定性）、动态能力（包括学习能力和网络能力）与企业创新绩效（包括收益性期望和关系性期望）之间的相互作用关系。针对以上的研究目标，问卷结构设计包括三个部分（详见附录1）：

第一部分：问卷简介和填写说明。

第二部分：企业与问卷填写人的基本信息。

第三部分：问卷的具体问题。

6.1.2　问卷设计过程

优质问卷，需要具备较好的可靠性。问卷量表的设计包含四个层次，即问卷的理论构思与目的、问卷格式、问卷项目的语句和问卷用词。本研究在问卷设计过程中对于问卷中各问题项表述方式的明确性、客观性、易于理解性进行了充分的考虑。具体地，本研究在阅读大量研究文献的基础上，参考国内外一些较为成功的调查问卷，在原有表述基础上，通过对企业的深度访谈和预测试，反复征询被访谈者和被调查者的意见进行修正。

第一步，文献阅读和梳理。本书首先对网络关系、动态能力、创新绩效相关理论以及三者之间关系的相关研究文献进行了分析和梳理，将现有文献已论证的结论和指标按照本研究的需要进行了整理和归纳，初步形成了问卷设计的思路。

第二步，对企业高层管理者和相关技术人员进行访谈。分别对北京华龙通科技有限公司、大连造船集团、大连百利药业三家创新企业进行了深入调研，与其高层领导及技术部门负责人进行了访谈：首先，初步验证研究思路，就初始假设征询被访谈者的意见，以检验研究思路是否与现实相符合；其次，征询被访谈者对本研究重要问题的意见，包括研究模型的表面有效性，检验本研究主要问题的实际意义；最后，与被访谈者讨论各个研究问题所反映的概念范畴，以检验问卷中各变量的测度是否与实际相符合，以进一步充实、完善调查问卷。

第三步，研究团队的小组讨论。在文献阅读和企业访谈的基础上，初步设计出本研究的问卷，经过学术团队内部的汇报和讨论，团队成员对该问卷的设计和修改提出了许多富有价值的建议，根据这些建议对初始调查问卷做进一步的修改，形成了调查问卷。

第四步，预调查。由于本研究的变量测量指标一部分是结合企业情况而对现有量表的修改和开发，因此在正式使用之前，针对部分企业进行了预调查。根据预调查反馈的结果，又对部分问题指标进行了修正和调整，形成了最终的调查问卷。

6.2 变量测量与指标选择

综合本书的理论研究，根据前一章所提出的理论模型相关假设，本研究需要观测和测量的变量包括网络关系强度、网络关系质量、网络关系稳定性、企业学习能力、企业网络能力以及创新绩效。为了有效测量变量，本研究通过三种渠道对测量指标进行选择：（1）直接采用相关文献中认可度和引用率较高的成熟量表；（2）结合实地访谈中了解到的样本企业的实际情况对相关文献中测量指标进行适当修改后使用；（3）基于相关概念的理论内涵，结合企业访谈人员的认识，探索性地开发了部分测量问题。

由于社会科学研究中的变量难以进行直接的量化测量，本研究采用主观感知形式，以 5 级李克特（Likert-type 5）打分法对变量进行测量：1—5 依次表示从"完全不符合（反对/低）"到"完全符合（同意/高）"，其中 3 分为中性标准（一般）。例如，1 表示完全不同意；2 表示比较不同意；3 表示一般；4 表示比较同意；5 表示完全同意。

6.2.1 被解释变量

在本研究中，创新绩效为被解释变量。由于创新网络体现出的系统性特征，企业的创新活动变得复杂。对于网络化创新绩效的度量，不能采用单一的指标，仅仅反映企业创新绩效的某一个方面。创新是一个复杂的系统工程，创新活动的阶段性、多样性以及各创新活动间的层次性，决定了创新绩效评价指标体系的多角度性。因此，采用多指标从多个角度和层面来反映组织创新绩效更加科学。创新绩效与传统绩效相比，更注重新产品的开发速度和数量，因此，本研究结合 Brouwer 和 Kleinknecht（1999）、Ahuja（2000b）、Hagedoorn 和 Cloodt（2003）、Ritter 等人（1999，2002，2003）、张方华（2006）、陈钰芬（2007）等人的研究量表，使用报酬性期望和关系性期望衡量企业创新绩效。其中，报酬性期望包括：与竞争对手相比，企业（1）知识创新构思的增长量；（2）创新项目的成功率；（3）新研发产品的数量；（4）新产品的市场拓展绩效。关系性期望包括：公司（1）对自身创新能力提升的满意度；（2）对员工职业生涯发展前景的满意度；（3）对自身在行业中的地位和信誉的满意度。对每个题项，从 1 分到 5 分表示非常低到非常高。

6.2.2　解释变量

（1）关系强度

本研究在借鉴 Mitchel（1969）、Granovetter（1973）和 Uzzi（1997）等对网络关系强度的分析与测量的基础上，从企业与外部的交流频率和关系紧密程度来测量，具体包括 4 个题项：①企业与合作伙伴有定期交流的惯例；②企业与合作伙伴非正式沟通频率很高；③企业与合作伙伴之间的关系非常紧密；④企业与合作伙伴之间的交流涉及技术和市场等多方面信息。以上 4 个题项中，从 1 分到 5 分表示完全不符合到完全符合。

（2）关系质量

由于关系质量主要包括企业与外部合作者之间的信任和承诺，因此本研究对其测量也从这两个方面进行。在信任方面，借鉴 Zaheer（1998）、Mayer 和 Davis（1999）、Ho（2006）、Wu 和 Chang（2005）等对企业间信任的研究，具体测量题项设计为：①企业与合作者都具有积极的合作态度；②确信合作方不会因对方疏漏而占便宜；③企业与合作方忠实执行各自的承诺；④双方公正合理地处理合作冲突；⑤对合作方的能力和准备不表示怀疑。在承诺方面，借鉴 Dyer 和 Tallman（1998）、Tsai 和 Ghoshal（1998）、Kim 和 Frazier（1997）等对组织间关系承诺的研究，对承诺方面的测量题项包括：①能够及时提供对方所需要的帮助；②合作方均投入主要的技术人员；③合作方均专门投入大量资金。对每个题项，从 1 分到 5 分表示完全不符合到完全符合。

（3）关系稳定性

本研究在 Dwyer（1980）、Anderson（1990）、Johnson（1996）和 Buttle（1997）等学者的研究基础上，将关系稳定性的测量题项设计为：①企业与合作伙伴之间的互动关系普遍超过 3 年；②企业与合作伙伴之间长期保持正式或非正式的交流；③企业与合作伙伴签订了中长期的合作协议；④企业由于中断合作关系承受了很大经济损失；⑤企业在长期稳定的合作伙伴关系中获得了很大收益；⑥企业设置专门的部门负责合作伙伴关系的维护工作；⑦企业投入了大量的财力资源构建和维护与合作伙伴之间的关系；⑧企业投入了大量的人力资源构建和维护与合作伙伴之间的关系。对每个题项，从 1 分到 5 分表示完全不符合到完全符合。

6.2.3　中介变量

（1）学习能力

组织的学习是个体通过与集体互动和交流将自己所掌握的知识、能力和技能储存在组织记忆中，继而通过组织的信息机制实现组织的知识创造、扩散、应用和再创造的循环过程（Agryris，Schon，1879；Huber，1991；Nevis，1995 等）。这个过程是一个由组织全体成员参与的动态过程，组织对学习所持的价值观、共享的愿望以及思想的开放性对组织成员的学习目标、动机、方法以及效果都会产生重要的影响。Senge（1990）提出了学习型组织的五项修炼，并从自我超越、改善心智模式、建立共同愿景、团队学习和系统思考五个方面来评价组织学习；Powell，Kogut，Smith-Doer（1996）用 R&D 组织的连接系数来衡量组织学习；Hult 和 Ferrell（1997）从组织学习的导向特性出发，认为团队导向、系统导向、学习导向和记忆导向是衡量组织学习的重要指标；Baker 和 Sinkula（1997）在前人研究的基础上提出测量组织学习的三个维度：组织学习的投入程度、共享愿景和思想开放性。这三个维度以及由他们开发的测量量表为后来的很多研究者广泛接受和使用。由此可见，虽然不同的学者研究的视角不同，对组织学习的内涵以及学习能力的衡量标准尽管难于一致，但是其中也存在部分共识。本研究借鉴Baker 和 Sinkula（1999）量表并根据实地调研中中国企业的实际情况对相应测量指标进行了修改和删减，结合我国学者林义屏（2001）以信息流动过程为基础提出的学习承诺、共同愿景和开放心智三个衡量维度对企业的学习能力进行了测量。其中，针对学习承诺维度设置了 2 个题项：①主管领导们认为企业的学习能力对企业建立竞争优势非常重要；②本公司将员工的学习视为一项投资而非成本费用。针对共同愿景维度设置了 2 个题项：①对公司的定位和未来发展的愿景有清楚的界定和表述；②本公司中每一个层级和部门都有一个共同的组织愿景。针对开放心智维度设置了 2 个题项：①本公司重视并激励员工原创性的创意或意见；②员工敢于质疑公司运营方式的各种假设。对每个题项，从 1 分到5 分表示完全不符合到完全符合。

（2）网络能力

企业网络本身结构、形式和类型具有多样性，同时网络演化具有动态性。因而，学者们对于网络能力的认识与定义以及对网络能力构成的研究尚未达成统一。Möller 等人（Möller，Halinen，1999）从产业网络、企业网络、关系组合和交易关系四个方面构建了网络构想、网络管理、组合管理和关系管理的网络能力构成框架；国内学者穆继丰、徐金发（穆继丰，2001；徐金发，2001）从战略、关系、过程三个层次定义并划分了网络能力维度：网络构想能力、网络关系组合能力和网络角色管理能力。本研究在综合前人研究的基础上，从战略、过程、关系、内容四个角度对网络能力提出了网络构建能力、网络适应能力、网络协调能力和网络治理能力的划分维度（如第 3 章中所述）。因此，本研究对网络能力的测量也将基于以上四个方面对 Möller、Halinen（1999）、Ritter 等人（2002）的研究量表进行借鉴，同时结合调研企业的实际情况进行修改和删减，以确保问卷内容的可信性和适用性。其中，对网络构建能力的测量，主要强调企业对网络机会的识别和对合作伙伴的评估能力，并相应地设置了 2 个题项：①公司能够有效地发现网络中的互补资源和创新机会；②公司具有很强的发现、评估合作伙伴的能力。对网络适应能力的测量，主要强调企业对网络资源的利用能力以及应对网络变化的迅速调整能力，相应地设置了 2 个题项：①本公司兼有创意和技术流入与流出；②公司能够观察并预测网络演化的趋势并做出相应的战略调整。对网络协调能力的测量，主要考察企业与其他网络成员的沟通交流以及促进成员之间互动关系的能力，这里设置了 2 个题项：①公司能够有效地与合作伙伴进行沟通；②公司有很强的发展与合作伙伴互相信任、互惠互利关系的能力。对网络治理能力的测量，主要强调企业如何通过正式或非正式的机制来处理网络问题的能力，相应地设置了 2 个题项：①公司与合作伙伴之间有正式的制度或契约来约束各自的行为；②公司能够有效地解决共创知识的产权使用与归属问题。对每个题项，从 1 分到 5 分表示完全不符合到完全符合。

6.3　数据采集

由于本书定量研究中所需要的数据无法通过公开数据库收集，所以需要通过问卷抽样调查来获取。抽样调查指的是通过从研究对象总体中依据某些原则选取一部分个体（样本）加以研究从而推断出研究对象总体的特征。

6.3.1　调查对象选取

调查对象指的是调查研究的总体样本。由于本研究的落脚点是创新绩效，因此创新活动显著的高新技术企业成为理想的研究对象。高新技术企业是创新的重要力量，能够持续进行研究开发与技术成果转化，形成企业核心自主知识产权，并以此为基础开展经营活动，因此本研究选取高新技术企业作为调查对象也能够为其他类型企业的创新和管理活动提供启示。

6.3.2 调查问卷的采集

大连市高新技术产业园区（以下简称高新区）作为全国主要的高新技术产业基地之一，知识型产业聚集，为本次实证调研提供了有利的平台。通过对高新区管委会提供的 1 300 家企业的信息进行全面的了解，初步选定了电子信息技术、生物与新医药、新材料与新能源技术、航空航天、装备制造、能源与环境技术六大主要产业，并从中筛选出了 500 家通过技术创新取得优秀绩效的典范企业。

其中代表企业包括：大连华信计算机技术股份有限公司、东软集团、海辉软件国际集团公司、埃森哲信息技术（大连）有限公司等；大连连顺电子有限公司、大连启明海通信息技术有限公司、辽宁欧谷数字科技有限公司等；中国华录集团有限公司、大连天维科技有限公司等；西门子传感器与通讯（大连）有限公司、大连奥托股份有限公司、大连航天长征科技发展有限公司、大连康丰科技有限公司等；路明科技集团有限公司、新源动力股份有限公司、三丰能源集团有限公司、大连四能光电科技有限公司等；珍奥集团、大连美罗药业股份有限公司、欧姆龙健康医疗商品开发（大连）有限公司、大连现代高技术发展有限公司等。

本书的实际调研主要针对这些企业的管理层和研发部门，共发放问卷 500 份，实际回收 398 份，回收率为 79.6%。通过初步检查，发现部分问卷回答不完整，或者答案存在明显的规律性，因此予以剔除。剔除不合格问卷后，得到实际有效问卷 327 份，有效问卷回收率为 65.4%。

6.3.3 样本企业描述性统计

本书所选的样本企业为大连高新技术企业（见表 6-1），从企业性质来看，民营企业占 50% 以上；从企业年限来看，成立 5 年以上的企业占到了总数的 90% 以上；从行业来看，电子信息技术领域的企业最多，占到了总数的 47.7%；从企业员工规模来看，样本企业员工规模在 50～200 人的企业占到样本数的 67.3%；从研发强度来看，样本企业的研发投入占销售收入之比在 5% 以上的，占到了总数的 58.7%。

表 6-1　　**样本企业创新绩效测度指标的基本描述性统计**

企业情况		样本数	百分比（%）
企业性质	国有企业	48	14.7
	外资企业	2	0.6
	合资企业	98	30.0
	民营企业	179	54.7
合　计		327	100
企业运营时间	1 年以下	3	0.9
	1～5 年	97	29.7
	5～10 年	123	37.6
	10 年以上	104	31.8
合　计		327	100
企业所处行业	电子信息技术	156	47.7
	生物与新医药	9	2.8
	新材料与新能源技术	66	20.2
	航空航天	20	6.1
	装备制造	46	14.1
	能源与环境技术	30	9.2
合　计		327	100
企业员工规模	50～200 人	220	67.3
	200～500 人	23	7.0
	500～1 000 人	19	5.8
	1 000 人以上	65	19.9
合　计		327	100
研发投入占销售收入的比例	1% 以下	5	1.5
	1%～5%	130	39.8
	5%～10%	123	37.6
	10% 以上	69	21.1
合　计		327	100

6.4　本章小结

　　本章从问卷设计过程、问卷发放与数据采集等方面对本研究的研究方法和过程进行了阐述。首先，本研究结合以往相关研究，对概念模型涉及的多个变量进行了操作化定义，并确定了相应的问卷测量题项。在对各变量测量指标进行重新整理之后，形成了调查问卷的初稿。其次，根据行业专家和相关研究领域学者们的现有研究成果，对问卷初稿进行了多次反复修订并做了预测试，从而可以基本保证问卷的科学性、合理性和可操作性。再次，基于对样本数量、样本代表性、调研便利性等多方面因素的考虑，本研究确定了样本选取的区域以及问卷的具体发放对象，以此实现问卷数据的有效收集。最后，对本书所选有效样本进行了描述性统计分析，为下一步的数据统计分析奠定了基础。

7 实证分析与讨论

7.1 描述性统计分析

表 7-1 和表 7-2 分别给出了样本企业创新指标的均值、最大值、最小值和频次分布。

表 7-1   样本企业创新绩效测度指标的基本描述性统计

指标	样本量	最小值	最大值	均值	标准差
专利及著作数量	327	1	5	3.61	0.976
创新项目成功率	327	1	5	3.58	0.855
新研发产品数量	327	1	5	3.91	0.954
专利交叉引用率	327	1	5	3.75	0.916
创新提升满意度	327	1	5	3.37	0.652
公司对员工职业生涯发展满意度	327	1	5	3.83	0.823
公司在行业中地位信誉满意度	327	1	5	3.76	0.649

表 7-2　　　　　　　样本企业创新绩效测度指标的频次统计

指标	统计类别	评价值				
		1	2	3	4	5
专利及著作数量	频次	5	22	165	90	81
	百分比（%）	1.5	6.4	46.3	21.2	24.5
创新项目成功率	频次	4	31	111	177	40
	百分比（%）	1.2	9.5	30.4	47.9	11.0
新研发产品数量	频次	3	18	91	106	108
	百分比（%）	0.9	5.5	27.9	32.5	33.1
专利交叉引用率	频次	2	31	82	142	69
	百分比（%）	0.6	9.5	25.2	43.6	21.2
创新提升满意度	频次	2	15	179	120	10
	百分比（%）	0.6	4.6	54.9	36.8	3.1
公司对员工职业生涯发展满意度	频次	3	16	77	168	62
	百分比（%）	0.9	4.9	23.5	51.4	19.0
公司在行业中地位信誉满意	频次	3	7	77	216	23
	百分比（%）	0.9	2.1	23.6	66.3	7.1

从表 7-1 的初步描述性统计可以看出，各项指标均未超过 4，初步表明样本整体上的创新绩效处于中等水平。其中，创新提升满意度、创新项目成功率和专利及著作数量均值较低，但样本整体差距不是很大。从表 7-2 的频次分布来看，各项指标的评价值的众数在 3 或者 4。其中，专利及著作数量和创新提升满意度这两个指标的评价值为 3，分别占样本数的 46.3% 和 54.9%；创新项目成功率、新研发产品数量、专利交叉引用率、公司对员工职业生涯发展满意度、公司在行业中地位信誉满意度的评价值均集中在 4，分别占样本总数的 47.9%、32.5%、43.6%、51.4%、66.3%。总体而言，样本企业的创新绩效较好。

7.2 信度与效度检验

信度和效度检验是实证研究的重要组成部分，是对问卷调查的数据是否具有说服力的测量和验证。

7.2.1 信度检验

信度（Reliability）是指研究的可靠性，反映了测度量表在对研究对象进行测量时体现出来的一致性、稳定性和可复制性。在进行实证分析之前，首先需要对问卷进行信度分析，以检验问卷内容设计的参考价值水平。具有较高信度的实证研究，经得起时间和空间的推敲，不论其重复多少次，或者研究过程由谁操作，所得到的结果是准确的、稳定的。本研究借鉴主流实证研究方法，以 Cronbach α 系数作为检验信度的参考标准：Cronbach α 系数值越大表示该变量内部各测量指标之间的相关性越大，即该变量的内部一致性越高。按照一般实证标准来说，如果 Cronbach α 系数值大于或等于 0.9，则可以评价该问卷设计相当好，具有很高的内在一致性；如果 Cronbach α 系数值介于 0.8~0.9 之间，则可以评价该问卷设计合理，具有较好的内在信度；如果 Cronbach α 系数值介于 0.7~0.8 之间，则可以认为该问卷的内在信度不太高，问卷在设计上存在一定的问题，但是仍具有一定的参考价值；如果 Cronbach α 系数值低于0.7，则可以认为该问卷的内在信度较低，可以考虑重新设计问卷，否则分析结果会受到影响。从本研究的信度检验结果来看，创新绩效和学习能力子量表的 Cronbach α 值大于 0.8，体现了较好的内部一致性，内在信度较好；关系质量、关系强度、关系稳定性及网络能力等变量子量表的 Cronbach α 值均介于 0.7~0.8 之间，均得到了比较理想的检验结果。由此可见，问卷各部分内容体现了较好的可靠性和有效性，数据具有较高的参考价值（信度检验结果详见表 7-3）。

表 7-3   **各因子子量表的信度检验**

潜变量	显变量	删除该变量后的 α 值	Cronbach α 系数
创新绩效子量表			
P	P1	0.820	0.860
	P2	0.848	
	P3	0.831	
	P4	0.832	
	P5	0.840	
	P6	0.844	
	P7	0.859	
关系强度子量表			
RI	RI1	0.685	0.727
	RI2	0.657	
	RI3	0.675	
	RI4	0.648	
关系质量子量表			
RQ	RQ1	0.883	0.895
	RQ2	0.888	
	RQ3	0.890	
	RQ4	0.867	
	RQ5	0.892	
	RQ6	0.865	
	RQ7	0.869	
	RQ8	0.895	
关系稳定性子量表			
RS	RS1	0.857	0.868
	RS2	0.847	
	RS3	0.847	
	RS4	0.848	
	RS5	0.863	
	RS6	0.861	
	RS7	0.842	
	RS8	0.846	

潜变量	显变量	删除该变量后的 α 值	Cronbach α 系数
学习能力子量表			
LC	LC1	0.798	0.844
	LC2	0.818	
	LC3	0.781	
	LC4	0.829	
	LC5	0.839	
	LC6	0.834	
网络能力子量表			
NC	NC1	0.766	0.808
	NC2	0.794	
	NC3	0.779	
	NC4	0.792	
	NC5	0.806	
	NC6	0.787	
	NC7	0.781	
	NC8	0.782	

7.2.2　效度检验

效度（Validity）主要指测量工具能够正确测量出所要测量对象特质的程度。按照目前大多数学者常用的研究过程来看，通常包括内容效度（Content Validity）和结构效度（Construct Validity）两个方面。

（1）内容效度

内容效度主要是指测量目标与测量内容之间的适合性与相符性，通常也称为表面效度或逻辑效度。对内容效度的检验，常采用逻辑分析与统计分析相结合的方法进行评价。从逻辑上来看，由于本研究使用的测量内容主要是借鉴国内外现有研究中使用的成熟量表，是经过研究反复论证并具有一定公认性的测量指标，测量内容紧紧围绕研究目标，具有适合性和相符性。从统计分析结果来看，信度检验中各子量表均表现出了较好的信度，表明内容效度较好，测量目标和测量内容之间具有较高的合适性与相符性。

（2）结构效度

结构效度主要是指测量工具反映概念和命题的内部结构的程度，因此也有研究称其为构想效度、建构效度或理论效度。一般来说，如果问卷调查的结果能够反映出其理论特征，并且基本上与理论分析的预期相一致，我们就可以认为数据是具有结构效度的。本研究通过相关系数来进行结构效度的检验。相关分析的结果显示，前面提出的理论模型中网络关系要素与动态能力要素、创新绩效之间存在显著的相关关系，初步证实了预期假设的成立，具有较好的结构效度（相关分析过程与结果详见 7.4）。

7.3 因子分析

本研究使用 SPSS 19.0 软件进行因子分析。因子分析可以帮助判断同一变量的测量中所使用的不同指标之间是否存在较强的相关性，是否可以合并为较少的几个因子，以简化数据的基本结构。

本研究共采用了 41 个题项来分别测量关系强度、关系质量、关系稳定性三个外生潜变量，学习能力、网络能力两个中介变量以及创新绩效。通过因子分析，我们可以判断每个子量表中的不同题项之间的相关程度，是否能够准确地反映该变量的特征，并将其合并为一个因子，集中反映所研究的对象属性。

7.3.1 因子检验

按照研究惯例，在进行因子分析之前，需要首先考察调查数据是否适合进行因子分析，或者说是否具有进行因子分析的条件。本研究借鉴多数学者的方法，采用样本充足度测量值（Kaiser-Meyer-Olkin Measure of Sampling Adequacy，简称 KMO），并结合巴特莱（Bartlett）球形度来进行因子检验。一般来说，如果 KMO 值低于 0.6，则表明该数据不适合进行因子分析；如果 KMO 值介于 0.6 与 0.8 之间，说明该数据可以进行因子分析；如果 KMO 值介于 0.8 与 0.9 之间，则表明该数据适合进行因子分析；如果 KMO 值大于 0.9，则表明该数据非常适合进行因子分析。

从表 7-4 的因子检验结果来看，其中关系强度子量表的 KMO 值略低，但也在 0.6 以上，表明可以进行因子分析；学习能力和网络能力子量表的 KMO 值在 0.7~0.8 之间，说明适合进行因子分析；其余变量子量表的 KMO 值均大于 0.8，表明比较适合进行因子分析。同时，各子量表的巴特莱特球形度检验的显著性概率均为 0.000，说明数据具有较强的相关性，适宜进行因子分析。

表 7-4　　各子量表 KMO 样本测度和巴特莱特球体检验结果

1.创新绩效子量表		
取样足够度的 Kaiser-Meyer-Olkin 度量		0.844
Bartlett 的球形度检验	近似卡方	985.761
	df	21
	Sig.	0.000
2.关系强度子量表		
取样足够度的 Kaiser-Meyer-Olkin 度量		0.631
Bartlett 的球形度检验	近似卡方	323.249
	df	6
	Sig.	0.000
3.关系质量子量表		
取样足够度的 Kaiser-Meyer-Olkin 度量		0.886
Bartlett 的球形度检验	近似卡方	2 342.965
	df	28
	Sig.	0.000
4.关系稳定性子量表		
取样足够度的 Kaiser-Meyer-Olkin 度量		0.835
Bartlett 的球形度检验	近似卡方	2 144.098
	df	28
	Sig.	0.000
5.学习能力子量表		
取样足够度的 Kaiser-Meyer-Olkin 度量		0.746
Bartlett 的球形度检验	近似卡方	932.771
	df	15
	Sig.	0.000
6.网络能力子量表		
取样足够度的 Kaiser-Meyer-Olkin 度量		0.777
Bartlett 的球形度检验	近似卡方	790.150
	df	28
	Sig.	0.000

7.3.2　因子提取

本研究在因子分析过程中采用了主成分法（Principal Components）来提取公共因子，并通过方差最大法（Varimax）的正交旋转方法获得各因子的负载值。在确定公共因子个数的时候，选择条件为"特征根大于1"时的分析结果，详细结果见表7-5。

表 7-5　　　　　　　　各子量表统计描述及因子分析结果

1.创新绩效子量表				
题项	描述性统计		因子载荷	特征值	累计方差贡献率
	均值	标准差	系数		（%）
P1	3.61	0.975	0.846	3.835	54.792
P2	3.58	0.857	0.687		
P3	3.91	0.952	0.783		
P4	3.76	0.917	0.779		
P5	3.37	0.652	0.759		
P6	3.83	0.825	0.711		
P7	3.76	0.648	0.588		
2.关系强度子量表				
题项	描述性统计		因子载荷	特征值	累计方差贡献率
	均值	标准差	系数		（%）
RI1	3.532	0.867	0.704	2.207	55.182
RI2	3.595	0.963	0.762		
RI3	3.556	0.894	0.733		
RI4	3.559	0.823	0.771		
3.关系质量子量表				
题项	描述性统计		因子载荷	特征值	累计方差贡献率
	均值	标准差	系数		（%）
RQ1	3.878	0.712	0.741	5.124	64.055
RQ2	3.443	1.083	0.771		
RQ3	3.734	0.847	0.677		
RQ4	3.202	0.588	0.943		
RQ5	3.599	0.819	0.671		
RQ6	3.232	0.592	0.956		
RQ7	3.266	0.553	0.936		
RQ8	3.691	0.709	0.627		

续表

4.关系稳定性子量表				
题项	描述性统计		因子载荷	特征值	累计方差贡献率
	均值	标准差	系数		（%）
RS1	3.311	0.901	0.715	4.830	60.380
RS2	3.375	0.930	0.768		
RS3	3.405	0.879	0.777		
RS4	3.207	0.664	0.851		
RS5	3.449	0.739	0.646		
RS6	3.628	0.741	0.661		
RS7	3.383	0.580	0.887		
RS8	3.416	0.531	0.872		

5.学习能力子量表				
题项	描述性统计		因子载荷	特征值	累计方差贡献率
	均值	标准差	系数		（%）
LC1	3.410	1.227	0.823	3.376	56.263
LC2	3.514	1.045	0.751		
LC3	2.985	1.402	0.880		
LC4	3.468	1.035	0.702		
LC5	3.242	0.975	0.644		
LC6	3.391	0.972	0.672		

6.网络能力子量表				
题项	描述性统计		因子载荷	特征值	累计方差贡献率
	均值	标准差	系数		（%）
NC1	3.502	0.843	0.772	3.496	43.695
NC2	3.125	0.943	0.619		
NC3	3.505	0.783	0.720		
NC4	3.676	0.903	0.609		
NC5	3.642	0.974	0.516		
NC6	3.214	0.881	0.646		
NC7	3.667	0.781	0.689		
NC8	3.526	0.861	0.684		

通过观察表 7-5，可以发现每一个子量表均可提取出 1 个公共因子，即具有单维度特征。由此，6 组子量表中的总计 41 个观测项提取并合并为 6 个公因子。从累计方差贡献率可以看出，除了网络能力公因子的方

差贡献率略低，其他变量子量表中的公因子方差贡献率均超过 50%，表明公因子可以解释 50% 以上的方差变异，能够体现所测量对象的主要特性。同时结合前文的 KMO 和 Bartlett 的球形度两种检验结果，我们认为本研究所构建的量表在统计上是有效的，并且适于后文的结构方程分析。

7.4 相关分析

本研究中使用相关分析，一方面是对问卷结构效度加以进一步验证，同时也能直观地考察变量之间可能存在的作用路径，为结构方程模型的构建提供参考。相关分析虽然不能直接检验第 4 章提出的假设，但能从直观的角度考察哪些变量之间可能存在作用路径。在采用结构方程进行模型检验之前，我们首先采用皮尔逊（Pearson）相关分析方法分别对网络关系特征维度、动态能力构成要素、创新绩效几个主要变量进行相关系数检验，为下一步使用结构方程进行研究提供方向和基础。

7.4.1 网络关系与动态能力的相关分析

（1）关系强度与学习能力相关分析（见表 7-6）

表 7-6 　　　　　　　　　　**关系强度与学习能力相关关系**

		LC1	LC2	LC3	LC4	LC5	LC6
RI1	Pearson 相关性	0.518**	0.323**	0.327**	0.196**	0.153**	−0.006
	显著性（双侧）	0.000	0.000	0.000	0.000	0.006	0.912
	N	327	327	327	327	327	327
RI2	Pearson 相关性	0.471**	0.332**	0.355**	0.230**	0.303**	0.331**
	显著性（双侧）	0.000	0.000	0.000	0.000	0.000	0.000
	N	327	327	327	327	327	327
RI3	Pearson 相关性	0.170**	0.169**	0.108	0.146**	0.188**	0.249**
	显著性（双侧）	0.002	0.002	0.052	0.008	0.001	0.000
	N	327	327	327	327	327	327
RI4	Pearson 相关性	0.163**	0.099	−0.019	0.148**	0.164**	−0.030
	显著性（双侧）	0.003	0.075	0.733	0.007	0.003	0.590
	N	327	327	327	327	327	327

注："*"表示在（双侧）0.05 的水平上（双侧）有显著性；"**"表示在 0.01 的水平上（双侧）上显著相关。

由表 7-6 可知关系强度与学习能力相关分析如下：

● 交流频率与学习能力存在显著正相关关系；

● 关系紧密程度与学习能力各维度在 0.01 显著水平上正相关。

综上所述，关系强度与学习能力之间存在显著的正相关关系。

（2）关系强度与网络能力相关分析（见表 7-7）

表 7-7　　　　　　　　关系强度与网络能力相关关系

		NC1	NC2	NC3	NC4	NC5	NC6	NC7	NC8
RI1	Pearson 相关性	0.046	0.093	0.066	−0.093	−0.074	0.198**	0.055	0.096
	显著性（双侧）	0.408	0.093	0.237	0.092	0.179	0.000	0.319	0.084
	N	327	327	327	327	327	327	327	327
RI2	Pearson 相关性	0.370**	0.433**	0.215**	0.110*	0.215**	0.257**	0.372**	0.233**
	显著性（双侧）	0.000	0.000	0.000	0.047	0.000	0.000	0.000	0.000
	N	327	327	327	327	327	327	327	327
RI3	Pearson 相关性	0.172**	0.050	0.147**	−0.182**	0.050	0.296**	0.089	0.124*
	显著性（双侧）	0.002	0.365	0.008	0.001	0.371	0.000	0.109	0.025
	N	327	327	327	327	327	327	327	327
RI4	Pearson 相关性	0.259**	0.348**	0.125*	0.092	0.230**	0.033	0.148**	0.058
	显著性（双侧）	0.000	0.000	0.024	0.095	0.000	0.555	0.007	0.293
	N	327	327	327	327	327	327	327	327

注："*"表示在（双侧）0.05 的水平上（双侧）有显著性；"**"表示在 0.01 的水平上（双侧）上显著相关。

由表 7-7 可知关系强度与网络能力相关分析如下：

● 交流频率与网络能力在 0.01 显著水平上正相关；

● 关系紧密程度与网络能力在 0.01 显著水平上正相关。

综上所述，关系强度与网络能力之间存在正相关关系。

（3）关系质量与学习能力相关分析（见表 7-8）

表 7-8　　　　　　　　关系质量与学习能力相关关系

		LC1	LC2	LC3	LC4	LC5	LC6
RQ1	Pearson 相关性	0.242**	0.235**	0.011	0.144**	0.283**	0.233**
	显著性（双侧）	0.000	0.000	0.839	0.009	0.000	0.000
	N	327	327	327	327	327	327
RQ2	Pearson 相关性	0.310**	0.361**	0.150**	0.046	0.209**	0.382**
	显著性（双侧）	0.000	0.000	0.007	0.406	0.000	0.000
	N	327	327	327	327	327	327
RQ3	Pearson 相关性	0.365**	0.267**	0.348**	0.268**	0.334**	0.421**
	显著性（双侧）	0.000	0.000	0.000	0.000	0.000	0.000
	N	327	327	327	327	327	327
RQ4	Pearson 相关性	0.243**	0.186**	0.136*	0.209**	0.215**	0.076
	显著性（双侧）	0.000	0.001	0.014	0.000	0.000	0.170
	N	327	327	327	327	327	327
RQ5	Pearson 相关性	0.053	0.198**	0.078	0.057	0.089	0.178**
	显著性（双侧）	0.339	0.000	0.162	0.303	0.110	0.001
	N	327	327	327	327	327	327
RQ6	Pearson 相关性	0.168**	0.144**	0.174**	0.148**	0.306**	0.256**
	显著性（双侧）	0.002	0.009	0.002	0.008	0.000	0.000
	N	327	327	327	327	327	327
RQ7	Pearson 相关性	0.121*	0.085	0.083	−0.026	0.124*	0.077
	显著性（双侧）	0.029	0.127	0.134	0.638	0.026	0.163
	N	327	327	327	327	327	327
RQ8	Pearson 相关性	0.088	0.020	0.147**	0.036	0.049	0.041
	显著性（双侧）	0.115	0.723	0.008	0.521	0.374	0.463
	N	327	327	327	327	327	327

注："*"表示在（双侧）0.05 的水平上（双侧）有显著性；"**"表示在 0.01 的水平上（双侧）上显著相关。

由表 7-8 可知关系质量与创企业学习能力的相关分析如下：

● 相互信任（RQ1—RQ5）与学习能力在 0.01 显著水平上正相关；

- 相互承诺（RQ6—RQ8）与学习能力在 0.01 显著水平上正相关。

综上所述，关系质量与学习能力之间存在正相关关系。

（4）关系质量与创新网络能力相关分析（见表 7-9）

表 7-9　　　　　　　　　　**关系质量与网络能力相关关系**

		NC1	NC2	NC3	NC4	NC5	NC6	NC7	NC8
RQ1	Pearson 相关性	0.256**	0.105	0.128*	0.368**	0.512**	0.262**	0.269**	0.201**
	显著性（双侧）	0.000	0.057	0.021	0.000	0.000	0.000	0.000	0.000
	N	327	327	327	327	327	327	327	327
RQ2	Pearson 相关性	0.098	0.102	0.065	0.329**	0.613**	0.157**	0.161**	0.002
	显著性（双侧）	0.076	0.067	0.245	0.000	0.000	0.004	0.004	0.965
	N	327	327	327	327	327	327	327	327
		NC1	NC2	NC3	NC4	NC5	NC6	NC7	NC8
RQ3	Pearson 相关性	0.076	0.111*	−0.028	0.156**	0.513**	−0.018	0.074	−0.014
	显著性（双侧）	0.172	0.045	0.611	0.005	0.000	0.746	0.181	0.806
	N	327	327	327	327	327	327	327	327
RQ4	Pearson 相关性	0.154**	0.131*	0.191**	0.326**	0.518**	0.319**	0.247**	0.178**
	显著性（双侧）	0.005	0.018	0.001	0.000	0.000	0.000	0.000	0.001
	N	327	327	327	327	327	327	327	327
RQ5	Pearson 相关性	0.283**	0.232**	0.245**	0.322**	0.439**	0.362**	0.342**	0.248**
	显著性（双侧）	0.000	0.000	0.000	0.000	0.000	0.000	0.000	0.000
	N	327	327	327	327	327	327	327	327
RQ6	Pearson 相关性	0.165**	0.140*	0.190**	0.331**	0.528**	0.339**	0.234**	0.169**
	显著性（双侧）	0.003	0.011	0.001	0.000	0.000	0.000	0.000	0.002
	N	327	327	327	327	327	327	327	327
RQ7	Pearson 相关性	0.193**	0.124*	0.241**	0.321**	0.479**	0.355**	0.270**	0.156**
	显著性（双侧）	0.000	0.025	0.000	0.000	0.000	0.000	0.000	0.005
	N	327	327	327	327	327	327	327	327
RQ8	Pearson 相关性	0.044	−0.089	0.243**	0.231**	0.293**	0.367**	0.107	0.182**
	显著性（双侧）	0.423	0.109	0.000	0.000	0.000	0.000	0.053	0.001
	N	327	327	327	327	327	327	327	327

注："*"表示在（双侧）0.05 的水平上（双侧）有显著性；"**"表示在 0.01 的水平上（双侧）上显著相关。

由表 7-9 可知关系质量与创新网络能力的相关分析如下：

- 相互信任（RQ1—RQ5）与网络能力在 0.01 显著水平上正相关；
- 相互承诺（RQ6—RQ8）与网络能力在 0.01 显著水平上正相关。

综上所述，关系质量与网络能力之间存在显著的正相关关系。

（5）关系稳定性与学习能力的相关分析（见表 7-10）

表 7-10　　　　　　　　　**关系稳定性与学习能力相关关系**

		LC1	LC2	LC3	LC4	LC5	LC6
RS1	Pearson 相关性	0.039	−0.069	0.081	0.257**	0.352**	0.273**
	显著性（双侧）	0.481	0.216	0.143	0.000	0.000	0.000
	N	327	327	327	327	327	327
RS2	Pearson 相关性	0.403**	0.238**	0.397**	0.185**	0.354**	0.467**
	显著性（双侧）	0.000	0.000	0.000	0.001	0.000	0.000
	N	327	327	327	327	327	327
RS3	Pearson 相关性	0.149**	−0.025	0.008	0.052	0.324**	0.257**
	显著性（双侧）	0.007	0.653	0.881	0.345	0.000	0.000
	N	327	327	327	327	327	327
RS4	Pearson 相关性	0.185**	0.112*	0.288**	0.252**	0.373**	0.299**
	显著性（双侧）	0.001	0.043	0.000	0.000	0.000	0.000
	N	327	327	327	327	327	327
RS5	Pearson 相关性	0.388**	0.199**	0.225**	0.146**	0.182**	−0.111*
	显著性（双侧）	0.000	0.000	0.000	0.008	0.001	0.046
	N	327	327	327	327	327	327
RS6	Pearson 相关性	0.374**	0.092	0.349**	0.285**	0.297**	−0.141*
	显著性（双侧）	0.000	0.097	0.000	0.000	0.000	0.011
	N	327	327	327	327	327	327
RS7	Pearson 相关性	0.193**	0.055	0.265**	0.325**	0.344**	−0.071
	显著性（双侧）	0.000	0.322	0.000	0.000	0.000	0.202
	N	327	327	327	327	327	327
RS8	Pearson 相关性	0.295**	0.218**	0.411**	0.228**	0.352**	0.532**
	显著性（双侧）	0.000	0.000	0.000	0.000	0.000	0.000
	N	327	327	327	327	327	327

注："*"表示在（双侧）0.05 的水平上（双侧）有显著性；"**"表示在 0.01 的水平上（双侧）上显著相关。

由表 7-10 可知关系稳定性与学习能力相关分析如下：

• 关系持久性（RS1—RS5）与企业学习能力各维度均在 0.01 的显著水平上正相关；

• 资源的投入（RS6—RS8）与企业学习能力的学习承诺、开放心智在 0.01 的显著水平上正相关。

综上所述，关系稳定性与学习能力之间存在正相关关系。

（6）关系稳定性与网络能力相关分析（见表 7-11）

表 7-11　　　　　　**关系稳定性与创新网络能力相关关系**

		NC1	NC2	NC3	NC4	NC5	NC6	NC7	NC8
RS1	Pearson 相关性	0.172**	0.130*	0.126*	0.058	0.113*	0.421**	0.156**	0.276**
	显著性（双侧）	0.002	0.018	0.022	0.293	0.041	0.000	0.005	0.000
	N	327	327	327	327	327	327	327	327
RS2	Pearson 相关性	0.341**	0.288**	0.270**	0.047	0.030	0.424**	0.304**	0.365**
	显著性（双侧）	0.000	0.000	0.000	0.393	0.584	0.000	0.000	0.000
	N	327	327	327	327	327	327	327	327
RS3	Pearson 相关性	0.318**	0.343**	0.304**	0.134*	0.126*	0.490**	0.421**	0.317**
	显著性（双侧）	0.000	0.000	0.000	0.016	0.022	0.000	0.000	0.000
	N	327	327	327	327	327	327	327	327
RS4	Pearson 相关性	0.091	0.200**	0.241**	0.229**	−0.039	0.212**	0.200**	0.279**
	显著性（双侧）	0.100	0.000	0.000	0.000	0.480	0.000	0.000	0.000
	N	327	327	327	327	327	327	327	327
RS5	Pearson 相关性	0.038	0.163**	0.200**	0.215**	−0.091	0.066	0.115*	0.224**
	显著性（双侧）	0.496	0.003	0.000	0.000	0.101	0.237	0.037	0.000
	N	327	327	327	327	327	327	327	327
RS6	Pearson 相关性	0.219**	0.229**	0.315**	0.202**	−0.014	0.267**	0.210**	0.346**
	显著性（双侧）	0.000	0.000	0.000	0.000	0.807	0.000	0.000	0.000
	N	327	327	327	327	327	327	327	327
RS7	Pearson 相关性	0.355**	0.393**	0.263**	0.200**	0.211**	0.367**	0.231**	0.281**
	显著性（双侧）	0.000	0.000	0.000	0.000	0.000	0.000	0.000	0.000
	N	327	327	327	327	327	327	327	327
RS8	Pearson 相关性	0.369**	0.417**	0.244**	0.212**	0.240**	0.340**	0.216**	0.293**
	显著性（双侧）	0.000	0.000	0.000	0.000	0.000	0.000	0.000	0.000
	N	327	327	327	327	327	327	327	327

注："*"表示在（双侧）0.05 的水平上（双侧）有显著性；"**"表示在 0.01 的水平上（双侧）上显著相关。

由表 7-11 可知关系稳定性与网络能力相关分析如下：

• 关系持久性（RS1—RS5）与网络能力各维度在 0.01 的显著水平上正相关；

• 资源的投入（RS6—RS8）与网络能力各维度在 0.01 的显著水平上正相关。

综上所述，关系稳定性与网络能力之间存在正相关关系。

7.4.2 动态能力与创新绩效的相关分析

（1）学习能力与创新绩效的相关分析（见表 7-12）

表 7-12　　　　　　　　学习能力与创新绩效的相关关系

		P1	P2	P3	P4	P5	P6	P7
LC1	Pearson 相关性	0.021	0.260**	0.054	0.019	0.095	0.122*	0.021
	显著性（双侧）	0.704	0.000	0.334	0.729	0.088	0.028	0.707
	N	327	327	327	327	327	327	327
LC2	Pearson 相关性	−0.034	0.098	0.064	−0.040	0.008	0.022	0.021
	显著性（双侧）	0.546	0.076	0.253	0.467	0.891	0.693	0.704
	N	327	327	327	327	327	327	327
LC3	Pearson 相关性	0.373**	0.034	−0.120*	0.039	0.196**	0.077	0.037
	显著性（双侧）	0.000	0.544	0.030	0.478	0.000	0.165	0.502
	N	327	327	327	327	327	327	327
LC4	Pearson 相关性	0.214**	0.211**	0.029	0.096	0.243**	0.143**	0.153**
	显著性（双侧）	0.000	0.000	0.600	0.083	0.000	0.010	0.006
	N	327	327	327	327	327	327	327
LC5	Pearson 相关性	0.261**	0.200**	0.071	0.191**	0.279**	0.130*	0.153**
	显著性（双侧）	0.000	0.000	0.201	0.001	0.000	0.019	0.006
	N	327	327	327	327	327	327	327
LC6	Pearson 相关性	−0.105	0.121*	0.258**	0.088	0.010	0.069	−0.044
	显著性（双侧）	0.058	0.028	0.000	0.113	0.853	0.214	0.432
	N	327	327	327	327	327	327	327

注："*"表示在（双侧）0.05 的水平上（双侧）有显著性；"**"表示在 0.01 的水平上（双侧）上显著相关。

由表 7-12 可知，创新学习能力与创新绩效的相关分析如下：

· 创新学习能力的学习承诺（LC1、LC2）与创新绩效有相关关系，但不具有显著性；

· 创新学习能力的共同愿景（LC3、LC4）与创新绩效有比较显著的相关关系；

· 创新学习能力的开放心智（LC5、LC6）与创新绩效有相关关系，显著性比较微弱。

综上所述，创新学习能力与创新绩效存在正相关关系。

（2）网络能力与创新绩效的相关分析（见表 7-13）

表 7-13　　　　　　**网络能力与创新绩效的相关关系**

		P1	P2	P3	P4	P5	P6	P7
NC1	Pearson 相关性	0.003	0.116*	−0.011	0.020	0.049	0.020	0.043
	显著性（双侧）	0.963	0.037	0.839	0.714	0.375	0.716	0.441
	N	327	327	327	327	327	327	327
NC2	Pearson 相关性	0.027	0.008	−0.063	0.114*	0.123*	0.138*	−0.007
	显著性（双侧）	0.623	0.888	0.255	0.040	0.06	0.013	0.903
	N	327	327	327	327	327	327	327
NC3	Pearson 相关性	−0.088	0.149**	0.062	−0.024	0.015	−0.077	0.217**
	显著性（双侧）	0.112	0.007	0.262	0.665	0.792	0.164	0.000
	N	327	327	327	327	327	327	327
NC4	Pearson 相关性	0.175**	0.345**	0.267**	0.071	0.211**	0071	0.173**
	显著性（双侧）	0.002	0.000	0.000	0.203	0.000	0.202	0.002
	N	327	327	327	327	327	327	327
NC5	Pearson 相关性	0.429**	0.534**	0.298**	0.269**	0.317**	0.047	0.153**
	显著性（双侧）	0.000	0.000	0.000	0.000	0.000	0.396	0.006
	N	327	327	327	327	327	327	327
NC6	Pearson 相关性	−0.205**	0.106	−0.245**	−0.356**	−0.022	−0.343**	0.072
	显著性（双侧）	0.000	0.055	0.000	0.000	0.692	0.000	0.191
	N	327	327	327	327	327	327	327
NC7	Pearson 相关性	−0.105	−0.043	−0.088	−0.101	0.034	−0.087	−0.028
	显著性（双侧）	0.058	0.441	0.112	0.06	0.538	0.115	0.610
	N	327	327	327	327	327	327	327
NC8	Pearson 相关性	−0.081	0.239**	−0.001	−0.081	0.005	−0.147**	0.168**
	显著性（双侧）	0.144	0.000	0.985	0.143	0.935	0.008	0.002
	N	327	327	327	327	327	327	327

注："*"表示在（双侧）0.05 的水平上（双侧）有显著性；"**"表示在 0.01 的水平上（双侧）上显著相关。

由表 7-13 可知，创新网络能力与创新绩效相关分析如下：

● 创新网络构建能力（NC1、NC2）与创新绩效存在较弱的正相关关系；

● 创新网络适应能力（NC3、NC4）与创新绩效在 0.01 显著水平上正相关；

● 创新网络协调能力（NC5、NC6）与创新绩效在 0.01 显著水平上正相关；

● 创新网络治理能力（NC7、NC8）与创新绩效存在较弱的正相关关系。

综上所述，创新网络能力与创新绩效存在正相关关系。

7.4.3　相关分析结论

根据 SPSS 相关分析结果，可以得出变量之间的关系如表 7-14 所示。

表 7-14　　　**网络组织知识创新各要素的相关关系**

指标	创新学习能力 LC	创新网络能力 NC
关系稳定性 RS	Y	Y
关系强度 RI	Y	Y
关系质量 RQ	Y	Y
创新绩效 P	Y	Y

7.5　SEM 结构方程检验

7.5.1　初始模型的确立

SPSS 相关分析结果显示，网络关系特征、动态能力要素与创新绩效之间基本上具有显著的相关关系，初步地验证了理论分析的预期假设。下面采用结构方程（SEM）方法，并运用 AMOS19.0 软件对这些变量之间的关系以及作用路径做进一步精确的验证。根据第 4 章的关系作用模型以及相关分析的结果，本研究将网络关系作为潜变量中的外生变量，将企业动态能力要素——学习能力和网络能力以及创新绩效作为潜变量中的内生变量构建结构方程初始模型，如图 7-1 所示。从图 7-1 中可以看出，初始模型包含 6 个潜变量，41 个显变量。除此之外，模型中还存在 e1—e41 共 41 个显变量的残差变量（Residual Variables）以及 e42—e44 共 3 个内生潜变量的残差变量，它们的路径系数默认值为 1。需要说明的是，残差变量的作用是为了保证模型的检验过程能够成立，因为从问卷得出的指标值难免会存在一定的误差，要使得指标值完全地匹配于模型几乎是不可能的，为了使路径能够验证，概念模型得到证明，必须引入残差变量。

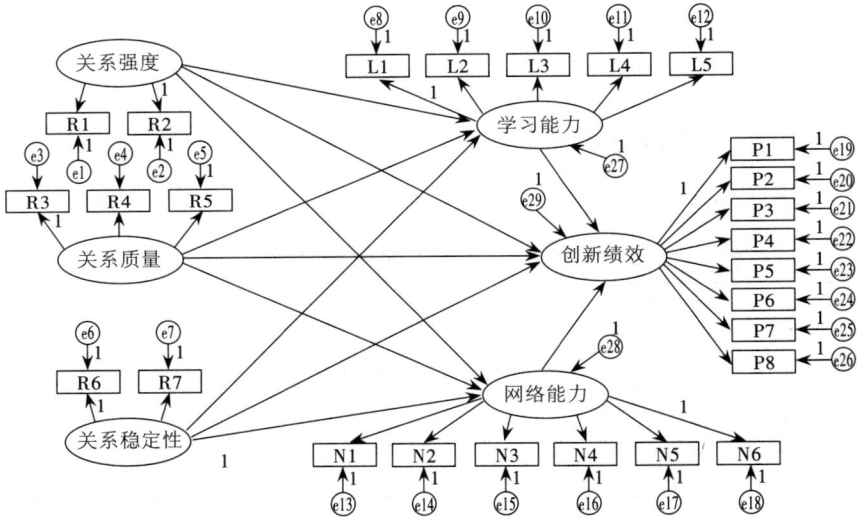

图 7-1 SEM 结构方程初始模型

7.5.2 模型评价

（1）路径系数/载荷系数检验（见表 7-15）

（2）初始 SEM 模型的拟合检验

模型评价的核心内容是模型拟合度，即模型输出的各项拟合指标需要满足要求。模型整体拟合优度指标主要有两类：绝对拟合优度指标（CMIN、DF、CMIN/DF、GFI、RMSEA）、相对拟合优度指标（TLI、CFI、IFI、PNFI、PGFI）。经过 AMOS19.0 的初次 Calculate Estimates 计算过程，可以得到本研究初始 SEM 模型估计的各项指标，见表 7-16。

表 7-15   **SEM 初始模型系数估计结果**

潜变量作用路径			未标准化路径系数	标准误 S.E.	临界比 C.R.	显著性 P	LABLE
网络能力	←	关系稳定性	0.437	0.072	6.102	***	par_12
学习能力	←	关系强度	0.876	0.141	6.233	***	par_13
网络能力	←	关系强度	0.46	0.085	5.436	***	par_14
学习能力	←	关系质量	0.904	0.117	7.709	***	par_15
网络能力	←	关系质量	0.397	0.069	5.74	***	par_20
学习能力	←	关系稳定性	0.359	0.099	3.611	***	par_21
创新绩效	←	学习能力	0.271	0.056	4.815	***	par_10
创新绩效	←	网络能力	0.258	0.103	2.496	0.013	par_11
NC1	←	网络能力	1.000				
NC2	←	网络能力	0.923	0.103	8.976	***	par_1
NC3	←	网络能力	0.804	0.086	9.398	***	par_2
NC4	←	网络能力	0.732	0.098	7.473	***	par_3
P1	←	创新绩效	1.000				
P2	←	创新绩效	0.662	0.055	12.115	***	par_4
P3	←	创新绩效	0.854	0.058	14.634	***	par_5
P4	←	创新绩效	0.821	0.056	14.588	***	par_6
P5	←	创新绩效	0.567	0.04	14.065	***	par_7
P6	←	创新绩效	0.643	0.052	12.264	***	par_8
P7	←	创新绩效	0.382	0.043	8.817	***	par_9
NC5	←	网络能力	0.739		0.106		
NC6	←	网络能力	0.872	0.096	9.075	***	par_17
NC7	←	网络能力	0.799	0.085	9.371	***	par_18
NC8	←	网络能力	0.847	0.094	9.026	***	par_19
RI4	←	关系强度	1.000				
RI3	←	关系强度	0.66	0.125	5.273	***	par_22

续表

潜变量作用路径			未标准化路径系数	标准误 S.E.	临界比 C.R.	显著性 P	LABLE
RI2	←	关系强度	1.846	0.229			
RS8	←	关系稳定性	0.943	0.077	12.279	***	par_24
RS7	←	关系稳定性	1.054	0.085	12.36	***	par_25
RS6	←	关系稳定性	0.7	0.088	7.985	***	par_26
RS5	←	关系稳定性	0.525	0.083	6.364	***	par_27
RS4	←	关系稳定性	0.544	0.071	7.64	***	par_28
RS3	←	关系稳定性	1.149	0.113	10.183	***	par_29
RS2	←	关系稳定性	1.157	0.117	9.923	***	par_30
RS1	←	关系稳定性	1.000				
RQ8	←	关系质量	0.859	0.084	10.211	***	par_31
RQ7	←	关系质量	1.065	0.068	15.597	***	par_32
RQ6	←	关系质量	1.202	0.074	16.32	***	par_33
RQ5	←	关系质量	1.053	0.097			
RQ4	←	关系质量	1.168	0.073	16.037	***	par_35
RQ3	←	关系质量	1.078	0.101	10.695	***	par_36
RQ2	←	关系质量	1.564	0.13	12.033	***	par_37
RQ1	←	关系质量	1.000				
RI1	←	关系强度	0.755	0.124	6.09	***	par_38
LC1	←	学习能力	1.000				
LC2	←	学习能力	0.598	0.053	11.192	***	par_39
LC3	←	学习能力	1.244	0.061	20.38	***	par_40
LC4	←	学习能力	0.547	0.054	10.118	***	par_41
LC5	←	学习能力	0.514	0.051	10.077	***	par_42
LC6	←	学习能力	0.492	0.051	9.591	***	par_43

注："***"表示在 $P<0.001$ 的水平上有显著性。

表 7-16 初始 SEM 模型的拟合指标

模型拟合统计值		测量模型取值	评价标准
绝对拟合指数	CMIN/DF	3.824	1.5 ~ 3.0
	RMSEA	0.093	≤0.1
相对拟合指数	TLI	0.776	≥0.9
	CFI	0.811	≥0.9
	IFI	0.813	≥0.9
	PNFI	0.645	≥0.5
	PGFI	0.685	≥0.5

观察表 7-16 可以发现，部分拟合优度检验指标可以接受初始模型，但是较多的检验统计指标显示拒绝初始模型。可见，初始模型对数据拟合的可接受程度较低，需要对该结构方程模型（SEM 模型）做出进一步的修正，使模型和数据更加贴合，反映数据规律。

7.5.3 模型修正

（1）模型修正过程

从表 7-16 模型拟合检验结果可以看出，大部分指标未能达到模型拟合要求，初始模型的整体可接受度不高，说明初始模型与数据还不能很好地拟合，因此需要对初始 SEM 模型进行进一步的修正，以使之更符合数据所反映的变量关系，得到与样本数据良好拟合的概念模型。

这里，我们根据初始模型的参数显著性结果和 AMOS19.0 提供的模型修正指标，从两个方面对模型进行调整：一方面，增加残差间的协方差关系，一般而言，通过选择较大的 MI（Modification Indices）统计值对应的参数调整路径对模型进行修正；另一方面，根据初始模型检验中的提示，通过增加自变量间的路径关系（见表 7-17），对模型进行扩展（Model Building）。

表 7-17   修正模型中增加的残差间协方差关系和变量路径关系

增加的协方差项					
e19↔e18	e43↔e42	e30↔e42	e32↔e44	e11↔e33	e26↔e44
e33↔e42	e23↔e15	e07↔e08	e11↔e03	e15↔e33	e27↔e28
e11↔e42	e23↔e27	e41↔e27	e12↔e44	e38↔e12	e11↔e44
e32↔e33	e20↔e18	e26↔e25	e26↔e05	e02↔e05	e26↔e32
e11↔e04	e11↔e32	e30↔e43	e16↔e33	e26↔e30	e01↔e02
e23↔e20	e32↔e05	e12↔e15	e05↔e44	e01↔e05	e25↔e23
e10↔e25	e23↔e42	e12↔e32	e36↔e40	e24↔e27	e37↔e24
e36↔e11	e37↔e27	e35↔e05	e32↔e04	e12↔e27	e08↔e40
e02↔e04	e41↔e33	e38↔e40	e25↔e27	e13↔e17	e23↔e33
e37↔e02	e40↔e12	e09↔e14	e21↔e18	e36↔e06	e37↔e38
e08↔e27	e12↔e25	e35↔e11	e18↔e33	e08↔e36	e33↔e03
e40↔e32	e40↔e11	e41↔e32	e35↔e30	e10↔e44	e27↔e02
e13↔e14	e35↔e04				

增加的路径关系	
关系稳定性↔关系强度	关系稳定性↔关系质量
关系强度↔关系质量	

  AMOS 20.0 的模型调整不是一次或是两次就能够完全实现的，每次经过 AMOS 19.0 计算之后的模型，AMOS 19.0 在其计算结果中都会给出相应的调整参考，根据 AMOS 19.0 的这种功能，通过模型拟合性检验、残差分析与模型调整、路径系数测定与模型再调整、再调整模型的估计与检验等步骤的多次反复，对初始模型进行修正并得出最终路径关系模型。

  （2）修正 SEM 结构方程模型的拟合结果（见表 7-18）

表 7-18   修正后的整体 SEM 结构方程模型拟合指标

模型拟合统计值	初始模型拟合指标	修正后模型拟合指标取值	评价标准
CMIN/DF	3.824	1.082	1.5～2.0
近似误差均方根残差（RMSEA）	0.093	0.045	≤0.1
Turker-Lewis 指数（TLI）	0.776	0.986	≥0.9
比较拟合优度指数（CFI）	0.811	0.969	≥0.9
增值拟合优度指数（IFI）	0.813	0.998	≥0.9
简约规范优度指数（PNFI）	0.645	0.667	≥0.5
简约拟合优度指数（PGFI）	0.685	0.675	≥0.5

  如表 7-18 所示，修正 SEM 的 CMIN 值为 750.019，在自由度 DF 为

693 条件下的显著性概率为 0.0656，大于 0.05 的水平；CMIN/DF 值为 1.082，介于 1.5～2.0 之间；RMSEA 值为 0.045，小于 0.1。另外，验证中发现 GFI 和 AGFI 的指标值略低于推荐标准，但是根据 Bagozzi 和 Yi（1988）的观点，当 SEM 模型比较复杂时，在其他指数已经达到标准的情况下，个别拟合指标与标准略有差距是可以接受的。[①] 在实际中，这样的情况并不少见。因此，修正后的模型整体绝对拟合效果总体符合标准。

增量拟合优度指标是通过将设定模型与基准模型比较以反映设定模型拟合情况改进程度的指标。从表 7-18 可以看出，反映修正模型增量拟合情况的 TLI 指标值为 0.986，CFI 指标值为 0.969，IFI 指标值为 0.998，均大于评价标准值 0.90，表明修正 SEM 的增量拟合优度良好。简约拟合优度指标惩罚参数多的模型，模型参数越多，简约拟合优度指标与理想值相差越大。从表 7-18 可以看出，反映修正 SEM 的简约拟合优度指标 PNFI 和 PGFI 分别为 0.667 和 0.675，均大于评价标准值 0.5。因此，经过调整以后的各项测量指标均符合要求，说明修正后的"网络组织影响因素、能力要素、创新绩效"关系模型与样本数据的拟合得到验证。修正后的整体 SEM 结构方程模型路径系数见表 7-19。修正后的 SEM 结构方程路径关系模型如图 7-2 所示。

表 7-19　　　**修正后的整体 SEM 结构方程模型路径系数**

潜变量作用路径			标准化路径系数	标准误 S.E.	临界比 C.R.	显著性 P	对应假设
网络能力	←	关系稳定性	0.471	0.075	6.314	***	假设 6
学习能力	←	关系强度	0.983	0.131	7.518	***	假设 1
网络能力	←	关系强度	0.419	0.079	5.289	***	假设 4
学习能力	←	关系质量	0.794	0.112	7.068	***	假设 2
网络能力	←	关系质量	0.399	0.065	6.136	***	假设 5
学习能力	←	关系稳定性	0.559	0.104	5.369	***	假设 3
创新绩效	←	学习能力	0.225	0.068	3.315	***	假设 7
创新绩效	←	网络能力	0.330	0.143	2.304	0.021*	假设 8
增加的路径			标准化路径系数	标准误 S.E.	临界比 C.R.	显著性 P	
关系稳定性←关系强度			0.067	0.016	4.318	***	
关系质量←关系稳定性			0.036	0.014	2.648	0.008**	
关系质量←关系强度			0.031	0.006	5.079	***	

注："*"表示在 P<0.05 的水平上有显著性；"**"表示在 P<0.01 的水平上有显著性；"***"表示在 P<0.001 的水平上有显著性。

---

　① BAGOZZI R P, YI Y. On the evaluation of structural equation models [J]. Journal of the Academy of Marketing Science, 1988, 16（1）: 74-94

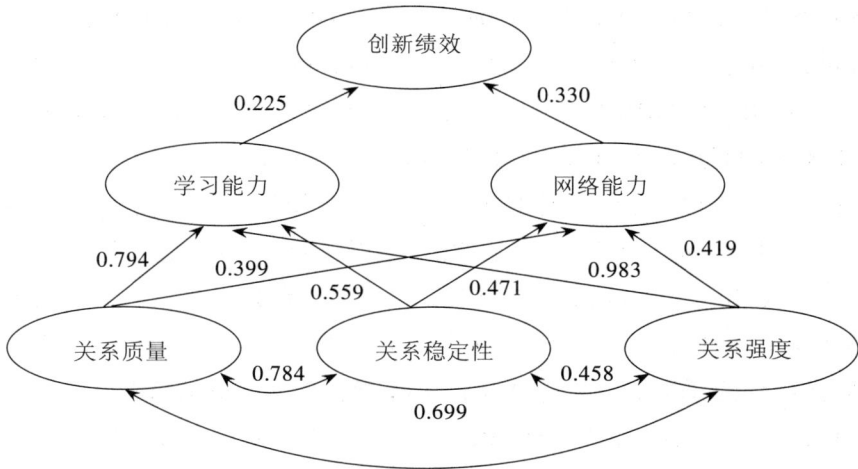

图 7-2　修正后的 SEM 结构方程路径关系模型

7.6　实证研究结果分析与讨论

本章根据研究提出的理论假设，通过描述性统计、因子分析、相关分析初步确定了变量间关系情况，运用 AMOS19.0 软件对模型进行了拟合检验，并根据拟合指标进行了模型修正。现根据表 7-19 显示的修正后 SEM 模型路径系数结果和图 7-2 修正后的 SEM 方程路径关系模型对本研究的理论及假设进行验证结果分析与讨论：

（1）如表 7-19 所示，学习能力与企业创新绩效之间的路径系数标准化估计值为 0.225，临界比（C.R.）为 3.315，该路径系数在 0.001 的显著性水平上显著，假设 7 成立；网络能力与企业创新绩效之间的路径系数标准化估计值为 0.330，临界比（C.R.）为 2.304，该路径系数在 0.05 的显著性水平下显著，假设 8 成立。由此可见，网络化创新环境下，企业的动态能力要素包括学习能力和网络能力，能力要素对企业创新绩效具有显著的促进作用。

（2）如表 7-19 所示，关系稳定性与学习能力之间的路径系数标准化估计值为 0.559，临界比（C.R.）为 5.369，该路径系数在 0.001 的显著性水平下显著，假设 3 成立；关系稳定性与网络能力之间的路径系数标准化估计值为 0.471，临界比（C.R.）为 6.314，该路径系数在 0.001 的显著性水平下显著，假设 6 成立。由此可见，关系稳定性作为网络关系的重要特征对能力要素具有显著的影响，企业通过长期稳定的组织间合作关系能够增强组织学习能力和网络能力。

（3）如表 7-19 所示，关系强度与学习能力之间的路径系数标准化估计值为 0.983，临界比（C.R.）为 7.518，该路径系数在 0.001 的显著性水平下显著，假设 1 成立；关系强度与网络能力之间的路径系数标准化估计值为 0.419，临界比（C.R.）为 5.289，该路径系数并不显著，假设 4 成立，但是作用关系的显著性较差。由此可见，关系强度对动态能力要素具有一定的影响，其中对学习能力促进性较强，对网络能力的影响相对较弱。对此，本研究的解释是这与企业的性质有关。我们选取的样本企业多为技术驱动型企业，对于技术驱动型企业来说，组织间关系强度对于促进学习能力的作用较大，而对于促进网络能力的作用较小（何郁冰和陈劲，2010）。

（4）如表 7-19 所示，关系质量与学习能力之间的路径系数标准化估计值为 0.794，临界比（C.R.）为 7.068，该路径系数在 0.001 的显著性水平下显著，假设 2 成立；关系质量与网络能力之间的路径系数标准化估计值为 0.399，临界比（C.R.）为 6.136，该路径系数在 0.001 的显著性水平下显著，假设 5 成立。由此可见，关系质量在网络化创新中的影响相对其他几个因素来说比较小。这是由于关系质量的复杂性程度较高，本研究的量表未能完全解释网络中组织间关系质量的影响属性，或者本研究选择的测量指标未能很好地体现关系质量与能力要素之间的关系。

（5）通过对结构方程的修正，我们还验证了网络关系三个特征维度之间的路径关系：关系强度、关系质量、关系稳定性。三个网络关系特征要素之间两两相关，且路径系数均在 0.001 显著水平下显著。较强的网络关系意味着企业与网络成员关系较深，且频繁交往，它们之间正式或非正式的交流水平较高。在这种交流中逐渐形成对对方的信任和承诺，保证了良好的网络关系质量。反之，信任和承诺即网络质量是企业与其他成员交往的基础，只有存在于良好的关系质量之中，交往才能顺利进行并保持深厚的关系，以促进较强网络关系的形成。关系强度和稳定性同样具有相互促进的作用。如较强的网络强度为企业与外部关系长久发展提供了可能性，它们在频繁的交往中逐渐形成了相同的愿景和商业价值观，而这正是网络关系稳定发展的基础。同样，网络关系越长久，成员之间共同经历的调整越充分，各种干扰因素的作用就越小，双方必然具有较高的匹配度，所以它们之间的强度就会较高。较好的关系质量意味着企业与外部之间具有良好的信任和承诺，即使对方出现弱点或缺陷，合作者也不会出现不良的意图和行为，降低了合作关系的风险性，进而保持了网络关系的稳定性。反之，表示长久和抗干扰性强的良好稳定性是企业与外部在长期的关系中积累了大量的共同经历，加深了共同的理解和情感，而这些正是信任和承诺的基础，因此良好的稳定性促进形成了较好的关系质量。可见，网络关系特征之间不是独立存在的，在企业创新的复杂系统中，它们之间相互作用、相互促进或制约，共同作用于企业创新的主体行为，从而影响创新绩效，进一步验证了相关研究中不能将网络关系要素割裂分析的结论。

7.7 本章小结

本章在数据收集的基础上，通过因子分析、相关分析、解构方程等数据统计方法，对理论假设进行了实证检验。结果表明，关系强度、关系质量和关系稳定性是创新网络影响企业创新绩效的重要特征要素，学习能力和网络能力分别在创新网络影响企业创新绩效过程中起到不同程度的中介作用：企业通过增强网络关系的频率、提高网络关系质量、延长网络关系周期，将对企业知识创新活动大有益处。一方面，企业通过与外部网络成员之间的互动，能够发现更多的创新机会，获取更多的新知识和新技术，增加组织学习资源和途径，提高组织学习能力，从而影响创新绩效。由此，学习能力对 "网络关系-创新绩效"具有完全中介作用。另一方面，外部网络关系的复杂性和创新过程的非线性，增强了企业构建和管理外部网络关系的愿景。良好、稳定的外部合作关系对企业的网络能力也有正向影响，提高了企业沟通、协调的机会和能力，进而为知识的共同创造奠定了基础。但是，由于过度追求外部关系的规模，提高知识创新源的数量，可能降低与合作伙伴在知识或技术上的深层次交流互动，从而降低企业已有知识的进一步吸收和转化。因此，网络能力对"网络关系–创新绩效"具有部分的中介作用。

8 研究结论与启示

8.1 主要结论

经济和技术的发展推动了资源的跨组织分布与流动，企业被嵌入在广泛而密集的网络中开展创新活动。网络对企业绩效影响的实质是其中组织间错综复杂的互动关系。如何利用好组织间的网络关系，营造一个有利于促进创新绩效的环境是提升企业竞争优势的关键。本书围绕企业如何有效地构建外部网络环境提高创新绩效的现实考虑，基于创新理论、动态能力理论、知识理论、社会网络理论和复杂性科学等基础理论，构建了"网络关系–动态能力–创新绩效"的理论框架，综合运用规范研究与实证研究相结合、定性分析与定量分析相结合的方法，对网络促进企业创新绩效的作用机制进行了深入研究，从两个方面回答了"什么样的网络联结在何时最有效"的基本研究问题，得出以下结论：

第一，网络关系是体现创新网络作用机制的显著特征，组织间紧密互动、积极互惠、相互信任、安全稳定的网络关系是构成企业外部创新网络有效性的基础条件。这是对"什么样的网络联结"的回答。

（1）关系强度、关系质量和关系稳定性是测量网络关系特征的重要维度。近几十年来，垂直一体化的分解与企业合作是经济活动中最为显著的现象，企业比以往的任何时候都更加重视彼此之间的合作，并依赖于与其他组织之间的不同形式的相互关系。关系强度和关系稳定性在一定程度上体现了焦点企业获得创新资源的冗余和重复；关系质量体现了创新网络提供给焦点企业的创新资源和创新机会的品质和充盈。一方面，冗余和重复的网络关系对企业技术创新有支持作用；另一方面，网络关系品质对企业技术创新有促进作用。从高新技术产业的特点来看，市场需求波动剧烈，技术变动速度快和竞争强度高（Jaworski，1993），正体现了高新技术企业所处行业环境的主要特征。因此，网络关系的必要冗余和重复有助于提高高新技术企业对变动剧烈的行业环境的适应性，减少对特定创新伙伴的依赖程度，从而有利于企业技术创新活动的开展；值得信赖、充裕而丰富的网络关系，有利于提高市场信息的及时性和准确性以及技术的可靠性和适用性等，提高企业的技术创新绩效。

（2）互惠、信任和长期导向的网络关系能为企业带来相当多的利益，有助于长期绩效的提升和竞争优势的获得，通过激发创新意愿、提供创新资源、开发创新机会促进企业创新绩效。创新网络既体现为一种焦点企业获得外部创新资源的通道或整合外部创新资源的平台和手段，又成为一种途径激活并提高企业内部冗余或潜在资源的利用效率，扩大企业整合创新资源的范围；通过构建有效的创新网络，企业可以获得更多的创新机会和创新机会的组合。在扩大创新机会集的基础上，同时也有利于创新机会之间的组合，以实现更多的创新机会，以实现熊彼特意义上的"重新组合"式创新；创新意愿是焦点企业参与技术创新的主观愿望或积极性。建立协作性创新网络，在一定程度上降低了焦点企业的创新难度，分散了创新风险，提高了焦点企业对创新收益的预期，这对提升焦点企业的创新愿望也有很大帮助。通过与创新伙伴之间的协作式创新，也会引导焦点企业建立关于技术创新的自信，提高对技术创新成功率的判断，从而激发焦点企业参与技术创新的积极性。焦点企业在与创新伙伴的深度交往过程中，可以逐渐感知创新伙伴对自身的期望，以及创新伙伴的各种要求，直接表现为创新压力，督促焦点企业尽快实现创新角色上的转变。创新网络对技术创新的作用机制在一定程度上支持了 Chesnais（1988）的观点，即网络不仅作为配置资源的手段，为焦点企业提供了平台，本身也实现知识等核心资源的创造过程，继承并超越了传统交易费用经济学对企业等组织间关系分析的范式。

第二，动态能力是企业应对创新环境变化的内外部胜任力，构成企业外部创新网络影响绩效的路径条件，网络通过企业学习能力和网络能力的协同对创新绩效发挥有效的促进作用。这是对"何时最有效"的回答。

（1）学习能力的中介作用。企业间网络是组织学习的重要来源，因为该网络促进了拥有多种技术和知识背景的组织成员间的接触，在这个过程中，组织成员获得了更多的学习机会。网络内各个相互联系的参与者间的知识交换和知识在网络成员之间的流动需要一种社会化机制和传输渠道。而这种机制是可以使网络中的不同参与者能统一认识的机制。除了传输渠道外，传输渠道的特性也会影响参与者之间的知识流动，这些特性包括参与者之间沟通联系方式的丰富程度，如沟通的非正式联系、开放性以及密度等。总之，支持性网络关系强度、质量和稳定性越高，企业越容易获得信息和知识，从而促进组织学习改善企业行为。通过学习，企业能够在网络中积累更多的知识、经验和教训，将获取的知识投入到企业的研发活动中，为发展新的产品、工艺和服务提供服务。而且，从所学习的经验、教训中能够避免企业自身研发的失误，降低研发成本和研发的风险，将对企业内部的研发活动产生积极的作用。

（2）网络能力的中介作用。网络关系强度、质量和稳定性越高，企业与外部合作者的沟通、信息和资源的传播越通畅，给企业提供了协商和说服的机会，促使企业获得来自网络成员的各种资源（比如市场信息、思想、问题解决办法、社会支持等），推动资源的共享和转移（Hoang 和 Antoncic，2003），为以资源为基础的网络能力构建提供了基础。网络能力重点表现在它是一种关系管理能力，能够使企业识别、构建、维持良好的网络关系，从而从中获取创新所需的资源，同时能够获得创新的机会。网络能力能够帮助企业评估不同外部关系的重要性和其中蕴含的机会，鼓励和协调网络中其他行动者的资源和能力，满足协同创新的要求，达到改善创新工艺和流程的目的（Ritter，2000）。同时，网络能力的提升能够减少网络中机会主义、沟通障碍、产权纠纷等问题，促进网络成员的交流与合作，为合作创新提供良好的环境，进而提升企业的创新绩效。

（3）学习能力与网络能力的协同发展。学习能力对网络能力有积极作用。学习能力是企业创新的基础，它能够促使企业不断吸收、整合并创造出新的知识和产品。只有具有较强的学习能力，企业才能在网络环境中寻找到更多的稀缺资源和创新机会，利用网络关系的协调与管理，从而将它们转化为创新绩效。如果学习能力弱，企业将无法实现外部资源的挖掘并整合外部关系，从而降低了网络的效用。同时，网络能力对学习能力也有积极的作用。网络能力维持其较强的、高质量的和稳定的关系保证了企业广泛资源的探索和获取，增强企业内部资源的多样性，克服原有的刚性和惯性，为创新提供资源基础，从而促进内部的资源整合。

8.2 对实践的启示

开放式创新模式要求企业必须具备均衡的能力体系，即学习能力和网络能力均衡协同发展，营造有效的网络环境，促进企业的创新绩效。

（1）提高学习能力，促进企业自主创新。学习能力的提升有赖于组织的共勉模式，共享心智模式的形成有助于组织成员间的互动与沟通，这样具有不同智力水平、知识结构、思维方式、认知风格的组织成员之间的互动就成为可能，在共享心智模式的协调下，企业内知识的共享与转移就能够较为顺利地进行，从而推动了成员间的学习。由于组织间知识的异质性更为明显，组织间学习的发生更加需要认知协调机制发挥作用，如果组织具有开放式心智模式，组织间共有知识的构建就相对较为容易，认知协调机制发挥作用所耗费的认知资源降低，此时组织间学习不仅得到心智模式的支撑，而且还有认知协调机制的保证，组织间学习就能够较为顺利地进行。较强的学习能力意味着组织能够将异质性知识有效地整合到组织内部，并通过螺旋式的知识创造模型产生新的知识。同样，吸收能力的提升也有利于组织学习能力的提升。吸收能力的提升同样有赖于组织共享心智模式，开放式的共享心智模式不仅能够使组织成员之间具备共同的内部语言，以此推动知识的吸收，而且组织间共有知识的构建可降低组织吸收外部异质性知识的成本，从而增强组织吸收能力。同时，学习能力还有赖于组织结构的先进性。先进的组织结构不仅能够保证知识和决策权的匹配，有助于增强组织的连通性，推动组织内学习能力的提升，而且保证了组织边界的柔性化与虚拟化，有助于组织内外异质性知识的有效流动，保证了组织边界与知识边界的动态契合，从而为组织间学习能力的提升创造了条件。此外，组织结构对学习能力的提升也具有一定的影响。组织连通性的增强有利于组织成员间的沟通与交流，提高了组织内部知识的交流和转化能力，而组织结构的柔性化和虚拟化则会促进组织对外部知识的整合和利用能力。

（2）提高网络能力，营造有效的外部创新网络。营造有效的组织间合作网络环境，企业需要增强三个方面的网络能力：系统性能力、协调性能力和社会化能力。企业可以通过利用这三个方面的能力来整合、构建和重新配置内外部的战略性资源，实现外部资源的吸收和内部资源的再造。其中，系统能力主要体现在企业的导向、政策、流程及具体的操作规程方面，一般适用于整合显性知识。系统性能力反映了企业对网络相关成员行为及组织活动的规范化和标准化，它通过正式的交换机制形成组织的规范式语言、编码以及信息系统。协调性能力主要是通过网络内成员在水平方向上的交互关系来提升显性知识的吸收和转化，具有一定的路径依赖性。社会化能力是通过指导相关行为的隐性准则，来影响企业的创新活动，这种能力能够在组织成员间形成共有的意识形态或组织文化，以及对环境不同方面的认知，具有较强的路径依赖性。系统性能力有赖于组织的正规化程度，协调性能力和社会化能力则有赖于组织的连通性和共同愿景。要增强组织的整合能力，不仅要提高系统性能力，而且还要提高组织的协调能力和社会化能力。其中协调能力依赖于组织的连通性，因此增强组织的连通性是提高协调能力的关键，同时也要充分发挥认知协调在提高组织协调能力方面的作用。社会化能力借助于共享心智模式实现对隐性知识的整合，但一旦组织内部的共同意愿强度过大，出现了所谓的能力失灵，或者组织内形成了内敛式共享心智模式，那么社会化能力的增强会出现强烈的认知失调而导致组织对外部异质性知识的排斥，不利于组织内外知识的整合，从而限制了开放式创新有效性的发挥。

第四部分　拓展研究

　　本部分是对前期研究内容的补充和延伸，包括两篇即将公开发表的论文。其中，第一篇论文在原来研究框架的基础上增加了管理者变量，通过 208 个企业样本实证研究，探讨并检验了 CEO 个性在创新导向、能力与创新绩效关系中的调节作用。第二篇文章进一步拓展了动态能力的应用情境。引入创业理论，基于拼凑的视角观察了动态能力在企业战略转型过程中的功效。通过中国联通的案例研究，探索性地构建了企业基于资源拼凑的战略转型路径机制。

专题1 开放式创新导向－能力与创新绩效：CEO 个性的调节作用

一、引言

在过去的很长一段时间里，创新管理强调在企业内部产生和形成创意，并得到企业内部的支持和发展，直到开发出新的产品或者出现新的商机。随着技术生命周期的不断缩短、研发成本和复杂程度的提高、供应商和用户相关知识的日益丰富、风险投资的迅速发展以及全球范围内高校和科研机构知识可用性的增加，这种依赖内部（技术）能力的"封闭式"创新模式受到挑战。Chesbrough 在 2003 年提出了开放式创新的概念，并在其后续的研究中逐步丰富并发展了开放式创新的核心思想：基于有目的地管理知识在组织边界内外的流动，企业可以利用组织间关系广泛地运用外部创意，并且可以通过外部渠道将内部创新市场化。

开放式创新改变了企业在创新中获利的传统逻辑，并成为解释这种实践的新语言。自概念提出以来，受到了学术界的广泛关注，成为战略管理研究的热点议题。已有的研究主要集中在开放式创新的内涵、动因、组织边界、资源获取、管理模式、知识产权等方面。近年来呈现出有效测量、专有性、非金钱性激励以及开放式创新与其他理论相结合的研究趋势和呼吁。对实践者而言，更关心开放式创新的效果究竟如何。只有部分学者对此进行了探索性的经验研究，结论显示出正向、反向、倒 U 形曲线等多种复杂关系。深入观察不难发现，这些研究主要以开放度作为开放式创新构成的测量，仅仅体现了企业开放的意愿、方向、程度等基本问题。而开放式创新是一个复杂的知识管理过程，需要企业具备相应的创新能力，最终实现知识跨组织的共同创造。因此，开放式创新导向和能力共同构成了影响创新绩效的认知模式，而组织的认知模式、共享心智等在很多时候受到企业文化，特别是 CEO（首席执行官）人格特征的影响。CEO 个性在很大程度上决定了他本人的能力和信念，对企业的行为反应产生深刻影响，进而决定了企业开放式创新的实施过程和结果。开放式创新强调创新源的多元化，这无疑增加了创新的复杂性，往往需要 CEO 在不确定的条件下做出决策。在这样的情况下，复杂要素之间的相关关系（有些为因果关系）复杂模糊，决策者的战略选择很难用经济学的完全理性来解释，而更可能从心理学的不完全理性（主观特质）视角来理解。特别是在近十年间，企业家（Entrepreneur）在影响战略决策和企业绩效中的关键作用被进一步强调，Mackey 等学者通过一系列方差分解分析证实了企业之间绩效差别的很大一部分来自于 CEO 之间的差别。

据此，本文将 CEO 个性特征的研究引入创新管理研究框架，围绕企业如何在开放式创新中获利并保持竞争优势的基本问题，基于组织和个人两个层面构建理论模型（如专题图 1-1 所示），并对开放式创新效果进行实证分析，进一步探底开放式创新研究"黑箱"，拓展开放式创新理论，并为企业开放式创新实践提供参考。

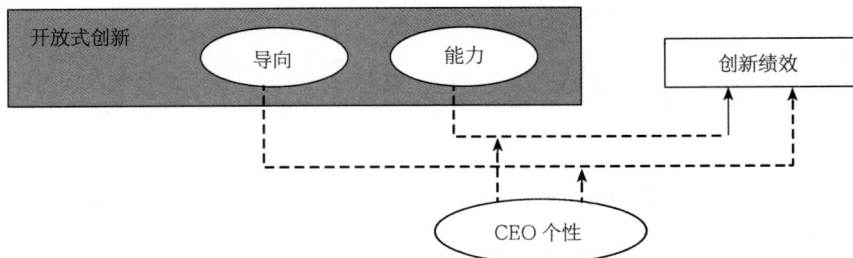

专题图 1-1　研究的理论模型

二、理论综述与研究假设

随着研究的深入和实践的发展，开放式创新超越以往技术引进、联盟、技术并购等传统形式，还包括了许可、开放源代码、外包、开放社群等新的形式。本文在现有研究观点的基础上，将开放式创新从本质上进一步界定为企业克服非本地发明（Not Invented Here）偏见，有目的地利用内部和外部有价值的知识来加速内部创新，同时使用内部和外部有价值的商业途径来拓展市场的创新范式。这一界定立足于创新实践，强调开放式创新"导向-能力"内涵。

1.开放式创新导向与创新绩效

开放式创新导向反映企业应对环境变化更改传统创新范式的特定意愿，并强调企业进行开放式创新的战略方向和程度。从现有研究来看，Lausen 和 Salter、陈钰芬和陈劲等认为企业的这种战略导向和意愿可以体现在创新开放度上，即企业在创新过程中与外部多样的创新要素，如供应商、用户、竞争对手、技术中介、政府及科研机构等不同种类合作的数量和合作强度。开放度从组织间关系的视角解释了开放式创新中创新资源异质性对创新绩效的显著贡献：纵向合作研发对新产品的市场开发有积极影响；与竞争对手的合作能够分担研发成本；与公共机构合作更易于接触外部前沿知识，对企业专利申请有促进作用。由此可见，选择不同类型、不同强度的外部联结导向对企业创新绩效具有重要的影响。此外，Bianchi 强调创新导向更多地体现为企业的创新目的、任务及类型。内向型创新的目的是提高创新管理中的探索能力；外向型创新则与企业现有知识/技术的开发能力相关。开发式创新有助于通过专业化获得更多的价值收益；探索式创新能够帮助企业与竞争对手形成差异化；而两种创新类型组合，更能提高企业生存的机会和财务绩效。创新任务和类型反映了企业在开放式创新过程中的导向性，对于提高企业动态能力、获取战略优势具有重要影响。由此，本文综合现有研究的观点，将开放式创新导向在开放广度和开放深度的基础上，进一步深化为关系广度、过程广度和关系深度、过程深度四个维度以全面体现企业进行开放式创新的目的、方向、任务及过程，并提出研究假设 H1：开放式创新导向与创新绩效有正相关关系。

2. 开放式创新能力与创新绩效

开放式创新主张企业将其内外部资源统一到一个系统中，通过有效的商业模式利用内外创新资源，并建立相应的获利机制分享创新价值。这个过程的起点在于企业边界内外有价值资源的流动与交换，终点是创新企业取得超额利润并获得竞争优势。由此可见，之前研究关注的吸收能力等单一能力已经不能应对开放式创新复杂的任务和挑战。开放式创新能力是一种更高层次的能力，强调通过开放式创新获取与运用分散在组织边界内外的创新资源，以实现商业价值并保持竞争优势。本文在作者前期研究成果的基础上，根据开放式创新的知识活动，将开放式创新能力进一步具体为：内部开放创新能力，主要指知识吸收和知识整合的能力；外部开放创新能力，主要指知识获取和知识扩散的能力。吸收能力通过融合新知识、新信息于内部知识促进企业在原有基础上进行资源重构，对创新绩效起到支持作用；整合能力是创新的基础，强调企业将获得更多的创新机会和创新产出；获取能力有助于企业把握创新机会，识别有价值的资源，对市场需求和变化做出快速反应，进而减少新产品研发的风险，并降低开发时间和成本；扩散能力有助于企业互动，促进组织间合作，增强企业跨职能协作从而降低界面互动成本和风险。由此，我们提出假设 H2：开放式创新能力与创新绩效有正相关关系。

3.CEO 个性对开放式创新导向-能力与创新绩效关系的影响

CEO 个性特质是领导心理学研究的重要内容之一。战略管理学者们早在 20 世纪七八十年代就注意到了 CEO 个性对战略决策和组织绩效的影响作用，并展开了系统的讨论和研究。在接下来的几十年时间里，也许是受到以波特为代表的竞争战略主流思想的影响，战略管理学研究的视线长期聚焦于产业竞争结构分析，而忽略了企业自身能力，特别是管理者领导力的作用。直到进入 21 世纪，随着市场全球化和信息技术的发展，企业面临的外部环境不确定性日趋加剧，如何开发和积累自身独特的资源和能力（包括决策者个人）以适应不断变化的环境，成为构成企业核心竞争力的关键。CEO 作为企业战略决策最核心的角色，其个人对现实的态度和行为方式的心理特征必将影响企业的战略方向和反应行为，进而影响企业绩效。基于此，战略管理研究开始重新关注 CEO 个性如何影响战略决策和组织绩效的问题，并在最近十年间取得了长足进展（见专题表 1-1）。

专题表 1-1　　**CEO 个性与战略决策和组织绩效的相关研究**

阶段	CEO 个性维度	主要观点和结论	作者及时间
早期研究	控制点（Locus of Control）	内部控制点的 CEO 以企业未来发展为导向，具有更强的创新意识及随机应变的能力	Miller 和 Toulouse，1982
	灵活性（Flexibility）	灵活性强的 CEO 更敢于冒险，更倾向于直觉决策和利基战略	Miller 和 Toulouse，1986
	成就需求（Needs for Achievement）	CEO 成就需求对组织结构和战略选择影响显著，倾向于选择正式而复杂的组织结构，使用大众化、营销为导向的战略	Miller 和 Droge，1986 Miller 等，1988

续表

阶段	CEO 个性维度	主要观点和结论	作者及时间
近期研究	五大特质（Big Five Personality Traits）	CEO 的五大性格特质（尽责性、外向性、亲和性、经验开放性和情绪稳定性）对企业高管团队内部互动和企业绩效有显著影响；通过战略灵活性间接促进组织绩效；对企业战略转变有正面影响	Peterson，2003 Nadkar 和 Herrmann，2010 Colbert，2014
	核心自我评价（Core Self - evaluations）	核心自我评价较高的 CEO 更容易采取非主流战略，频繁推出重大战略，往往导致企业绩效波动较大；对企业的创业倾向具有正面影响	Hiller 和 Habrick，2005 Resick，2009
	自恋倾向（Narcissism）	自恋倾向较强的 CEO 更可能引起企业战略重大变化，他们更关注媒体的主观评价而非企业客观绩效；面对环境挑战，愿意采取激进的策略，尤其当媒体关注时，更愿意增加创新投资	Chaetterjee 和 Hambrick，2007 Wales 等，2013

资料来源　作者根据相关文献整理和归纳。

从现有的研究观点和结论来看，CEO 个性对企业战略决策和组织绩效起着不容忽视的影响作用。特别是企业面临复杂的外部环境、高度的不确定性以及重大变革时，这种影响作用更加显著。创新是企业的一项重要战略，关系到企业能否获得持续竞争优势并取得超额经济租金的根本问题。然而，对于 CEO 个性如何影响企业创新的研究还很少，国内就更加匮乏。尤其是在开放式创新风靡全球，企业纷纷从不同方面、不同程度探索和尝试的情境下，把决策者的个人特质引入创新管理研究体系中，将丰富开放式创新研究视角，有助于进一步揭示开放式创新

"黑箱"。同时，诸如苹果公司的 Steve Jobs、微软的 Bill Gates 以及阿里巴巴的马云、腾讯的马化腾等人都常被媒体认为是很有个性特征的 CEO。他们领导的这些企业在创新方面取得的显著成就，为我们提供了重要的研究启示。本文在借鉴现有理论和研究成果的基础上，将 CEO 个性界定为影响决策者战略态度、管理行为、认知能力的较为稳定的心理特征。从内部控制点、灵活性、经验开放性、成就需求四个维度具体探讨 CEO 个性对开放式创新的影响作用。

随着创新资源的流动，开放式的价值创新活动跨越企业边界嵌入在组织间层面。创新要素的多样化、组织间关系的复杂化、知识本身的属性都极大地挑战了战略决策的依据和条件。企业很难在确定的条件下做出理性的抉择，往往依靠的是决策者在不确定的条件下依靠直觉做出判断的创业家精神（Entrepreneurship）。而这种创业家精神在很大程度上受到个人心理特质的重要影响。创业导向强调创新性、风险承担性和先动性。具有灵活性特质的 CEO 在面对开放式创新带来的大量非结构性问题时，更倾向于承担风险、直觉决策，采取主动行为寻找外部创新机会和资源。具有内部控制点的 CEO 坚信自己对命运的决定作用，往往表现出很强的组织学习导向，激发员工创意、鼓励共享心智，促进知识的创造和整合。高成就需求的 CEO 在开放式创新中，更容易将自身社会资源应用到组织间合作中，提倡通过虚拟结构、网络结构等无边界组织结构促进创新实施。开放式创新强调民主和开放，使具有较高经验开放性的 CEO 更能够促进知识在企业内外部的传递。决策者个性反映了组织创新行为的心理基础，是企业适应外部环境变化不断重构、整合内外部资源和能力的态度和行为反应，是企业实现开放式创新的重要支撑。由此，我们提出假设 H3：CEO 个性对开放式创新导向-能力与创新绩效关系起正向调节作用。具体地，H3a：内部控制点对开放式创新导向与创新绩效之间关系起正向调节作用；H3b：灵活性对开放式创新导向与创新绩效之间关系起正向调节作用；H3c：成就需求对开放式创新能力与创新绩效之间关系起正向调节作用；H3d：经验开放性对开放式创新能力与创新绩效之间关系起正向调节作用。

三、研究设计

1. 样本选择与数据来源

为了检验上述理论假设，本研究采用问卷调查的方式获取数据，应用 SPSS 软件进行实证分析。围绕研究的目的和内容，设计的问卷包括四个方面内容：企业的基本信息、企业创新导向和创新能力、企业的创新绩效、CEO 性格特征。针对变量的属性和调查的需要，我们将问卷分为两个部分。企业基本信息、企业创新导向和创新能力、创新绩效构成问卷的第一部分，主要调查对象为企业技术部门负责人或主管技术副总。CEO 性格特征构成问卷的第二部分，调查对象为企业 CEO（或总经理）。对于 CEO 性格特征，我们采用心理学调查方法，针对本人进行主观测评。综上所述，我们选择创新型企业为样本对象，并进一步限定在 CEO（或总经理）为企业核心决策者的企业。通过企业现场、电子邮件、微信平台、EMBA/MBA 课堂等四种方式共发放问卷 386 份，回收 271 份，回收率为 70.2%。随后，我们按照有效性问卷筛选的一般方法剔除了无效问卷 63 份，得到有效问卷 208 份，有效回收率为 76.8%。从样本的基本描述（见专题表 1-2）来看，本研究收集的样本在企业规模、企业年龄、行业性质方面比例合理，具有一定的代表性，符合实证研究的要求。

专题表 1-2　　　　　　　　**样本的基本描述**

企业统计变量	描述	样本数	百分比（%）
企业规模	100 人以下	40	19.23
	100～500 人	73	35.10
	500～1 000 人	62	29.81
	1 000 人以上	33	15.86
企业年龄	1 年以下	21	10.10
	1～5 年	65	31.25
	5～10 年	78	37.50
	10 年以上	44	21.15
行业性质	信息技术	51	24.52
	医药和化学	46	22.11
	设备制造	72	34.61
	能源与材料	27	12.99
	其他行业	12	5.77

2. 变量测量

本研究综合采用现有量表和发展量表两种形式对文中的变量进行测量。其中，关于创新绩效、CEO 个性的研究相对比较成熟，我们直接借鉴并使用现有研究成果作为测量依据。而对于开放式创新导向和创新能力的构念以及它们与其他变量之间的关系，目前尚缺乏系统的实证研究，因此，我们在现有理论研究的基础上进一步发展了相关测量量表。具体做法：在梳理和归纳现有研究的基础上，形成初步的测量题项；通过与企业管理者的访谈，对题项进一步修正和完善；选择 20 个企业进行小样本分析，通过信效度的观测再一次对量表进行修正并形成最终测量依据。对问卷各题项的评价采用 5 级李克特打分法，从 1 到 5 表示认同/程度的由低到高。

（1）创新绩效。开放式创新作为一种新的创新模式，其根本目标是突破现有创新困境，通过内外部价值的跨组织边界创造和流动，最终形成战略性竞争优势并取得财务性投资回报。鉴于此，我们综合借鉴 Hagedoorn 和 Cloodt、陈钰芬、张方华、闫春和蔡宁等人的研究量表，将开放式创新绩效的测量维度进一步发展为战略性绩效和财务性绩效两个维度，具体测量题项包括：S1 公司品牌在行业中的影响力提升；S2 创新成为公司文化重要构成，并对员工行为产生深刻影响；S3 公司在创新中积累了知识存量和社会资本；F1 新专利或新产品数量增加；F2 R&D 成本降低；F3 从新专利或新产品获得收益增加。

（2）开放式创新导向。开放度反映了企业创新战略的意愿、方向和程度，是测量开放式创新导向的重要指标。因此，在测量关系广度和关系深度上，我们采用 Laursen 和 Salter、陈钰芬和陈劲等人的测量方法。用与供应商、用户、竞争对手、大学、研发机构、行业专家等外部创新源合作的种类数量测量企业开放式创新的关系广度；用与供应商、用户、竞争对手、大学、研发机构、行业专家等外部创新源合作的频率测量企业开放式创新的关系深度。对于过程广度和过程深度的测量，我们基于 Bianchi 的研究内容发展了量表，包括四个测量题项：P1 经常扫描外部环境并引入外部信息、技术、概念和知识等；P2 经常将外部开发的知识和技术嵌入公司的 R&D 中；P3 积极寻求利用外部组织进行商业化的途径；P4 通过出售专利或技术许可等途径获取商业价值。

（3）开放式创新能力。基于学者们的现有研究，我们探究了开放式创新的知识基础活动，按照知识获取、知识扩散来分解外部开放创新能力；按照知识吸收、知识整合来分解内部开放创新能力。根据 Lichtenthaler 和 Ernst、陈艳和范炳全等人的研究，进一步建立和发展了关于开放式创新能力的测量量表：IC1 公司从外部寻找并获得知识种类数量（涉及技术、市场、品牌、管理等）；IC2 公司从外部获得的知识质量较高，能够帮助企业创造更大价值；IC3 公司能够顺利地将自身的知识（或技术）传递给外部创新合作伙伴；IC4 外部创新合作伙伴对于接收到的知识（或技术）质量很满意；IC5 公司能够有效地将新知识和内部知识相融合，提升企业创新能力；IC6 公司能够将不同的知识进行系统化应用到创新活动中，转化为竞争优势；IC7 公司能够有效地解决共创知识的产权使用与归属问题；IC8 公司有很强的发展与合作伙伴互相信任、互惠互利关系的能力。

（4）CEO 个性。控制点是指个体对行为及结果的一般性认识。根据 Miller 和 Toulouse 的研究，可以从两个题项对其进行测量：L1 认为自己对生活和工作中的事件具有显著影响，坚信行为的结果主要归因于自身的能力和努力程度；L2 认为个人对生活和工作中的事件无法把握，行为的结果主要归因于命运、机遇和有影响力的他人。灵活性是指个体面对环境变化能否对其思考方式和行为进行调整。本文借鉴 Miller 和 Toulouse 的研究内容，从以下两个题项对 CEO 灵活性特征进行测量：F1 关注环境变化，善于随机应变，调整或修改原有的想法或行为；F2 计划性强，当环境发生变化时，仍然坚持原有的想法或行为。成就需求是指个体对待工作或事情，追求成功，希望做到最好的心理需要。根据 Miller 和 Droge 的研究，可以从两个方面进行测量：N1 喜欢挑战自己，并努力解决问题，享受完成困难工作时的满足感；N2 对于事情的成败并不介意，而更在乎工作环境、人际关系等要素。经验开放性是指个体对新事物的态度和接受程度。本文借鉴李金德对国外五大人格特征测量的研究结果，从两个方面对其进行测量：O1 经常有新想法，愿意接受和尝试新事物；O2 遵循常规，不愿意尝试新鲜事物，不喜欢创新。

（5）控制变量。企业规模、企业年龄以及所属行业对本研究的结果产生权变影响。因此，本研究将这些方面的要素作为控制变量，以便观察其他变量之间的相关关系。具体地，企业规模通过公司人员数量来进行测量；企业年龄通过公司成立至 2015 年 12 月的时间长度来进行测量；对于行业性质的测量，我们在五种行业分类的基础上进一步划分为高新技术行业和传统行业以便于统计分析。

四、数据与实证分析

1. 变量的信度与效度分析

本研究对回收的样本数据进行了信度与效度检验，研究中所使用的分析软件为 SPSS19.0。

量表信度检验通过 Cronbach α 系数和总相关系数（CITC）来评价。变量的 Cronbach α 系数均大于 0.7，各题项的 CITC 均大于 0.5，具有较高的内部结构一致性，符合信度要求。在 KMO 测度和 Bartlett 球体检验的基础上，运用主成分分析法进行分析，结果显示各变量的测量具有良好的构思效度。同时，从累计方差贡献率来看，子量表中的公因子方差贡献率均超过 50%，表明公因子可以解释 50% 以上的方差变异，能够体现所测量对象的主要特性。各变量的信效度检验结果如专题表 1-3 所示。

专题表 1-3　　　　　**变量的信效和效度检验**

变量	Cronbach α	KMO	累计方差贡献率
开放式创新导向	0.967	0.932	66.962%
开放式创新能力	0.844	0.746	56.263%
CEO 个性	0.895	0.886	64.055%
创新绩效	0.860	0.844	54.792%

2. 对假设的检验

为检验上文提出的假设，本文采用多元线性回归方法，建立了 4 个模型，被解释变量为创新绩效。模型 1 是控制变量对创新绩效作用关系的回归模型；模型 2 在模型 1 的基础上添加了创新导向、创新能力、

CEO 个性的各个子变量维度，以观测自变量的主效应情况；模型 3 是在模型 2 的基础上分别添加了创新导向与 CEO 个性、创新能力与 CEO 个性交互项。为了避免多重共线性问题，对开放式创新导向和能力各变量进行了中心化处理。回归结果如专题表 1-4 所示。

专题表 1-4　　**开放式创新导向、开放式创新能力、**

CEO 个性与创新绩效关系的实证检验

变量	创新绩效			
	模型 1	模型 2	模型 3	模型 4
控制变量				
企业规模	0.407***	0.182**	0.123**	0.106*
企业年龄	0.265***	0.133**	0.112**	0.098*
行业性质	0.069	0.048	0.024	0.013
自变量主效应				
开放广度		0.131**	0.118**	
开放深度		0.126**	0.106*	
知识获取能力		0.125**		0.111*
知识扩散能力		0.093*		0.067
知识吸收能力		0.142**		0.123**
知识整合能力		0.119**		0.101*
CEO 内部控制点		0.087*	0.071	0.065
CEO 灵活性		0.091*	0.108*	0.097*
CEO 成就需求		0.129**	0.115**	0.105*
CEO 经验开放性		0.102*	0.092*	0.089*
交互效应				
开放广度*内部控制点			0.031	
开放广度*灵活性			0.095*	
开放深度*内部控制点			0.030	
开放深度*灵活性			0.092*	
知识获取能力*成就需求				0.093*
知识获取能力*经验开放性				0.085*
知识扩散能力*成就需求				0.036
知识扩散能力*经验开放性				0.021
知识吸收能力*成就需求				0.109*
知识吸收能力*经验开放性				0.087*
知识整合能力*成就需求				0.096*
知识整合能力*经验开放性				0.088*
R^2	0.076	0.721	0.815	0.916
调整后 R^2	0.062	0.706	0.803	0.902
F	6.630***	72.315***	80.663***	91.576***

注：*P<0.1；**P<0.05；***P<0.01。

从模型 1 可以看出，企业规模与创新绩效之间关系系数 β=0.407，并且在 0.01 水平下显著，说明企业规模对创新绩效有显著的正向影响。同样，我们从结果看出，企业年龄对企业绩效也具有显著的正向影响（β=0.265，P-0.01）。而企业所在的行业性质对创新绩效并没有产生显著的影响（β=0.069，P-0.1）。这可能是由于我们选择的样本均为创新型企业，创新投入的强度都相对较大，因而导致彼此之间创新绩效（特别是在战略绩效维度上）的差距缩小。

从模型 2 可以看出，开放式创新导向、创新能力和 CEO 个性的各个维度对创新绩效均有显著的正向影响。具体来说，开放式创新导向两个维度与创新绩效关系系数分别为 β=0.131、β=0.126，并且都在 0.05 水平下显著。开放式创新能力四个维度与创新绩效关系系数分别为 β=0.125、β=0.093、β=0.142、β=0.119，除知识扩散能力显著水平略低外，其他三项能力均在 0.05 水平下显著。CEO 个性四个维度与创新绩效关系系数分别为 β=0.087、β=0.091、β=0.129、β=0.102，其中成就需求在 0.05 水平下显著，其他三项均在 0.1 水平下显著。由此可见，开放式创新导向、创新能力分别与创新绩效有显著的正相关关系，即开放式创新导向能够促进企业创新绩效；开放式创新能力能够促进企业创新绩效。因此，假设 H1 和假设 H2 验证成立。

模型 3 在模型 2 的基础上添加了 CEO 个性中内部控制点、灵活性与开放式创新导向的交互项。结果显示，CEO 的灵活性对开放式创新导向与创新绩效之间的关系起正向调节作用（β 系数分别为 0.095 和 0.092，且均在 0.1 水平下显著）。而内部控制点对于开放式创新导向与创新绩效之间关系的调节作用并不显著。所以，假设 H3a 没有得到验证，假设 H3b 验证成立。

模型 4 在模型 2 的基础上添加了 CEO 个性中成就需求、经验开放性与开放式创新能力的交互项。从结果来看，除了与知识扩散能力交互效果不理想（β 系数分别为 0.036、0.021，且均不显著）外，CEO 成就需求和经验开放性与开放式创新能力的其他三个维度均具有显著的交互效应（其中，成就需求与各项的交互系数分别为 0.093、0.109、0.096，且均在 0.1 水平下显著；经验开放性与各项的交互系数分别为 0.085、

0.087、0.088，且均在 0.1 水平下显著）。由此可见，尽管假设 H3c 和 H3d 没有得到充分的验证，但是实证结果表明 CEO 个性中的成就需求和经验开放性对于开放式创新能力大部分要素与创新绩效之间关系起显著的正向调节作用。

五、研究结果与启示

市场与技术的发展推动了创新范式的变革，开放式地使用内外部创新资源、能力以及市场途径以保持竞争优势的创新实践成为大多数企业面临新环境变化的自然选择。本文立足于企业如何在创新中最终获利的现实问题，从组织和个人两个层面构建了开放式创新导向－能力、CEO 个性与创新绩效之间的关系模型，并运用大样本实证分析进行了检验，得到结论如下：

1. 创新导向和创新能力共同构成企业开放式创新实践促进创新绩效的核心要素

（1）创新导向从组织间关系的逻辑解释了企业外部资源参与内部创新的范围、程度及过程。与不同类型的外部组织合作能带来创新资源的多样性和异质性，企业能够通过专业化获得更高的价值收益并与竞争对手形成差异化。与外部创新者之间持续、稳定、信任的合作关系能够促进知识（特别是隐性知识）在组织间的流动，提高组织学习的机会，为知识的共同创造奠定基础。

（2）创新能力从价值创造的逻辑解释了开放式创新的核心挑战和任务。开放式创新模式下，企业面临的一个更大威胁是知识的价值悖论。价值悖论是指我们提高产品编码和抽象程度，能够从中获得更大的效用；但同时由于竞争力量推动了技术诀窍的扩散，使得其稀缺性难以保持，进而导致了知识的贬值。面对这样的悖论，企业可行的办法是将对知识存量的关注转移到提高知识的流量上来，表现为知识获取、知识扩散、知识吸收与知识整合的开放式创新能力能够促进组织知识的流动与创造。知识获取能力是企业获得并能够进一步运用分散在组织边界内外部知识的前提。知识吸收能力是将外部获得的新知识应用于内部创新需求的基础。知识整合能力是实现知识创造的关键。知识扩散能力是创新产出实现商业化的支撑。

2.CEO 个性是影响企业创新管理与决策的重要因素，对开放式创新导向-能力与创新绩效之间关系起正向调节作用

（1）内部控制点、灵活性、成就需求和经验开放性构成了创新管理中影响高层决策者行为的主要心理特征，能够从有限理性的角度解释创新企业之间的绩效差异。研究结果表明，四个维度的个性特征对于开放式创新的影响具有不均衡性。内部控制点和灵活性体现管理者对组织行为与外部环境之间关系的认知与态度，正向调节开放式创新导向对创新绩效的促进作用。灵活性高的 CEO 在面对外部环境的挑战时，更容易接受改变现有的创新模式，打开组织边界，向外部寻求更有价值的创新机会和资源，鼓励企业和外部多样化的创新主体进行合作，并能够利用多样化的渠道实现商业价值。从实证结果来看，内部控制点在这个方面并没有体现出显著的作用，这从另一个角度说明企业采用开放式创新的主要驱动来自于环境压力。

（2）成就需求和经验开放性是管理者追求卓越、倡导学习的内在力量，正向调节开放式创新能力对创新绩效的促进作用。实证结果显示，除了与知识扩散能力的交互效应不显著外，成就需求和经验开放性分别对知识获取能力、知识吸收能力、知识整合能力与创新绩效之间的关系起显著调节作用。成就需求越高，CEO 越希望通过组织学习实现企业内外部资源的重构以获取竞争优势。经验开放性强的 CEO，更容易在企业内部建立适合学习的组织结构和机制来促进知识的共享与创新。而知识扩散能力主要体现对外向型开放式创新的积极影响。由于本研究的样本企业主要的开放式创新形式以内向型为主，因此没有体现出显著的调节作用。

本研究围绕企业如何在开放式创新中最终获利的现实问题，构建了开放式创新导向-能力、CEO 个性与创新绩效之间的关系模型，从组织和个人两个层面探讨了开放式创新促进企业绩效的作用机理。研究结论进一步丰富了开放式创新理论体系，并为企业创新实践提供了指导和借鉴。

专题 2　基于资源拼凑的企业战略转型过程:中国联通的案例研究

一、引言

　　战略管理的根本问题是企业的内外部资源和能力如何与变化的外部环境相匹配以获得持续的竞争优势。20 世纪末以来,全球一体化进程的加快以及新一轮技术革命的到来,推动了人类社会生产、生活的重大变革,也前所未有地改变了企业的经营环境。全球产业结构调整和升级、技术和产品生命周期缩短、市场竞争激烈程度加剧等因素给企业的生存和发展带来了更多的挑战。企业需要适时地调整和改变其战略,以适应外部环境的动态性。战略转型成为摆在企业面前的重要课题,也引起了学术界的广泛关注。

　　战略转型和一般的战略变化不同,是一种革命式的战略变革,指企业在面临环境的重大变化或者经营的关键转折的情况下,彻底摒弃原有的战略逻辑和框架,从根本上重新制定战略内容并重构其内外部资源以保障新战略有效实施，进而适应环境变化获得持续发展（邓少军等，2011）。正如学者指出的，企业战略转型是"再创业"的过程（芮明杰，2004），这个过程成功的关键在于企业能否准确地把握外部环境的变化并获得与之相匹配的关键资源（芮明杰，2005）。从企业实践来看，转型往往是面临经营危机时采取的战略决策。在这样的情境下，意味着企业原有的异质性资源无法和变化了的环境相适应，甚至某些过去积累的独特资源还构成环境防御机制，反而阻碍了组织对外部环境变化的适应效率（Kraatz 和 Zajack，2001）。如何获取、整合及利用有价值的资源成为战略转型的关键。实际上，环境的剧烈变化在很大程度上限制了企业继续获得客户和财务等重要资源（Calvo，1998；Wan 和 Yiu，2009），同时也加大了企业寻求新资源的困难程度。另外，创业创新是产生、评估和利用市场机会的过程（Shane，2012），转型企业缺少充足的时间去搜索和构建新的、昂贵的最优资源去把握和发展机会。转型企业只能通过重新组合已有的资源来缓解由于环境剧变带来的资源和时间上的限制。拼凑成为一个很好的选择，例如，运用企业（或领导者）的社会资本、客户、供应商和战略联盟伙伴等外部网络资源来获得新的发展机遇；或者通过裁员、取消难做的业务、退出绩效不好的市场来优化资源序列以缓解外部资源限制。

拼凑（Bricolage）源于人类学概念，核心是"利用手边一切资源做事情"。Baker 和 Nelson（2005）在对企业创业实践研究的基础上提出了资源拼凑理论。该理论认为：在面临资源约束的情况下，创业企业可以重新审视现有资源的潜在价值，通过"将就"使用来应对新的挑战和机遇。资源拼凑从建构主义的视角突破了传统资源分析的理论范式，不局限于资源属性，主张创造性地组合现有的资源、原本不被重视的或被遗忘的资源以产生新的使用价值（祝振铎和李新春，2016）。近年来，拼凑的内涵不断被丰富，体现了组织（或个人）应对环境变化的行为模式（Vanevenhoven 等，2011），成为企业突破资源和时间约束，应对新机会或挑战的重要手段，为企业战略转型研究提供了新的理论视角。此外，我国经济正在发生一场全面而深刻的变革，由传统产业中高速发展转向创新导向集约式发展、由投资主导转向消费制造主导成为中国经济换档期的主要特征。在这样的背景下，技术革新、人口结构变化、产业结构失衡等复杂力量共振，环境约束与可持续发展的矛盾日益尖锐。企业如何通过"巧创"的方式来加以应对，更好地适应转型的要求，是学术界和实践界共同关心的重要课题。资源拼凑与战略转型的结合，或许会成为缓解这一矛盾的有效路径，对进一步推动产业结构转型升级和社会可持续发展具有重要的现实意义。

为了探究资源拼凑如何影响战略转型过程，本文选取中国联通作为研究对象。2013—2014 年由于 4G 业务上的缺位，中国联通用户大量流失，财务绩效连续下滑。在面临环境的深刻变化和经营重大转折的情况下，中国联通放弃原来的"一体化"发展战略，重新确立了规模效益的发展框架，制定了"聚焦"战略。继而，中国联通从基础业务、创新业务、管理体系等主要方面全面实施战略转型。截至 2016 年年末，用户量回升，财务数据止跌企稳。2017 年开始，联通继续加大在创新领域的资源配置，进入战略转型深化阶段。本研究截取 2013 年至 2017 年 9 月数据，将中国联通战略转型过程归纳为转型准备阶段、转型实施阶段和转型深化阶段，深入剖析每个阶段企业如何评估、筛选、组合和运用现有的内外部资源以实现战略目标。据此，本研究探索性地提出了基于资源拼凑的企业战略转型过程模型，从资源管理的角度揭示了战略转型的过程"黑箱"，并在一定程度上回答了"企业如何才能成功地实现战略转型"的现实问题。

二、文献回顾与研究框架

首先，我们回顾战略转型的相关研究，在此基础上明确资源拼凑在战略转型研究中的适用性和理论意义，然后重点回顾资源拼凑的概念及相关研究，进而形成资源拼凑影响战略转型的研究框架。

1. 战略转型的相关研究

Miller 和 Friesen（1978）认为战略的实质是一种具有适应能力的构

造（Configuration），其目标是组织各要素的内部协同以及与外部环境的匹配。当环境变化时，战略从形式、特征以及状态上也会随之改变。战略转型不同于一般的战略变化，强调多个组织要素的系统性变革（Greiner 和 Bhanbri，1989）。Levy 和 Merry（1986）认为战略转型是企业为了求得生存，在使命、目标、结构、组织、文化等多方面做出的重大改变，并将组织从一种构造到新构造的跃迁式变革称为转型。薛有志等（2012）进一步指出，战略转型既包括企业在市场、顾客或提供的产品（服务）等方面发生的显著变化，也包括组织内部如结构、管理系统以及文化等方面的重要改变。由此，我们认为战略转型体现了企业与变化着的外部环境之间的对话，是企业面临环境的剧变或经营的关键性转折时，改变原有的战略逻辑和框架，制定新的企业战略并重构内外部资源库以保障其有效实施的复杂行为过程。具体而言，战略转型既包括战略内容的多层次改变，如商业模式的革新、业务数量的增减、竞争策略的变化等；又包括组织要素多维度的改变，如组织结构的更替、管理体系的更新、组织文化的变革等。

为了进一步探索战略转型的成功条件，近年来学者们从多个理论视角观察了不同要素对战略转型的影响作用（详见专题表 2-1）。在现有文献中，资源和能力视角的研究占据主要地位。企业通常被视为各种资源的集合体，当外部环境发生变化、经营面临危机时，企业往往通过调整组织要素以及要素之间的关系来应对环境的变化和挑战（唐孝文等，2015）。Penrose（1959）将资源作为企业成长的驱动力量，强调了企业既有资源在引导和促进企业创新与变革方面的重要作用。Carpenter（2000）认为，现有资源配置基本模式与计划的资源配置基本模式之间的差距是竞争优势的主要来源。因此，通过对现有资源的充分利用和重新配置能够快速适应外部环境变化，从而保障战略决策的制定和实施。与此相类似地，动态能力理论学者认为，企业通过培养自身新的资源配置能力，能够快速适应外部环境变化，加速实施战略转型决策（芮明杰，2005；邓少军等，2011；Yi，2015）。

专题表 2-1　　不同视角下企业战略转型的影响因素及其作用

关键因素	理论观点	影响作用	文献来源
资源和能力	强调建立公司资源和能力与环境之间的匹配	保障/制约	邓少军等，2011 朱俊和叶一军，2004
外部环境	强调外部环境与组织互动关系，特别是制度环境的制约作用	驱动/约束	Zajac 等，2000
管理者特征	强调不同组织管理者特征和动机对企业适应外部环境变化的差异	保障/约束	Rajogopalan 和 Spreitzer，1997

资料来源　根据李小玉等（2015）对企业战略转型现有研究述评整理。

尽管学者们强调了资源以及资源重构在战略转型中的重要作用，但是很少有研究从实施的层面回答"企业究竟怎样改变资源的配置以实现战略转型"的现实问题。换言之，战略转型的过程研究仍处于"黑箱"，转型过程机制尚缺少实质性研究。实际上，企业面临环境剧变，特别是经营危机的情况下，资源的数量和质量首先就成为其生存和发展的难题。企业原有的异质性资源已经和外部环境难以匹配，加之来自原有市场的财务资源无法维持，必将进一步加大企业转型所需资源的获取难度。因此，如何有效地获取和利用资源成为战略转型的关键。

2. 资源拼凑的相关研究

拼凑概念来源于结构主义人类学研究，由法国著名思想家、结构主义人类学大师列维-斯特劳斯（Levi-Strauss，1966）首先提出，用以揭示人类为了突破认知约束，通过对现存知识碎片进行整理、分类、排列、组合以创造新神话的思维过程。近年来，这种"利用手头一切资源完成任务"的拼凑观渗透到了法理学、心理学、社会学、金融学以及文学等多个学科。以 Baker 和 Nelson 为代表的创业学者将其拓展并应用到创业研究领域，在对 29 家企业创业过程实证研究的基础上，正式提出了资源拼凑理论。该理论认为，资源拼凑是企业面临资源约束（Senyard 等，2011）、制度约束（Desa，2012）和决策时间约束（Di Domenico 等，2010）时采取的一种行为战略。企业通过对手头现有资源的"将就"与重构,能够突破环境约束,获得新的创业机会或应对挑战(Baker 和 Nelson,2005)。这里,手头资源指能够免费或者以较低成本获得的资源;"将就"并不意味着带有缺陷的决策,而是体现了企业克服资源约束和迎接机会或挑战的积极态度;重构是对资源的重新组合和创造性利用以产生前所未有的新价值。资源拼凑突破了成长理论和资源基础观在企业异质性资源如何创造方面的局限,从建构主义的视角解释了创业者、机会、资源环境之间的关系,为研究企业异质性资源来源以及独特的资源利用行为提供了新的视角和理论工具(方世建和黄明辉,2013)。

由于资源拼凑兴起于创业领域,因此现有研究主要是围绕创业企业展开的,重点强调了其在新创企业绩效和成长中的功效和作用,而对于现有的、成熟的,特别是大型企业或企业集团的研究涉及甚少。这主要是因为拼凑理论把资源约束视为创造和创新的驱动因素,是企业构建异质性资源环境的"发动机"(Fisher,2012)。处于发展中期或者成熟期的企业,往往摆脱了初创阶段的"新小弱性"(Shane,2002;Desa 和 Basu,2012),积累了一定的独特的、有价值的资源和能力。然而,以大数据、云计算和物联网为核心要素的新一轮技术革命推动了整个人类社会生活的重大变革,引起了全球范围的产业结构调整和升级。传统企业,特别是大企业面临着严峻的"再创业"(芮明杰,2008)挑战和突出的转型压力:过去积累的独特资源成为组织惯性,降低了组织对外部环境变化的反应和适应效率;有价值的资源可能制造"能力陷阱",妨碍了企业必要的组织学习和探索新的资源;核心能力变成"核心刚性",导致企业难以实现转型和创新。由此可见,成熟的大企业在持续发展过程中同样面临着资源和时空的约束,能否改变传统的资源环境分析逻辑,从全新的视角审视现有资源,通过重新组合改变其使用价值并创造出新的服务功能将成为企业实现转型升级的关键前提。

3. 基于资源拼凑的战略转型研究框架

从资源基础观和能力理论视角来看,战略转型是企业能动地改变资源异质性构成,以适应动态环境变化的行为过程(Barney,2001;Teece,2007)。在这个过程中,企业同时面临机遇与挑战,因而被学者称为"再创业"之路（芮明杰，2004）。资源、机会和创业者（团队）是创业过程中的三个核心要素，资源拼凑理论摆脱传统的二元模式，从建构主义理论范式诠释了三者之间的关系：企业面对的并不是一个既定的静态资源环境，而是一种可以通过认知和创造进行建构的动态资源环境。总体资源环境由多种类型的资源碎片构成，这些碎片之间的不同组合具有不同的结构特征、使用价值，并且决定创业机会的意义以及创业者的行为方式、方向和范围。这种建构主义资源环境观，为企业克服条件约束创造资源异质性进而获得持续竞争优势提供了新的思路（方世建和黄明辉，2013）。

战略转型过程是基于资源环境建构的组织学习与创新。Baker 和 Nelson（2005）提出的"即刻行动"（Making Do）、"手头资源"（Resource at Hand）、"组合资源以实现新目标"（Combination of Resource for New Purposes）三个关键构念解释了企业如何通过拼凑行为建构资源环境。即刻行动，一方面是指在创业情境下，企业面对非常事件立即采取适应性和创造性行为（Di Domenico 等，2010）；另一方面强调"不屈从于约束"的组织变革意愿和学习心智。面对资源、制度、政治等环境约束，创业者不断地以学习、试错、再学习等方式打破组织的战略边界，制订并实施有转型意义的资源拼凑方案。手头资源主要强调创业者的策略思想以及总能发现资源潜在价值并以低成本或无成本获得它们的能力。组合资源以实现新目标是指根据新的问题和目标，以不同的方式来重新组合和利用可获得的相关资源的过程。这个过程涉及三个主要的资源获取和建构途径：一是"无中生有"，如开发新的产品（或服务），创造新的市场；二是根据新目标组合利用原来不被重视，甚至被闲置或废弃的资源；三是开发利用他人未能充分识别、评估和利用的具有潜在价值的资源。

创业创新是产生、评估和利用市场机会的过程（Shane，2012；Vanevenhoven 等，2011），企业应对环境变化的战略转型也同样经历新市场机遇的发现、把握和发展（Teece，2012），具体表现为战略转型准备、战略转型实施以及战略转型发展阶段。对于资源相对匮乏的转型企业来说，没有充足的时间和资源构建新的、昂贵的最优资源，拼凑是一个很好的选择。采取能动行为对现有资源碎片进行重新组拼从而产生新价值能够推动新机遇的产生、发展及利用（Vanevenhoven 等，2011）。尽管越来越多的研究强调拼凑是一个资源管理的过程（Duymedjian 和 Ruling，，2010；Senyard 等，2014），但是很少有文献揭示资源究竟是怎样被组合的，特别是企业在面对转型的环境剧变过程中，哪些资源更适合，哪种组合方式更有利于新目标的实现，在这个过程中资源、机会、企业之间如何实现相互建构等一系列问题并没有得到很好的回答。鉴于此，本研究将采用案例研究的方法，探索基于资源拼凑的企业战略转型过程模型。

三、研究方法与设计

案例研究是构建和验证理论的重要方法，有助于捕捉管理实践中涌现的新现象（Eisenhardt，1989；Yin，2008）。战略转型与资源拼凑都是企业复杂的实践过程。案例研究能够通过细致深入的过程描述与剖析，获得全面和整体的认识，从而更清晰地回答"如何"和"为什么"范畴的问题（Yin，1994；许庆瑞，2013）。另外，与多案例研究相比，单案例研究更适用于长期视角下对典型案例的演化过程进行深入的分析（罗仲伟等，2014）。因此，本文采用单案例研究的方法，通过对案例企业战略转型过程的纵向观察，深入分析资源拼凑在不同阶段的目的、对象与组合方式，构建基于资源拼凑的企业战略转型过程模型，进而揭示战略转型过程机理与路径。

基于研究问题和单案例研究的规范，本文在案例选取上遵循典型性原则，选择中国联合网络通信集团公司（以下简称中国联通）战略转型实践作为研究素材。首先，通信行业受到经济、科技环境变化冲击显著，整个产业链面临转型升级的严峻挑战。中国联通的转型案例在很大程度上能够反映当前类似企业战略转型的实际情况，是转型经济背景下中国企业变革的代表之一。其次，与其他两家运营商（中国电信和中国移动）相比，中国联通资源相对匮乏，特别是从 2014 年以来 4G 业务上的严重缺位，导致财务困难使其战略转型面临更多的来自时空和资源上的约束。因而，其重新制定的聚焦战略以及合作与创新发展模式，体现了建构主义人类学的智慧和创业精神。中国联通的战略转型过程是利用内外部资源拼凑的巧创方式，通过对手头现有资源的动态组拼产生新的使用价值以实现新目标的典范。

1. 案例简介

本文选取的研究对象是于 2009 年 1 月 6 日在原中国网通和原中国联通的基础上合并组建而成的中国联合网络通信集团有限公司（简称"中国联通"，也称"新联通"）。中国联通主营业务包括固定通信、移动通信、国内和国际通信设施服务、卫星国际专线、数据通信、网络接入业务和各类电信增值以及与通信信息相关的系统集成等，是中国唯一一家在纽约、香港、上海同时上市的运营商企业，2017《财富》世界500 强企业排名 241 位。

2009 年 1 月联通获得牌照，全面进入 3G①网络建设和运营时期。WCDMA②是当时世界上技术最为成熟、应用最为广泛、产业链最为完善的第三代数字蜂窝移动通信制式。凭借技术资源上的优势，公司推行一体化发展战略，在移动、宽带市场占据了有利地位。2013 年 12 月和 2015 年 2 月，中国联通先后获得工信部颁发的 TD-LTE、LTE-FDD③经营许可，成为拥有双 4G 牌照的运营商，进入 4G 发展新阶段。然而，4G 业务的发展并没有预期的那样顺利。从 2015 年 3 月起，移动用户量出现连续流失，截至当年 11 月，累计流失 1217.9 万户，2015 年总利润额 46.2 亿元，比 2013 年同比下降 66.3%。同时，以云网为载体、大数据为核心要素的信息技术变革严重冲击了全球通信产业。加之互联网企业的快速发展，用户消费体验的升级，国家提速降费的政策等复杂要素共振，对运营商从传统的信息管道建设与营运向数字智能化内容制造的转型升级提出了新的挑战。

面对环境剧变、财务紧张、资源不足以及体量庞大等现实难题，中

---

① 3G、4G、5G 分别指第三代、第四代、第五代移动通信技术。
② WCDMA：Wideband Code Division Multiple Access，即宽带码分多址技术，在 5MHz 宽带频谱上传输语音和数据，是与 EV-DO/TD-SCDMA 并列的 3G 无线标准。
③ TD-LTE、LTE-FDD：LTE 是基于 OFDM（正交频分复用）技术，由 3GPP（The Third Generation Partnership Project）组织制定的全球通用 4G 技术标准，包括 FDD（频分双工）和 TD（时分双工）两种模式用于成对频谱和非成对频谱。

国联通的战略转型过程注定与其他运营商不同，需要在实践中探索符合其特征和发展需要的有效路径。2015 年 8 月联通集团高层调整，改变一直以来强调移动、宽带并重的一体化战略逻辑，初步形成了聚焦、创新、合作发展的新思路。2015 年年底中国联通正式确立了创新驱动、合作发展的"聚焦"战略。其核心内容是：基础业务聚焦重点业务、重点地区；创新业务聚焦平台类及产业互联网；公司管理聚焦体制创新与适应市场发展的管理体系。2016 年联通全面实施战略转型：重新评估、整合和运用现有的资源（包括人力资源、技术资源、网络资源、用户资源、渠道资源、供应商资源、合作伙伴资源、产业资源、政府和科研机构资源等），在基础业务上实现了 4G 匠心网络打造和升级、"全网通"智能终端①全产业链众筹、视频和音乐等应用产品开发和营销；创新业务上实现产业物联平台搭建、医疗云产品开发与推广、中小企业大数据服务以及智慧城市②建设。2016 年年末公司财务绩效止跌企稳，创新与业务发展能力提升，初步扭转了经营不利局面。2017 年开始中国联通在组织结构、股权治理、企业文化等方面进一步深化企业战略转型。公司按照国务院对国企"瘦身健体"的总体要求，瘦机构臃肿之身、健高效管理之体，全力打造"小机关、大操作、强协同"的结构框架；通过混改，引进多元化战略投资者，进一步规范公司治理结构，发挥董事会职能，激发企业创新活力与发展能力，实现真正意义上的市场竞争机制；重新界定了"联通世界、创享美好智慧生活"的公司使命。通过榜样带动精神等形式，明确并组织学习了"客户为本、团队共进、开放创新、追求卓越"的核心价值观。截至 2017 年第三季度，中国联通基本上实现了从一体化向聚焦发展的转型目标，4G 竞争力大幅回升，为 5G 的发展储备了资源和能力。

中国联通 2009—2017 发展概况如专题图 2-1 所示。

---

① 全网通智能终端指同时支持 TD-LTE/LTE-FDD/WCDMA/TD-SCDMA/CDMA/GSM 六种网络制式的移动终端。
② 智慧城市：以城市网络为基础，以物联网技术为信息采集手段，以云计算平台为信息处理中心，提供跨域协同的通信应用服务。

重组后快速成长 用户持续流失， 资源重新组合， 业绩止跌企稳，
业绩下滑 迎接挑战 发展机遇

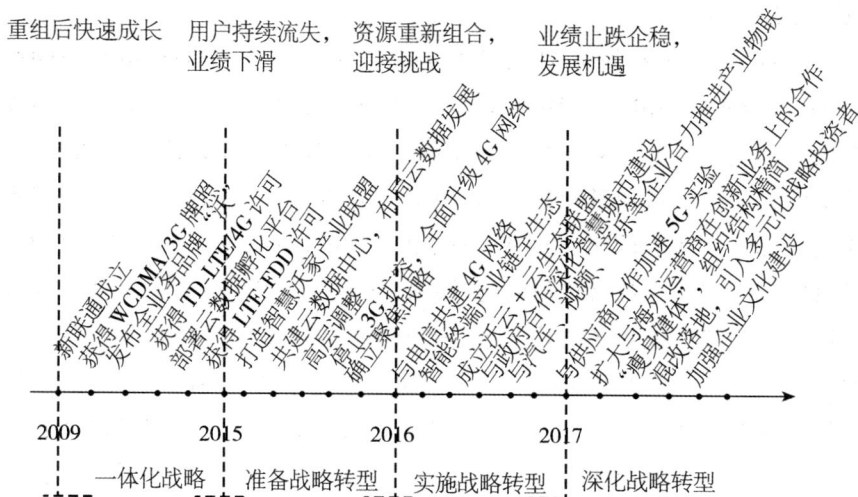

专题图 2-1 中国联通 2009—2017 发展概况

资料来源 作者根据联通公司相关数据整理。

2. 数据来源与分析

多样化的数据来源有利于信息的相互补充和交叉验证，能够提高案例研究基础的信效度（Glasser 和 Strauss，1967； Yin，2008；毛基业和张霞，2008）。本文综合采用深度访谈、现场观察和档案资料三种途径采集样本企业的相关数据。深度访谈主要以半结构化访谈为主。研究团队于 2015 年 11 月至 2017 年 8 月期间先后 5 次对中国联通（主要包括集团公司、国际公司）进行了实地调研，受访人员包括中高层管理者、部门经理、项目负责人和重要员工等 9 人，访谈时长 1260 分钟，整理质性材料 18.3 万字。除了正式访谈，本研究还通过现场观察和非正式交谈等方式获得了中国联通在大数据、互联网+等创新业务领域与外部合作的更多信息，如参加 2016 中国联通合作伙伴大会（青岛）、第三届世界互联网大会（乌镇）、2017 年智能终端产业链全生态合作峰会（重庆）。此外，我们收集了大量公司内外部档案资料作为补充性信息来源。内部资料包括公司管理制度、企业发展纲要、相关会议记录、领导人重要讲话以及上级部门指导意见等；外部资料包括公司网站对外公布的年报、公告等信息，媒体相关报道及评论，其他公开发表的期刊论文

及产业报告等。

根据现有案例研究对质性材料的分析方法（Eisenhardt，1989；Gersick，1994；Miles 和 Hurberman，1994），我们分三阶段对采集的数据进行分析。首先，对数据进行缩减。团队基于深度访谈、现场观察、档案资料整理形成质性材料超过 30 万字。针对庞大的原始数据，团队通过选择、聚焦、简化、摘取、转化的过程进行了缩简和编码。其次，对数据进行陈列。对缩减和编码后的数据进行有组织的整理以便于分析使用。这里我们重点关注中国联通 2014 年出现重要转折以来的成长历程，梳理了公司战略转型的准备、实施、发展各个阶段的行为特征。为了保证数据的准确性和一致性，我们采用分组讨论、组间讨论以及向第三方咨询的方式解决争议问题。最后，我们结合现有理论与相关文献，根据"数据-关系-框架"的迭代逻辑提炼研究结论，并通过不同数据之间的相互印证，进一步强化研究发现的普适性。

四、案例分析

借鉴唐孝文等（2015）、邓少军等（2011）对战略转型过程机制的研究，我们将中国联通面对环境剧变进行战略转型的过程划分为三个阶段：准备阶段、实施阶段和发展阶段。其中，准备阶段是企业在面临环境剧变的初期为了探索新的战略方向，做出多种资源配置的尝试，在实践中提取经验以确定最适合的转型方案。新战略的形成标志着准备阶段的结束，开始进入实施阶段。当企业在实施新战略的过程中，合理组合配置资源使企业逐步摆脱困境，重新建立了有价值、稀缺、难以模仿的异质性资源组合（Barney，1991），自此进入发展阶段。处于发展阶段的企业会在拥有异质性资源组合的基础上进一步扩大并保持竞争优势，深化战略转型，实现从摆脱困境向持续发展迈进。

拼凑是中国联通在战略转型过程中构建异质性资源的重要途径。随着市场和商业环境的变化，企业的战略方向发生了根本性改变。中国联通将有限的资源从非战略方向调整到新的战略方向，并在战略转型的过程中摆脱原来的"行业配方"（Spender，1989），通过试错学习利用手头资源形成新的战略性资源组合。其中，一部分来自于非战略性资源的转化；另一部分属于"无中生有"的战略资源。数据显示，在公司战略转型的三个阶段主要体现了资源拼凑的两个核心构念——甄选手头资源和组合资源以实现新目标。借鉴 Baker 和 Nelson（2005）的定义，我们把甄选手头资源界定为企业对原本不被重视、没有达到使用标准，或别人没有充分认识和使用的现有资源进行重新评估，识别其潜在的使用价值并通过较低成本获得这些资源的活动；组合资源以实现新目标是指根据不同的既有意图和使用方式来重新组织、整合和利用甄选的手头资源以实现新的战略目标的活动。下面，我们具体分析中国联通战略转型各个阶段的资源拼凑过程。

1. 战略转型准备阶段

在战略转型中，识别转型方向、确定最优的转型新战略至关重要。在成为新联通后，中国联通经业务整合绩效有了大幅增长，但是从 2013 年到 2014 年，主营业务收入增长幅度已由 13.6% 降到 0.90%。在动态多变的市场环境和激烈的市场竞争中处于劣势的联通的战略转型迫在眉睫。于是从 2015 年开始，联通挑选了客户、政府、供应商等关系资源，通信牌照等技术资源，铁塔资产、公司技术人员等手头资源，为寻求新的增长点、获得竞争优势进行了组合与尝试，为形成新战略做好了准备。

（1）甄选手头资源。2015 年以前，联通在手握优势 3G 牌照的情况下，3G 业务处于领先地位，3G 收入持续增长，但是到 2015 年年初，随着移动互联网提速和新 4G 牌照的发放，发展 4G 业务大势所趋。然而截至 2014 年年底，联通的竞争对手移动公司具有的 4G 基站已经比联通多了 60 多万个（联通 9 万个，移动 72 万个），联通在部署 4G 的竞争中已经大幅落后。由于没有抓住扩大 4G 建设的最佳时期，联通必须迎头赶上，在缺乏资金的情况下，只能抛下 3G，着力补齐 4G 短板，同时还要找出新的业务增长点，抓住移动互联时代新业务的机遇。于是联通盘点了手头资源，并对资源进行了价值的重估与甄选，以备拼凑资源来实现战略转型的目标。

联通在 2015 年年初获得了 TDD-LTE 的牌照，自此拥有双 4G 许可。此外，手头资源还包括铁塔资产，移动宽带网络基础设施与系统，管理人员、销售、技术人员等，数据，在建数据中心，用户，原有营销渠道商，产业链中的合作伙伴关系资源等。经评估和甄选后，联通发现：公司内部原有铁塔资产存在资源冗余、使用效率低下的问题，具有转让提现获取流动资金的潜在价值；公司内部的管理人员管理经验各有所长，可以通过调换岗位让人才更好地实现价值；3G 网络正在扩建的基站等基础设施未来发展潜力小，获利空间逐渐减小；4G 配套设施少、频段资源未实现充分利用；积累的客户资源、数据资源、营销渠道商、数据中心、合作伙伴关系等资源都有进一步开发利用的潜在价值，若能采用创新的共享模式调动起来，就可以在创造更多价值的同时摆脱资金拮据的困境。于是联通选择了产业链中华为、百度、苏宁等网络关系资源，牌照、宽带网络等技术资源，原有业务的营销人员、技术人员、管理人员以及铁塔资产等物质资源进行重新创新组合，以此实现战略转型的初步尝试。

（2）组合资源以实现新目标。为了发展用户，联通创新性地采用互联网的共享思维，与华为签订战略合作协议，与多家产业链领导企业打造沃家产业联盟，推出了集"固网宽带、移动宽带、家庭应用"于一身的智慧沃家①业务，完成了产业链资源组合的一次重要尝试。为吸引更多家庭客户，联通集中原有的人力、物力资源首创了业内唯一的"全国集中计费营账与客户关系管理系统"，为家庭成员提供跨地域共享通信及应用信息服务，实现"通信全家桶"。当然这只是家庭全业务共享的一部分。为发展 IPTV② 和互联网电视业务，联通与华为在天津共建中国联通 TV 增值业务运营中心，华为技术支持 4K 视频，提供端到端的解决方案，联通在营销端发力，利用全国的平台组织大量营销人员去宣传推广智慧沃家业务。同时联通与百度一起推出云游戏，借助联通内部光纤宽带资源和云计算技术，使用户可以在机顶盒上就能玩大型游戏；与苏宁易购推出电视购物业务，创建面向家庭的针对性更强的电视商

---

① 智慧沃家：依托 4G/3G 移动宽带与固网光纤宽带，利用家庭互联网、物联网、云计算和大数据等新一代信息技术，以融合接入、信息共享、应用服务和交互控制为业务特点的家庭客户通信应用解决方案。
② IPTV：交互式网络电视，是一种集互联网、多媒体、通信等技术于一体，向家庭用户提供包括数字电视在内的多种交互式服务的新技术。

城。这个"智慧沃家、智造幸福"的主题业务帮助中国联通打开了新市场，提升了用户黏性，加速了家庭客户向"智能家庭生活时代"的消费转型，同时也推动了联通公司自身的战略转型。尽管如此，由于投资分散，4G 短板明显，至 2015 年 10 月，联通的移动用户数自同年 2 月以来已持续减少了 1.1 亿户，业绩持续走低，再加上联通后续改革发力缺少资金，于是联通需要继续拼凑资源来获得新的发展机会。此时联通更进一步明确了铁塔资产作为手头资源的价值。铁塔属于电信基础建设，在公司中处于资产冗余状态，存在资源不集中、利用效率低下的问题，于是结合铁塔公司的关系资源，联通做出了向铁塔公司出售铁塔资产的决定，一部分置换获得铁塔公司股权，另一部分获得现金收益 9 000 余万元。这样的资源组合帮助联通融通了资金，同时又提高了铁塔的利用效率，获得了基站共享的便利，也为联通公司之后继续专注 4G 建设和创新业务建设积累了财务资源，为实施新战略做好了铺垫。同时，在组织内部，联通也进行了资源的重新配置，撤销原有的网络公司，将电子商务部拆分成信息化部和电子渠道部，并分别派任新的省公司总经理等。这样的人事调整为公司管理注入了生机与活力，也为联通之后的创新业务开展和聚焦 4G 战略在各地的扎实落地做好了准备。

中国联通不局限于资源的约束，通过拼凑完成资源的再开发和创新组合尝试后，逐步验证了摆脱困境的不同方案，从而确定了战略的新方向。在 2015 年 12 月举行的 2016 年工作会议上，中国联通正式提出转型新战略——实施聚焦战略、创新合作发展。坚持重点聚焦、坚持创新驱动、坚持深化合作；基础业务聚焦重点业务、重点地区；创新业务聚焦平台类及产业互联网；管理聚焦体制机制创新与适应市场发展的管理体系。这样的转型战略，为之后联通走出困境积蓄了能量、锚定了方向。

2. 战略转型实施阶段

企业在确定新的转型战略后，对于新战略的贯彻落实成为衡量战略转型过程成效的重要部分（Hutzschenreuter 和 Kleindienst，2006）。战略实施的前提是能够有效识别战略执行所需的各种资源（包括人力、物力、财力），战略实施的重点则是实施过程中对所有相关资源的组合协调和优化创新。聚焦战略形成后，中国联通就面临如何将战略方案转化为有效运作的问题，即进入了战略转型的实施阶段，直到 2016 年年底经营业绩止跌企稳，已经可以识别出异质性资源组合和竞争优势后，实施阶段才结束。中国联通在战略实施阶段拼凑了用户、供应商、合作伙伴、政府和科研机构等网络关系资源、人力资源、技术资源等，在构建资源环境的过程中赋予了资源环境新的意义和价值，创造发展机会，最终构建起了独特的竞争优势并初步摆脱了经营困境。

（1）甄选手头资源。根据中国联通在 2015 年年末制定的新战略，联通要着重聚焦发展 4G，同时积极发展创新合作业务。为了完成年初制订的计划，联通需要明确并评估手头资源，以选取合适的资源来组合拼凑以实现相应的战略目标。联通盘点了包括网络技术与网络基础设施、人力资源、用户资源、频段资源、政府与科研机构、终端厂商、互联网企业、传统运营商中国电信及其他产业合作伙伴等物质、技术、关系、市场资源在内的手头资源，并在战略实施过程中不断进行资源的评估与甄选，以备下一步的资源整合。

评估与甄选后，联通发现：4G 相关配套资源不足，短板明显，网络覆盖能力较差，用户体验较差，若能够尽快合理运用财务资源拼凑设备商技术与物质资源以及联通的技术与人力资源，则可以在 4G 基础建设部署上实现追赶；中国电信是联通的竞争对手，但可以作为联通的合作伙伴这一点很少受到关注，若能取长补短、发挥合力，则不仅能实现共赢，同时可有效打击共同竞争者中国移动的发展势头；政府、科研机构、合作伙伴、互联网企业等关系资源同样都有巨大的潜在价值——通过与政府合作可以加快品牌扩张，提高品牌识别度；通过与科研机构合作可以吸收更多人才，同时提高公司技术能力；通过与合作伙伴合作可以利用整个产业链资源，吸引更多用户；通过与互联网企业合作则能够借互联网的"东风"，提高创新能力，部署未来发展格局。于是联通选择了公司内部招标团队、技术人员与外部设备供应商技术、物质资源部署 4G 基础建设，选中了用户资源、产业链中的合作伙伴关系资源、政府、科研机构、互联网企业、中国电信等未被充分利用、具有巨大潜在价值的资源进行组合来实现基础业务和创新业务的战略目标。

（2）组合资源以实现新目标。在全面实施战略转型的阶段，为了将战略有效贯彻，战略目标顺利实现，中国联通创新性地采取了不同的资源组合方式。以下分别从联通战略目标中的基础业务和创新业务进行分析：

在基础业务方面，中国联通将公司内部的技术人员和外部设备供应商资源有机组合起来，联通设计方案招标，中兴、华为、爱立信等设备供应商投标，双方以议价的形式完成扩容项目的合作，控制成本。通过这样的资源组合，完善 4G 基站建设，有效发挥资源的多重价值。一年中建设近 70 万个 4G 基站，4G 网络得到很大的发展，凭借频段和网络制式的优势，已形成局部网络优势。这也深化了联通与设备供应商之间的关系，为进一步加强资源协同、战略合作打好了基础。同时，构建新的创新合作模式，打造终端"众筹"，有效整合芯片商、电子制造服务商、智能终端厂商、软件运营商、软件发行方、经销商等众多网络关系资源，共同搭建"众筹"平台，实现信息互通、资源共享，促进产业链的整体繁荣发展。此外，通过联合乐视、华为、小米等合作伙伴一起建立"万店连锁首发联盟"，在中国联通营业厅搭建生态体验区、销售专区和销售专柜，与合作伙伴联合进行新品首发，结合联通的线下运营店内物力、人力资源和合作方的市场资源，共同打造爆款产品。由此，联通可以利用合作伙伴的忠实品牌用户资源，扩大自身的手机卡销售量。2016 年 3 月的中国联通智能终端产业链全生态战略合作峰会，终端交易额达到 240 亿元，众筹总销量 3114 万台。2016 年 11 月的中国联通通信信息终端秋季交易会暨众筹 4.0 现场会线上、线下合计成交达 5163 万台，交易额 545 亿元。这些丰硕的成果证明了联通通过资源的创新性整合，吸引了更多客户，了解了更多市场需求，有效控制了业绩连续下滑的局面，基础业务得到了显著的提升与发展。

在传统通信市场增速放缓的情况下，必须积极开拓创新业务。中国联通从多个渠道发力，在视频业务、物联网、大数据等方面有效整合多方资源，不仅解决了自身资金不足的问题，同时创造了产业平台共建、政企合作、企业战略合作等多种合作方式，创新业务收入显著增长。一方面，联通以推动成立联盟的形式整合关系资源，推动成立 4K 超清产业联盟（3 月）、中国联通沃云+云生态联盟（3 月）、视频手机联盟（9 月，联合芒果 TV、百立丰，合作推出 8 款视频手机）、全球物联网及车联网联盟（10 月）、中国联通 CORD 产业联盟[①]（12 月，与博通、Radisys 和 Cavium 等产业链合作伙伴签署合作协议）。这种发起成立产业联盟的模式不仅是资源组合模式的创新，同时能够做到优势互补，提升联通的资源价值，最重要的是为后续发展构建健康共赢的生态系统，使联通拥有持续竞争优势。另一方面，联通发现政府、科研院所关系资源的价值：7 月与中国科学院大气物理研究所签订战略合作协议，在环保大数据及增值服务等方面进行合作，结合联通内部技术、物质资源与外部科研院所技术资源，提升大数据业务水平，提高大数据品牌影响力；与青海省政府、上海市政府、宁波市政府签订互联网+协议，共建智慧城市，利用政府资源打开市场，同时获得数据增值，赢取更多客户资源，转化未来增长动力。此外，联通还与百度、阿里巴巴、腾讯等互联网巨头建立战略合作关系，成立运营合作中心，运用原有手机卡资源与各互联网公司合作推出一系列百度神卡、蚂蚁宝卡、腾讯王卡，吸引了大量用户。与华为达成战略合作，完成 5G 关键实验，深入发展物联网平台，探索完善在创新的物联网业务中的布局。

在资金不足的困境中，联通充分利用手头资源，通过创新性地组合、运用资源初步实现了聚焦合作创新战略的目标。截至 2016 年年末，中国联通在基础业务和创新业务上都实现了显著发展。4G 竞争力持续提升，移动业务相比 2015 年的负增长 9.3%，在 2016 年首次止跌回升增长 1.7%，移动出账用户也停止了下跌趋势，增长 1151 万户。创新业务上，云计算业务上涨 33.7%，视频业务上涨 68.1%，物联网连接数增加了 2000 万以上。除此之外，联通独创的神卡、宝卡等形式的合作初见成效，加深了和 BAT 等大型互联网公司的战略合作关系，并且成立多个产业联盟，独创并进一步发展了"终端众筹"等商业模式。由此可见，通过资源拼凑，联通已经构建了能够克服经营不利局面的异质

①　CORD 全称 Central Office Re-architected as a Datacenter，是在 Linux 基金正式立项的开源项目。CORD 产业联盟，由 No.1 Lab、中国联通、AT&T、Verizon、Comcast、Google、NTT、SKT 等发起，旨在利用云计算敏捷性和通用硬件的规模性构建更加灵活和经济的未来网络基础设施架构。

性资源组合，可以进一步利用构建好的平台资源继续拓展新机遇，从止跌转向可持续发展、稳增长的过程，由此进入转型的下一阶段。

3. 战略转型发展阶段

自 2017 年开始，中国联通转型就进入了发展阶段。发展阶段指企业在拥有异质性资源组合的基础上进一步扩大并保持竞争优势，推进战略转型，转型也从简单的摆脱困境向实现高绩效、可持续方向发展。在这个阶段，联通同样运用手头资源和组合资源以实现新目标来完成转型。

（1）甄选手头资源。发展阶段属于企业转型进一步推进的过程，在已搭建的资源平台的基础上，中国联通要继续深入实施聚焦战略。深入实施战略的关键就是要评估并明确手头资源，以选取合适的资源来组合从而推动中国联通迈上健康发展之路。联通盘点了包括网络技术与网络基础设施、人力资源、组织资源、文化制度、用户资源、频段资源、技术资源、国外运营商及其他战略合作伙伴、金融机构等关系资源在内的手头资源，并在战略发展过程中不断进行资源的评估与甄选、整合与组拼，以进一步实现战略目标，完成战略转型。

经评估与甄选后，联通发现：组织资源内部配置不合理，省公司及各个分支管理机构臃肿，组织机构战略承接不到位，若能将组织资源重组，则有机会实现高效管理；在经营困境中，联通的员工认同感和归属感不强，过去发扬联通人拼搏精神的"联通之歌"可以再改编构成企业文化的一部分，以此增强员工信心，凝聚人心；公司借"混改"之力，可以将原有的只在战略层面合作的战略合作伙伴资源转化为内部资源，形成利益共同体后的资源整合可以产生更大的积极效应。于是联通选择了公司内物质资源、组织资源、企业发展部的人力物力资源、公司积累的文化资源、外部战略合作伙伴等关系资源进行组合，从而进一步拓展机遇、深化战略转型，获得持续竞争优势。

（2）组合资源以实现新目标。在战略转型的发展阶段，中国联通通过对内部组织资源、人力资源和外部关系资源有效结合与运用，进一步扩大发展优势，形成持续竞争优势。在已建成的"终端众筹"、物联网中心、5G 实验室等异质性资源组合的基础上，依托实施阶段构建的各个产业联盟平台，联通继续沿着聚焦、创新、合作的道路坚定向前发展，继续完善产业生态构建，实现互惠共赢。与此同时，联通运用人力、组织、文化等资源的整合与重组进行了深刻的内部改革，这是企业长久健康发展的基础。

在组织结构上，企业发展部在完成广泛调研后，进行组织内部针对性的"瘦身健体"方案的设计与实施，使企业提高运营效率，减少资源浪费。联通通过压缩管理层级、生产专业化运营、集约化支撑的方式提升基础业务的运营效率，通过按业务单元不同分类设立子公司、建立市场化结算和退出机制激活创新业务的活力。

在公司文化体系上，企业发展部和人力资源部合作，重新梳理企业文化理念体系，发布表达联通人拼搏精神的《中国联通之歌》，确立"客户为本、团队共进、开放创新、追求卓越"的企业核心价值观，界定"联通世界、创享美好智慧生活"的公司使命。通过重新确立企业愿景、企业使命、企业核心价值观等企业文化，提振员工士气，将员工的心再次凝聚在一起，共创未来。此外，联通还设立面向员工创新孵化的"沃创客"计划①，鼓励创新创业。

在治理结构上，利用混合所有制改革的机遇，引入腾讯信达、百度鹏寰、京东三弘、阿里创投、用友网络、中国人寿等战略投资方，在云计算、大数据、物联网、人工智能、支付金融等领域开展深度战略合作，整合优势、能力互补，培育壮大中国联通创新发展的新动能。通过引入多家产业链伙伴及互联网巨头等战略投资者加入混改，在募集到部署5G的资金的同时也能借此机会形成权责对等、协调运转、有效制衡的公司治理机制，进一步提高效率。此外，中国联通还有机会加深与战略投资者的业务合作，整合优势，有利于公司实现超越式发展。

中国联通在战略转型准备、实施和发展三个阶段充分识别手头的现有资源，并对不同的资源进行了多种形式的拼凑（详见专题表2-2）。通过创造性地组合内外部各种资源，帮助企业突破环境约束，度过了市场流失、负债高企的生存危机，确立了从传统运营商向综合信息提供商

---

① 沃创客计划：中国联通为了落实国家"双创"精神和公司聚焦战略，针对产业互联网、大数据、云计算、物联网等创新业务领域，通过提供资金、资源及政策等支持员工创新创业的内部孵化计划。

转变的战略方向，初步实现了适应新的技术和产业环境的商业模式创新，逐步建立起与战略发展匹配的企业运营和管理体系。根据邓少军等（2011）和唐孝文等（2015）对战略转型绩效的界定，我们认为中国联通的战略转型对公司的财务绩效和非财务绩效均有明显的提高，成功实现了战略转型的根本目标。

专题表 2-2　　中国联通战略转型各阶段资源拼凑情况

转型过程	手头资源	拼凑方式	新价值	转型绩效
准备阶段	移动宽带网络、用户、数据、铁塔资产、在建数据中心、营销渠道、双 4G 许可、产业链企业	内部市场资源与外部技术资源组拼	全业务营销向客户价值营销模式转变；从传统移动宽带业务向融合通信应用转变，为产业物联、云计算、大数据业务提供物理基础	发现和识别行业新机遇，明确战略转型方向、核心内容及实施路线
		内部物质资源与外部技术资源组拼		
		内部组织资源重组		
		内部技术资源整合		
实施阶段	网络、用户数据、频段、技术资质、政府和科研机构、终端厂商、互联网企业、同行企业、其他产业合作伙伴	内外部物质资源共享	优化、升级基础网络质量，扩大网络规模；构建完整的云计算产业生态，共享生态价值；满足客户终端个性化、多层次通信服务新需求；实现"互联网+通信"的 ICT 创新	把握和利用新机遇，改善经营状况，初步实现转型基本目标，形成新的商业模式
		内部技术资源与外部市场资源组拼		
		内部市场资源与外部技术资源组拼		
		外部关系资源组拼		
发展阶段	网络、频段、技术资质、员工、文化制度、产业链企业、海外同行企业、战略合作伙伴、金融机构	内部组织资源重组	健全和完善公司治理结构，带动大数据、云计算、物联网业务创新发展；精简组织结构，提高决策和管理效率；塑造市场导向下开放与创新的企业文化	深化和拓展新机遇，健全战略支撑体系，实现组织要素和环境全面匹配，获得并保持核心竞争力
		内部组织资源与外部物质资源组拼		
		内部技术资源与外部市场资源组拼		
		内外部知识资源整合		

资料来源　作者根据案例相关资料整理。

五、研究发现与讨论

我们从案例研究中发现，企业的战略转型是能动地构建异质性资源环境的动态过程。一方面，拼凑为这个过程提供了有效的路径和机制；另一方面，这个过程的动态性体现为拼凑对象和拼凑方式的动态变化。

1. 资源拼凑为企业战略转型过程提供了路径和机制

资源是企业战略转型的基础。脱离资源作为载体，企业的创新和变革无法成为现实活动（方世建和黄明辉，2013）。对于转型企业而言，产业环境震荡和经营出现危机的"内忧外患"导致资源紧缺的问题普遍存在，资源的价值挖掘与创造性利用是解决问题的关键。拼凑从突破资源环境约束、推动战略机遇开发、提高资源配置能力、获得持续发展优势等方面为企业实现战略转型提供了有效的途径。

（1）突破资源环境约束。作为一种资源利用行为，拼凑脱离传统的资源固有属性逻辑，通过对现有资源的将就与重构产生新的使用价值。在中国联通的转型实践中，公司一方面辩证地看待其现有资源（如用户、融合通信服务技术、顾客价值营销渠道）的有限性，另一方面摒弃惯性思维（移动宽带领先的一体化发展思路）和资源的无效组合（3G网络的冗余扩建、铁塔资产的闲置、4G频段与技术标准没有充分利用），通过内外部不同资源之间的创造性整合和组拼形成了不同的资源结构、资源用途、社会化属性以及新的机会价值，产生了转型企业、转型机会、转型活动以及资源环境之间协同不悖的建构功效。

（2）推动战略机会开发。战略转型的成功关键在于企业对外部环境的准确把握（芮明杰，2005）。这种把握主要是指企业准确洞察外部环境的变化，能够发现机会并加以利用。其中，识别和发现机会主要基于企业的知识结构（特别是经验）；而机会的开发与利用主要依赖企业对资源的操控（Tardieu，2003）。这种操控强调企业应对资源约束做出的决策反应。例如，有些转型企业通过搜索具有战略价值的外部标准化资源来满足市场机遇，却因为成本过高、时空受限等原因而失败，最终放弃市场机会维持现状或缩小规模。中国联通迅速意识到通信产业结构升级、国家"降费增速"的政策要求、自身财务状况的恶化等不利因素影响下，很难通过市场交易手段获得战略性资源，通过互补性资源拼凑是实现战略转型的有效路径。公司利用非标准化资源，开发新颖的商业模式，突破行业惯性的限制，通过整合内部资源、共享外部资源、组合内外部互补资源等方式实现了战略机会的开发与利用。

（3）提高资源配置能力。战略转型的核心内容是资源的重新配置，企业能力在这个过程中具有重要的作用（Teece，2007）。拼凑从构建的角度实现了资源与使用价值之间关系的沟通，被认为是一种特殊的企业能力（Phillips 和 Tracey，2007；Di Demenico 等，2010）。这种能力帮助企业充分发掘并创新资源的潜在价值，实现战略资源的重新有效配置，是战略转型能力的重要构成维度。此外，在中国联通的转型过程中，对资源组合的创造力、即兴决策能力、吸收和整合能力、风险承受能力以及社会网络能力等也起到了至关重要的影响作用。中国联通善于整合产业链资源，通过成立大数据、云计算、智能终端、内容通信服务、产业物联等多个联盟与平台，形成开放、共享、创新、协同的生态性资源环境；积极利用多省市政府关系资源，构建智慧城市服务网络；与供应商共建数据中心，率先布局云数据及互联网+产业的业务发展基础。以创业导向、组织学习为机制的资源拼凑能力成为企业战略转型成功的关键性能动因素。

（4）获得持续发展优势。战略转型的最终目标是获得并保持竞争优势。中国联通在战略转型过程中对内外部不同资源的整合和组拼并不是简单的累加，而是复杂多维的价值创造。公司将原本那些零散的、未纳入战略核心的非战略性资源进行创造性利用，产生了新的战略价值和意义。如现有移动宽带在网用户资源与产业链企业市场资源的组拼，带来了联通从全业务营销向客户价值营销模式的转变；智能终端产业链全生态"众筹"是将外部技术资源和内部市场资源组拼，满足了客户终端个性化、多层次的通信服务新需求；引入外部战略投资者的混合所有制改革是内外部组织资源的重组，优化了公司治理结构并保障了创新业务的发展机遇。不仅如此，即兴与满足的决策原则，有助于企业快速行动，避免因为资源约束导致的机会丧失或失败。在拼凑理论的建构主义思维下，中国联通通过质疑、颠覆、试错、学习创造出独特的产品、服务以及商业模式，在追求生存的过程中实现了竞争优势的再造。

2. 战略转型过程中资源拼凑的动态特征

在企业战略转型过程中，资源拼凑的动态性表现为拼凑对象和拼凑方式的动态变化。建构主义资源环境观认为总体环境是由多个资源碎片构成的，这些资源碎片之间的不同组合对于创业者而言，具有不同的资源结构、使用价值，并且会决定创业机会的意义以及创业行为的方式、方向和范围（方世建和黄明辉，2013）。从图专题图 2-2 可以看出，在中国联通战略转型的各个阶段，公司挑选的"手头资源"不同，并且基于不同的目的所采用的拼凑方式也不同。

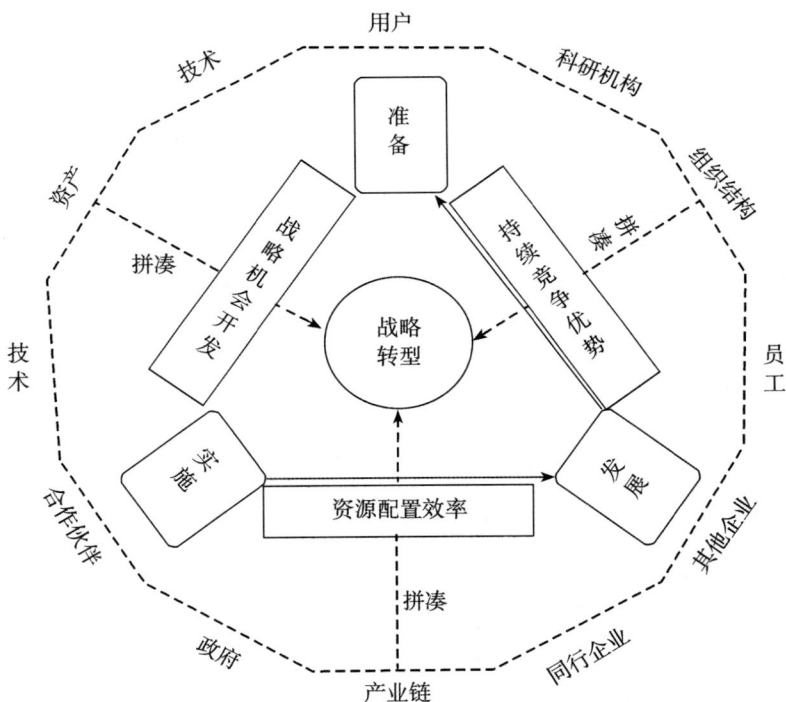

专题图 2-2　基于资源拼凑的企业战略转型过程模型

资料来源　作者根据研究发现整理。

在准备阶段，物质资源和社会资本比较重要，拼凑主要是通过内部物质资源与外部关系资源组合实现的。目前，新一轮信息技术升级和数字化经济的高速发展给电信运营商带来一系列挑战：移动互联网的商业模式冲击传统模式，运营商对业务和用户的控制权逐渐减弱；OTT 的快速发展带来数据流量指数型增长，消耗了巨大的网络资源，但业务收入增速远远低于流量增速，导致量收不匹配。同时，OTT 业务不断侵蚀传统语音业务，运营商盈利能力明显减弱。然而，机会总是孕育在挑战当中。战略转型准备主要是识别和发现机会从而确定转型方向与策略的过程阶段。在这个阶段，社会资本和内部资源显得尤为重要。中国联通整合城市光纤、WCDMA 无线、WLAN 宽带三大网络以及九个数据基地等基础资源，积极利用产业链企业、政府、互联网企业等外部关系资源，形成"共建、汇聚、开放"的发展模式，构建起智能通道、智能网关、大数据营销三个商业场景，为联通从传统电信运营模式向智慧经营的转型做好了布局和准备。

在实施阶段，技术资源和市场资源变得更加重要，拼凑方式主要体现为内外部技术资源和市场资源之间的交互组合。中国联通在充分发现机会的基础上，确立了创新、合作发展的"聚焦"战略。强调改变原来的移动宽带领先的一体化战略逻辑和框架，利用有限的"弹药"集中实现基础业务、创新业务及管理体系上的转型升级。战略转型实施的主要目标是有效把握和利用新机遇，扭转经营不利并初步实现战略内容上的转变。基于此，技术资源和市场资源成为这一阶段的关键资源。智能终端产品是联通基础业务的重要部分，联通通过产业链"众筹"的方式，打造以终端为纽带、客户为导向的生态合作模式，为内外部市场与技术资源互补提供了重要的平台。同时，联通不断创新与终端厂商的合作模式。如与金立为首的渠道型厂商合作，开创与线下渠道体系协同，实现网络由 4G 向 4G+、产品由双 4G 向全网通、渠道由销售到平台业务等全方位的转型和升级。在创新业务方面，联通开启了产业互联网合作计划，以政企信息服务经验、新一代网络架构（CUBE-Net 2.0）、软件定义网络（SDN）和网络功能虚拟化（NFV）技术与外部互联网公司（腾讯、阿里巴巴、百度、优酷等）、汽车企业（奇瑞）等产业资源结合，基本实现"互联网+通信"的商业模式创新。

在发展阶段，组织资源和文化资源是非常重要的，拼凑方式主要为内外部组织资源的组合以及内外部文化资源的整合。2016 年，面对环境变化的严峻挑战，中国联通积极推动行业内外合作与资源共享，在实现基础能力提升的同时，资本开支大幅下降，主营业务收入实现止跌回稳（达到 2 049.8 亿元），为公司继续深化聚焦战略、实现健康持续发展奠定了物质基础。战略转型发展阶段是在完成战略内容转变、具备了一定的资源和能力基础上健全战略支撑体系，进一步拓展机遇以持续获得竞争优势的过程。在这个过程中，组织资源的拼凑是实现内部要素与战略匹配的重要活动。2017 年是中国实施供给侧改革的深化之年。中国联通积极响应政策要求，将自身战略转型切实嵌入国企改革的大实践中。公司引入 BATJ 等具有行业领先地位、与公司能够产生协同效应的战略投资者，一方面通过引入非国有资本变革了企业的产权结构，同时变更董事会中董事席位，从而改善了公司的治理结构；另一方面增加的资源用于加快 4G 和 5G 的创新业务建设，同时利用 BATJ 在物联网、大数据、人工智能前沿技术等方面的优势拓展了企业发展的能力和空间。此外，为了实现市场在资源配置中的基础作用，培育创新发展的新动能，混改后内外部企业文化的整合显得尤为重要。为此，联通一方面进行了"瘦身健体"的组织机构和人员调整，建立"小管理、大操作、强协同"的组织架构进而形成以客户和市场为导向，为一线提供服务的倒三角服务支撑体系；另一方面积极推广和学习以"客户为本、团队共进、开放创新、追求卓越"为核心价值观的新型运营商企业文化。

六、结论与展望

战略转型是中国企业目前正在经历的一场重要洗礼。如何促进战略转型成功或改进转型效果是大家共同关心的问题。鉴于现有文献缺乏对战略转型过程的深入探究，本文基于创业拼凑理论视角，将战略转型视为企业"再创业"的行为过程，这个过程是通过创造性地拼凑现有资源产生新的使用价值和机会进而与环境匹配来实现的。本文尝试将资源拼凑纳入战略转型研究框架，通过对中国联通战略转型实践的深入调研，探索性地构建了基于资源拼凑的企业战略转型过程模型，并分析这一过程中资源拼凑的动态特征。一方面，借用创业拼凑的理论工具撬开了战略转型研究"黑箱"的一角；另一方面，在大企业战略转型的场景下具体解释了拼凑究竟如何发生的问题，拓宽了拼凑理论的应用对象和范围。

在研究中我们进一步发展开放式创新、组织学习以及变革型领导行为在企业的战略转型过程中起到了重要的强化作用。未来的研究将在本文的研究框架基础上加入其他变量，从更多的理论维度完善战略转型机制研究，并增加跨案例研究、计量等实证方法提高研究结果的科学性与普适性。

第五部分　总结和展望

9 总结与展望

创新是引领发展的第一动力（习近平，2016），是企业获得竞争优势的不竭来源。技术的进步和市场的发展推动了创新范式的变革。强调内部控制的封闭式创新良性循环被打破，一种更加民主、开放的创新模式被广泛应用。企业不再壁垒高筑、孤军奋战，而是敞开边界、卸下防备，基于一种快速的信任与多元的外部创新者合作，嵌套在密集互动的网络中实现价值的共同创造。网络成为创新的平台和载体，构建外部网络联结成为获得创新资源、互补性资产以及市场渠道的关键。与此同时，创新过程和环境的剧变，挑战着企业重新配置资源与之相匹配的能力。这种能力不同于前人提出的创新能力、吸收能力等单一能力，而是一种更高层次的综合能力，即重构企业胜任力的动态能力。其动态性进一步表现为面对环境变化和压力的适应性和开拓性。具体而言，动态能力一方面表现为跨组织价值创造的发现能力、孵化能力、加速能力等组织学习能力体系；另一方面表现为发展、维护及支配网络联结的构建能力、定位能力、治理能力等组织网络能力体系。这两个维度的构成，为解释企业网络嵌入悖论提供了依据，进一步搭建了网络关系正向影响企业创新绩效的中间路径。

9.1 主要研究内容

（1）本书的主体部分通过文献梳理、理论分析和实证检验详细讨论并展示了网络关系、动态能力、创新绩效之间的作用关系。

知识跨组织的共同创造强调网络成员之间的互动和沟通。因而，不同于以往研究关注网络结构的特点，本书认为网络关系是影响创新绩效的核心环境变量。强度、质量和稳定性能够更加全面地描述并衡量网络关系的特征。近几十年来，垂直一体化的分解与企业合作是经济活动中最为显著的现象，企业比以往任何时候都更加重视彼此之间的合作，并依赖于与其他组织之间的不同形式的相互关系。关系强度和关系稳定性在一定程度上体现了焦点企业获得创新资源的冗余和重复；关系质量体现了创新网络提供给焦点企业的创新资源和创新机会的品质和充盈。一方面，冗余和重复的网络关系对企业技术创新起支持作用；另一方面，网络关系品质对企业技术创新起促进作用。从高新技术产业的特点来看，市场需求波动剧烈，技术变动速度快和竞争强度高（Jaworski，1993），正体现了高新技术企业所处行业环境的主要特征。因此，网络关系的必要冗余和重复有助于提高高新技术企业对变动剧烈的行业环境的适应性，减少对特定创新伙伴的依赖程度，从而有利于企业技术创新活动的开展；值得信赖、充裕而丰富的网络关系，有利于提高市场信息的及时性和准确性以及技术的可靠性和适用性等，促进企业的技术创新绩效。互惠、信任和长期导向的网络关系能为企业带来相当多的利益，有助于长期绩效的提升和竞争优势的获得，通过激发创新意愿、提供创新资源、开发创新机会促进企业创新绩效。创新网络既体现为一种焦点企业获得外部创新资源的通道或整合外部创新资源的平台和手段，又成为一种途径激活并提高企业内部冗余或潜在资源的利用效率，扩大企业整合创新资源的范围；通过构建有效的创新网络，企业可以获得更多的创新机会和创新机会的组合。在扩大创新机会集的基础上，同时也有利于创新机会之间的组合，以实现更多的创新机会，实现熊彼特意义上的

"重新组合"式创新；创新意愿是焦点企业参与技术创新的主观愿望或积极性。建立协作性创新网络，在一定程度上降低了焦点企业的创新难度，分散了创新风险，提高了焦点企业对创新收益的预期，这对提升焦点企业的创新愿望也有很大帮助。通过与创新伙伴之间的协作式创新，也会引导焦点企业建立关于技术创新的自信，提高对技术创新成功率的判断，从而激发焦点企业参与技术创新的积极性。焦点企业在与创新伙伴的深度交往过程中，逐渐可以感知创新伙伴对自身的期望，以及创新伙伴的各种要求，直接表现为创新压力，督促焦点企业尽快实现创新角色上的转变。

动态能力是企业建立有效的外部网络联结的内部机制保障。环境压力筛选逻辑下构建的动态能力模型是新环境下企业能力体系的拓展和演化。企业间网络是组织学习的重要来源，因为该网络促进了拥有多种技术和知识背景的组织成员间的接触，在这个过程中，组织成员获得了更多的学习机会。网络内各个相互联系的参与者间的知识交换和知识在网络中成员之间的流动需要一种社会化机制和传输渠道。而这种机制是可以使网络中的不同参与者能统一认识的机制。除了传输渠道外，传输渠道的特性也会影响参与者之间的知识流动，这些特性包括参与者之间沟通联系方式的丰富程度，如沟通的非正式联系、开放性以及密度等。总之，支持性网络关系强度、质量和稳定性越高，企业越容易获得信息和知识，从而促进组织学习改善企业行为。通过学习，企业能够在网络中积累更多的知识、经验和教训，将获取的知识投入到企业的研发活动中，为发展新的产品、工艺和服务提供服务。而且，从所学习的经验、教训中能够避免企业自身研发的失误，降低研发成本和研发的风险，将对企业内部的研发活动产生积极的作用。网络关系强度、质量和稳定性越高，企业与外部合作者的沟通、信息和资源的传播越通畅，为企业提供了协商和说服的机会，促使企业获得来自网络成员的各种资源（比如市场信息、思想、问题解决办法、社会支持等），推动资源的共享和转移（Hoang 和 Antoncic，2003），为以资源为基础的网络能力构建提供了基础。网络能力重点表现在关系管理上，能够使企业识别、构建、维持良好的网络关系，从而从中获取创新所需的资源，同时能够获得创新的机会。网络能力能够帮助企业评估不同外部关系的重要性和其中蕴含的机会，鼓励和协调网络中其他行动者的资源和能力，满足协同创新的要求，达到改善创新工艺和流程的目的（Ritter，2000）。同时，网络能力的提升能够减少网络中机会主义、沟通障碍、产权纠纷等问题，促进网络成员的交流与合作，为合作创新提供良好的环境，进而提升企业的创新绩效。学习能力对网络能力有积极作用。学习能力是企业创新的基础，它能够促使企业不断吸收、整合并创造出新的知识和产品。只有具有较强的学习能力，企业才能在网络环境中寻找到更多的稀缺资源和创新机会，也利用网络关系的协调与管理，从而将它们转化为创新绩效。如果学习能力弱，企业将无法实现外部资源的挖掘并整合外部关系，从而降低了网络的效用。同时，网络能力对学习能力也有积极的作用。网络能力维持其较强的、高质量的和稳定的关系，保证企业探索和获取广泛的资源，增强企业内部资源的多样性，克服原有的刚性和惯性，为创新提供资源基础，从而促进内部的资源整合。

（2）本书的拓展专题是在主体研究的基础上，结合实践的发展和前期研究的局限，通过引入新的理论视角、增加作用变量、变换应用情境等将企业创新与动态能力的相关问题进行了更深入的探析。

开放式创新是一个复杂的知识管理过程，需要企业具备相应的创新能力，最终实现知识跨组织的共同创造。因此，开放式创新导向和能力共同构成了影响创新绩效的认知模式。而组织的认知模式、共享心智等在很多时候受到企业文化，特别是 CEO（首席执行官）人格特征的影响。CEO 个性在很大程度上决定了他本人的能力和信念，对企业的行为反应产生深刻影响，进而决定了企业开放式创新的实施过程和结果。开放式创新强调创新源的多元化，这无疑增加了创新的复杂性，往往需要 CEO 在不确定的条件下做出决策。在这样的情况下，复杂要素之间的相关关系（有些为因果关系）复杂模糊，决策者的战略选择很难用经济学的完全理性来解释，而更可能从心理学的不完全理性（主观特质）视角来理解。CEO 个性是影响企业创新管理与决策的重要因素，对开放式创新导向-能力与创新绩效之间的关系起正向调节作用。内部控制点、灵活性、成就需求和经验开放性构成了创新管理中影响高层决策者行为的主要心理特征，能够从有限理性的角度解释创新企业之间的绩效差异。研究结果表明，四个维度的个性特征对于开放式创新的影响具有不均衡性。内部控制点和灵活性体现管理者对组织行为与外部环境之间关系的认知与态度，正向调节开放式创新导向对创新绩效的促进作用。灵活性高的 CEO 在面对外部环境的挑战时，更容易接受改变现有的创新模式，打开组织边界，向外部寻求更有价值的创新机会和资源，鼓励企业和外部多样化的创新主体进行合作，并能够利用多样化的渠道实现商业价值。从实证结果来看，内部控制点在这个方面并没有体现出显著的作用，这从另一个角度说明企业采用开放式创新的主要驱动来自于环境压力。成就需求和经验开放性是管理者追求卓越、倡导学习的内在力量，正向调节开放式创新能力对创新绩效的促进作用。实证结果显示，除了与知识扩散能力的交互效应不显著外，成就需求和经验开放性分别对知识获取能力、知识吸收能力、知识整合能力与创新绩效之间的关系起显著调节作用。成就需求越高，CEO 越希望通过组织学习实现企业内外部资源的重构以获取竞争优势。经验开放性强的 CEO，更容易在企业内部建立适合学习的组织结构和机制来促进知识的共享与创新。

战略转型是企业的创新创业过程，发现机会、把握机会和发展机会是转型成功的关键。面对资源相对缺乏、时空相对约束的创新环境，企业如何利用现有资源的重新组合产生新的使用价值成为建构主义视角下动态能力的具体要求。拼凑成为打开企业战略转型过程"黑箱"的一种途径。资源是企业战略活动的基础。脱离资源作为载体，企业的创新和变革无法成为现实活动（方世建和黄明辉，2013）。对于转型企业而言，产业环境震荡和经营出现危机的"内忧外患"导致资源紧缺的问题普遍存在，资源的价值挖掘与创造性利用是解决问题的关键。拼凑从突破资源环境约束、推动战略机遇开发、提高资源配置能力、获得持续发展优势等方面为企业实现战略转型提供了有效的途径。作为一种资源利用行为，拼凑脱离传统的资源固有属性逻辑，通过对现有资源的将就与重构产生新的使用价值。战略转型的成功关键在于企业对外部环境的准确把握（芮明杰，2005）。这种把握主要是指企业准确洞察外部环境的变化，能够发现机会并加以利用。其中，识别和发现机会主要基于企业的知识结构（特别是经验）；而机会的开发与利用主要依赖企业对资源的操控（Tardieu，2003）。这种操控强调企业应对资源约束做出的决策反应。战略转型的核心内容是资源的重新配置，企业能力在这个过程中具有重要的作用（Teece，2007）。拼凑从构建的角度实现了资源与使用价值之间关系的沟通，被认为是一种特殊的企业能力（Phillips 和 Tracey，2007；Di Demenico 等，2010）。这种能力帮助企业充分发掘并创新资源的潜在价值，实现战略资源的重新有效配置，是战略转型能力的重要构成维度。战略转型的最终目标是获得并保持竞争优势。中国联通在战略转型过程中对内外部不同资源的整合和组拼并不是简单的累加，而是复杂多维的价值创造。公司将原本那些零散的、未纳入战略核心的非战略性资源进行创造性利用，产生了新的战略价值和意义。

9.2 研究价值和意义

经济发展和科技进步推动了创新范式的变革，改变着企业价值创造方式和竞争优势来源。基于合作而形成的组织间网络成为创新活动的通道和载体，开放与共享成为新一代创新的主要特征。面对网络嵌入的双重影响，企业常常陷入开放式创新的困境。"如何有效地利用网络在创新中获利"是企业关心的现实问题，也成为近年来创新管理研究领域的重要课题。针对这个核心问题，本书在相关理论和现有文献的基础上，借助动态能力理论和视角，构建了网络关系促进创新绩效的机理模型，并通过大样本实证分析，验证了相关理论假设。在后续的拓展研究中，本书进一步丰富了研究的视角，探讨了 CEO 性格特征在创新导向-能力与企业绩效之间的调节作用，在心理学的非完全理性的基础上解释了不同企业开放式创新绩效的差异。此外，中国企业正经历着转型升级的洗礼，本书基于中国联通的案例研究探索了拼凑作为动态能力的具体表现形式在企业战略转型过程中的重要作用。研究具有一定的理论价值和现实意义。

9.2.1 理论价值

（1）深化了社会网络与创新之间的关系研究。网络成为新一代创新的重要渠道和载体，为组织间学习和知识交换提供了有效的机制。通过网络关系获得互补性资源，减少创新风险等有利作用，已经得到普遍认可。社会网络学者们从结构的角度进行了大量研究，初步验证了网络密度、网络规模、结构洞以及网络中心度等结构性特征对创新的不同影响。在实践中，网络的复杂性远远不止结构本身，组织间合作的意愿、互动的频率、信任的程度以及交流的质量等关系属性往往在创新资源跨组织流动以及知识共同创造的过程中起到更为关键的影响作用。因而，本书重点考察网络关系属性特征，在以 Granovetter（1985）为代表提出的"关系强度"的基础上，进一步挖掘了关系质量和关系稳定性两个特征维度，并通过回归分析，验证了关系强度、关系质量以及关系稳定性显著影响创新资源在组织内外部的流动与创造，影响企业与合作伙伴之间的学习和沟通机制，进而影响创新绩效。另外，鉴于现有研究关于网络与创新绩效关系结论难以统一的情况，本书引入动态能力作为中介变量，从组织内生因素的角度解释了网络环境中企业创新绩效的差异。本书构建了网络关系、动态能力与创新绩效关系模型，并通过结构方程检验了动态能力的中介作用，揭示了网络关系通过动态能力促进企业创新绩效的作用路径和机理，为网络视角下的创新研究提供了新的思路和方法。

（2）丰富了动态能力理论研究。动态能力强调企业发展与动态环境相匹配。企业只有不断地自我摒弃，才能主动适应外部环境的变化。这一过程需要持续的创新支持（Adam 和 Lamont，2003；Nielsen，2006）。技术创新成为塑造和构建动态能力的重要前因变量得到了大量经验实证，并成为动态能力研究的取向之一。网络化创新改变了创新资源获得与价值创造的模式，改变了企业为生存和发展而创造、拓展和更改其资源库的过程，从而对动态能力研究提出了新的挑战。本书基于动态能力是企业应对环境创造、拓展和更改资源库而生存的研究框架，将网络化创新模式视为企业所面临的新环境。一方面，创新主体之间关系的复杂性和创新过程的复杂性特征对企业内外部胜任力提出了挑战，而以往研究提出了吸收能力、技术能力等单一能力已经无法解决企业在网络化创新环境中的所有问题；另一方面，企业能力的边界随着创新过程不断向企业外部拓展。企业不仅需要对知识的积累和再生的学习能力，更需要形成、掌握和利用组织间关系，确保知识获取、吸收、整合到最终应用这一动态过程的畅通，促进创新资源流动的效率。因此，这两方面的能力是网络特征影响创新绩效的中介变量，是企业有效地嵌入网络中进行创新的关键内生因素，回应了 Lichtenthaler（2009）提出的"发展适用性"（Evolutionary Fitness）①的观点，从构成上进一步拓展了动态能力理论的研究。

（3）补充了开放式创新理论研究。作为一种创新范式，开放式创新的本质是基于创新资源流动而嵌入在组织间层面的价值创新（王雎，2011）。网络化是开放式创新中的组织模式变化趋势，组织间关系成为创新的关键要素。在开放式创新理论体系中，以往的研究主要从"开放度"（开放深度和开放广度）的概念对组织间关系属性进行了测量和研究，倒 U 形关系的结论尚无法回答"究竟在何时达到网络联结的最优"这一企业真正关心的现实问题。本书从关系嵌入的视角，基于社会网络理论及网络分析方法，并引入动态能力理论，从创新内、外部两个方面构建并探讨了网络关系与创新绩效之间的关系及作用路径，为进一步探索开放式创新的研究"黑箱"提供了有效的实证数据。

（4）拓展了资源拼凑理论研究。资源拼凑理论尽管取得了一定的研究成果，但仍然属于一个新兴的研究领域，国内外的系统性研究还十分有限。本书将资源拼凑纳入开放式创新的研究体系，进一步细化了现有资源、资源将就以及资源重构三个关键的概念要素；从实证角度将拼凑对象、方式、目的有机地结合起来，在一定程度上回答了"拼凑究竟是如何发生的"这个一直没有很好回答的问题（Lennerfors 和 Rehn，2014）；通过资源拼凑对企业创新的影响路径和机理研究，拓展了资源拼凑的理论边界及应用范围。

---

① LICHTENTHALER U，LICHTENTHALER E. A capability - based framework for open innovation：Complementing absorptive capacity ［J］. Journal of Management Studies，2009，46（8）：1315-1338.

9.2.2 现实意义

（1）为企业构建有效的外部网络以提高创新绩效提供了理论指导。本书的研究通过对网络化创新特征的整体性分析，有利于企业转变传统的创新管理思想，积极地寻求并有效地构建促进创新绩效和产出的外部创新网络环境。网络关系强度、关系质量和关系稳定性三个特征的测量指标以及这些特征在企业创新过程中的影响程度和作用机制是企业营造有效的创新网络环境的理论依据。本书的研究有利于企业考虑和学习构建旨在弥补内部创新资源不足的内外部资源整合机制，减少技术创新市场的不确定性和技术的不确定性。

（2）为企业构建价值创造能力、增强竞争优势提供了理论依据。本书的研究基于开放式创新环境下企业面临的网络嵌入和知识创造双重压力，在压力筛选的演化逻辑下构建了企业动态能力的模型，进一步将企业的动态能力分解为学习能力和网络能力两个核心机制，对企业构建什么样的能力以持续获得竞争优势的问题做出了明确回答。另外，本书通过动态能力在网络关系与创新绩效之间的中介效应的分析，进一步明确了企业在网络化创新环境中对内外部资源的配置方向和内容，也为企业广泛而持续地从外部网络中获取互补性创意和技术，保持内部研发和外部获源的合理性"张力"提供了理论指导。同时，本书对 CEO 个性作用的分析，为管理者在开放式创新环境下如何塑造战略领导力提供了理论参考。

（3）为结构调整、产业升级背景下的企业战略转型提供了路径借鉴。我国经济正在发生一场全面而深刻的变革，由传统产业中高速发展转向创新导向集约式发展、由投资主导转向消费制造主导成为中国经济换档期的主要特征。在这样的背景下，技术革新、人口结构变化、产业结构失衡等复杂力量共振，环境约束与可持续发展的矛盾日益尖锐。本书以中国联通为案例的探索性研究，将创业拼凑理论引入战略转型研究框架，在转型背景下进一步诠释了动态能力的内涵和作用，为企业如何通过"巧妇"精神，创造性利用手头资源以实现和发展战略机会提供了理论指导和路径借鉴。

9.3　研究局限与展望

　　基于信息技术的商业模式变革改变着企业竞争优势的来源以及价值
创造的方式。民主、开放的创新方式迅速成为学术界和实践界共同关注
的热点话题，并在近十几年里在战略、组织、创新创业领域形成强劲的
研究热潮。在我国改革开放的新时期，加强企业开放式创新来提升价值
创造能力，成为我国实施创新驱动发展战略的重要路径，并且与我国经
济转型、产业升级、创新型国家建设等重大现实问题密切相关。本书在
现有研究和实践观察的基础上对创新、能力与绩效之间的关系问题进行
了初步的探索与研究。由于认知水平、研究能力、时空条件等方面的限
制，本书的研究尚存在一些局限，有待在未来的研究中不断完善。

　　（1）从研究内容来看，本书主要是基于资源和能力的视角，对网络
特征与企业创新绩效之间的关系进行了理论分析和实证检验。实际上，
企业的外部制度环境和内部管理者特征也是影响企业创新行为和结果的
重要因素。本研究的内容在这两方面缺少深入的探讨。尽管在拓展专题
部分添加了 CEO 个性这一变量，初步考察了 CEO 性格特征对企业创新
导向、能力与创新绩效之间关系的调节作用，但是研究并没有深入挖掘
不同的管理者特征和动机会对创新绩效产生什么样的差异。因此，在未
来的研究中，需要进一步整合研究框架，从资源能力、制度环境以及管
理者三个维度来全面观察和探索网络化创新的本质和过程机制，通过质
性研究更加生动、全面、系统地展示企业实践的面貌，挖掘复杂现象内
在的理论规律，为企业提供更加科学的理论借鉴。

　　（2）从研究对象来看，本研究的基础理论和现有研究成果，如开放
式创新理论、动态能力理论、组织学习理论等，都是在对大企业的管理
实践进行观察和研究的基础上形成的。现有文献也主要集中于对大企业
创新行为及经济结果的关注。实际上，企业规模的不同导致企业内外部
环境的不同，因而必然导致创新行为及结果的不同。中小企业由于企业
规模和组织结构上与大企业存在着明显的区别，对于中小企业在开放范
式下的创新特征和机制缺少针对性的研究。中小企业的开放式创新及其

管理问题具有独特性，应该成为开放式创新理论研究的一个重要组成部分。此外，从我国的实际情况来看，中小企业占全国企业总数的99.7%，所创造的价值达到经济总量的60%，承担了约65%的发明专利和75%以上的新产品开发，是推动技术创新、结构调整与产业转型升级的重要力量。因而，中小企业的生存和发展问题引起全社会的高度重视。在未来的研究中，需要在新的理论范式下探索适合中小企业自身特点的创新路径，进一步完善开放式创新理论体系，并为中小企业创新实践提供切合实际的理论指导。

（3）从研究方法来看，本书在主体研究和拓展专题中分别采用了量化研究和质性研究两种实证方法。在量化研究中，变量的测量主要基于现有文献中的量表，缺乏根据中国实践开发的本土量表。因此，对中国企业管理活动的测量可能存在信效度上的偏颇。另外，由于调研时间和资源有限，研究样本的选择以大连市高新园区为平台，一方面样本的地域性比较单一，以高新企业为主的产业性比较单一，可能会导致研究结果的普适性不强。在质性研究中，本书主要选取了中国联通作为案例对象，研究对象在战略转型过程研究中具有典型性。但是由于中国联通作为国有企业的身份，在实践中影响其战略转型的要素复杂、参数众多。因此，本书仅从资源构建角度，单纯地考察企业决策行为尚显不足，研究结论的准确性也受到其他因素的制约。综上，在未来的研究中，需要在样本选择、量表开发等方面进一步精准和完善，提高研究结论的准确性和普适性。

附录

附录1 网络关系、动态能力与创新绩效研究调查问卷

尊敬的各位专家：

　　您好！技术与市场的发展推动着创新资源的全球性分散和流动，企业不再是单一地自我实现偏好的交易单元，而嵌入在包含了客户、供应商、科研机构、公共机构等创新参与者在内的复杂重叠的网络之中实现创新。网络化成为企业活动的重要环境特征，建立和维持一个有效的外部网络日益成为改善运营绩效、提高企业竞争优势的关键。本调查旨在通过分析网络关系、企业动态能力与创新绩效之间的相互关系和作用路径，探索创新网络通过动态能力促进创新绩效的机制，为企业如何构建有效的创新网络环境，并通过动态能力的提升，实现创新绩效和获得竞争优势提供理论借鉴。您的意见和答案将为本研究提供非常重要的帮助。本问卷纯属科学研究，没有任何商业用途，请您放心并尽可能客观回答。我们承诺，我们将对您提供的所有信息严格保密。如果您对本研

究结论感兴趣,我们会在研究结束之后将研究成果提供给贵方参考!非常感谢您的大力支持!

于淼   yvonne0826_cn@yahoo.cn

东北财经大学工商管理学院博士研究生

第一部分:填表说明

1.本问卷的调查内容主要涉及企业的整体战略、技术创新和组织学习,请贵公司的管理层人员或技术负责人员填写。

2.每个题项都有5个选项,分别为1—5的数字。1—5依次表示从"完全不符合(反对/低)"到"完全符合(同意/高)",其中3为中性标准(一般)。请您依据贵公司的实际情况,根据您在一般情形下所持有的最直接的观念、感觉来选择。这不是测验,没有对错之分,也没有标准答案。您只需要客观地做出选择,请您不要都打一样的分,也不要遗漏某些题项。

第二部分:填表人及公司的基本信息

1.您的性别 □男 □女
   学历 □本科以下 □本科 □硕士 □博士及以上
   工作年限 □1年以下 □1~5年 □5~10年 □10年以上
2.公司性质 □国有企业 □外资企业 □合资企业 □民营企业
3.公司运营时间 □1年以下 □1~5年 □5~10年 □10年以上
4.公司所处行业 □电子信息技术 □生物与新医药 □新材料与新能源技术
   □航空航天 □装备制造 □资源与环境技术
5.公司的人员数量 □50~200人 □200~500人 □500~1000人 □1000人以上
6.研发投入占销售收入的比例 □1%以下 □1%~5% □5%~10% □10%以上

第三部分:问卷具体内容

学习能力	评价				
1.主管领导们认为学习能力对企业建立竞争优势非常重要	1	2	3	4	5
2.本公司将员工的学习视为一项投资而非成本费用	1	2	3	4	5

学习能力	评价				
3.对公司的定位和未来发展的愿景有清楚的界定和表述	1	2	3	4	5
4.本公司中每一个层级和部门都有一个共同的组织愿景	1	2	3	4	5
5.本公司重视并激励员工原创性的创意或意见	1	2	3	4	5
6.员工敢于质疑公司运营方式的各种假设	1	2	3	4	5
网络能力	评价				
1.公司能够有效地发现网络中的互补资源和创新机会	1	2	3	4	5
2.公司具有很强的发现、评估合作伙伴的能力	1	2	3	4	5
3.公司能够观察并预测网络演化的趋势并做出相应的战略调整	1	2	3	4	5
4.本公司兼有创意和技术流入与流出	1	2	3	4	5
5.公司有很强的发展与合作伙伴互相信任、互惠互利关系的能力	1	2	3	4	5
6.公司能够有效地与合作伙伴进行沟通	1	2	3	4	5
7.公司能够有效地解决共创知识的产权使用与归属问题	1	2	3	4	5
8.公司与合作伙伴之间有正式的制度或契约来约束各自的行为	1	2	3	4	5
关系稳定性	评价				
1.企业与合作伙伴之间的互动关系普遍超过3年	1	2	3	4	5
2.企业与合作伙伴之间长期保持正式或非正式的交流	1	2	3	4	5
3.企业与合作伙伴签订了中长期的合作协议	1	2	3	4	5
4.企业由于中断合作关系承受了很大经济损失	1	2	3	4	5
5.企业在长期稳定的合作伙伴关系中获得了很大收益	1	2	3	4	5
6.企业设置专门的部门负责合作伙伴关系的维护工作	1	2	3	4	5
7.企业投入了大量的财力资源构建和维护与合作伙伴之间的关系	1	2	3	4	5
8.企业投入了大量的人力资源构建和维护与合作伙伴之间的关系	1	2	3	4	5
关系质量	评价				
1.企业与合作者都具有积极的合作态度	1	2	3	4	5
2.确信合作方不会因对方疏漏而占便宜	1	2	3	4	5
3.企业与合作方忠实执行各自的承诺	1	2	3	4	5
4.双方公正合理地处理合作冲突	1	2	3	4	5
5.对合作方的能力和准备不表示怀疑	1	2	3	4	5
6.能够及时提供对方所需的帮助	1	2	3	4	5
7.合作方均投入主要的技术人员	1	2	3	4	5
8.合作方均专门投入大量资金	1	2	3	4	5
关系强度	评价				
1.企业与合作伙伴有定期交流的惯例	1	2	3	4	5
2.企业与合作伙伴非正式沟通频率很高	1	2	3	4	5

续表

关系强度	评价				
3.企业与合作伙伴之间的关系非常紧密	1	2	3	4	5
4.企业与合作伙伴之间的交流涉及技术和市场等多方面信息	1	2	3	4	5
创新绩效	评价				
1.与竞争对手相比，专利及著作数量	1	2	3	4	5
2.与竞争对手相比，创新项目的成功率	1	2	3	4	5
3.与竞争对手相比，新研发产品的数量	1	2	3	4	5
4.与合作伙伴间的专利交叉引用率	1	2	3	4	5
5.公司对自身创新能力提升的满意度	1	2	3	4	5
6.公司对员工职业生涯发展前景的满意度	1	2	3	4	5
7.公司对自身在行业中的地位和信誉的满意度	1	2	3	4	5

附录2　网络化创新导向-能力、CEO个性与创新绩效关系调查问卷

尊敬的各位专家：

技术与市场的发展推动着创新资源的全球性分布和流动，开放式创新（如开放创新源、联合开发、创意竞赛、众包、联盟与合作、创新网络等）被越来越多的企业运用以实现更大的价值创造并获得持续的竞争优势。本调查旨在观测企业创新导向和能力、决策者个性与创新绩效之间的关系，进一步解释开放式创新促进企业绩效的有效机制并探索决策者性格特征对企业战略管理的影响作用。本调查纯属科学研究，没有任何商业用途，并对您提供的所有信息予以严格保密。如果您对本研究结论感兴趣，我们将在研究结束后将成果提供给您。非常感谢您的帮助和支持！

于淼 *yvonne0826_cn@sina.com*

东北财经大学国际商学院

1—15是对贵公司创新情况的调查，请根据贵公司实际情况客观填写。

1. 公司创新中的合作者包括：（可多选，并列出数量）

a 供应商____个；b 用户____个；c 竞争对手____个；

d 大学及科研机构____个；e 其他行业企业____个；

f 研发中介____个；g 政府及其他公共部门____个。

2. 公司与外部参与者合作的创新内容包括：（可多选）

□a 技术研发　　　　　□b 产品开发　　　　　□c 生产制造

□d 供应链及物流　　　□e 市场拓展　　　　　□f 人力资源管理

3. 公司经常从外部寻找经营理念、开发创意或相关技术。请评价：

⑤完全符合　④基本符合　③一般　②基本不符合　①完全不符合

4. 公司将外部的理念、创意或技术应用到自身发展过程当中。请评价：

⑤完全符合　④基本符合　③一般　②基本不符合　①完全不符合

5. 公司积极寻求并借助外部资源将创新成果商业化。请评价：

⑤完全符合　④基本符合　③一般　②基本不符合　①完全不符合

6. 公司通过专利出售或技术许可的形式获得收益。请评价：

⑤完全符合　④基本符合　③一般　②基本不符合　①完全不符合

7. 公司从外部获得的知识种类包括：（可多选）

□a 先进技术　　　　　□b 生产工艺或流程　　□c 组织管理

□d 商业模式　　　　　□e 产品设计　　　　　□f 市场信息

8. 公司从外部获得的知识有多少应用到内部创新当中：

⑤80% 及以上　④51%～79%　③50%　②21%～49%　①20% 及以下

9. 公司能够顺利地将内部知识转移给外部合作者。请评价：

⑤完全符合　④基本符合　③一般　②基本不符合　①完全不符合

10. 外部合作者对于接收到的知识数量/质量满意程度为：

⑤非常满意　④基本满意　③一般　②基本不满意　①非常不满意

11. 公司能够将外部获得的新知识与原有知识结合起来。请评价：

⑤完全符合　④基本符合　③一般　②基本不符合　①完全不符合

12. 公司能够把不同种类的知识系统地应用到创新当中。请评价：

⑤完全符合　④基本符合　③一般　②基本不符合　①完全不符合

13. 公司能够妥善处理合作创新知识的使用权和归属权问题。请评价：

⑤完全符合　④基本符合　③一般　②基本不符合　①完全不符合

14. 公司有很强的建立和发展合作关系的能力。根据实际情况评价：

⑤完全符合　④基本符合　③一般　②基本不符合　①完全不符合

15. 公司到目前为止：（下列指标请逐项给予评价）

⑤非常显著　④比较显著　③一般　②比较不显著　①非常不显著

A. 新专利数量增加＿＿＿　B. 新产品数量增加＿＿＿

C. 研发投入增加＿＿＿　D. 从新专利或新产品获得收益增加＿＿＿

E. 品牌影响力提升＿＿＿　F. 创新文化深入人心＿＿＿

G. 社会资本增加＿＿＿

16—19 是对您个人特征的调查，题项没有褒贬含义。请根据您的实际情况评价。

16. 面对环境变化，您倾向于：

A. 调整或改变原来的想法和行为。

⑤完全符合　④基本符合　③一般　②基本不符合　①完全不符合

B. 坚持原来的想法和行为。

⑤完全符合　④基本符合　③一般　②基本不符合　①完全不符合

17. 工作中，您倾向于：

A. 追求成功，喜欢挑战自己。

⑤完全符合　④基本符合　③一般　②基本不符合　①完全不符合

B. 享受完成困难任务时的满足感。

⑤完全符合　④基本符合　③一般　②基本不符合　①完全不符合

C. 认为做人比做事更重要。

⑤完全符合　④基本符合　③一般　②基本不符合　①完全不符合

D. 在意工作氛围和人际关系。

⑤完全符合　④基本符合　③一般　②基本不符合　①完全不符合

18. 对于新事物或新体验，您倾向于：

A. 乐于尝试新鲜事物或体验，经常产生新想法。

⑤完全符合　④基本符合　③一般　②基本不符合　①完全不符合

B. 遵循常规，不愿意尝试新鲜事物，接受过程很慢。

⑤完全符合　④基本符合　③一般　②基本不符合　①完全不符合

19. 关于命运，您认为：

A. 事在"人"为，命运由自己掌控。事情的结果归因于自身的能力和努力。

⑤完全符合　④基本符合　③一般　②基本不符合　①完全不符合

B. 成事在"天"，命运往往不受自己控制。事情的结果归因于环境、机遇或其他有重要影响的人。

⑤完全符合　④基本符合　③一般　②基本不符合　①完全不符合

您的性别____年龄____职务_____任职时间____

公司性质　□国有　□民营　□外资　□合资　□混合　□其他（请注明）

所属行业　□信息传输　□软件与信息技术服务　□医药与化学制品
□设备与机械制造　□能源与材料　□科学研究与技术服务
□金融　□消费与零售　□现代农业　□其他（请注明）

员工数量　□2 000人以上　□1 001～2 000人　□301～1 000人
□50～300人　□50人以下

经营时间　□10年以上　□6～10年　□1～5年　□1年以下

参考文献

[1] 宝贡敏，余红剑. 网络关系与创业互动机制研究 [J]. 研究与发展管理，2005 (3)：46-51.

[2] 曹红军，赵剑波，王以华. 动态能力的维度：基于中国企业的实证研究 [J]. 科学学研究，2009 (7)：22-37.

[3] 陈功玉，李必强. 现代企业技术创新行为绩效分析 [J]. 科技进步与对策，1996, 13 (5)：27-28.

[4] 陈国权. 组织与环境的关系与组织学习 [J]. 管理科学学报，2001 (5)：32-37.

[5] 陈劲，陈钰芬. 开放创新体系与企业技术创新资源配置 [J]. 科研管理，2006, 27 (3)：1-8.

[6] 陈劲，蒋子军，陈钰芬. 开放式创新视角下企业知识吸收能力影响因素研究 [J]. 浙江大学学报，2011 (05).

[7] 陈学光. 网络能力、创新网络及创新绩效关系研究 [D]. 杭州：浙江大学，2006.

[8] 陈新跃，杨德礼，董一哲. 企业创新网络的联结机制研究 [J]. 研究与发展管理，2002, 14 (6)：23-44.

[9] 陈瑜. 企业技术创新的知识产权保护 [J]. 北京理工大学学报：社会科学版，2002 (5)：79-82.

[10] 艾米顿. 知识经济的创新战略 [M]. 金周英, 等, 译. 北京: 新华出版社, 1993.

[11] 党兴华, 李莉. 技术创新合作中基于知识位势的知识创造模型研究 [J]. 中国软科学, 2005 (11): 143-148.

[12] 董一哲. 企业创新网络 [D]. 大连: 大连理工大学, 2000.

[13] 杜建华, 田晓明, 蒋勤峰. 基于动态能力的企业社会资本与创业绩效关系研究 [J]. 中国软科学, 2009 (2): 115-126.

[14] 高祥宝, 董寒青. 数据分析与SPSS应用 [M]. 北京: 清华大学出版社, 2007.

[15] 谷峰. 开放式创新模式下知识治理的影响因素及其内在机理 [J]. 情报杂志, 2011 (6): 133-140.

[16] 郭劲光. 网络嵌入: 嵌入差异与嵌入绩效 [J]. 经济评论, 2006 (6): 24-30.

[17] 郭小川. 企业网络合作化技术创新及其模式比较 [J]. 科学管理研究, 1998 (5): 13-17.

[18] 孔茨, 奥唐奇. 管理学 [M]. 中国人民大学工业经济系, 译. 贵阳: 贵州人民出版社, 1982.

[19] 和金生. 知识管理与知识发酵 [J]. 科学学与科学技术管理, 2002 (3): 63-66.

[20] 贺小刚, 李新春, 方海鹰. 动态能力的测量与功效: 基于中国经验的实证研究 [J]. 管理世界, 2006 (3): 94-103.

[21] 霍云福, 陈新跃, 杨德礼. 企业创新网络研究 [J]. 科学学与科学技术管理, 2002 (10): 131-139.

[22] 侯杰泰, 温忠麟, 成子娟. 结构方程模型及其应用 [M]. 北京: 教育科学出版社, 2004.

[23] 胡汉辉, 潘安成. 组织知识转移与学习能力的系统研究 [J]. 管理科学学报, 2006, 9 (3): 81-87.

[24] 黄江圳, 谭力文. 从能力到动态能力: 企业战略观的转变 [J]. 经济管理(新管理), 2002 (2): 13-17.

[25] 江蕾. 基于自主创新的区域创新体系建设 [D]. 上海: 同济大学, 2008.

[26] 稽登科. 企业网络对企业技术创新绩效的影响研究 [D]. 杭州: 浙江大学, 2006.

[27] 焦豪, 魏江, 崔瑜. 企业动态能力构建路径分析: 基于创业导向和组织学习的视角 [J]. 科学管理, 2008 (4): 91-106.

[28] 李怀祖. 管理研究方法论 [M]. 西安: 西安交通大学出版社, 2004.

[29]　李江. 基于知识网络的企业网络化创新能力研究 [D]. 天津：天津大学，2008.

[30]　李金华. 创新网络的结构及其与知识流动的关系 [M]. 北京：经济科学出版社，2009.

[31]　李维安，邱邵良. 网络组织的学习特性辨析 [J]. 科研管理，2007（11）：175-181.

[32]　李维安. 网络组织：组织发展的新趋势 [M]. 天津：南开大学出版社，2003.

[33]　李新春. 企业联盟与网络 [M]. 广州：广东人民出版社，2000.

[34]　李兴旺. 动态能力理论的操作化研究：识别、架构与形成机制 [M]. 北京：经济科学出版社，2006.

[35]　林润辉，李维安. 网络组织——更具环境适应能力的新型组织模式 [J]. 南开管理评论，2000（3）：4-7.

[36]　林义屏. 市场导向、组织学习、组织创新与组织绩效间关系之研究——以科学园区信息电子产业为例 [D]. 高雄：台湾"中山大学"，2001.

[37]　刘东. 企业网络论 [M]. 北京：中国人民大学出版社，2003.

[38]　刘松，李朝明. 基于产业集群的企业协同知识创新内在机理研究 [J]. 科技管理研究，2012（2）：234-241.

[39]　罗仲伟，罗美娟. 网络组织对层级组织的替代 [J]. 中国工业经济，2001（6）：23-30.

[40]　马刚. 基于战略网络视角的产业区企业竞争优势实证研究 [D]. 杭州：浙江大学，2004.

[41]　马庆国. 管理统计——数据获取、统计原理、SPSS工具与应用研究 [M]. 北京：科学版社，2002.

[42]　彭正龙，蒋旭灿，王海花. 开放式创新模式下组织间知识共享动力因素建模 [J]. 情报杂志，2011（8）：145-152.

[43]　饶勇. 知识生产的动态过程与知识型企业的创建——对野中郁次郎SECI知识转化模型的扩展与例证分析 [J]. 经济管理，2003（4）：45-50.

[44]　饶勇. 知识生产的动态过程与知识型企业的创建 [J]. 经济管理，2003（4）：44-49.

[45]　芮明杰，李鑫. 高技术企业知识创新模式研究 [J]. 外国经济与管理，2004（5）：33-39.

[46]　沈必扬，池仁勇. 企业创新网络：企业技术创新研究的一个新范式 [J]. 科研管理，2005，26（3）：84-91.

[47]　沈必扬，吴添祖. 企业创新网络典型案例分析 [J]. 科学学与科学技术管

理，2004（3）：37-40.

[48] 石芝玲，和金生．基于技术能力与网络能力协同的企业开放式创新研究
[J]．情报杂志，2011（1）：99-104.

[49] 孙国强．西方网络组织治理研究评介 [J]．外国经济与管理，2004（8）：
51-56.

[50] 王炳富，张书慧．开放式创新网络知识转移拓扑模型研究 [J]．科技管理
研究，2010（9）：165-167.

[51] 王大洲．论企业创新网络的建构原则 [J]．科技管理研究，2006（5）：
36-41.

[52] 王大洲．企业创新网络的进化与治理：一个文献综述 [J]．科研管理，
2001（9）：48-55.

[53] 王丰，汪勇，陶宽．网络组织：21世纪的新型组织结构模式 [J]．当代财
经，2000（5）：65-67.

[54] 王睢，曾涛．开放式创新：基于价值创新的认知性框架 [J]．南开管理评
论，2011，14（2）：114-125.

[55] 王睢．开放式创新下的知识治理——基于认知视角的跨案例研究 [J]．南
开管理评论，2009（3）：45-53.

[56] 王莉，杨蕙馨．动态环境下的企业网络与组织学习关系模型构建 [J]．山
东社会科学，2008（11）：152-154.

[57] 王玉梅．基于动力学的组织知识创新联盟网络协同发展评价研究 [J]．科
学学与科学技术管理，2010（5）：119-126.

[58] 魏泽龙，弋亚群，李垣．多变环境下动态能力对不同类型创新的影响研究
[J]．科学学与科学技术管理，2008（5）：44-47.

[59] 邬爱其．企业创新网络构建与演进的影响因素实证分析 [J]．科学学研究，
2006（2）：62-70.

[60] 吴贵生．技术创新网络和技术外包 [J]．科研管理，2000（4）：33-44.

[61] 吴明隆．SPSS统计应用实务——问卷分析与应用统计 [M]．北京：科学
出版社，2003.

[62] 吴思华．策略九说——策略思考的本质 [M]．上海：复旦大学出版社，
2002.

[63] 吴婷等．基于开放式创新的产学研联盟知识共享研究 [J]．情报杂志，
2010（3）：99-102.

[64] 吴晓冰．集群企业创新网络特征——知识获取及创新绩效关系研究 [D]．
杭州：浙江大学，2009.

[65] 吴晓波，韦影．制药企业技术创新战略网络中的关系性嵌入 [J]．科学学

研究，2005，23（4）：561-565.

[66] 吴永忠. 企业创新网络的形成及其演化 [J]. 自然辩证法研究，2005，21（9）：69-72.

[67] 肖冬平，彭雪红. 组织知识网络结构特征、关系质量与创新能力关系的实证研究 [J]. 图书情报工作，2011（9）：107-111.

[68] 肖新友，聂鸣，刘义. 高技术产业区创新网络的竞争优势研究 [J]. 科技管理研究，2007，27（2）：166-168.

[69] 谢洪明，葛志良，王成. 社会资本、组织学习与组织创新的关系研究 [J]. 管理工程学报，2008，22（1）：5-10.

[70] 谢永琴. 论我国高新技术产业园区的区域创新网络建设 [J]. 科学管理研究，2005（4）：9-12.

[71] 许庆瑞. 研究、发展与技术创新管理 [M]. 北京：高等教育出版社，2000.

[72] 徐瑞平，等. 基于知识价值链的企业知识创新动态模式研究 [J]. 科学管理研究，2005（4）：9-12.

[73] 叶金福，李正锋. 产业集群内知识创新能力影响因素的实证分析 [J]. 科学学研究，2006，24（4）：624-628.

[74] 尹丽萍. 企业的动态能力——基于技术范式转变的整合框架研究 [J]. 经济管理，2009，31（12）：54-60.

[75] 于立华，唐锦铨. 产业集群企业知识联盟知识创新过程模型研究 [J]. 科技和生产，2011（2）：33-36.

[76] 余东华，芮明杰. 基于模块化网络组织的知识流动研究 [J]. 南开管理评论，2007（4）：11-17.

[77] 余红剑. 新创企业外部网络关系品质、内部能力与成长绩效研究 [D]. 杭州：浙江大学，2007.

[78] 郁义鸿. 知识管理与组织创新 [M]. 上海：复旦大学出版社，2001.

[79] 张春明. 企业超动态能力与自主创新机制之关联研究 [J]. 科技进步与对策，2010，27（13）：81-84.

[80] 张方华. 知识型企业的社会资本与技术创新绩效的关系研究 [D]. 杭州：浙江大学，2006.

[81] 张钢. 企业组织网络化发展 [M]. 杭州：浙江大学出版社，2005.

[82] 张明，江旭，高山行. 战略联盟中组织学习、知识创造与创新绩效的实证研究 [J]. 科学学研究，2008（8）：868-873.

[83] 张庆普，李志超. 企业隐性知识的流动与转化 [J]. 中国软科学，2003（1）：88-92.

参考文献

[84] 张首魁，党兴华. 关系结构、关系质量对合作创新企业间知识转移的影响研究 [J]. 研究与发展管理，2009，21（3）：1-7.

[85] 张伟峰，万威武. 复杂性技术创新与企业创新网络的共生演化 [J]. 山西财经大学学报，2003（9）。

[86] 张琰，模块化分工条件下网络状产业链中知识创新研究 [D]. 上海：复旦大学，2008.

[87] 张永成，郝东东. 开放式创新下的知识共同创造机理 [J]. 情报杂志，2010（9）.

[88] 郑刚，梁欣如. 全面协同：创新制胜之道——技术与非技术要素全面协同机制研究 [J]. 科学学研究，2006（24）：268-273.

[89] 周立新，李传昭. 西方企业家网络理论研究述评 [J]. 当代财经，2003（1）：90-92.

[90] 周晓，何明升. 组织学习与组织创新 [J]. 企业管理，2007（12）：91-92.

[91] 周雪光. 关系产权：产权制度的一个社会学解释 [J]. 社会学研究，2005（1）：1-3.

[92] 朱海就. 从企业网络看企业集群竞争力差异的原因——浙江和意大利产业集群的比较 [J]. 软科学，2004（1）：35-45.

[93] 朱沙，吴绍波. 基于知识链的开放式创新研究 [J]. 情报杂志，2011（2）：110-114.

[94] 朱向梅. 产学研知识创新网络组织结构的分析框架 [J]. 科技进步与对策，2010（5）.

[95] 陈钰芬. 开放式创新的机理与动态模式研究 [D]. 杭州：浙江大学，2007.

[96] 张方华. 知识型企业的社会资本与技术创新绩效的关系研究 [D]. 杭州：浙江大学，2006.

[97] 闫春，蔡宁. 创新开放度对开放式创新绩效的作用机理 [J]. 科研管理，2014（3）：18-23.

[98] 陈艳，范炳全. 中小企业开放式创新能力与创新绩效的关系研究 [J]. 研究与发展管理，2013，25（1）：24-31.

[99] 李金德. 中国版10项目五大人格量表（TIPI-C）的信效度检验 [J]. 中国健康心理学杂志，2013，21（11）：1688-1691.

[100] 邓少军、焦豪、冯臻. 复杂动态环境下企业战略转型过程机制研究 [J]. 科研管理，2011，32（1）：60-67.

[101] 方世建，黄明辉. 创业新组拼理论溯源、主要内容探析与未来研究展望 [J]. 外国经济与管理，2013，35（10）：2-12.

[102] 蓝海林. 企业战略管理 [M]，北京：科学出版社，2013.

[103] 李小玉，薛有志，牛建波. 企业战略转型研究述评与基本框架构建 [J]. 外国经济与管理，2015（12）：3-15.

[104] 罗仲伟，等. 动态能力、技术范式转变与创新战略——基于腾讯微信"整合"与"迭代"微创新的纵向案例分析 [J]. 管理世界，2014（8）：152-168.

[105] 毛基业，张霞. 案例研究方法的规范性及现状评估——中国企业管理案例论坛（2007）综述 [J]. 管理世界，2008（4）：115-121.

[106] 芮明杰. 再创业 [M]，北京：经济管理出版社，2004.

[107] 芮明杰，胡金星，张良森. 企业战略转型中组织学习的效用分析 [J]. 研究与发展管理，2005，17（2）：99-104.

[108] 唐孝文，刘敦虎，肖进. 动态能力视角下的战略转型过程机理研究 [J]. 科研管理，2015，36（1）：90-96.

[109] 薛有志，周杰，初旭. 企业战略转型的概念框架：内涵、路径与模式 [J]. 经济管理，2012（7）.

[110] 许庆瑞，吴志岩，陈力田. 转型经济中企业自主创新能力演化路径及驱动因素分析——海尔集团1984—2013年的纵向案例研究 [J]. 管理世界，2013（4）：121-134.

[111] 于淼. 基于知识视角的企业开放式创新能力机制研究 [J]. 财经问题研究，2012（3）：110-116.

[112] 张云勇. 基于SDN/NFV实现运营商网络变革 [N]，人民邮电，2016-05-12.

[113] 祝振铎，李新春. 新创企业成长战略：资源拼凑的研究综述与展望 [J]. 外国经济与管理，2016，38（11）：71-82.

[114] 任寒青，徐震，陈衍泰. 企业转型中组织学习与开放式创新战略的研究 [J]. 科技进步与对策，2006，23（10）：72-75.

[115] 孙国强，张宝建，徐俪凤. 网络权利理论研究前沿综述及展望 [J]. 外国经济与管理，2014，36（12）：47-55.

[116] 李怀，时晓虹. 制度网络结构及特征研究——兼论中国产业政策的结构特征及改革启示 [J]. 辽宁师范大学学报：社会科学版，2014，37（1）：36-41.

[117] 鄂齐. 辽宁装备制造业知识产权战略研究 [J]. 辽宁师范大学学报：社会科学版，2010，33（2）：42-46.

[118] ABRAMOVITZ M. Catching up, forging ahead and falling behind [J]. Journal of Economic History，1986（46）.

[119] AHUJA G. Collaboration networks，structural holes，and innovation: A longitudinal study [J]. Administrative Science Quarterly，2000，45

(3): 425-455.

[120] AHUJA G. The duality of collaboration: Inducements and opportunities in the formation of firmlinkages [J]. Strategie Management Journal, 2000a, 21 (3): 317-343.

[121] AKEN J E, WEGGEMAN M P. Managing learning in informal innovation networks: Overcoming the Daphne-dilemma [J]. R&D Management, 2000, 9 (30): 204-237.

[122] ALDRICH H, ROSEN B, WOODWARD B L. Social behavior and entrepreneurial networks, summarized in frontiers of entrepreneurship research [D]. Wellesley: Center for Entrepreneurship Studies Babson Collage, 1986: 239-240.

[123] AMABILE T M, et a1. Assessing the work environment for creativity [J]. Academy of Management Journal, 1996 (39): 54-84.

[124] ANDERSON E, WEITZ B. Determinants of continuity in conventional industrial channel dyads [J]. Marketing Science, 1989, 8 (4): 310-323.

[125] ANDERSON E, SULLIVAN M W. The antecedents and consequences of customer satisfaction for firms [J]. Marketing Science 1993, 12 (Spring): 125-143.

[126] SPITHOVEN A, et a1. Building absorptive capacity to organise inbound open innovation in traditional industries [J]. Technovation, 2010, 30 (2): 130-141.

[127] ARGYRIS C, SCHON D. Organizational learning: A theory of action perspective [M]. Reading, MA: Addison-Wesley, 1978.

[128] BAGOZZI R P, YI Y. On the evaluation of structural equation models [J]. Journal of the Academy of Marketing Science, 1988, 16 (1): 74-94.

[129] BAKER W E, SINKULA J M. The synergistic effect of market orientation and learning orientation on organizational performance [J]. Journal of the Academy of Marketing Science, 1999, 27 (4): 411-427.

[130] BAKER W E, NOORDEWIER T. A framework for market - based organizational learning: Linking values, knowledge, and behavior [J]. Journal of the Academy of Marketing Science, 1997 (25): 305-318.

[131] BETZ F. Strategic technology management [M]. New York: McGraw-Hill, 1993: 128-135.

[132] BOISOT M. Knowledge assets, securing competitive advantage in the information economy. Oxford, UK: Oxford University Press, 1998: 70-89.

[133] BROWN S L, EISENHARDT K M. Competing on the edge: Strategy as structured chaos [M]. Watertown: Harvard Business School Press, 1998.

[134] BROWN J S, DUGUID P. Organizing knowledge [J]. California Management Review, 1998, 40 (3): 90-111.

[135] PRAHALAD C K, HAMEL G. The core competing on capabilities: The new rules of corporate strategy [J]. Harvard Business Review, 1990 (3/6): 79-91.

[136] CALANTONE R J, CAVUSGIL S T, ZHAO Y. Learning orientation, firm innovation capability, and firm performance [J]. Industrial Marketing Management, 2002, 31 (6): 515-524.

[137] CALOGHIROU Y, et al. Firm - specific effects on performance: Contrasting SMEs and large-sized firms [J]. European Management Journal, 2004, 22 (2): 231-243.

[138] CHAHARBAGHI K, NEWMAN V. Innovating: Towards an integrated learning model [J]. Management Decision, 1996, 34 (4): 5-13.

[139] CHESBROUGH H W, VANHAVERBEKE W, WEST J. Open innovation: Researching a new paradigm [M]. Oxford: Oxford University Press, 2006: 1-14.

[140] CHESBROUGH H W. Open business models: How to thrive in the new innovation landscape [M]. Cambridge, MA: Harvard Business School Publishing, 2006: 1-20.

[141] CHESBROUGH H W. Open innovation: The new imperative for creating and profiting from technology [M]. Boston, MA: Harvard Business School Press, 2003: 43-62.

[142] CHESBROUGH H W. The market for innovation: Implications for corporate strategy [J]. California Management Review, 2007, 49, 3 (Spring): 45-66.

[143] CHESBROUGH H, TEECE D J. When is virtual virtuous? Organizing for innovation [J]. Harvard Business Review, 1996, 74 (1): 65-73.

[144] CHILD, DENNIS. Motivation and the dynamic calculus: A teacher's view [J]. Multivariate Behavioral Research, 1984 (Apr./Jul.), 19

（2/3）： 288.

[145] CHOI D, VALIKANGAS L. Patterns of strategy innovation ［J］. European Management Journal, 2001, 19 (4)： 424-429.

[146] COHEN W M, LEVINTHAL D A. Absorptive capacity a new perspective on learning and innovation ［J］. Administrative Science Quarterly, 1990, 35 (1)： 128-152.

[147] COHEN W, LEVINTHAL D. Innovation and learning： The two faces of R&D ［J］. Economic Journal, 1989 (99)： 569-596.

[148] CONNER K, PRAHALAD C. A resource - based theory of the firm： Knowledge versus opportunism ［J］. Organizational Science, 1996, 7 (5)： 477-501.

[149] COOMBS R, HARVEY M, METCALFE S. Analyzing distributed processes of provision and innovation ［J］. Industrial and Corporate Change, 2003, 12 (6)： 1125-1155.

[150] COOMBS R, METCALFE S. Innovation in pharmaceuticals： Perspectives on the coordination, combination and creation of capabilities ［J］. Technology Analysis and Strategic Management, 2002, 14 (3)： 261-271.

[151] COWAN R, JONARD N. Knowledge portfolios and the organization of innovation networks ［J］. Academy of Management Review, 2009, 34 (2)： 320-342.

[152] CUMMING B S. Innovation overview and future challenges ［J］. European Journal of Innovation Management, 1998, 1 (1)： 21-29.

[153] DANIEL E M , WILSON H N. The role of dynamic capabilities in e-business transformation ［ J ］. European Journal of Information Systems , 2003 , (12)： 282.

[154] DAVID J, TEECE. Explicating dynamic capabilities： The nature and microfoundations of (sustainable) enterprise performance ［J］. Strategic Management Journal , 2007 (28)： 1319-1350.

[155] DE BOER, VAN DEN BOSCH, VOLBERDA. Managing organizational knowledge integration in the emerging multimedia complex ［J］. Journal of Management Studies, 1999, 36 (3)： 379-390.

[156] DONEY P M, CANNON J P. An examination of the nature of trust in buyer-seller relationship ［J］. Journal of Marketing, 1997, 61 (2) .

[157] DOROTHY M , KIRKMAN. Knowledge management strategies in an

open innovation environment [J]. Proceedings of the Academy of Strategic Management, 2011, 22 (4): 230-242.

[158] DOVING E, GOODERHAM P N. Dynamic capabilities as antecedents of the scope of related diversification: the case of small firm accountancy practices [J]. Strategic Management Journal, 2008, 29 (8): 841-857.

[159] DOZ Y, SANTOS J, WILLIAMSON P. From global to meta national: How companies win in the knowledge economy [M]. Boston, MA: Harvard Business School Press, 2001: 29-52.

[160] DRUCKER P F. Post - capitalist society [M]. London: Oxford, Butterworth Heinemann, Harper Business, 1993.

[161] DYER H J, SINGH H. The relational view: Cooperative strategy and sources of inter-organizational competitive advantage [J]. Academy of Management Review, 1998, 23 (4): 660-679.

[162] EISENHARDT K M, MARTIN J A. Dynamic capabilities: What are they? [J]. Strategic Management Journal, 2000 (21): 1105-1121.

[163] ESTADES J, RAMANI S V. Technological competence and influence of networks [J]. Technology Analysis & Strategic Management, 1998, 10 (4): 483-495.

[164] ESTADES J, RAMANI S V. Technology competence and influence of networks: A comparative analysis of new biotechnological firms in France and Britain [J]. Technology Analysis & Strategic Management, 1988, 10 (4): 483-495.

[165] FREEMAN C. Network of innovators: A synthesis of research issues [J]. Research Policy, 1991, 20 (5): 499-514.

[166] GALASKIEWICZ J, ZAHEER A. Networks of competitive advantage [M] //ANDREWS S, KNOKE D. Research in the Sociology of Organizations. Greenwich, CT: JAI Press, 1999: 237-261.

[167] GARVIN. Building a learning organization [J]. Harvard Business Review, 1993, 71 (4): 78-91.

[168] GLYNN M A. Innovative genius: A framework for relating individual and organizational intelligences to innovation [J]. Academy of Management Review, 1996, 21 (4): 1081-1111.

[169] GRANOVETTER M S. The strength of weak ties [J]. American Journal of Sociology, 1973, 78 (6): 1360-1380.

[170] GRANOVETTER M S. Economic action and social structure： the problem of embeddedness [J]. American Journal of Sociology, 1985, 91 (3)：481-510

[171] GRANT R M. Prospering in dynamically competitive environments： Organizational capability as knowledge integration [J]. Organization Science, 1996 (7)：375-387.

[172] GRANT R M. Towards a knowledge-based theory of the firm [J]. Strategic Management Journal, 1996 (17)：109-122.

[173] GRIFFIN A, PAGE A L. An interim report on measuring product development success and failure [J]. Journal of Product Innovation Management, 1993 (10)：291-308.

[174] GRILICHES Z. R&D and productivity： The econometric evidence [M]. Chicago：The University of Chicago Press, 1998.

[175] GULATI R, NOHRIA N, ZAHEER A. Strategic networks [J]. Strategic Management Journal , 2000 (Special Issue 21)：203-215.

[176] GULATI R, HIGGINS M C. Which tie matter when? The contingent effects of inter-organizational partnerships on IPO success [J]. Strategic Management Journal, 2003 (24)：127-144.

[177] GULATI R. Network location and learning： the influence of network resources and firm capabilities on alliance formation [J]. Strategic Management Journal, 1999 (20)：397-420.

[178] HAGEDOORN J, CLOODT M. Measuring innovative performance： Is there an advantage in using multiple indicators? [J]. Research Policy, 2003 (32)：1365-1379.

[179] HAGEDOORN J. Understanding the cross-level embeddedness of interfirm partnership formation [J]. The Academy of Management Review, 2006, 31 (3)：670-680.

[180] HAGEDOORN J, DUYSTERS G. Learning in dynamic inter-firm networks： The efficacy of multiple contacts [J]. Organization Studies, 2002, 23 (4)：525-548.

[181] HAGEDOORN J, CLOODT M. Measuring innovative performance： Is there an advantage in using multiple indicators [J]. Research Policy, 2003, 32 (8)：1365-1379.

[182] HAGEDOORN J, ROIJAKKERS N, KLANENBURG H. Inter-firm R&D networks： The importance of strategic network capabilities for high-tech

partnership formation [J]. British Journal of Management, 2006, 17 (1): 39-53.

[183] HÄKANSSON H, DAVID F. How should companies interact in business networks? [J]. Journal of Business Research, 2002 (55): 133-139.

[184] HAKONSON H. Industrial technological development: A network approach [M]. London: London Press, 1987 (20): 120-124.

[185] HANSEN M T. The search-transfer problem: The role of weak ties in sharing, knowledge across organization subunits [J]. Administrative Science Quarterly, 1999 (44): 82-111.

[186] HANSEN M T. Knowledge networks: Explaining effective knowledge sharing in multi-national companies [J]. Organization Science, 2002, 13 (3): 232-248.

[187] HARRIS L, COLES A M, DICKSON K. Building innovation networks: Issues of strategy and expertise [J]. Technology Analysis & Strategic Management, 2000 (2): 229-241.

[188] HELFAT C E. Know-how and asset complementarity and dynamic capability accumulation: The case of R&D. Strategic Management Journal, 1997, 18 (5): 339-360.

[189] HOANG H, ANTONCIC B. Network-based research in entrepreneurship: A critical review [J]. Journal of Business Venturing, 2003, 18 (2): 165-187.

[190] HOBDAY M. Innovation in East Asia: The challenge to Japan [M]. Cheltenham, UK: Edward Elgar Publishing, 1995.

[191] HOLMLUND M. The D&D model dimensions and domains of relationship quality perceptions [J]. Service Industries Journal 2001, 21 (3): 13-36.

[192] HULT G T, FERRELL. Global organizational learning capacity in purchasing: Construct and measurement [J]. Journal of Business Research, 1997 (44): 97-111.

[193] HUMPHREY J, SCHMITZ H. Governance and upgrading in global value chains [R]. Paper for The Bellagio Value Chain Workshop, 2000.

[194] IANSITI M, WEST. Technology integration: Turning great research into great products [J]. Harvard Business Review, 1997, 75 (3): 69-80.

[195] IKUJIRO NONAKA, KATSUBIRO UMEMOTO, DAI, SENOO. From

information processing to knowledge creation–a paradigm shift in business management [J]. Technology in Society, 1996, 18 (2): 203-218

[196] IMAI K, BABA Y. Systemic innovation and cross - border networks: Transcending markets and hierarchies to create a new techno-economic system [M]. //OECD. Technology and Productivity: The Challenge for Economic Policy. Paris: OECD, 1989.

[197] INKPEN A C, TSANG E W K. Social capital networks, and knowledge transfer [J]. Academy of Management Review, 2005 (30): 146-166.

[198] JARILLO J C. On strategic networks [J]. Strategic Management Journal, 1988, 9 (1): 31-41.

[199] JARVENPAA S L, IVES B. The global network organization of the future: Information management opportunities and challenges [J]. Journal of Management Information Systems, 1994 (4): 25-57.

[200] JAWORSKI B J, KOHLI A K. Market orientation, antecedents and consequences [J]. Journal of Marketing, 1993 (57): 53-71.

[201] JOHANSON J, MATTSON L G. Inter-organizational relations in industrial systems: A network approach compared with the transaction cost approach [J]. International Journal of Management and Organization, 1987 (1): 34-48.

[202] JONES O, CONWAY S, STEWARD F. Introduction: Social interaction and innovation networks [J]. International Journal of Innovation Management, 1998, 2 (2): 123-136.

[203] KALWANI M U, NARAYANDAS N. Long - term manufacturing - supplier relationships: Do they pay off for supplier firms [J]. Journal of Marketing, 1995, 59 (1): 1-16.

[204] KELLEY H H, BERSCHEID E C. Close relationships [M]. New York: W. H. Freeman & Company, 1983: 72-75.

[205] KHANNA T, GULATI R, NOHRIA N. The dynamics of learning alliances: Competition, cooperation, and relative scope [J]. Strategic Management Journal, 1998, 19 (3): 193-210.

[206] KOGUT B, ZANDER U. Knowledge of the firm, combinative capabilities, and the replication of technology [J]. Organization Science, 1992, 3 (3): 383-397.

[207] KOGUT B. Joint ventures: Theoretical and empirical perspectives [J]. Strategic Management Journal, 1988, 9 (4): 319-332.

[208] KOGUT K.A chaotic model of innovative search: Some answers, many questions [J]. Organization Science, 1997, 8 (5): 528-542.

[209] KOSCHATZKY K. Innovation networks of industry and business-related services-relations between innovation intensity of firms and regional interfirm cooperation [J]. European Planning Studies, 1998 (6): 737-757.

[210] LAKHANI K R, PANETTA J A. The Principles of Distributed Innovation. [J]. Innovations, 2007 (Summer): 97-112.

[211] LANDRY R, AMARA N M, LAMARI. Does social capital determine innovation? To what extent? [J]. Technology Forecasting and Social Change, 2002 (69): 681-701.

[212] LANE P, LUBATKIN M. Relative absorptive capacity and inter-organizational learning [J]. Strategic Management Journal, 1998, 19 (5): 461-478.

[213] LANE P J, SALK J E, LYLES M A. Absorptive capacity, learning and performance in international joint ventures [J]. Strategic Management Journal, 2001, 22 (12): 1139-1161.

[214] LARSON A. Network dyads in entrepreneurial settings: A study of the governance of exchange relationships [J]. Administrative Science Quarterly, 1992 (37): 76-104.

[215] LAURSEN K, SALTER A. Open for innovation: The role of openness in explaining innovation performance among U.K. manufacturing firms [J]. Strategic Management Journal, 2006, 27 (1): 131-150.

[216] LAWSON B, SAMSON D. Developing innovation capability in organizations: A dynamic capabilities approach [J]. International Journal of Innovation Management, 2001, 5 (3): 377-400.

[217] LICHTENTHALER U. Open innovation: Past research, current debates, and future directions [J]. Academy of Management Perspectives, 2011, 25 (1): 75-93.

[218] LICHTENTHALER U, ERNST H. Attitudes to externally organizing knowledge management task: A review, reconsideration and extension of the NIH syndrome [J]. R&D Management, 2006, 36 (4): 367-386.

[219] LUNDVALL B A. Innovation as an interactive process: From user-producer interaction to the national system of innovation [J]. Technical Change and Economic Theory, 1988, 10 (2): 349-369.

[220] LUO Y. Dynamic capability in international expansion [J]. Journal of World Business, 2000, 35 (4): 355-378.

[221] MABEY C, SALAMAN G. Strategic human resource management [M]. Oxford: Blackwell, 1995.

[222] MAGALI A, DELMAS. Innovating against European rigidities, institutional environment and dynamic capabilities [J]. Journal of High Technology Management Research, 2001 (13): 19-43.

[223] MARCH J G, SIMON H. Organizations [M]. New Jersey Wiley: Blackwell Business, 1958.

[224] MCEVILY S, EISENHARDT K, PRESCOTT J. The global acquisition, leverage and protection of technological competencies [J]. Strategic Management Journal, 2004, August-September Special Issue 25 (8-9): 713-722.

[225] POLANYI M. The tacit dimension [M]. London: Routlege and Kegan Paul, 1966.

[226] MILER S M. The strategic management of technological R&D: An ideal process for the 1990s [J]. International Journal of Technology Management, 1990, 5 (2): 63-153.

[227] MILES R E, SNOW C C. Network organizations, new concepts for new forms [J]. California Management Review, 1986, 28 (3): 62-73.

[228] MITEHELL J C. The use of social structure [M]. //MITEHELL J C. Social Network in Urban Situations. Manchester, England: Manchester University Press, 1969.

[229] MOHAMED M Z, RICHARDS T. Assessing and comparing the innovativeness and creative climate of firms [J]. Journal of Management, 1996, 12 (2): 109-121.

[230] MÖLLER K, HALINEN A. Business relationships and networks: Managerial challenge of network era [J]. Industrial Marketing Management, 1995, 28 (5): 413-427.

[231] MORA-VALENTIN E M, MONTORO-SANCHEZ A, GUERRAS-MARTIN L A. Determining factors in the success of R&D cooperative agreements between firms and research organizations [J]. Research Policy, 2004,

33 (1)：17-40.

[232] NAMBISAN S, SAWHNEY M. The global brain [M]. Pennsylvania：Wharton Business School Press，2007：49-67.

[233] NELSON R R, WINTER S G. Evolutionary theorizing in economics [J]. Journal of Economic Perspectives，2002，16 (2)：23-46.

[234] NONAKA I, TAKEUEHI H. The knowledge-creating company [M]. Oxford：Oxford University Press，1995.

[235] OANA, BRANZEI, VERTINSKY I. Strategic pathways to product innovation capabilities in SMEs [J]. Journal of Business Venturing，2006，21 (1)：75-105.

[236] OERLEMANS L A, MEEUS M, BOEKEMA F. Do networks matter for innovation? The usefulness of the economic network approach in analysing innovation [J]. Journal of Economic and Social Geography，1998，89 (3)：298-309.

[237] OLIVER C, HOLZINGER I. The effectiveness of strategic political management：A dynamic capabilities framework [J]. Academy of Management Review，2008，33 (2)：496-520.

[238] PAVLOU P A, SAWY S A. Understanding the elusive black box of dynamic capabilities [J]. Decision Sciences，2011，42 (1)：239-273.

[239] PERKMANN M, WALSH K. University-industry relationships and open innovation：Towards a research agenda [J]. International Journal of Management Reviews. 2007，9 (4)：259-280

[240] PETERSEN T, SAPORTA I, SEIDEL M L. Offering a job：Meritocracy and social networks [J]. American Journal of Sociology，2000，106 (3)：763-816.

[241] PETRONI A. The analysis of dynamic capabilities in a competence-orientated organization [J]. Technovation，1998，18 (3)：179-189

[242] PODOLNY J M, PAGE K K. Network forms of organization [J]. Annual Review of Sociology，1998 (24)：57-76.

[243] POWELL W. Neither market nor hierarchy：Network forms of organization [J]. Research in Organizational Behavior，1990 (12)：295-336.

[244] POWELL W W, KOGUT K W, SMITH-DOERR L. Inter-organizational collaboration and the locus of innovation：Net-works of learning in biotechnology [J]. Administrative Science Quarterly，1996，41 (1)：

116-145.

[245] PRAHALAD C K, KRISHNAN M S. The new age of innovation: Driving co-created value through global networks [M]. New York: McGraw-Hill, 2008.

[246] PRAHALAD C K, RAMASWAMY V. The future of competition: Co-creating unique value with customers [M]. Boston, MA: Harvard Business School Press, 2004: 137-154.

[247] PRIETO I, EASTERBY-SMITH M. Dynamic capabilities and knowledge management: An integrative role for learning [J]. British Journal of Management, 2008 (19): 235-249.

[248] HALL R. The strategic analysis of intangible resources [J]. Strategic Management Journal, 1992, 13 (2): 135-144.

[249] RICHARD, LARSON. The handshake between invisible and visible hands [J]. International Studies of Management and Organization, 1993, 23 (1): 87-106.

[250] RITTE T. A framework for analyzing interconnectedness of relationship [J]. Industrial Marketing Management, 2000, 29 (4): 317-326.

[251] RITTER T, GEMÜNDEN H. Network competence: Its impact on innovation success and its antecedents [J]. Journal of Business Research, 2003, 56 (9): 745-755.

[252] ROCHFORD L, RUDELIUS W. New product development process [J]. Industrial Marketing Management, 1997, 26 (1): 67-84.

[253] RODAN S, GALUNIC D. More than network structure: How knowledge heterogeneity influences managerial performance and innovativeness [J]. Strategic Management Journal 2004 (25): 541-562.

[254] ROGERS E M. Diffusion of innovations [M]. New York: Free Press, 1983.

[255] ADNER R, HELFAT C E. Corporate effects and dynamic managerial capabilities [J]. Strategic Manegement Journal, 2003 (24): 1011-1025.

[256] ROTHWELL R. Towards the fifth-generation innovation process [J]. International Market Review, 1994, 11 (I): 7-31.

[257] RUTTEN R. Knowledge and innovation in regional industry: An entrepreneurial coalition [M]. Florence: Routledge, 2003.

[258] SENGE P M. The fifth discipline: The art and practice of the learning

organization [M]. New York: Doubleday, 1990.

[259] SIMONIN B L. An empirical investigation of the process of knowledge transfer in international strategic alliances [J]. Journal of International Business Studies, 2004, 35 (5): 407-427.

[260] SIVADAS E, DWYER F R. An examination of organizational factors influencing new product success in internal and alliance-based processes [J]. Journal of Marketing, 2000, 64 (1): 31-49.

[261] SMITH J B, BARCLAY D W. The effects of organizational differences and trust of the effectiveness relationship [J]. Journal of Marketing, 1997, 61 (1): 3-21.

[262] STATA R. Organizational learning: The key to management innovation [J]. Sloan Management Review, 1989 (Spring): 63-74.

[263] STUART T E. Network positions and propensities to collaborate: An investigation of strategic alliance formation in a high-technology industry [J]. Administrative Science Quarterly, 1998, 43 (3): 668-698.

[264] TEECE D J, PISANO G, SHUEN A. Dynamic Capabilities and Strategic Management [J]. Strategic Management Journal, 1997, 18 (7): 509-533.

[265] THORELLI H B. Networks: Between markets and hierarchies [J]. Strategic Management Journal, 1986, 7 (1): 37-51.

[266] TIDD J. Development of novel product through intraorganizational and interorganizational networks: The case of home automation [J]. The Journal of Product Innovation Management, 1995 (12): 307-322.

[267] TSAI W. Knowledge transfer in intraorganizational networks: Effects of network position and absorptive capacity on business unit innovation and performance [J]. The Academy of Management Journal, 2001, 44 (5): 996-1004.

[268] TUCKER B. Innovation: The new core competency [J]. Strategy and Leadership, 2001, 29 (1): 11-14.

[269] UZZI B. Social structural and competition in interfirm networks: The paradox of embeddednes [J]. Administrative Science Quarterly, 1997, 42 (1): 37-69.

[270] DAUTEL V. Research and development activities and innovative performance of firms in Luxembourg [C]. Lodz: International Conference on Technology Policy and Innovation, 2005.

[271] RINDOVA V, SUSAN M, TAYLOR S.Dynamic capabilities as macro and micro organizational evolution [EB / OL]. [2013-07-17]. http: // www.doc88.com/p-7377351138558.html.

[272] CHIESA V, COUGHLAN P, VOSS C A. Development of a technical innovation audit [J]. Journal of Product Innovation Management, 1996 (13): 105-136.

[273] VON HIPPEL E. Democratizing Innovation. Cambridge [M]. Boston: The MIT Press, 2005: 93-106.

[274] WALKER R M. Innovation type and diffusion: An empirical analysis of local government [J]. Public Administration, 2006 (2): 311-335.

[275] WANG XIWEI, STOBLEIN M, WANG KAN. Designing knowledge chain networks in China: A proposal for a risk management system using linguistic decision making [J]. Technological Forecasting and Social Change, 2010, 77 (6): 902-915.

[276] WEST J. Does appropriability enable or retard open innovation? [M] // CHESBROUGH H, VANHAVERBEKE W, WEST J. Open innovation: Research a new paradigm. Oxford: Oxford University Press, 2006: 109-133.

[277] WIIG K. Knowledge management foundations [M]. Arlington: Schema Press, 1993.

[278] WILLIAMSON O E. The economic institutions of capitalism: Firms, markets, relational contracting [M]. London: Collier Macmillan Publishers, 1987.

[279] WILLIAMSON O E. Transaction - cost economics: The governance of contractual relations [J]. Journal of Lawand Eeonomies, 1979, 22 (10): 233-261.

[280] LUO YANGDONG. Dynamic capabilities in international expansion [J]. Journal of World Business, 2000, 35 (4): 355-378.

[281] YASHINO M Y, RANGAN U S. Strategic alliances: An entrepreneurial approach to globalization [M]. Boston : Harvard Business School Press, 1995.

[282] YEUNG. Organizational learning capability [M]. New York: Oxford University Press, 1999.

[283] YLI-RENKO HELENA, ERKKO, AUTIO, SAPIENZA. Social capital, knowledge acquisitions, and knowledge exploitation in young

technology-based firms [J]. Strategic Management Journal, 2001, 22 (6/7): 587-613.

[284] YOUNG J A. Strategic alliances: Are they relational by definition [R]. Indiana State University, Working Paper, 2000.

[285] ZAHRA S A, GEORGE G. Absorptive capacity: A review, reconceptualization, and extension [J]. Academy of Management Review, 2002 (27): 185-203.

[286] ZOLLO M, WINTER S G. Deliberate learning and the evolution of dynamic capabilities [J]. Organization Science, 2002, 13 (3): 339-351.

[287] ZOTT C. Dynamic capabilities and the emergence of intra-industry differential firm performance: Insights from a simulation study [J]. Strategic Management Journal, 2003, 24 (2): 97-125.

[288] CHESBROUGH H W. Open innovation: The new imperative for creating and profiting from technology [M]. Boston: Harvard Business School Press, 2003.

[289] CHESBROUGH H W. The logic of open innovation: Managing intellectual property [J]. California Management Review, 2003, 45 (3): 33-58.

[290] CHESBROUGH H W, VANHAVERBEKE W, WEST J. Open innovation: Researching a new paradigm [M]. London: Oxford University Press, 2006.

[291] CHESBROUGH H W, GARMAN A R. How open innovation can help you cope in lean times [J]. Harvard Business Review, 2009, 87 (12): 68-76.

[292] WEST J, BOGERS M. Leveraging external sources of innovation: A review of research on open innovation [J]. Journal of Product Innovation Management, 2014, 31 (4): 814-831.

[293] KEUPP M, GASSMANN O. Determinants and archetype users of open innovation [J]. R&D Management, 2009, 39 (4): 331-341.

[294] UN C A, CUERVO-CAZURRA A, ASAKAWA K. R&D collaborations and product innovation [J]. Journal of Product Innovation Management, 2010 (27): 673-689.

[295] LAURSEN K, SALTER A. Open for innovation: The role of openness in explaining innovation performance among UK manufacturing firms [J]. Strategic Management Journal, 2006, 27 (2): 131-150.

[296] FINKELSTEIN S, HAMBRICK D C, CANNELLA A A. Strategic leadership: Theory and research on executives, top management teams, and boards [M]. London: Oxford University Press, 2009.

[297] MACKEY A. The effect of CEOs on firm performance [J]. Strategic Management Journal, 2008, 29 (2): 1357-1367.

[298] BIANCHI M, CAVALIERE A, CHIARONI D, FRATTINI F, CHIESA V. Organizational modes for open innovation in bio-pharmaceutical industry: An exploratory analysis [J]. Technovation, 2011, 31 (1): 22-33.

[299] MILLER D, KATE DE VRIES M, TOULOUSE J M. Top executives locus of control and its relationships to strategy making, structure, and environment [J]. Academy of Management Journal, 1982, 25 (2): 237-253.

[300] MILLER D, TOULOUSE J M. Chief executive personality and corporate strategy and structure in small firms [J]. Management Science, 1986, 32 (11): 1389-1409.

[301] MILLER D, DROGE C. Psychological and traditional determinants of structure [J]. Administrative Science Quarterly, 1986, 31 (4): 539-560.

[302] MILLER D, DROGE C, TOULOUSE J M. Strategic process and content as mediators between organizational context and structure [J]. Academy of Management Journal, 1988, 31 (3): 544-569.

[303] PETERSON R S, et al. The impact of chief executive officer personality on top management team dynamics: One mechanism by which leadership affects organizational performance [J]. Journal of Applied Psychology, 2003, 88 (5): 795-808.

[304] NADKARNI S, HERRMANN P. CEO personality, strategic flexibility, and firm performance: The case of the Indian business process outsourcing industry [J]. Academy of Management Journal, 2010, 53 (5): 1050-1073.

[305] COLBERT A E, BARRICK M R, BRADLEY B H. Personality and leadership composition in top management teams: Implications for organizational effectiveness [J]. Personnel Psychology, 2014, 67 (2): 351-387.

[306] HILLER N J, HAMBRICK D C. Conceptualizing executive hubris: The role of (hyper-) core self-evaluation in strategic decision-making [J].

Strategic Management Journal, 2005, 26 (4): 297-319.

[307] RESICK C J, et al. The bright-side and dark-side of CEO personality: Examining core self-evaluation, narcissism, transformational leadership, and strategic influence [J]. Journal of Applied Psychology, 2009, 94 (6): 1365-1381.

[308] CHATTERJEE A, HAMBRICKD C. It's all about me: Narcissistic chief executive officers and their effects on company strategy and performance [J]. Administrative Science Quarterly, 2007, 52 (3): 351-386.

[309] WALES W J, PATEL P C, LUMPKIN G T. In pursuit of greatness: CEO narcissism, entrepreneurial orientation, and firm performance variance [J]. Journal of Management Studies, 2013, 50 (6): 1041-1069.

[310] HAGEDOORN J, CLOODT M. Measuring innovative performance: Is there an advantage in using multiple indicators [J]. Research Policy, 2003, 32 (8): 1365-1379.

[311] BAKER T, NELSON R E. Creating something from nothing: Resource construction through entrepreneurial bricolage [J]. Administrative Science Quarterly, 2005, 50 (3): 329-366.

[312] BARNEY J B. Firm resources and sustained competitive advantage [J], Journal of Management, 1991, 17 (1): 99-120.

[313] BARNEY J B. Resource-based theories of competitive advantage: A ten-year retrospective on the resource-based view [J]. Journal of Management, 2001, 27 (6): 643-650.

[314] CALVO G A. Capital flows and capital-market crises: The simple economics of sudden stops [J]. Journal of Applied Economics, 1998, 1 (1): 35-54.

[315] CAMPBELL J L. Mechanisms of evolutionary change in economic governance: Interaction, interpretation and bricolage [M]. // Magnusson L, Ottosson J. Evolutionary Economics and Path Dependence. Cheltenham: Edward Elgar, 1997: 10-31.

[316] CARPENTER M A. The price of change: The role of CEO compensation in strategic variation and deviation from industry strategy norms [J]. Journal of Management, 2000, 26 (6): 1179-1198.

[317] DESA G. Resource mobilization in international social entrepreneurship: bricolage as a mechanism of institutional transformation [J].

Entrepreneurship Theory and Practice, 2012, 36 (4): 727-751.

[318] DESA G, BASU S. Optimization or bricolage? Overcoming resource constraints in global social entrepreneurship [J]. Strategic Entrepreneurship Journal, 2013, 7 (1): 26-49.

[319] DOMENICO M D, HAUGH H, TRACEY P. Social bricolage: Theorizing social value creation in social enterprises [J]. Entrepreneurship Theory and Practice, 2010, 34 (4): 681-703.

[320] DUYMEDJIAN R, RULING C C. Towards a foundation of bricolage in organization and management theory [J]. Organization Studies, 2010, 31 (2): 133-151.

[321] EISENHARDT K M. Building theories from case study research [J]. Academy of Management Review, 1989, 14 (4): 532-550.

[322] EISENHARDT K M, GRAEBNER M E. Theory building from cases: Opportunities and challenges [J]. Academy of Management Journal, 2007, 50 (1): 25-32.

[323] FISHER G. Effectuation, causation, and bricolage: A behavioral comparison of emerging theories in entrepreneurship research [J]. Entrepreneurship Theory and Practice, 2012, 36 (5): 1019-1051.

[324] GERSICK C J G. Pacing strategic change: The case of a new venture [J]. Academy of Management Journal, 1994, 37 (1): 9-45.

[325] GLASTER J, STRASS A. The Discovery of grounded theory [M]. Chicago: Aldine, 1967.

[326] GREINER L E, BHAMBRI A. New CEO intervention and dynamics of deliberate strategic change [J]. Strategic Management Journal, 1989, 10 (S1): 67-86.

[327] HUTZSCHENREUTER T, KLEINDIENST I. Strategy - process research: What have we learned and what is still to be explored [J]. Journal of Management, 2006, 32 (5): 673-720.

[328] KRAATZ M S, ZAJAC E J. How organizational resources affect strategic change and performance in turbulent environments: Theory and evidence [J]. Organization Science, 2001, 12 (5): 632-657.

[329] LEVI-STRAUSS C. The saving mind. [M] Chicago, IL: University of Chicago Press, 1966.

[330] LEVY A, MERRY U. Organizational transformation: Approaches, strategies, theories [M]. California: Greenwood Publishing Group, 1986.

[331] MILES M B, HUBERMAN A M. Qualitative data analysis [M]. Thousand Oaks: Sage Publications, 1994.

[332] MILLER D, FRIESEN P H. Archetypes of strategy formulation [J]. Management Science, 1978, 24 (9): 921-933.

[333] PENROSE E T. The theory of the growth of the firm [J]. Managerial & Decision Economics, 1995, 2 (3): 192-193.

[334] SHANE S. Reflections on the 2010 AMR decade award: Delivering on the promise of entrepreneurship as a field of research [J]. Academy of Management Review, 2012, 37 (1): 10-20.

[335] SHANE S, VENKATARAMAN S. The promise of entrepreneurship as a field of research [J]. Academy of Management Review, 2002, 25 (1): 217-226.

[336] SENYARD J, BAKER T, STEFFENS P. Bricolage as a path to innovativeness for resource-constrained new firms [J]. Journal of Product Innovation Management, 2014, 31 (2): 211-230.

[337] SPENDER J C. Industry recipes: The nature and sources of managerial judgement [M]. Oxford: Basil Blackwell, 1989.

[338] TEECE D J. Explicating dynamic capabilities: The nature and microfoundations of (sustainable) enterprise performance [J]. Strategic Management Journal, 2007, 28 (13): 1319-1350.

[339] TEECE D J. Dynamic capabilities: Routines versus entrepreneurial action [J]. Journal of Management Studies, 2012, 49 (8): 1395-1401.

[340] VANEVENHOVEN J, WINKEL D, MALEWICKI D. Varieties of Bricolage and the process of entrepreneurship [J]. New England Journal of Entrepreneurship, 2011, 14 (2): 1-14.

[341] WAN W P, YIU D W. From crises to opportunity: Environmental jolt, corporate aquisitions and firm performance [J]. Strategic Management Journal, 2009, 30 (7): 791-801.

[342] YIN R. Case study research: Design and methods [M]. California: Beverly Hills, 1994.

[343] YIN R K. Case study research: Design and methods [M]. CA: Sage Publications Inc., 2008.

[344] YI Y, HE X, NDOFOR H, WEI Z. Dynamic capabilities and the speed of strategic change: Evidence from China [J]. IEEE Transactions on Engineering Management, 2015, 62 (1): 18-28.

索引

后记

以大数据为核心要素、"云网"为基础设施的新一轮技术革命正在推动整个人类社会的重大变革，把企业带入了一个"最好的也是最坏的"时代。全球化进程加速、资源分布更加广泛、人工智能渗入各个领域，生产文明发展到历史最高水平；产品生命周期缩短、员工流动性加大、知识贬值增速、自然环境日益恶化，生存面临的不确定性也达到前所未有的程度。结构调整、战略转型、改革创新成为企业活动的新常态；跨界、合作、开放、共享成为这些实践的新特征。以网络范式研究管理问题成为发展最快的领域之一。本书仅仅是在前人研究的基础上做出的初步尝试，对创新网络中行动者之间"关系"重新界定和测量，通过构建"网络关系-动态能力-创新绩效"的关系模型，探索与企业内部能力匹配的外部网络构建机制，从理论上寻找新环境下企业通过价值共同创造以获得持续发展的有效路径。针对研究的不足和局限，我们将在未来的研究中做进一步完善；针对研究中的新发展，我们将在今后做进一步拓展。

本书的完成基于本人博士毕业论文设计以及后续的相关研究，受到教育部人文社科青年基金项目（15YJC630163）的资助以及所在单位东北财经大学国际商学院的科研支持。在此，向所有为本书的出版做出贡献的人们表示诚挚的感谢！

　　首先，感谢博士生导师高良谋教授在学术研究上的启蒙和教导。跟随导师学习和研究的过程中，我逐渐领会了学术研究的思想和原则，积累了相关理论知识，历练了观察视角和研究方法。这些为本书以及后续研究奠定了重要的基础。

　　其次，感谢在博士毕业论文设计和写作过程中给予指导和帮助的专家和学者们：林忠教授、韵江教授、李宇教授、马文甲研究员、李颖博士、张雁鸣博士等。与他们的交流和讨论进一步完善了本书的研究框架和操作方法，并校正了研究结论，补充了理论贡献。

　　最后，感谢我的家人和朋友们在本书写作期间的理解、支持和陪伴。这是我在科研道路上走得更远的最大动力和勇气。

　　在写后记的前一周，我有幸参加了中国战略管理学会首届青年学者论坛。围绕"中国制造2025"的主题，青年学者们积极讨论战略管理研究的新问题和新思路，并对已有研究进行反思和前瞻，就中国制造企业转型升级所涉及的各个方面战略问题展开了充分、开放、激烈的讨论，为未来战略管理研究厘清了方向和思路。在这次论坛中，我感受最深刻的是210位学者同行莫干山。众所周知，1984年，三十几位经济学者聚会莫干山，召开了第一次全国性中青年经济科学工作者讨论会（史称"莫干山会议"），为20世纪80年代的改革提供了许多重要思路，一批中青年经济学者也由此脱颖而出走上中国发展的历史舞台。33年后，中国青年战略学者重上莫干山，面对当下和未来的战略管理问题直抒心意，表明了中国青年管理学者承担历史责任的勇气和决心。论坛归来，我久久未能平静，一直被与会的资深前辈和青年学者们的学术深度和学术情怀感动。像北京大学周长辉教授所倡导的，新时代的新青年，应该具备新青年精神，研究"真问题"，改造"枯山水"，用学术的视角和语言记录这"最好也最坏的"历史时代。

　　最后，我借用周长辉教授在论坛结束时即兴发挥的一首诗敬献给所有在学术研究领域努力前行着的学者们，以之共勉：

杭州一觉梦如烟，来往之江足十年。
家国萦怀吟入韵，旗亭载酒笑凭栏。
决将舟楫潮头立，可任霜华鬓角沾。
抖擞精神重看剑，不能辜负莫干山。

于　淼
2017 年 11 月 8 日
于东北财经大学书音楼

前言

　　进入 21 世纪以来，伴随着金融市场的进一步自由化和一体化，全球私募股权投资基金呈现出高速发展的态势，私募股权投资基金全球总投资额已超万亿美元，成为仅次于 IPO 融资的企业筹资渠道。与此同时，随着中国经济快速发展和资本市场体系逐步完善，我国私募股权投资基金也呈现出飞跃式发展的时代特征。2010 年我国私募股权投资市场募资、投资、退出案例数量均创下历史新高：82 只可投资于中国大陆地区的私募股权投资基金完成资本募集，募资总金额 276.21 亿美元；全年投资案例共计 363 起，交易总金额达 103.81 亿美元；2010 年我国私募股权投资基金共完成退出案例 167 起，其中 160 起通过 IPO方式退出，5 起通过股权转让退出，2 起通过股权收购退出，打破了2007 年度 95 起退出案例的历史最高纪录。私募股权投资基金的快速发展大大促进了我国中小高科技企业孵化和成长。作为一种创新型金融工具，私募股权投资基金对产业结构调整、多层次资本市场培育、公司治理结构优化以及高新技术产业的成长发展都有着举足轻重的意义。从微观角度来看，私募股权投资基金通过市场化运作为广大中小企业和高新技术企业提供资金支持以及管理咨询等增值服务，促进其健康快速发展。同时，通过并购重组操作促进行业内部资源优化整合。从宏观角度来看，私募股权投资基金通过发挥其金融媒介和资本平台作用，促进社会闲置资金向创业实业资本转化，引导社会资源广泛参与企业自主创新活动，培育高新技术产业成长，优化国民经济结构，提高我国经济增长质量和经济发展效率，推动我国创新型国家建设战略目标的实现。同时，私募股权投资基金的发展还有利于提高我国金融体系中的直接融资比例，促进金融资产结构的合理化以及多层次资本市场的完善，有效化解金融市场风险，提高金融市场运作效率。

近年来，随着我国金融市场改革不断深化，资本市场体系进一步健全完善，相关法律法规陆续出台，私募股权投资基金面临着前所未有的发展机遇。从国内资本市场发展环境来看，金融市场的不断开放、股权分置改革的成功落幕、创业板市场和新三板市场的推出、国际板的酝酿发酵，使得我国资本市场体系进一步完善，为私募股权投资基金的发展提供了广阔的舞台。从国内市场需求的角度看，国内企业快速发展，很多企业资金充裕但国内投资渠道相对匮乏，社保基金规模庞大，私募股权投资基金为广大企业和机构提供了新的投资渠道，同时广大资金短缺的初创企业又有着迫切的融资意愿。我国私募股权投资基金的发展有着旺盛的市场需求。从国内的法律环境来看，自 2005 年以来，《中华人民共和国公司法》、《中华人民共和国合伙企业法》、《创业投资企业管理暂行办法》等一系列法律法规的修订和完善，为我国私募股权投资基金的发展提供了基本的法律框架，法律上的发展障碍进一步扫清。从国家宏观政策环境来看，"十二五"规划纲要中明确提出将经济结构战略性调整作为加快转变经济发展方式的主攻方向，大力培育和发展战略性新兴产业成为我国经济增长方式转变和产业结构优化升级的重中之重。发展私募股权投资基金不仅是我国中小高新技术企业成长发展的现实需要，也顺应了我国经济可持续发展的时代诉求。在此背景下，我国私募股权投资基金的发展问题成为迫切需要系统研究的课题。

本书综合运用规范研究、实证研究、比较研究以及案例分析等研究方法，首先从私募股权投资基金的概念界定、资本属性以及类别比较等一般理论分析入手，分析考察了私募股权投资基金的国际发展历程，系统梳理和阐述了我国私募股权投资基金的历史发展实践，客观分析总结了我国近年来私募股权投资基金的发展状况。在此基础上，本书深入探讨了我国私募股权投资基金的组织形态选择以及市场定位的明确和重构，并通过模型分析和制度设计等方法为我国私募股权投资基金投资中的估值问题和风险治理提出了一系列的解决方案。最后本书系统考察了私募股权投资基金监管的相关理论和原则，并通过国别比较研究并结合我国实际，构建一整套适应于我国私募股权投资基金现实发展需求的监管体系。

作者
2014 年 12 月

▌目录

第1章 导论

1.1 选题背景与意义

1.1.1 研究背景

私募股权投资基金（private equity investment fund）是指通过非公开形式筹集较大规模投资资金形成基金资产并交由基金托管人托管和基金管理人管理，基金管理人以"专家集合理财"方式，对非上市企业进行的权益性投资。作为一种新兴的金融创新工具，私募股权投资基金不仅为企业提供了更为便捷的融资渠道，而且通过参与被投资企业的运营管理，优化其内部治理结构，为被投资企业设计未来发展方向和战略规划，直接培育和促进企业的成长。

目前西方国家私募股权投资占其 GDP 份额已达到 4%~5%。全球私募股权投资基金筹资规模年增长率超过 19%。美国约有 1 800 余家私募股权基金，管理资产规模 6 700 亿美元；欧洲有 1 100 家，规模约 2 000 亿欧元；亚洲私募股权基金管理资产规模 1 600 亿美元。2006 年全球私募股权基金筹集资金总额达 4 320 亿美元，首次超过同期在美国证券交

易所、纽约证券交易所以及纳斯达克证券交易所 IPO 筹资总额（1 540
亿美元）。自 20 世纪 40 年代末期创立第一只真正意义上的私募股权投
资基金——美国研究与发展公司（ADR）以来，全球私募股权投资基
金经过 60 余年的发展历程，业已成为仅次于银行贷款融资和 IPO 融资
的重要融资手段，也成为高新技术产业的重要推动力和孵化器，众所周
知的雅虎、谷歌、Facebook、Twitter 等网络技术公司都是在私募股权
投资基金的培育下逐步发展壮大起来的。国外私募股权投资基金规模庞
大，投资领域国际化，资金来源机构化，参与机构多元化。迄今，全球
已有数千家私募股权投资基金，黑石、KKR、凯雷、贝恩、阿波罗、
德州太平洋、高盛、美林等机构都是其中的佼佼者。进入 21 世纪以
来，全球私募股权投资逐渐从 2002 年网络经济泡沫破灭的阴霾中走
出，进入了快速发展的轨道。随着我国经济持续快速增长以及金融市场
改革和开放，中国市场吸引着全球私募股权投资基金的目光，大批私募
股权投资基金以各种方式涌入我国金融市场，他们投资的诸多国内创业
公司陆续在国内外上市，在为他们赚取了高额利润的同时，也为这些创
新企业提供了广阔的发展舞台，同时，也带动了国内私募股权投资基金
的发展热潮。私募股权投资行业在中国市场从开端至今已经走过了 20
余年的发展历程，自 20 世纪 90 年代国外私募股权投资基金开始进入中
国市场以来，我国私募股权投资行业经历了起起伏伏，也创造了一波波
的热潮。根据清科集团旗下私募通统计，2005 年中国活跃的股权投资
机构仅约 500 家，而截至 2014 年年底，中国股权投资市场活跃的投资
机构已经超过 8 000 家，管理资本量超过 4 万亿元人民币，市场规模在
这 10 年间实现了质的飞跃。2004 年中小板启幕，2009 年创业板推出，
2014 年新三板全面扩容，近 10 年的时间，中国私募股权投资行业受益
于资本市场放开，正逐渐走向成熟。私募股权投资基金在我国的蓬勃发
展，大大优化了我国资本市场结构，促进了中小企业的发展壮大，成为
我国金融市场中不可忽视的重要力量。

　　由于历史和体制的缘故，我国企业融资方式单一，融资渠道主要通
过银行贷款，致使金融风险过度累积在银行体系之内，出现了大批的呆
账坏账，金融效率低下，而且由于融资渠道单一，导致大批中小企业由

于难以得到银行贷款，资金链断裂，发展难以为继。国内私募股权投资基金的发展为广大中小高科技企业提供了新的融资渠道，同时私募股权投资基金通过参与公司规划管理，使这些中小企业得以规范，并健康、快速地发展壮大。一方面，私募股权投资基金通过资本运作平台的协同效应，引导社会资源广泛地参与我国经济创新，促进资源优化配置，通过其价值发现功能孕育和培养一大批具有自主创新能力的市场经济主体，从而带动整个经济结构的调整和产业结构升级。国内网络经济正是得益于私募股权投资基金的发展而得以兴起和繁荣，百度、新浪、搜狐以及阿里巴巴等国内网络高新技术产业中的龙头企业无一例外都是在私募股权投资基金的参与之下成长壮大起来的。另一方面，作为投资产品的私募股权投资基金也为广大的闲置资金提供了投资渠道，促进居民储蓄和企业储蓄转化为投资，优化我国资本市场结构，进一步促进我国现代金融体系的健全和完善，有效分散金融风险。

近几年来随着我国金融市场改革不断深化，资本市场体系进一步完善，法律法规陆续出台，使得我国私募股权投资基金面临着史无前例的发展机遇。从国内资本市场发展环境来看，金融市场的不断开放，股权分置改革的成功落幕，创业板市场和三板市场的推出，国际板的酝酿发酵，使得我国资本市场体系进一步完善，为私募股权投资基金的发展提供了广阔的发展舞台。从国内市场需求的角度看，国内企业快速发展，很多企业资金充裕但国内投资渠道相对匮乏，社保基金规模庞大，私募股权投资基金为广大企业和机构提供了新的投资渠道，同时又有广大资金短缺的初创企业有着迫切的融资意愿。我国私募股权投资基金的发展有着旺盛的市场需求。从国内的法律环境来看，自 2006 年以来，《中华人民共和国公司法》（以下简称《公司法》）、《中华人民共和国合伙企业法》（以下简称《合伙企业法》）、《创业投资企业管理暂行办法》等一系列法律法规的修订和完善，为我国私募股权投资基金的发展提供了基本的法律框架，法律上的发展障碍进一步扫清。从国家宏观政策环境来看，"十二五"规划纲要中明确提出将经济结构战略性调整作为加快转变经济发展方式的主攻方向，大力培育发展战略性新兴产业，私募股权投资基金对产业结构的调整和战略性新兴产业的发展具有重要的助推器和孵化器作用，发展我国私募股权投资基金成为时代发展的机遇和内在要求。

1.1.2 研究意义

如前所述，伴随着我国经济总量的快速增长和经济增长方式转变的历史机遇，私募股权投资基金在我国将有着广阔的发展前景与舞台，它不仅是我国资本市场不断完善成熟的内在要求，也是我国产业结构调整过程中强有力的助推器，系统研究我国私募股权投资基金的发展问题具有重要的理论意义和现实意义。

（1）我国私募股权基金发展缓慢，其中一个重要的原因是对私募股权基金的内涵和外延及本质认知不足，从而对其定位不准确所致。同时，针对我国私募股权投资基金的相关理论研究极不完善。本书通过系统研究私募股权基金的概念与内涵、运作机制、市场定位、风险管理以及监管体系建设等问题，为我国私募股权基金发展的理论探索提供新的研究思路。

（2）在我国，私募股权投资基金在宏观层面上调配资源，将社会上闲置的资源配置到最需要、最具潜力的地方，发挥资源的最优增值效应，增强资源的流动性，盘活经济，促进产业结构调整；在微观层面可拓宽我国企业的融资渠道，提升企业竞争力，降低企业生产成本，带动消费品价格的降低从而刺激消费，并解决由于企业开工不足导致的失业问题。本书系统研究我国私募股权投资基金发展中面临的一系列问题，为我国私募股权投资基金发展描述出一整套的发展思路和问题解决方案，以期为我国私募股权投资基金的现实发展提供借鉴。

1.2 国内外相关文献综述

1.2.1 国外相关研究成果综述

英国风险投资与私募股权协会出版的《私募股权资本概要》一书中指出，私募股权投资是给具有高成长性的公司提供长期融资以换取股权的一种权益性资本投资方式。Ken Robble 在其著作《创业投资和私募股权：回顾与综述》中肯定了"私募股权"术语的作用，认为这一术语的广泛应用，使得创业风险投资的理论研究范围和实务投资领域都大为拓宽。创业风险投资的内涵不仅包括企业发展早期的股权投资，还应该包括企业发展后期的股权投资以及股权的收购和转让。书中指出全球创业风险投资发源于美国，传播至英国进而在欧洲范围内发展壮大起来。

1995 年 George.W.Fenn、Stephen Prowse 和 Nellie Liang 在其著作《私募股权市场经济学》一书中第一次系统回顾和考察了美国私募股权投资基金的历史发展进程，并将之分为萌芽期、扩展期及成熟期几个阶段逐一进行分析。作者将美国私募股权投资基金分为创业型私募股权投资基金和非创业型私募股权投资基金两大类进行分析研究，并通过分类比较的方法对私募股权投资基金的市场参与者进行了考察。书中对美国私募股权的运作流程和机制进行了系统的考察研究，并阐明了私募股权投资基金作为金融市场中介的作用和意义。Josh Lemer 在其 1997 年所著的《创业投资和私募股权：一门课程回顾》一书中系统考察研究了20 世纪 80 年代至 1995 年间国际私募股权投资基金的整体发展，分析研究了私募股权投资基金在资金募集、投资者角色定位以及市场退出等诸多方面的发展状况，并比较研究了美国私募股权投资基金和欧洲私募股权投资基金的异同和优缺点，并认为在市场退出效率方面，美国私募股权投资基金远远优于欧洲私募股权投资基金，这也是美国私募股权投资基金成为全球私募股权投资基金行业领头羊的重要原因。

来自麻省理工学院的学者 James. M.Poterba 从国家税率变动的角度分析了其对私募股权投资决策和投资策略的作用和影响，认为税率的变动对私募股权投资基金投资资本供给和需求有着深刻的影响，并指出资本利得税率降低对私募股权投资收益的影响通过供给曲线的移动来实现。通过分析其构建的创业者决策模型得出，低税率大大刺激了企业管理层和员工的创业激情，从而极大地影响着私募股权投资需求，使得需求曲线向右向上移动，导致私募股权投资过程中资本承付成本大为增加。Poterba 认为由于免税机构投资者的市场参与直接催生了 1979 至1989 年间私募股权投资的快速增长。

现代行为金融学的代表性人物 Sahlman 和 Stevenson 对私募股权投资基金的资本筹集周期进行了系统的考察研究，认为私募股权投资基金资本募集规模的变动很大程度上是由机构投资者非理性的过度投资或者投资规模过小所导致，在私募股权投资基金资本募集过程中必须要将机构投资者的投资决策和投资偏好考虑进来。

1990 年美国佐治亚大学的学者 Mull Frederick Hobert 对私募股权投资基金进行了理论模型分析，分析结果表明私募股权投资基金作为金融中介参与其所投资企业的管理运营，可以有效地降低投资人和企业管理层由于信息不对称所导致的代理风险和代理成本。德克萨斯大学学者 Bernard. S.Black 和斯坦福大学学者 Ronald. J.Gilson 系统地研究了资本市场体系对私募股权投资基金资本筹集的作用和影响。他们认为私募股权投资基金资本筹集与公开权益性资本市场有着稳定的互动关系，私募股权投资资本筹集的顺畅必须要有活跃和完善的公开权益市场作为支撑。成熟稳定的公开证券市场是私募股权投资基金资本募集市场得以壮大的重要环节和渠道，只有在以股票市场为中心的资本市场体系之中私募股权投资基金的资本循环才会得以延续，同时通过 IPO 等方式在公开市场成功推出，私募股权投资基金作为资本投资者和企业家之间的隐性契约才会得以建立和实现。因此，公开权益资本市场体系健全完善对于私募股权投资基金的活跃和发展有着极为重要的作用。

Gorman（1984）与 Sahlman（1989）等学者对创业风险投资的运作机制进行了研究，他们的研究重点大多集中于探讨创业风险投资与创业投资者的作用，通过各种实际调查研究，分析创业投资者在投资过程中的决策依据、决策程序和投资项目评价指标体系，同时还分析评价了创业投资者为所投资企业提供的管理咨询、人才招揽及战略规划等增值服务。伴随着公司金融理论与现代契约理论的不断交叉和融合，很多学者试图从公司治理和现代企业制度的视角来考察私募股权投资基金的投资者与私募股权投资基金管理者、私募股权投资基金与创业企业家之间的多重委托代理关系，在这一方面具有开创性研究成果的学者是 Sahlman（1990，1995），后继的一些学者诸如 Lemer、Gompers 等还从实证分析的角度研究了这一课题。他们系统地研究了私募股权投资基金管理者与创业企业家之间的委托代理关系，重点分析了由于信息不对称所导致的代理风险及相应的风险控制方法，并设计了风险分担机制、对企业管理层的激励约束机制以及股权投资合约的风险约束。

在私募股权投资基金运作机制和组织形式研究方面作出开创性贡献的学者是 Sahlman，他在 1990 发表关于私募股权资本和私募股权资本投资的标志性文献，在其著作中系统研究了美国私募股权投资基金发展乃至全球私募股权投资基金发展中的重要组织形式（有限合伙制）的法律属性以及运作机制。他引用了大量有关私募股权投资基金方面的学术论文和著作，集中探讨了有限合伙制私募股权投资基金的法理结构和法律属性以及在实际运作过程中的管理等一系列问题。Sahlman 认为，20世纪 80 年代以后有限合伙制成为美国私募股权投资基金的主流组织形式的重要原因是大学捐赠基金、养老基金、慈善基金等机构投资者的参与和壮大。因为有限合伙制可以有效地避免税收问题，使得这些机构投资者的免税实体的法律地位得以保持。他还认为私募股权投资基金与所投资企业的管理层存在着严重的信息不对称问题，从而隐含着巨大的代理风险，采取有限合伙制可以有效地平衡私募股权投资者和企业管理者之间的利益冲突，通过设计合理的有限合伙协议使得私募股权投资者和企业管理者之间的代理风险在法律层面得以有效化解和降低。Sahlman指出采用有限合伙制的私募股权投资基金，有限合伙人是委托人，而一般合伙人是代理人，二者之间由于目标利益不尽相同以及专业知识不平衡等原因导致严重的信息不对称，如何有效地解决私募股权投资人与创业企业家之间的信息不对称以及由此导致的代理风险是个极为重要的课题，Sahlman 在其著作中就这一课题进行了深入探讨，系统研究了代理成本问题、有限合伙企业的运作成本以及被投资企业管理层的激励机制和私募股权投资者的报酬分配。另外 Sahlman（1990）还从委托代理关系的角度分析考察了私募股权基金的投资人和基金的管理者之间的关系，他认为有限合伙制私募股权投资基金的成功运作，首先要明确有限合伙协议的私募股权投资损益激励机制和责任承担，以及日常基金管理费的额定和收取等方面的问题。同时，Sahlman（1990）认为采用有限合伙制使得私募股权投资基金能够更好地适应私募股权投资市场的细分，并指出有限合伙制在私募股权投资市场的成功运行依赖于声誉机制的建立和完善。他还通过实证检验证明有效的激励机制可以提高创业企业的管理团队的经营效率，并能够自觉地披露相关信息。

很多学者也试图运用博弈论的相关理论来解构分析私募股权投资基金与创业企业管理层之间的委托代理问题。L. 吉本斯首先在其著作《博弈论基础》一书口通过构建信号合作博弈模型来探讨和分析私募股权投资基金与创业企业家之间的委托代理关系。谢恩与凯伯在其著作中也构建了创业企业和私募股权投资基金之间的双向合作博弈模型，通过模型分析揭示二者之间的委托代理关系，这一模型的主要缺陷在于其并未将二者之间的分工属性纳入分析因子序列。

Gompers（1993）在其学术论文《理论、结构和创业投资模式》一文中指出创业企业管理团队的专业能力、管理水平以及工作付出程度直接影响着创业企业的成败，私募股权投资基金通过设计有效的激励机制将创业企业管理运作团队的利益回报锁定在私募股权投资的退出环节，从而使得私募股权投资者与创业管理团队的利益一体化。同时，为了防止创业企业管理团队基于自己的利益而作出不利私募股权投资者的短期行为，可以在股权投资合约中将企业控制权有限合理地分配给创业企业管理团队使私募股权投资者和创业管理团队的利益进一步绑定，从而有效地保证投资项目的成功，例如通过对赌协议等金融工具作为激励和约束机制的有效手段，科斯定理在私募股权投资领域的运用正是体现在私募股权投资者为价值发现支付搜寻捕捉成本。另外，学者 Leland 也对私募股权投资过程中的代理风险、代理成本以及相应的风险控制机制进行了分析研究。Promio 和 Wright（2004）着重分析了私募股权投资过程中的信息不对称问题，并对信息不对称的主要表现归结为：拥有信息量的差距；有利于创业管理团队的信息不对称；有利于私募股权投资人的信息不对称三种情形。

国外学者普遍认为通过联合投资和分期投资等方式能够有效化解私募股权投资基金由于信息不对称所带来的代理风险。Gompers（1995）认为私募股权投资者通过联合其他投资者一同对拟投资企业进行股权投资，能够分散投资风险，从而减少逆向选择问题。分阶段投资是指股权投资分阶段完成，后一阶段投资与否或投资多少直接取决于前一阶段投资的效益（这里的效益主要是指被投资企业的管理经营效率）。Sahlman（1990）认为分阶段投资是化解由于信息不对称导致的委托代理风险的最有效工具。Neher（1998）运用人力资本理论对分期投资制度进行了阐释，他从创业企业管理团队是创业企业能否取得成功的最关键因素这一分析前提出发，认为创业企业的管理层可以通过威胁私募股权投资者放弃创业企业或者不尽力经营企业等手段来锁定投资，分阶段投资这一机制可以有效减少创业企业家的筹码。Paul Gompers 与 Josh Lerner 通过调查研究系统考察了 1972 至 1992 年间设立的 400 多家创投企业的投资基金章程，并综合分析了这些创投企业的有限合伙协议，研究表明设立年限较早、管理资金较大的创投企业固定报酬较低，报酬的多少与投资效益具有高度的相关性。声誉机制是对创投企业的有效激励和约束机制，尤其是对那些规模较小不够成熟的创投企业而言更是如此。比格利夫和蒂蒙斯（1992）等学者对 1979 至 1998 年间美国本土具有创投和私募股权投资基金背景的 IPO 项目获利情况进行了系统考察，分析结果表明分阶段投入的股权资本在 IPO 项目退出过程中的获利状况不尽相同，其获利情况与私募股权投资的时段有着密切的关系。

以 Black 和 Glilson（1999）为代表的一些学者以创业企业内部控制权对于创业企业的管理团队的激励作用为视角，通过构建不同的博弈理论模型，深入研究了 IPO 退出与企业并购等退出方式的不同以及选择不同退出方式对创业企业资本退出的影响。Gompers（1996）认为私募股权投资退出绩效可以作为评价创业投资者能力的一个标准，也可以作为一种创投资本投资与其他投资方式的绩效比较工具。

另外，国外一些学者也对宏观经济发展与私募股权投资基金之间的关联进行了研究。Acs 和 Audretsch（1994）通过分析研究，指出宏观经济中的一些指标的变动对国内企业的创业活动有着深远的影响。一般情况下，宏观经济增长率（GDP）的变动与私募股权投资基金发展呈正相关关系。GDP 提高往往意味着创业资本需求旺盛，企业投融资渠道拓宽，私募股权投资基金的投融资环节相对通畅，反之亦然。也有一些国外学者探讨了法律环境对私募股权投资基金发展的影响，Megginson

（2004）在其论著中指出一国的基本制度对私募股权投资基金产业的发展具有决定性的影响，如政治经济制度、历史文化体系、创业环境以及知识产权保护状况等等，其中以法律监管体系对私募股权投资基金的影响最为突出。Cumming（2004）认为一国法律监管体系健全，私募股权投资基金管理者往往倾向于通过 IPO 方式完成股权投资退出，并且也可以获得较高的收益。同时一国法律法规的完善可以有效地缩短私募股权投资基金的资本募集周期，资本募集效率较高，投资项目的搜寻和筛选成本较低，效率较高。Lerner（2005）从另一角度对一国法律体系对私募股权投资基金发展的影响进行了研究，研究结果表明，在法律法规体系不完善的国家，私募股权投资者往往寻求对被投资企业的绝对控股。不同的法律环境大大影响着私募股权投资交易中的股权配置比例。以 Kaplan 为代表的一些学者将私募股权投资过程中投资人和所投资企业的股权投资协议作为研究目标，揭示了创业企业的控制权、股权流动性以及董事会安排在不同的法律体系下不尽相同，并随着法律法规的变动而变动。[①]

1.2.2 国内相关研究成果综述

对于私募股权投资基金的研究在国外已经形成了一定的理论体系，而在国内这一领域的研究还处于起步阶段。近年来随着国家政策的引导，私募股权投资基金行业的快速发展，私募股权投资基金这一概念逐渐引起国内理论界较为广泛的关注。国内专门以私募股权投资基金为研究对象的著作并不多，与私募基金概念相关的著作主要有：李惠主编的《走近私募基金》；韩志国、段强主编的《私募基金——稳定还是紊乱因素》；潘道义、何长领编著的《私募基金——理论、实务与投资》；盛立军著的《私募股权与资本市场》。

国内理论界对私募基金概念的界定比较模糊，也没有形成权威性的统一界定。中国人民银行原金融研究室主任夏斌在其主持撰写的《中国"私募基金"报告》（2001）中，对"私募基金"概念进行了界定，并对

---

① 黄亚玲．私募股权基金文献综述[J]．国际金融研究，2009（8）．

其存在形式进行了较为系统的考察，报告指出在国内私募基金大体以"投资顾问公司"、"投资咨询公司"、"投资管理公司"、"财务管理公司"、"财务顾问公司"等五种形式存在，报告通过统计调查得出这样的企业主要存在于具有代表性的大城市，在北京类似的企业有3 226家，深圳有640家，上海有2 687家，并估计2001年度我国私募基金的资金规模大概有7 000亿元人民币。报告中指出我国私募基金是我国市场经济体制改革的必然产物，也是要认真对待的市场主体，并呼吁在法律和监管方面对我国私募基金进行规范管理。

国内不少学者对私募股权投资基金对我国经济发展以及金融市场发展的互动作用和影响进行了分析研究。中央财经大学金融研究课题组（2004）通过调查研究和实证分析的方法对我国证券市场中私募基金的基本状况进行了阐述，并评价了其在我国经济体系中的现实意义。研究分析表明，私募基金发展规模与我国证券市场的发展状况呈正相关关系，证券市场处于牛市时，私募基金规模较大也相对活跃；反之则刚好相反。此课题还通过问卷调查的形式分析了私募基金发展与社会稳定的关系，而令人吃惊的是，当时大部分被调查者认为私募基金是社会中的不稳定因素。张亦春、蔡庆丰（2004）系统介绍和研究了欧美私募股权市场的资本结构和运作特征，并通过经济学理论的分析视角，从宏观和微观两个层面对其市场运作机理的合理性进行了深入探讨，在此基础上对我国如何发展私募股权投资基金提出了自己的观点和政策建议。陈峥嵘（2005）系统考察了美国私募股权投资基金市场的作用、市场参与主体以及基金类别，并在借鉴美国私募股权投资基金发展经验的基础上，深入阐述了我国私募股权投资基金市场对中小企业发展的意义和作用。盛立军、刘鹤扬（2005）在其学术论文中对不同类型的私募股权投资基金进行了分类比较和考察，进一步明确了私募股权投资基金的概念和内涵。作者认为广义的私募股权投资基金不仅包括主要投资于企业发展种子期的天使基金以及投资于企业发展初期的创业基金，同时还应该包括投资于企业成长期的股权投资基金、投资于企业扩张期的直接投资基金和并购基金以及投资于企业上市前的Pre-IPO基金。刘文利（2006）从我国投融资体制的现状分析出发，指出我国间接融资和直接融资比例失调，以银行融资为主要渠道的融资体系难以满足中小企业的融资需求，大大制约了其发展，大力发展私募股权投资基金可以有效地拓宽中小企业融资渠道。张晓蓉、黄蓓（2006）在其学术论文中分析了国外私募股权投资基金的概念，结合我国实际经济环境和私募股权投资基金发展状况，探讨了私募股权投资基金发展与中小企业发展壮大的关系。卞华舵（2007）也对私募股权投资基金的概念进行了分析界定，并深入揭示了其资本属性与特征，并从我国基本国情和市场经济发展现状出发，深入探讨了大力发展我国私募股权投资基金对于健全我国金融资本市场体系、产业经济结构优化升级以及建设创新型国家、提高我国自主创新能力等的影响和意义。他还针对我国私募股权投资基金发展过程中面临的问题和难点提出了自己的观点以及相对应的政策建议。侯玉娜（2007）对国内私募股权投资基金的发展状况以及在我国经济发展中的重要意义进行了系统阐述。

国内学者对私募股权投资基金的组织运作形式也进行了初步的理论探讨，他们大多将研究重点放在国内私募股权投资基金发展中比较典型的两种组织形式：公司制与有限合伙制，并通过比较研究来分析二者在我国经济体系中的适用性。叶翔（1998）系统回顾了美国私募股权投资基金的历史发展进程，深入阐述了美国私募股权投资市场中产业投资基金的组织形式、运作机制以及管理模式，并得出了相应的经验借鉴和启示。梁欣然（2000）在其研究论文中深入分析了美国私募股权投资基金的主流组织形式——有限合伙制，认为其通过合理的激励约束机制有效地化解了私募股权投资中广泛存在的委托代理难题，具有其他组织形式不可比拟的优越性。凌秀丽、陈浩、陈铀（2002）分析和阐述了我国私募股权投资基金的运作形式以及制度设计，提出应该依据现行《中华人民共和国信托法》（以下简称《信托法》），进一步完善和修订《中华人民共和国合伙企业法》（以下简称《合伙企业法》）、《中华人民共和国证券法》（以下简称《证券法》）和《公司法》等法律法规，出台相关的监管条例，在法律框架内界定我国私募股权投资基金的准入、投资者与创业企业家责权利关系以及不同组织形式的私募股权投资基金的法律属性等等。徐绪松（2002）在其学术论文中以私募股权投资基金管理人的视角，探讨了私募股权投资价值链的中心环节——私募股权投资者，认为培养成熟的私募股权投资者队伍对我国私募股权投资基金的规范健康发展至为紧要。鲍志效（2003）分析比较了私募股权投资基金的几种常见的组织形式，分析认为有限合伙制在筹资模式、管理机制、分配方案、责权利界定和存续周期等方面都较好地适应了私募股权投资的现实要求，较好地切合了私募股权投资的运作特性，因此我国应该大力推广和发展有限合伙制，使之成为私募股权投资基金的主体组织形式。郭建莺（2004）通过考察研究得出投资于企业发展后期的私募股权投资基金以及面向高新科技行业的创投企业采取有限合伙制具有现实合理性，而投资于企业发展末期和面向传统行业的私募股权投资基金采取公司制在实践中更具有优势，并且认为创业企业的不同发展阶段具有不同的信息特征和披露方式，而这些因素影响着私募股权投资基金组织形式的选择。苏洁、李雪（2004）在其学术论文中探讨了我国私募股权投资基金的投资收益分配问题，并从法律角度对国内有些私募股权投资基金中的收益保底条款的合理合法性进行了探讨。苏东海、曹元芳和秦亚丽（2007）系统梳理和描述了我国私募股权投资基金的实际发展状况，并分析了阻碍我国私募股权投资基金发展的因素，探讨了我国私募股权投资基金的设立模式和组织形式的选择，并对我国如何发展私募股权投资基金的路径进行了描述和分析。张增刚（2007）在其学术论文中系统考察了我国设立私募股权投资基金的制度支持体系以及我国私募股权投资基金采用的组织形式，揭示了其优缺点和发展中的问题，并提出了一系列的应对方案。

国内学者对私募股权投资基金在投资过程广泛存在信息不对称问题、委托代理风险以及激励约束机制等也进行了一定程度的研究。谈毅（1999）在其学术论著中深入分析了私募股权投资基金中的资本报酬结构，认为私募股权投资基金的日常管理费应该根据业绩好坏而调整，基于投资业绩的报酬应高于运营管理费，管理费用的收取以实际发生的投资资金额度为基础计提，私募股权投资基金的投资方和基金管理人应该采取从投资发生之日起就对作为报酬分配标的的现金和权益有价证券进行清算的报酬分配方案。他还着重肯定了市场声誉机制对于私募股权投资基金管理者的激励约束效应，指出了私募股权投资基金的固定存续期是建立声誉机制的关键所在。徐永前（2002）从契约理论的角度对有限合伙制的合约设计进行了分析研究，认为有限合伙制能够有效地降低私募股权投资过程中的委托代理风险，能够形成科学的投资绩效评价体系，具有合理的激励约束机制。姚佐文（2002）、陈晓剑和汪淑芳（2003）通过构建模型分析研究了声誉机制在有限合伙制的制度安排下能够对私募股权投资者形成有效的监督和控制，声誉机制可以大大降低由于信息不对称而导致的道德风险和逆向选择。田增瑞（2004）在其学术论著中对国内私募股权投资基金中的激励约束机制进行了深入而全面的分析研究。他首先在系统考察私募股权投资基金在投资过程中激励约束的一般机理基础上，综合实际情形，构建了私募股权投资基金投资方与基金管理人、私募股权投资基金与创业企业家之间的投资报酬模型和基于私募股权投资人和创业企业管理者双向联动的企业控制权机制模型，另外他还把 KMRW 信誉模型应用于私募股权投资之中，通过构建私募股权投资者的信誉模型揭示私募股权投资中的隐形激励效应，论证了重复博弈是声誉机制赖以建立和生效的先决条件。通过一系列的模型分析论证和阐明有限合伙制进行制度创新的依据，并认为有限合伙制应成为私募股权投资基金组织形式的主要发展方向。田增瑞构建了适用于私募股权投资实践的委托代理理论模型，论证结果表明在私募股权投资基金的运作过程中应该为私募股权投资基金管理人设计以投资业绩为考察评价标准的期权激励计划，作为一般性报酬的有效补充，完善私募股权投资基金管理人的报酬结构，优化激励机制，强化约束效应。另外金永红也构建了基于私募股权投资者声誉机制的动态融资模型，模型分析证明在声誉机制约束下的私募股权投资者工作付出程度更高，声誉机制作用的大小与私募股权投资者受声誉机制影响的时间具有正相关性。陈蕾（2006）就近几年海外私募股权投资基金进入中国金融市场的情况进行了考察，并对其所投资项目的获利情况进行了调查分析，认为应该注意国际私募股权基金进行股权投资的异化情形。吕厚军（2007）也从委托代理的理论角度分析研究了私募股权投资家与被投资企业的创业企业家之间的博弈关系，他认为私募股权投资人与被投资企业的管理层之间具有反向代理关系，这是导致私募股权投资过程中产生逆向选择和道德风险的主要根源，并提出了优化股权投资合约、建立声誉机制以及进行辛加迪投资机制等解决方案。就国内学者对私募股权投资基金投资过程委托代理关系的相关研究成果来看，基本都认为委托代理风险是私募股权投资中面临的最主要风险，其根源就在于私募股权投资基金的投资人与基金管理人、私募股权投资人与创业企业家之间的信息不对称。在缺乏有效的约束机制的情况下，掌握信息优势的一方往往会基于自己的利益作出有损另一方的行为。因此，只能通过进行合理有效的契约设计和相应的制度安排来化解委托代理关系所导致的道德风险和逆向选择风险，降低代理成本。王苏生、邓运盛和王东（2007）系统介绍了私募基金产业链中面临的各种风险及相应的风险管理和监控机制，深入分析考察了风险控制的相关技术，并进一步将风险管理技术细化为市场风险控制技术、信用风险管理技术以及治理经营管理风险相关技术手段。

国内学者对我国私募股权投资基金法律监管体系的理论探讨较为分散，也没有形成系统化的理论体系，这与目前我国私募股权投资基金的法律监管体系还不够成熟完善有着直接的关系。吴晓灵（2006）在论坛演讲中提出国家应该尽快赋予私募基金法律地位，逐步建立起市场化和规范的基金募集机制，并认为创业投资以及私募股权投资有助于我国创业企业的成长和发展。杨育谋（2006）考察回顾了海外私募股权投资基金投资中国市场的情况，认为我国私募股权投资基金的发展还面临着很多法律障碍，必须加快法律法规的修订和出台，为我国私募股权投资基金的发展扫清道路。夏斌（2007）提出目前我国境内的私募基金已经具有相当规模，也已成为金融市场中一股重要的力量，必须引起有关当局重视，并完善相关法律法规给予其相应的法律地位，应该立足我国国情和私募基金的发展状况，通过健全法律法规和加强监管来规范其发展。李建伟（2007）就我国私募股权投资基金行业的政策支持系统和法律环境进行了考察分析，并提出了发展我国私募股权投资基金的路径依赖和战略选择。卞华舵（2007）也从法律建设的角度考察了我国私募股权投资基金的发展环境，认为目前对于我国私募股权投资基金的政策支持力度不够，还存在很多法律障碍，各种限制性的政策和法律条款大大制约了私募股权投资基金的发展。张明（2008）采用案例研究的方法，从我国资本管制的角度分析探讨了国际私募股权投资基金进入中国市场的途径和方式，认为我国政府应该从战略角度规划行业管制政策，现行的资本管制和行业限制并没有发挥应有的作用。艾小乐（2008）对外国资本股权并购问题进行了考察研究，认为对外资收购兼并的规范性文件并没有上升到国家法律的高度，约束效力和执行效率都不尽理想，应该尽快健全规范外资并购的法律监管体系。

综合考察国内外的关于私募股权投资基金的研究成果可以看出，在国外发达国家有关私募股权投资基金的研究已经形成一定的理论体系，无论从理论研究的角度还是从现实应用的角度，都已经达到了一定的高度。与国外的研究成果相比，国内对于私募股权投资基金的研究尚处于起步阶段，也存在着诸多不足。从研究领域来看，对国外私募股权投资基金发展的介绍和考察研究比较多，对我国本土私募股权投资基金发展系统性研究较少；对我国私募股权投资基金的筹资模式、投资案例及退出方式方面的研究涉及较多，而对于私募股权投资基金的风险管理和控制以及监管方面研究文献较少。从研究方法来看，国内学者的研究大多以规范性研究和定性研究为主，而实证性研究和定量研究较少。由于私募股权投资基金的私募特征，缺乏相关的信息披露渠道和机制，目前我国有关私募股权投资基金和创投基金信息披露的权威性机构仅有清科研究中心一家，而且由于私募股权投资合约往往带有保密性条款，相关企业不愿意提供相关数据，即使披露了数据信息也往往有不实之处。系统性的行业统计数据的缺乏，使得难以获得完整的样本数据以构建数理统计模型。就规范性研究成果来看，国内学者对我国私募股权投资基金的研究缺乏系统完整的理论架构，大多研究成果属于描述性分析，实践案例研究也研究较少，所提出的对策建议往往缺乏针对性。另外，由于国内理论界至今对私募股权投资基金的概念未形成一个统一权威性的概念诠释和特性界别，所以不同学者依据不同的理解和定义，往往会得出不同的研究结论。这种状况也导致了理论界对这一领域学术研究的混乱。

我国正处于经济全球化和金融市场一体化进程当中，在全球经济体系中扮演着越来越重要的角色，随着国际资本在全球范围内加速流动以及国内资本市场体系的不断完善，发展我国私募股权投资基金成为我国经济增长方式战略转型的内在诉求，具有广阔的发展前景。目前国内在这方面的研究还不够全面系统，对私募股权投资基金发展问题进行深入研究对我国经济发展具有重要的理论意义和现实意义。

1.3 研究目标、研究方法与本书架构

1.3.1 本书的主要研究目标

本书主要研究目标是明确私募股权投资基金在我国经济发展过程中的内生性要求和主要作用，进一步定位其在金融资本市场体系中的角色，论证我国私募股权投资基金组织模式的合理性选择，为我国私募股权投资基金在投资过程中的估值和风险控制提供解决方案，并设计规划我国私募股权投资基金未来发展取向和法律监管模式，具体目标可分为以下几点：

（1）对私募股权投资基金进行一般理论分析，明确相关概念界定；对国际私募股权投资基金的历史发展进程进行考察回顾，总结其发展历程中的经验教训，以期为我国私募股权投资基金的发展提供经验借鉴。

（2）系统回顾和考察我国私募股权投资基金的历史发展进程并作出相应的分析评价；分析评价我国私募股权投资基金的发展现状。

（3）通过对私募股权投资基金的组织形式进行深入分析，对我国私募股权投资基金的主要组织形式作出选择和评价。

（4）对我国私募股权投资基金中的估值问题进行规范及实证研究，探索一套适合于我国现实发展状况的估值方式方法。

（5）对我国私募股权投资基金所面临的风险进行系统研究，并提出风险规避和风险治理的解决方案。

（6）提出我国私募股权投资基金监管体系的总体思路。

1.3.2 本书主要研究方法

（1）运用辩证唯物主义的思考方法，辩证分析私募股权投资基金的

特性和功能，多维度分析我国私募股权投资基金的发展现状。

（2）遵循私募股权投资基金的历史发展轨迹，运用历史唯物主义的方法论，解析和考察国际私募股权投资基金的历史进程和我国本土私募股权投资基金的发展历程。

（3）运用类别比较研究方法，通过比较研究不同类型的私募股权投资基金以及国内外私募股权投资基金的异同，结合我国市场环境和法律体系，摸索符合我国国情的私募股权投资基金发展之路。

（4）采取规范性定性研究为主，实证性定量研究为辅的方法。

（5）运用案例分析法。通过实际案例解析，剖析私募股权投资基金在我国的实践操作状况。

1.3.3　本书主要内容与框架结构

随着我国经济率先走出金融危机的困局重新回到快速增长的轨道，而欧美市场却由于主权债务危机、信用评级降低等问题而复苏乏力，大批国外私募股权投资涌向中国争夺新兴市场的投资机会。与此同时我国经济依靠投资和出口拉动增长的模式难以为继，经济增长方式的战略转型和产业结构调整成为经济发展的重中之重，这一历史进程为我国私募股权投资基金的发展提供了难得的发展机遇。如前文统计数据所显示，我国私募股权投资近年来取得了飞跃式发展，在此背景下，我国私募股权投资基金的发展成为迫切需要系统研究的课题。本书从私募股权投资基金的概念界定、资本属性以及类别比较等一般理论分析入手，分析考察了私募股权投资基金的国际发展历程，系统梳理和阐述了我国私募股权投资基金的历史发展实践，客观分析总结了我国近年来私募股权投资基金的发展状况。在此基础上，本书深入探讨了我国私募股权投资基金的组织形态选择以及市场定位的明确和重构，并通过模型分析和制度设计等方法为我国私募股权投资基金投资中的估值问题和风险治理提出一系列的解决方案。最后本书系统考察了私募股权投资基金监管的相关理论和原则，并通过国别比较研究结合我国实际构建一整套适应于我国私募股权投资基金现实发展的监管体系。

第 1 章　导论。本章阐述了本书的研究背景与意义，系统介绍了国内外相关研究成果，总结归纳了本书的研究目标以及所采用的研究方法，并对本书研究的主要内容和框架结构作出简要陈述。

第2章　私募股权投资基金一般理论解释与历史溯源。本章从私募投资基金的内涵入手，将私募股权投资基金置于私募投资基金框架之内的概念群中予以观察，进而揭示其本质属性。通过对国际私募股权投资基金的历史发展轨迹的追溯和系统描述，勘定我国私募股权投资基金发展的历史坐标和发展机遇，并汲取和借鉴国际私募股权投资基金发展历程中有益的历史经验。

第3章　我国私募股权投资基金发展的历史实践与现状分析。我国私募股权投资基金的历史发展轨迹是与整个经济体制改革相辅相成的，我国创业风险投资基金的产生与我国科技体制改革和财政体制改革是分不开的。我国在私募股权领域的探索和发展也正是从创业风险投资基金开始的，并随着国际私募股权投资基金进入而逐步发展壮大。近年来随着我国经济保持持续快速增长和金融市场逐步开放，私募股权投资基金所投企业在海外资本市场陆续上市成功以及由此财富效应飞速扩散，私募股权投资基金在我国的被关注度急速上升，行业发展规模呈现出爆炸式增长，不同背景的私募股权投资基金如雨后春笋般不断涌现，我国私募股权投资基金发展进入了快车道。本章遵循历史的轨迹，系统回顾我国私募股权投资基金的发展历程，并对近年来私募股权投资基金的发展状况作出分析。

第4章　我国私募股权投资基金的组织形式选择与市场定位分析。选择何种组织形式是设立私募股权投资基金时首先要考虑的问题，能否选择一种适当的组织形式，直接关系到私募股权基金运营成本的高低，关系到对基金管理人激励效果的强弱，以及能否对基金管理人进行适度、有效的约束。本章通过对私募股权投资基金组织形式的比较研究，并系统分析各种组织形式在我国的法律界定和发展状况，指明我国私募股权投资基金组织形式的主要发展方向，最后对我国私募股权投资基金的市场角色作出分析定位。

第5章　我国私募股权基金投资中的估值分析。在私募股权投资过程中如何科学合理地对拟投资企业进行估值不仅对私募股权投资的预期收益和投资策略具有重要意义，而且也直接影响着投资的成败和效率。本章在简要评述传统估值理论的基础上，提出基于博弈情势的估值假说，通过简要的博弈模型分析了基于博弈情势的估值假说的基本原理，进而运用博弈分析、案例分析、比较分析等方法，阐述基于博弈情势的估值假说在中国私募股权投资实践中的适用性。

第 6 章　我国私募股权投资基金的风险控制与治理。私募股权投资基金是高收益与高风险的金融投资工具。从私募资金的募集，到私募股权投资，再到最后清算，各个阶段都面临着不同的风险，风险管理在私募股权投资中是极为重要的一环。在充分吸取发达国家有益经验的基础上，尽快建立起既符合国际规范，又适合中国国情的较为完善的私募股权投资风险评估与控制机制，对于私募股权投资的发展至关紧要。本章从分析私募股权投资风险的产生根源入手，揭示出我国私募股权投资基金投资过程中面临的主要风险，并通过模型设计和制度安排等方法对私募股权投资中的风险进行有效控制和治理。

第 7 章　我国私募股权投资基金监管体系的构建与完善。近年来我国私募股权投资基金飞速发展，而与之相对照的是我国私募股权投资基金的监管体系严重滞后，如何构建和完善我国私募股权投资基金行业的监管体系显得尤为迫切。本章首先对私募股权投资基金监管进行理论分析，并通过对私募股权投资基金监管模式的国别比较研究，分析探索符合国际惯例并切合中国实际的私募股权投资基金监管原则和制度体系。

1.4　本书特色与不足之处

1.4.1　本书的主要特色

（1）本书紧密结合私募股权投资基金在我国的发展现状，试图探索出适应于我国政治经济制度和金融资本市场的私募股权投资基金发展道路。书中不论是对私募股权投资基金组织形式、投资估值以及投资风险的分析研究，还是对我国私募股权投资基金监管法律体系的探讨，无不是以服务现实为基本立足点，作者在私募股权投资基金一般理论的指引下，通过分析考察国外私募股权投资基金的发展历程和运行管理模式，结合我国法律监管体系与金融市场的具体情况，为我国私募股权投资基金的未来发展方向和路径依赖作出理论探索和规划设计。

（2）本书通过对我国私募股权投资基金组织结构以及投资过程中相关问题的分析研究，以增进基金运作效率和提高基金投资绩效为考量重点，从我国私募股权投资基金的内部组织形式选择、投资估值方法评价、投资风险治理以及外部监管体系建设完善等各个角度来构建本书研究的坐标体系。

（3）本书在对私募股权投资基金理论分析探讨的基础上，通过解析我国本土发生的典型私募股权投资案例，考察和论证相关理论在我国私募股权投资基金运作过程中的适用性和现实可行性，总结分析投资案例的成败经验，为我国私募股权投资基金的实务操作开辟思路，提供经验借鉴。

1.4.2 本书的不足之处

（1）由于我国私募股权投资基金信息披露渠道匮乏，加之很多私募股权投资协议中又涉及保密性条款，因此缺乏具有系统性和针对性的行业统计数据，难以获取相关的数据样本通过实证研究方法对我国私募股权投资基金的发展状况进行定量分析。虽然本书通过规范性研究方法对我国私募股权投资基金发展的整体架构和思路作出了分析和阐述，但定量分析的相对缺失使得文中一些观点缺乏有力的数据支持。

（2）由于国内学术界对私募股权投资领域的理论研究尚处于起步阶段，针对我国私募股权投资基金发展的研究没有形成系统的权威性理论体系，所以本书对私募股权投资基金理论的创新和拓展较少，更多地从对私募股权投资基金理论的自我思考出发，对现有理论进行考察梳理，并结合我国现行的经济金融制度以及私募股权投资基金在我国的实际发展状况形成一定的理论研究架构。因此，本书的研究具有一定的片面性和主观性。

1.4.3　亟待进一步研究的问题

（1）对区域化私募股权投资基金成长市场的研究。目前国内学者对私募股权投资基金发展的研究大多以全国市场为考察范围，对区域性细分市场的研究涉及很少。对区域性细分市场进行调查研究可以进一步明晰我国私募股权投资基金的发展脉络和发展导向，寻求和培育新的潜在市场。

（2）对私募股权投资基金资金募集的市场开发与调查研究以及培育成熟投资者方面的研究。我国国内潜在资金源很多，由于国内市场投资渠道相对匮乏，加之国内利率持续低位，银行体系内的储蓄资金出逃严重，如何普及私募股权投资基金的相关知识，培育新的私募股权投资基金投资者群体，将这些社会闲置资金转变为私募股权投资基金的筹集资本成为迫切需要研究的课题。

第2章 私募股权投资基金一般理论解释与历史溯源

　　我国学术界和实务界都没有对私募股权基金的概念进行统一的界定，往往将私募股权基金与私募基金混为一谈，或将其与产业投资基金混淆，或把私募股权基金看做是对企业发展后期阶段进行股权投资的基金，而把创业投资基金排除在私募股权基金范畴之外等。由于我国各界对私募股权基金的概念理解的模糊和偏差，由此衍生出来的理论对实务的发展缺乏解释力，也就难对私募股权投资基金的发展形成有效的指导。本章从私募投资基金的一般概念界定和类别比较分析入手，并通过对私募股权投资基金的一般理论分析揭示出私募股权投资基金的本质和特有属性；通过对国际私募股权投资基金的历史发展轨迹的追溯和系统描述，勘定我国私募股权投资基金的发展的历史坐标和发展机遇，并汲取和借鉴国际私募股权投资基金发展历程中有益的历史经验。

2.1 私募投资基金的一般概念界定及分类比较

2.1.1 私募投资基金的一般概念界定

　　"私募基金"是指通过非公开方式向少数机构投资者募集的基金。

本质上私募基金仍属于信托关系，是一种以基金形式运作的信托关系。私募基金的本质包括"私募发行"和"基金运作"两个方面，国际上没有与"私募基金"严格对应的概念界定，人们习惯上把国外的对冲基金、风险投资基金和产业投资基金都视为"私募基金"，并常以对冲基金为代表，作为参照、比较的对象来与中国私募基金进行对比。

（1）国外对私募投资基金概念的界定

虽然各国基金法或相关立法中都有"私募"的概念，但没有明确"私募基金"的概念，因此，明确私募基金定义是我国投资基金立法的核心问题。为此，本书要考察国外发达市场中私募基金和私募发行的构成要件。

美国法律中有"私募发行"和"私募发行豁免"的概念。"私募发行"指的是在《证券法》中第4（2）节规定的"不涉及任何公开发行的发行与交易"。可见是否公开发行，是判断是否是私募发行的核心要件。由于"公开发行"的概念需要进一步解释，1935年美国联邦证券交易委员会对私募发行构成要件发表了总结性意见，即通常向25人以下发行的证券不认为是公开发行。自此，判断是否是私募发行的依据是以受发行人数为标准的，若想获得自动豁免权则不能超过该底线。在进行注册豁免时，受发行人数量并非决定性的因素，而是应考虑综合性因素：①发行单位的数量；②受发行人与购买者的数量，以及他们之间的关联关系；③发行的方式；④发行的规模；⑤投资者成熟与否。将以上因素进行分析归类，可以发现"私募发行"的构成要件主要有以下两个：

第一，发行对象，即投资者是否成熟老道。之所以对私募发行进行注册豁免，是因为投资者需要相对成熟老道，具有一定的风险判断力，具有投资人所需要的金融知识及经验，无需借助注册制度来加以保护。

第二，发行方式，即是否公开发行。除了投资者是否成熟老道之外，其他因素实际上性质是相同的。私募基金是否是非公开发行，取决于发行人与购买者之间的人数、发行机构数量和发行规模等因素，其发行方式关系到是否属于公开发行的认定，将公开的范围、程度及方式进行综合认证后，就可以判断其发行是否属于非公开发行。只要此类证券发行主体是针对成熟的投资人，并以非公开发行方式进行，就可认定为私募发行，并自动享有注册豁免。

日本私募发行同样有两个构成因素：一是发行对象的数量；二是不允许向合格的机构投资者以外的人或其他社会公众转让其购买的有价证券。

日本《证券交易法》第2条第3款以及《证券交易法实施令》第1条所指的"公募"，原则上是指对50人以上的公众所实施的购买劝诱，使其申购有价证券的行为。依此推定：①对50名以内的投资主体所实施的劝诱，则应当属于"私募"范畴。②劝诱的对象如果只是合格的机构投资者，且没有向除此之外的公众转让之嫌的情况下即使对50名以上的主体进行劝诱，也不应属于公募范畴，则无需申报，这种募集称为"职业私募"。③在面向少数主体发行的场合，证券通过转卖，而由更多主体购买时，即使是对不满50名对象进行劝诱，也应属公募发行，必须申报备案。相反，只有在劝诱申购对象不满50人时，且不必担心受发行人或购买人向其他多数人转让的情况下，才属于私募发行，这种基金被称为"少数人私募"。可见日本的私募发行对职业私募和少数人私募的规定非常详尽。

综观美国、日本相关规定，私募基金的构成要件包括发行对象（即投资者）的成熟度、非公开发行方式。至于投资者的人数，以及他们之间的关联、基金发行的规模、方式和数量等，只是作为判断基金是否属于非公开发行的标准，不作为构成要件考虑。

（2）国内学者对私募投资基金内涵的界定

目前我国学术界对"私募基金"的定义主要有以下解读：

曹凤岐认为，"私募基金"是指"经有关主管部门批准或登记备案、具有特定募集对象和特定投资领域的基金"，但中国目前尚无有关部门批准或核准，明确以私募方式设立的主要投资于证券市场的、冠以"基金"名称的基金，也没有专门针对纯"私募基金"的法律和相关制度，因此所有自称为"私募基金"的基金都不是以法律程序设立的。至于在工商部门登记注册的各类咨询公司、理财工作室等机构，依据上述观点，不能认定为是真正意义上的私募基金。厉以宁认为，私募基金实质上是相对于公募基金而言的一种定向基金。按募集方式来划分，投资基金可以分为公募、私募两种。公募是指向社会公开招募，并向社会公众发布信息；私募可称为非公募，指的是向特定对象募集，只向特定对象发布信息，而不得向社会公众或非特定人士发布信息。还有的学者认为，"私募基金"其实质就是一种"地下基金"，是一种非公开化宣传的，私下向特定投资人募集资金进行的一种集合投资。私募基金有两种方式：一是基于签订委托投资合同的契约型集合投资的基金；二是基于共同出资入股，成立股份公司的公司型集合投资基金。

一般认为，私募基金是相对于公募基金而言的，是以非公开方式发行的，向特定投资对象募集资金而形成的投资基金，即私下直接向特定机构或自然人募集的资金。私募基金有时也被称作"直募基金"或"定向基金"。由于私募基金的销售和赎回过程都是通过基金管理人与投资者私下协商交易完成的，因此它又被称为"向特定对象募集的基金"。

2.1.2　私募投资基金分类及与公募投资基金的比较分析

（1）私募投资基金分类

第一，按照基金种类划分，可分为证券投资型私募基金、产业投资型私募基金、风险投资型私募基金。

①证券投资型私募基金。这类基金是以投资证券以及其他金融衍生工具为主的基金，国外知名的老虎基金、量子基金、美洲豹基金等对冲基金都属此类。这类基金基本上是由管理人自行对投资策略进行设计。发起设立为开放式私募基金。此类基金可根据投资人的需求结合对市场发展的预测，适时调整投资组合或转换投资概念，投资者也可按基金净值赎回。它的优点是可以根据投资人的要求进行投资组合，资金相对集中，投资管理过程比较简单，能够大量使用财务杠杆和各种形式来进行投资，收益率相对较高。

②产业投资型私募基金。该类基金以投资产业为主。由于基金管理者对某些特定相关行业，如信息产业、健康产业等有广泛和深入的人脉资源，它可以以有限合伙制的形式发起设立产业类的私募基金。管理人只是象征性支出少量本金，大部分资金来源依赖募集。管理人在获得投

资收益的同时，同样需要承担无限责任。这类基金一般有 7~9 年的封闭期，期满时一次性结算。

③风险投资型私募基金。它的投资对象主要是处于创业初期、成长期的中小型高科技企业的股票，用以分享它们高速发展成长所带来的高收益，特点是投资回收周期长、收益高。

第二，按照组织形式划分，可分为契约型私募基金、信托型私募基金、合伙型私募基金以及公司型私募基金。

①契约型私募基金。这类基金是目前最为普遍的私募基金交易方式，此类组织形式基金管理人通常以投资咨询公司、投资管理公司、投资顾问公司和理财工作室等名义存在，通过与投资者签订委托协议，向投资者提供委托理财服务，契约关系一旦成立，迅速形成依赖社会关系和商业信誉等来募集的资金。契约型私募基金具体分为两种：一种是委托资金所有权发生转移，一种是委托资金所有权不发生转移。在第一类情况下，实际的契约关系实际上具备了信托的特征，容易被司法机关误认为是非法集资，甚至会产生刑事责任。在第二类情况下，投资者授权基金经理进行具体操作，双方的委托关系只是平等主体间的民事委托代理关系，在运作程序上较为复杂，无法形成规模效应，有可能出现道德风险与法律风险，在司法实践与法律规定对保底收益条款的认定上，具有不同的解读。有学者认为，此时扰乱金融秩序应认定为无效；有学者认为，应当尊重双方契约自由而认定有效，从而给各方权益当事人的利益保护增加了不确定性。

②信托型私募基金。此类私募基金的运作方式比较规范，风险高。根据信托契约来明确投资人、管理人以及信托人三方之间的权利义务。在这类基金中，投资人投入资金，管理人负责基金的具体操作，托管人保管信托财产，同时密切关注管理者对基金的运作。此类基金通常是以机构基金为投资主体，基金的操作不向社会公众公开，也不必向监管部门报告。

③合伙型私募基金。在此类基金关系中，投资者、管理者共同出资，管理者负责日常运作，投资者不参与也不干预基金运作，仅收取收益。修订后的《合伙企业法》明确规定了有限合伙制，为有限合伙型的

私募基金提供了契机。投资者能够以有限合伙人身份投入资金并承担有限责任，而基金管理人则以少量资金介入，成为普通合伙人并承担无限责任，关系明确。客观上，基金管理人承担无限连带责任，实际是法律对投资者利益作出保护的举措。同时，取消了对合伙企业重复征税的制度，使得私募基金中的个人投资者可以合法享有证券投资收益的免税政策，符合私募基金投资人的共同利益。

④公司型私募基金。公司型私募基金是按照公司法组织起来的，其资金来源主要是企业和其他机构法人。由于企业的闲置资金一时未找到合适的产业投资项目，加之银行利率低，自然把目光投向灵活性强、保密性好、投资回报高的私募基金。公司型私募基金有完整的公司架构，基金运作和管理较为正式和规范。

第三，按照开放程度分类，可分为开放式私募基金、封闭式私募基金以及半开放式私募基金。

①开放式私募基金。开放式私募基金分为上市型开放式私募基金和特殊型开放式私募基金。上市型开放式私募基金是指在基金发行结束后，投资者既可以在指定网点申购与赎回基金份额，也可以在交易所对该基金进行买卖，投资者可以随时买入和赎回基金单位的一种金融投资方式。开放式私募基金面对的是庞大的后续服务体系，成本高，难度大，因此在实际操作中，采用完全开放性质的私募基金所占比例较小。

②封闭式私募基金。其又称为"固定式证券投资基金"，指基金的发起人在设立基金时，限定了基金单位的发行总额，在预定数额发行完毕后，在封闭期内基金不再接受新的投资的证券投资基金。从组合特点来说，它具有股权性、债权性和监督性。此类私募基金成立后，一般有较长的封闭运作期，封闭期内，投资者和基金管理人均不得进行基金单位的买卖，便于其稳定地对外进行投资。

③半开放式私募基金。这类私募基金介于开放式私募基金与封闭式私募基金之间，封闭形式是指私募基金成立后每间隔一段时间才允许投资者进行基金份额的买入或赎回；或者是基金成立后投资者可以随时购买基金份额，但只有在特定的时间才允许赎回；或投资者可以随时赎回基金份额，但只在规定的时间内允许买入。半开放式私募基金既有利于

规模的扩张，又比较容易运作，具有一定的优势。

（2）私募投资基金和公募投资基金的比较

第一，募集方式不同。私募基金的募集方式非公开，而公募基金的募集为公开式。私募基金无需经过政府主管部门的审批即可成立，也不能利用人和大众传媒做广告进行宣传，投资者参与私募主要通过以下途径：认识私募基金管理人的直接投资；机构投资者的间接投资；私募基金研究机构提供相关的信息等。公募基金的募集，需要符合法律规定的条件，并依法由有关部门进行审核批准。

第二，募集对象不同。私募基金的募集对象为特定少数群体，是资产规模较大的、具有一定风险承受力的个人或机构投资者。而公募基金的募集对象为不特定的多数群体。在此方面，私募基金就像"富人投资俱乐部"，而公募基金则像"百姓投资俱乐部"。依据美国《证券法》、《证券交易法》、《投资公司法》及《全国证券市场改进法案》，在岸基金的投资者不能超过500人。被认为合格的基金投资者需满足一定的净值标准，不包括汽车、房屋家具，资产至少达到500万美元，需满足年收入标准（即在过去的两年中和本年度，以个人名义参加者，个人年收入至少要达到20万美元；以家庭名义参加者，夫妇年收入至少要达到30万美元），同时，每个投资者的出资额不得少于100万美元。

第三，信息披露要求不同。私募基金对相关信息披露要求相对宽松，私募基金通常间隔半年或一年私下公布投资组合及收益，无需披露财务及资产状况，除非在某些情况下为了提供为其他目的所准备的财务报表外，不少基金公司从未为投资者准备任何书面材料，操作极其隐蔽。而公募基金涉及众多中小投资者利益保护的问题，因此政府对其信息披露自然有非常严格的标准，信息公开透明，监管严厉，公募基金的投资目标、投资组合等经常要对公众进行披露。

第四，操作手法及服务方式不同。私募基金采取"量体裁衣"式，投资决策主要体现在满足投资者的意图和要求上。公募基金采取"批发"式，投资决策主要取决于基金管理公司的风格和策略。公募基金的操作策略较为单纯，有"买且持有"的特点，极少使用杠杆交易，投资者在很大程度上依赖于原生资本市场价格的变动所产生的收益。而私募基金的操作模式相对灵活，估值加博弈，没有短期的利润指标和确定的资金投资限制，在投资工具、财务杠杆、投资策略等各个方面也没有限制，私募基金可以投资金融衍生产品等多种类或以管理资产做抵押从事的借贷，具有杠杆交易的利益最大化效应。

第五，报酬激励机制不同。公募基金管理人提取管理费一般按照所管理基金的一个固定比例，用以支付雇员薪酬，不收取"业绩报酬"，这使得公募基金的管理人没有去追求绝对收益的足够动力。而私募基金一般采取与业绩挂钩的薪酬激励机制，基金管理人的收益完全取决于其投资收益，通常采用累进的管理费提取机制，以此来激励私募基金经理追求业绩的动力，如除按基金年净资产值 1% 提取的管理费外，还要加上年投资纯利润 20% 左右的红利提取。由此，私募基金相对于公募基金具有分配机制的优势。相关资料显示，国外已有部分公募基金开始借鉴私募的激励模式。目前中国尚未允许公募基金高管投资自己的 PE，笔者呼吁公募基金制度设计可借用这种红利分配机制，制定出适合公募基金管理人与投资人风险共存的价值条例。

比较上述，私募基金相对于公募基金具有以下的优势：

第一，私募基金面向特定群体，其投资目标具有针对性，其产品服务根据客户的资本实力量身定做，其发行价格在某种程度上可以有效规避证券市场波动的影响。

第二，私募基金发行的行政审批程序简单，不像公募基金那样严格详尽。私募基金具有超强的灵活性，它无需注册，无需依赖于券商承销，成本低廉，体现了中小企业融资的便利性。而公募发行成本高昂，中小企业无法承受，一旦破发，原本急需融资的企业在经济上便会惨遭资金断裂。

第三，监管宽松。首先，如果私募基金没有向合格机构投资者以外的人进行再转让，即使对 50 名以上的人进行劝诱，也无需进行登记注册。其次，准入后，对私募基金实行谨慎监管，要求较为宽松。再次，信息披露方面，私募基金无需向公众定期披露详细的投资组合，一般只需半年或一年私下公布投资组合及收益即可，政府对其监管较公募基金宽松，隐蔽性强，收益率高。

但犹如货币的两面性，私募基金同时也存在欠缺：

首先，由于私募基金受到政府监管相对宽松，而且缺乏透明度，极易出现内幕交易、操纵市场等违规行为，集合资金优势炒作概念股、能源股、IT 股等之类，不利于保护基金持有人的利益，如金融市场利好能获取较高收益时，可能会蕴藏着基金管理人的道德风险、代理风险与投资风险等。

其次，通过私募基金方式发行的基金证券，此类证券通常数量不大，锁定期较长，流动性较差，不能上市交易。

2.2 私募股权投资基金的概念释义及一般理论

2.2.1 私募股权投资基金的概念

私募股权投资基金属于私募投资基金的一般范畴，其投资的资本属于私募股权资本（private equity，PE）。私募股权资本又称非公开权益资本，是指通过私募基金形式对私有企业，即非上市企业进行的权益性投资，在交易实施过程中同时考虑了将来的退出机制，即通过上市、并购或管理层回购等方式，出售持股获利。

目前关于私募股权投资基金还没有一个统一的、完整的定义，各国对私募股权投资基金的定义稍有差别。美国风险投资协会（NVCA）认为私募股权投资基金是涵盖所有为企业提供长期股权资本的私募基金，其中包括创业投资基金和非创业投资基金。而欧洲私募股权投资与创业投资协会（The European Private Equity and Venture Capital Association，EVCA）、我国的香港风险投资协会（HKVCA）和我国的台湾风险投资协会（TVCA）则将私募股权投资基金与创业投资基金完全等同起来。

欧洲私募股权投资与创业投资协会将"私募股权投资"定义为：为非上市企业提供股权资本，可用于开发新产品和新技术、增加运营资本、收购，或改善企业的财务状况，也可用来解决所有权和管理问题，例如家族企业的持续经营或管理层收购。严格地讲，创业投资（venture capital）是私募股权投资的一个子集，是指对创建、早期发展或扩张阶段的股权投资。

著名评级机构标准普尔对"私募股权投资"的定义是："私募股权投资是各种另类投资（alternative investment）的统称，包括对非上市公司的股权投资、创业投资、较大规模和中等规模的杠杆收购、夹层债务和夹层股权投资（mezzanine），以及房地产投资等；此外，私募股权投资还包括对上市公司进行的非公开的协议投资（private investment in public equity，PIPE）。"私募股权投资除了投资对象主要是非上市交易股权外，还有不同于其他投资活动的两个显著特点：一是私募股权投资最终要通过退出获得投资收益；二是私募股权投资在为企业提供资本的同时还要对被投资企业实施密切的监督与必要的辅助支持，通过调整企业发展战略、改善公司治理等策略提升企业价值。

广义的私募股权投资基金是指包括投资于企业 IPO 前各阶段的权益资本，即对处于种子期、初创期、发展期、扩展期、成熟期和 Pre-IPO 各个时期的企业所投资的资本，按照投资的各阶段可划分为创业资本/风险资本、发展资本、收购资本、夹层资本、重振资本、Pre-IPO 资本以及针对上市公司进行投资的非公开的协议投资等等。除权益性资本外，另有如投资于不动产或不良债权等债权性及实物资产的资本。与广义的私募股权相对应的是公众股权，二者的本质区别在于，一般情况下，准备进行私募股权融资的公司只向按照一定条件筛选的有限的潜在投资者披露相关信息，并且法律对这些投资者的资格有着明确、严格的规定。狭义的私募股权投资基金通常指上市前融资，即向发展已经比较成熟、准备在未来几年内进行 IPO 的企业进行的股权投资，通过被投资企业未来的 IPO 推出来获取投资收益。另外也会以那些陷入经营困境的上市公司为目标，取得这类上市公司的主导权，然后通常会将之私有化，经改造后再重新上市获取投资收益，主要是指风险投资后期的私募股权资本，而这其中收购资本和夹层资本在资金规模上是占比例最大的一部分。在我国，私募股权投资基金多指狭义的私募股权投资基金，以与创业投资基金（VC）相区别。从投资特征来看，私募股权投资是以股权形式为主的一种高投入、高收益、高风险的投资，其核心理念是令投资的资产增值，然后将这部分资产卖出，以从中获取投资收益。

2.2.2 私募股权投资基金的资本形态及类别特征

（1）私募股权投资基金的资本形态

私募股权资本分为自然形态的私募股权资本和有组织形态的私募股权资本。自然形态的私募股权资本主要是指投资于企业种子期和初创期的风险投资，也叫天使资本；组织形态的私募股权资本是指以契约或公司形式及其他在法律框架下建立的私募股权投资机构，包括合伙人组织管理的私募股权资本。20 世纪 40 年代创业型基金开始形成，以创业资本为主体的私募股权资本也由非集合形态进入到集合形态，至此私募股权资本进入组织化时代。

（2）私募股权投资基金的主要类别及特征

私募股权基金是一种以组织化、专业化为特征的私募股权投资形式，经由专业投资中介进行投资管理，投融资实现组织化、专业化，有较为成熟的运转机制。

①风险投资。风险投资简称 VC，广义的风险投资泛指一切具有高风险、高潜在收益的投资；狭义的风险投资是指以高新技术为基础，生产与经营技术密集型产品的投资。它通常投资于初创或经营时间较短的企业，并以高科技企业为主。风险投资一般不会对创业公司进行控股，投资额通常占公司股份的 10%~25%。从投资行为看，投资期内的核心目标是促使高科技成果尽快商品化、产业化，以便最终通过上市、并购、管理层收购等手段收回投资。风险投资风险大，失败率极高，但投资的项目一旦成功，则往往收益率也极高。

②发展资本/直接投资基金/增长型基金，即狭义的私募股权投资基金，投资处于扩充阶段企业的未上市股权。这类企业通常要求是传统产业中高速增长的，在行业内具有极强竞争潜力的，并且要求具有稳定的现金流和良好的治理结构。直接投资基金投资额与风险投资相当，约为公司股份的 10%~25%，一般不以控股为目标。并且，它也是通过对企业提供增值服务以期借助企业上市、并购或股份回购来收回投资。如上所述，直接投资基金，与通常所称的"私募基金"不是同一个概念，私

募股权基金主要指以私募形式投资于未上市的公司股权，而通常所说的"私募基金"则主要是用来区别共同基金等公募基金，指的是通过私募形式，向投资者筹集资金，进行管理并投资于公开证券市场（多为二级市场）的基金。

③收购基金。收购基金主要是收购发展较为成熟的企业，然后对其进行重组，改善经营，使其增值后再出售或上市，以获取投资收益。与其他类型投资不同的是，收购基金往往先要取得企业的控制权，然后运用其丰富的企业运营经验，全球市场协调能力，整合企业资源，改善企业经营状况，从而提升企业价值，如有必要收购基金时会更换管理层。收购基金参与的交易大都是 10 亿美元以上的大规模交易，且往往采取杠杆收购的方式。在国际并购市场上，每年都有大量收购基金参与MBO 和 MBI。

④夹层基金。夹层基金的投资是指在风险和回报方面，介于优先债权投资和股本投资之间的一种投资形式。夹层投资类似于过桥贷款，一般采取债权融资的方式，并带有一定的可转换证券或认股权证等权益资本性质，是债权与股权的综合。按照资本结构的杠杆程度高低划分，夹层资本的地位处于高级债和股权之间，次级债在难以预料的市场波动中由于其微弱的股权性质得到少量的利益保障，因此夹层基金主要是通过获得比高级债更高的回报率来平衡其风险。但由于股权参与成本和利息支付都要由股权所有者承担，因此如果在竞争非常激烈的杠杆收购环境中，夹层基金和其他债权投资者都将很难有竞争优势。夹层基金主要投资于已完成的初步股权融资，准备公开上市，即 IPO 过程中的企业，手续相对简捷，投资决策反应时间相对快。对于公司和股票推荐人而言，夹层投资通常提供形式非常灵活的较长期融资，这种融资的稀释程度要小于股市，并能根据特殊需求作出调整，而夹层投资的付款事宜也可以根据公司的现金流状况确定。

2.2.3　私募股权投资基金的基本运作机制及投资流程

（1）私募股权投资基金的基本运作机制

简单来讲，私募股权投资基金的基本运作机制由筹资和投资两大环节构成。私募股权投资基金通过募资市场从机构投资者或个人投资者中募集投资资金组成基金资产，再通过私募股权投资市场搜寻和运作股权投资项目，完成投资退出后将投资收益按约定分配给投资者和基金管理者。一般情况下，一只私募股权投资基金的存续期为7至10年，到期之后清算基金资产返还给原始投资人，再募资组建新的投资基金。

（2）私募股权投资基金的一般投资流程

通常情况下，私募股权投资基金的投资流程可分为五个阶段：搜寻与筛选投资项目、投资项目尽职调查及项目评估、投资决策、投资项目管理与监控以及投资项目退出。具体的投资流程如图2-1所示。

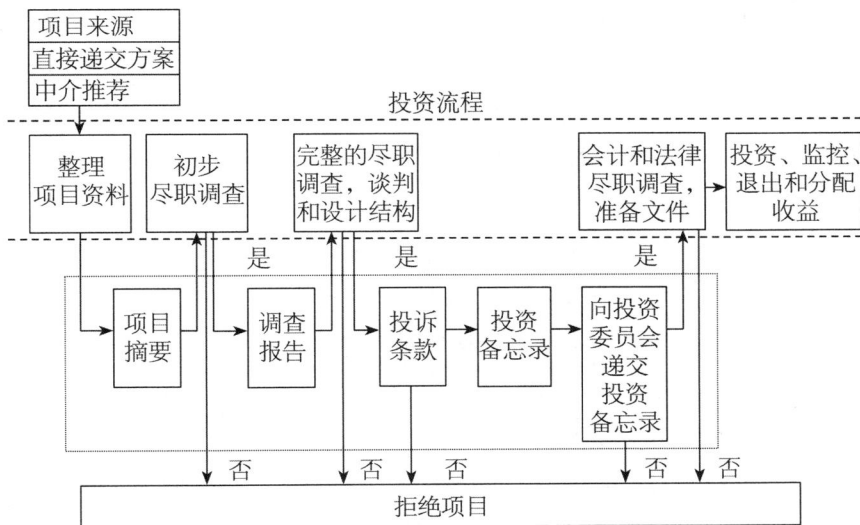

图2-1 私募股权投资基金的投资流程图

①搜寻与筛选投资项目。

私募股权投资一般投资周期较长、流动性较差，高收益与高风险并存，因此私募股权投资基金在选择投资对象时都较为谨慎，对投资对象的各个环节都有比较高的考察标准。通过对投资对象筛选和进行基本考察后，才会锁定拟投资企业，进入下一个投资环节。

首先，投资目标企业需要有优秀的管理团队和研发人员。拟投资企业管理层不仅要具有相关的专业知识和技能，而且还要具有战略眼光，能够为企业设计和规划正确的发展方向和合理的业务布局，同时还要具有较强的执行力，能够有效地实施企业的战略规划，使企业高效运转。此外拟投资企业还要拥有优秀的研发团队，具有较强的自主创新能力，能够为企业打造核心竞争力，培育新利润增长点，使企业具有可持续性赢利能力和发展潜力。

其次，投资目标企业运营规范和企业所处行业成长性较好。私募股权投资基金会从法律和财务风险的角度对拟投资目标企业进行考察，如相关知识产权和专利权手续是否完备、是否涉及民事纠纷或诉讼、企业产权归属是否明晰、是否存在违法经营行为等等。同时，拟投资企业所处的行业应成长性较好，具有广阔的市场前景，受国家政策的扶持。不同的私募股权投资者或对行业选择各有侧重，但考察标准基本一致。

最后，投资目标企业价值增值预期强、成长速度快、发展空间大。私募股权投资基金投资项目的最终目的就是能够在一定时限内完成投资项目退出，获取投资收益。所以，在考察投资对象时，一般要求企业具有较快的复合增长率，成长空间大，企业价值增值预期强，内部股价估算合理，最好具有3~5年内公开上市的可能性。

②投资项目尽职调查及项目评估。

私募股权投资基金根据上述标准对搜寻到的目标企业群经过初步审核和筛选后，将不符合投资标准的投资项目排除，对剩余的拟投资目标企业开展详尽的尽职调查和项目评估。私募股权投资基金会收集拟投资企业方方面面的材料和数据，同时聘请会计事务所、律师事务所、财务人员以及相关行业专家对拟投资目标企业的运营状况、财务状况、股本结构、产权归属、核心技术、自主创新和研发能力以及管理系统等进行通盘考察，建立相关的数据模型和财务模型，量化考察对目标企业的投资额度和投资计划。

一般来讲，投资项目的尽职调查内容和评估体系主要包括：拟投资目标企业的商业规划、企业团队结构和能力、企业技术可行性和市场发展前景、财务数据分析和企业风险检测等方面。

第一，评估拟投资目标企业的商业计划书。评估拟投资企业商业计划书的现实可操作性和市场预期。

第二，考察拟投资目标企业的运营管理团队和技术人员构成。私募股权投资很大程度上是对人的投资，投资即是投人，这已成为行业共识。通常私募股权投资者宁可选择投资拥有优秀运营管理团队和二流技术的企业，也不愿选择技术一流但运营管理紊乱、执行力差的企业。因此，对拟投资企业管理团队的考察至关重要，私募股权投资者一般会对管理运营团队的人员构成、团队协作能力、知识结构与专业技能、企业管理能力、技术研发能力、个人素质等各个方面进行综合考察和判断。

第三，考察拟投资目标企业的核心竞争力和技术可行性。私募股权投资基金投资的目标企业一般为有较强成长预期的创新企业，拥有专有技术才能打造出核心竞争力，是否拥有核心技术以及其是否具有市场前景很大程度上决定了其企业的内在价值。私募股权投资者一般会从企业技术的专有性及产业化、市场化的预期，技术研发团队的稳定性等方面来考察企业的核心竞争力。

第四，评估拟投资目标企业的市场发展前景，重点考察拟投资企业的现有客户群和潜在市场消费主体、行业竞争状况、产品的平均成本和销售状况、产品价格和市场需求的关系、产品持续创新升级的能力、新产品的市场反应等。

第五，评估和分析拟投资目标企业的财务状况。通过考察研究企业财务报表、构建财务数据评估模型、分析工商和银行等机构提供的相关材料等综合判断拟投资企业的财务状况。

第六，评估拟投资目标企业面临的各类风险。私募股权投资机构会设计企业风险预测评价体系，对企业面对的各种风险（如市场风险、财务风险、技术风险、管理运营风险、政策法律风险等）对企业发展的影响进行评估。

第七，预期退出渠道和方式，主要考察拟投资企业 3~5 年内公开上市的可能性、内部股价估算、产权交易的可行性等。

③投资决策。

在对拟投资目标企业作出详尽的尽职调查和评估之后，私募股权投资基金会根据拟投资目标企业的尽职调查报告和相关评估结果对是否进行投资作出最终抉择，并就何时投资、投资方式、投资规模等一系列问题与拟投资目标企业进行磋商，如果双方能够达成一致，则共同签署私募股权投资协议完成投资交易。一般来说，双方磋商的股权投资协议条款以及具体内容应包括：公司估值、股权交易价格及股权比例；投资方式与投资周期；董事会组成结构、席位以及表决权；公司的发展战略规划和预期成长速度；双方在企业管理运营中的责权与义务、拟投资退出方案和计划等。

由于作为投资方的私募股权投资基金与作为融资者的被投资企业双方利益基础和关注重点各有不同，所以往往在一些具体的合同条款上，尤其是股权交易价格等方面难以达成一致，这时就需要聘请一些律师事务所、会计师事务所或资产评估事务所等机构作为独立第三方进行协调，双方最终达成一致后共同签署股权投资协议书，私募股权投资基金负责人员根据投资决策委员会审批的股权投资协议条款清单完成具体的投资交易程序，由此便进入了私募股权投资的投资项目监控和管理环节。

④投资项目管理与监控。

完成股权投资交易后，私募股权投资基金会对被投资企业进行跟踪监控与管理，利用其专业知识、经验以及广泛的社会资源帮助被投资企业健康成长，快速实现企业价值的增值。他们通过股东大会参与被投资企业的重大战略决策，通过董事会席位优化被投资企业的内部管理和组织效率，通过监控约束投资企业管理层行为，有效化解委托代理关系等等。具体来讲，私募股权投资基金对被投资企业的管理和监控表现在以下几个方面：

第一，通过股东大会参与被投资企业重大战略规划和其他重要事项的决策。由于私募股权投资基金的最终目的是完成投资退出获取投资收益。所以，他们在进行股权投资时一般不谋求对被投资企业的控股权，但他们会就有关事项召集股东大会，要求被投资企业向股东大会披露公司内部信息和经营状况，同时就被投资企业的发展战略规划进行探讨和协商，为被投资企业提供战略咨询和建议。此外，还会通过股东大会聘请会计师事务所定期审核被投资企业的财务状况和投资资金使用状况。

第二，通过拥有董事会席位介入董事会，监控企业管理运营状况。为了有效监控被投资企业运营管理状况，私募股权投资协议中一般会明确规定，私募股权投资基金作为外部董事占有董事会席位，并拥有一票否决权（对被投资企业的表决权不受其投资股权性质和形式的制约，无论是以普通股、可转换优先股、可转化债券，还是以其他形式进行的股权投资均可拥有相同的董事会表决权）。私募股权投资基金介入董事会，能更好地发挥董事会作用，优化被投资企业内部治理结构。私募股权投资机构有着良好的专业背景和培育企业成长的深厚经验，他们通过设计合理的期权激励计划和绩效考核标准，提高被投资企业运营管理团队工作效率和管理效率，通过监督被投资企业内部财务审核，有效降低运营成本，通过广泛的社会关系降低被投资企业的外部运营成本等。

第三，通过管理层雇佣条款，控制被投资企业管理层的不当行为。被投资企业管理层一般拥有公司的控股权，为了有效控制被投资企业管理层行为所引致的经营风险，私募股权投资协议中通常会设计管理层雇佣条款（通常会涉及在一定情形下回购公司股份、解雇、撤换管理层等内容）。有时被投资企业管理层可能会基于自己的本位利益作出有碍企业规范发展的行为，例如急于提高企业增长率，投资高风险的项目；变相侵吞公司财产、发展裙带关系等，私募股权投资基金通过管理层雇佣条款，限制和约束管理层的不当行为，促进公司的健康规范发展，有效降低运营风险和代理风险。

第四，通过反摊薄条款，控制追加投资，防止股权过度稀释。一般创业企业在成长过程中都会经过多轮私募融资，通常先期进入的私募股权投资基金为了防止对被投资企业控制权的过分稀释而导致话语权降低，会对后续追加投资加以严格控制，对在何种条件下才可以进入下一轮融资以及引入新私募投资机构的条件和资质等都有设定。

⑤投资项目退出。

如前所述，私募股权投资基金进行股权投资的终极目标就是完成投资项目的市场退出，从而获取投资收益。是否成功完成投资项目的市场退出直接决定着投资的成败，影响着私募股权投资基金的运营绩效和市场声誉。投资项目的退出方式主要包括公开上市退出、兼并收购（M&A）、股权协议转让、公司股份回购等，一般公开上市退出被认为是投资收益最高的市场退出方式。不同市场退出方式以及相应的投资收益率比较见表 2-1。

表 2-1 私募股权投资基金退出方式比较

退出方式	特点	资本变现及回收
公开上市（收益最佳）	优点：高收益、有利于企业再融资 缺点：费用高、程序繁琐、风险大、退出时间长	公开上市一定时间后，发起人股票禁售期解冻，依据市场表现适时出售股份变现
股权协议转让（较为普遍）	优点：方便快捷、费用低 缺点：收益较上市小，不易找到合适的收购	在一级市场或场外交易市场转让给其他投资者或在企业被兼并收购时出售股份回收资本和收益
股份回购（按约定，特殊方式）	公司有一定的收益保证，但收益较低	企业没达到上市条件或出现私募股权或原股东按约定条件购回
破产清算（投资失败方式）	尽可能将损失降到最低	当企业无法存续或存续下去没有意义时，申请破产清算，回收投资

A. 公开上市退出。被投资企业经过一定年限的运营发展，达到上市标准后，私募股权投资基金会展开相关工作将被投资企业推广到各地资本市场公开上市。通常被投资企业公开上市后一段时期，私募股权投资基金所持股份处于锁定期，不得在公开市场出售，等锁定期解冻之后，私募股权投资基金会根据当时公司股票的市场表现以及对公司未来价值的预估全部或部分出售所持公司股份，将投资收益变现，获得资本流动和增值。一般来讲，公开上市退出都会获得高额的投资收益，如红杉资本对雅虎公司的私募股权投资，到雅虎公开上市后其获得了几百倍的投资回报。公开上市退出的缺点就是投资周期比较长、费用高、程序繁琐、投资风险也相对较高。

B. 股权协议转让。股权协议转让是指私募股权投资基金将所持有的被投资企业股份通过签署股份转让协议以协议价格过渡给其他私募股权投资机构。

C. 回购公司股份。回购公司股份是指在一定期限后，被投资企业的管理层或创业者依照约定价格赎回部分或全部私募股权投资基金所持有的公司股份。这种方式的优点在于股权和债权相结合，投资风险由私募股权投资基金与被投资企业共同承担，同时，在私募股权投资基金的帮助下创业企业发展壮大后，创业者也乐于购回公司股份，加强对企业的控制权。

D. 破产清算。当企业无法存续或存续下去没有意义时，申请破产清算，回收投资。

通过上述介绍可知，私募股权投资基金的一般投资流程经历了搜寻与筛选投资项目、投资项目尽职调查及项目评估、投资决策、投资项目监控与管理以及投资项目退出等五个阶段，涵盖了由价值发现到价值增值的全过程，只有各个环节操作规范、配合得当，私募股权投资才能最终取得成功。

2.3　私募股权投资基金的经济学分析

2.3.1　基于信息不对称及委托代理理论的分析

（1）私募股权投资基金与所投资企业的管理者之间的委托代理关系分析

私募股权投资，即投资者作为委托方，将资金委托于代理方——企业管理者进行企业的经营管理。在此，投资者不参与日常经营，投资者与企业管理者之间是一种委托代理关系，二者间存在信息不对称及委托代理问题。通常解决这些问题采取的激励机制是使管理层持有一定股份，使得外部股东的利益与管理层的目标能够很好地吻合，在公司经营不善时，投资人有权更换管理团队，以对管理者施加约束机制。其减小了因私募股权投资者与所投公司的经营者具有利益上的冲突带来的行为上的分歧，从而很好地解决了信息不对称和委托代理问题，因此私募股权投资具有其他公众投资所不可比拟的优势。

（2）有限合伙人与普通合伙人之间的委托代理关系分析

有限合伙制的治理结构，即有限合伙人作为委托方，将资金委托于代理方——普通合伙人进行投资管理。有限合伙人不参与日常经营，有限合伙人与普通合伙人之间构成一种委托代理关系，二者间同样存在着信息不对称及委托代理问题。解决渠道主要有针对普通合伙人的激励机制和约束机制，以及针对有限合伙人的保护机制等。

①针对普通合伙人的激励机制。

针对普通合伙人的激励机制解决有限合伙人与普通合伙人之间的信息不对称及委托代理问题，主要是由于有限合伙人不参与日常经营，更换普通合伙人又非常困难的现实困境。该激励机制对管理费和业绩报酬有不同的设计原则。管理费的基本设计原则是保证基金日常开销收支相抵，没有过多余额。而业绩报酬则与基金投资收益直接挂钩，其比率远高出其他种类的基金，从而激励普通合伙人为获得较高的业绩报酬努力提高基金收益，而不是将管理费作为主要的收入来源。

②针对普通合伙人的约束机制。

针对普通合伙人的约束机制主要是针对普通合伙人的约束，包括前文提到的终止条款以及各种投资规则的设置，以及普通合伙人的投资记录和信誉等。

③针对有限合伙人的保护机制。

针对有限合伙人的保护机制包括法律使有限合伙人既可以积极地介入和控制合伙事务的管理，也可以同时享有有限责任的保护；具有重大事项（如新合伙人的加盟、普通合伙人对其基金份额的出售等）参与及审批权的顾问委员会的设立等。

事实上，大多数私募股权投资协议都表现出很强的内部利益的一致性，而非委托代理问题所存在的严重利益冲突问题。普通合伙人与有限合伙人以共同投资主体的身份出现在投资决策中（特别是对普通合伙人），而非纯粹的代理关系，双方共同投资使得合伙人共同分担收益和损失，迫使普通合伙人从出资人的角度出发更为审慎地对待基金的投资活动。也基于此，普通合伙人对基金的大额投资往往使潜在投资人对该只基金的信心大涨，从而淡化甚至消除了存在于代理关系中的利益冲突。

在私募股权基金的组织形式中，机构投资者与基金管理公司之间的委托代理关系被直接转化为有限合伙人与普通合伙人之间的委托代理关系。

2.3.2 私募股权投资基金的投资学分析

（1）私募股权投资的信息不对称及估值困难

私募股权投资基金没有义务对外披露信息，因而也都没有一个公开市场可以提供充足的信息供潜在的投资人评判其价值。仅就对非上市公司的投资行为来说，如果牵涉到成倍清算优先权等问题，公司的实际价值将发生变化，因此，即使私募股权投资者掌握了目标公司的信息，也很难在投资时对其价值作出准确的评估。然而，基金对于所投资公司的价值判断直接影响着私募股权基金的收益与风险。

（2）私募股权投资基金的投资收益、风险及与公开市场的相关性分析

①私募股权投资基金的投资收益。

依据私募股权投资基金季报中的资产净值可计算出私募股权投资的内部收益率。

从截至 2004 年第三季度美国不同类型和不同运作年限的私募股权基金的内部收益率统计对比表 2-2 及图 2-2 可以发现，总体上，1 年期、10 年期、20 年期的各类私募股权基金中风险投资基金的内部收益率最高，夹层基金的内部收益率最低，收购基金介于二者之间。而 3 年期和 5 年期的风险投资基金内部收益率呈现负数。从上述 2004 年第三季度的数据看，10 年期的风险投资基金内部收益率最高，表明风险投资基金在企业中的投资期限不超过 5 年左右时，风险投资基金应及时退出，以确保最大的投资收益。收购基金和夹层基金的收益率分布相似且均相对平稳，二者收益率的最低点都出现在 5 年期，最高点出现在两端的 1 年期和 20 年期。

从截至 2002 年年底美国主要类别私募股权基金内部收益率的统计数据（表 2-3）可以发现，受 2001 年网络泡沫破灭的影响，2002 年收

表 2-2　　　　　　截至 2004 年第三季度美国主要类别私募

股权基金的内部收益率（%）

基金类型	1 年期	3 年期	5 年期	10 年期	20 年期
风险投资基金	19.3	−2.9	−1.3	26.0	15.7
收购基金	14.3	6.9	2.3	8.4	12.8
夹层基金	8.0	3.1	2.9	6.9	9.3

数据来源　普华永道/汤姆逊经济委员会/NVCA2004 年第三季度报告。

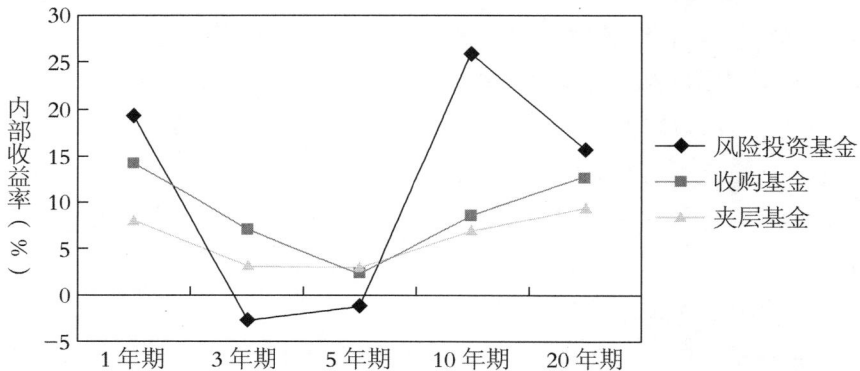

数据来源　普华永道/汤姆逊经济委员会/NVCA2004 年第三季度报告。

图 2-2　截至 2004 年第三季度美国主要类别私募股权基金内部收益率

益率总体表现也不如 2004 年。5 年期及以上年限的基金中仍以风险投资的收益率为最高，波动也最大。但 1 年期和 3 年期的各类基金除 3 年期的夹层基金外收益率均呈负数。此外，各类私募股权基金内部收益率的最高值出现在 5 年期的风险投资基金上。以此判断，风险投资基金在企业中的最佳投资期限应在 3 年左右。最佳投资期限延长的原因是由于网络泡沫的破灭，风险投资所关注的行业领域发生了变化，由单一关注网络、信息、科技等 TMT 行业（technology media & telecommunication）转而更多地关注一些传统行业。

　　总体来看，私募股权投资资产具有很高的收益率，但在机构投资者进行资产选择及组合配置时，还需要比较私募股权投资与公开市场的证券投资。

表 2-3 　　　　　　　　　**截至 2002 年年底美国主要类别**

私募股权基金内部收益率（%）

基金类型	1 年期	3 年期	5 年期	10 年期	20 年期
风险投资基金	−22.3	−6.8	28.3	26.2	16.6
收购基金	−5.3	−5.8	1.0	8.7	12.4
夹层基金	−1.7	1.2	6.3	9.8	10.3

数据来源　Thomson Financial and Thomson Venture Economics，2003。

从表 2-4 可看出，截至 2000 年年底，15 年期的私募股权投资取得了 20.7% 的内部收益率，相较于标准普尔 500、道琼斯工业均指、纳斯达克的收益率水平分别为 13.2%、14.0%、14.5%，超额收益分别为 7.5%、6.7%、6.2%。而截至 2002 年第三季度，相较于同期标准普尔 500 的 9% 的收益水平，10 年期和 25 年期的私募股权投资则分别取得了 6.2% 和 5.2% 的超额收益。这符合投资者一般所认为私募股权投资的长期收益应高于公开市场 5 到 6 个百分点的预期。

表 2-4 　　　　**2000 年及 2002 年美国主要类别私募股权基金**

内部收益率与公开市场指数的比较(%)

		私募股权投资	标准普尔 500	道琼斯工业均指	纳斯达克
2000 年年底	15 年期	20.7	13.2	14.0	14.5
	超额收益		7.5	6.7	6.2
2002 年第三季度	10 年期	15.2	9.0		
	超额收益		6.2		
	25 年期	14.2	9.0		
	超额收益		5.2		

数据来源　Thomson Venture Economics，2003。

私募股权投资市场作为低效率的市场，本身不能对企业价值作出有效的定价，从而在客观上产生了以较低价格购得优良资产的可能性。私募股权基金可以为企业后续发展提供持续的资金支持，为企业增加价值，不容易受到市场波动的影响，在退出时可实现高收益；同时作为投资方参与企业管理，为企业发展带来科学的管理模式、丰富的资本市场运作经验以及市场渠道、品牌资源和产品创新能力等。此外，私募股权基金对普通合伙人的高额业绩报酬远高于其他投资基金，能形成良好的激励机制，而有限合伙人长期投资的承诺可以使基金管理者作出真正长期的决策，从而保证获得未来的投资收益。[1]

②私募股权投资基金的投资风险。

私募股权投资基金投资具有正的超额收益，但也存在较高的投资风险，可根据收益率标准差来衡量私募股权基金投资是否存在高风险。

表 2-5 衡量了 1986 年第一季度至 2000 年第三季度期间私募股权投资收益的风险程度。从收益率的标准差可看出，整个私募股权投资业的收益率标准差为 9.3%，风险投资的风险程度最高，其收益率标准差为 18.7%，其次分别为收购基金及夹层基金，其收益率标准差分别为12.0%、6.3%。

表 2-5　　1986 年第一季度至 2000 年第三季度美国主要类别私募
股权基金收益率标准差（%）

	所有私募股权投资	风险投资	收购基金	夹层基金
1986 年第一季度至 2000 年第三季度	9.3	18.7	12.0	6.3

数据来源　Thomson Venture Economics，2001。

　　一些投资者依据经验估计收购基金的风险大概是公开证券的 1~2 倍，而风险投资是公开证券的 2~4 倍。一方面非上市公司不考虑外部环境，仅就内部资本结构变化改变公司账面价值，低估了风险资本投资价值的波动性；另一方面，市场周期的剧烈波动又很可能使得风险资本损失殆尽。而收购基金投资的是传统行业与成熟企业，由市场波动带来的风险相对较小。

---

① 吴凡. 私募股权基金及其在我国的发展研究 [D]. 北京：对外经济贸易大学，2007.

私募股权投资基金投资的高风险首先源于其私募的特性容易造成投资者与企业之间的信息不对称及委托代理问题。私募资本市场对企业的定价是低效率的、不准确的，再加上较长的投资期、流动性的缺乏都使其风险高于公开市场。此外，风险投资基金投资于企业早期以及收购基金较高比例的使用杠杆都增加了各自的风险。

③私募股权投资基金投资与公开市场的相关性分析。

从以季度报告数据为基准计算的私募股权投资基金投资与公开市场的相关性（表 2-6）可以看出，1985 年第一季度至 2002 年第一季度，风险资本与标准普尔 500 指数的相关系数为 0.4，与纳斯达克的相关系数为 0.6，这表明，风险资本与公开市场呈正相关关系，且与纳斯达克的相关性更大，这可能是由于风险资本与纳斯达克主要涉及的行业相同造成的。收购基金与标准普尔 500 指数的相关系数为 0.39，略低于风险资本，而与纳斯达克的相关性接近于 0，这表明收购基金也与公开市场呈正相关关系，且相关性接近于风险资本，但它与纳斯达克则接近于完全不相关，这与收购基金（主要涉及传统行业）与纳斯达克所涉行业不同有关。

表 2-6　1985 年第一季度/1986 年第一季度至 2002 年第一季度/

2000 年第一季度美国主要类别私募股权基金与公开市场的相关性

	相关系数	标准普尔 500	纳斯达克
1985 年第一季度至 2002 年第一季度	风险投资基金	0.4	0.6
	收购基金	0.39	0
1986 年第一季度至 2000 年第一季度	风险投资基金	0.26	
	收购基金	0	

数据来源　Merrill Lynch，Draft Document，2003 及 Thomson Venture Economics，2001。

1986 年第一季度至 2000 年第一季度的研究数据表明，风险资本与标准普尔 500 指数的相关系数为 0.26，二者呈正相关关系，而收购基金与标准普尔 500 指数的相关系数则接近于 0，近乎完全不相关。它们所表明的相关性小于第一个统计，这可能与样本采集区间较短有关。也有人依据经验指出，风险资本与公开市场的相关系数应达到 0.5，而收购基金可达到 0.7。可见，数据的时效性对相关性分析存在着重要影响，以季度数据计算的相关系数很可能在一定程度上低估了私募股权投资与公开市场的相关性。Salomon Smith Barney 将 1950 年至 2000 年间两只公开交易的股票与同期的标准普尔 500 指数做对比，分别以三种方法更新股价，即每三个月、每两个月及每一个月更新一次，并均以一个月为间隔来计算相关系数。发现当股价每三个月更新一次时，两只股票与标准普尔 500 的相关系数分别为 0.33 和 0.25。而当股价更新变得更为频繁，时效性增加时，相关系数则不断增大，以致当每月更新股价时，相关系数达到了 0.74 和 0.58。

私募股权投资与公开市场较低的相关性，一方面源于私募股权资产的估值困难，另一方面是所投公司追求企业价值增加的策略所致。由风险资本支持的创业公司从开发出产品、完成销售到实现盈利，价值的创造过程并不会因股票市场的某些事件而受到影响。相对于传统的有价证券，风险投资的确更能分散风险，收购基金也如此。有经验的私募股权投资者可通过改善所投资企业的管理，提高运作效率来提高投资回报率。为企业增加价值的策略降低了私募股权投资与公开资本市场的相关性。

2.4 国际私募股权投资基金的历史轨迹及发展趋势

自 1946 年第一只真正意义上的私募股权投资基金——美国研究与发展公司（ARD）成立以来，全球私募股权投资基金历经 60 多年的发展已成长为全球金融市场不可忽视的重要力量。在私募股权投资最为发达的美国，私募股权投资基金的发展壮大有力地推动了通讯技术、计算机软硬件、互联网、电子和生物医疗等行业的快速成长，确立了美国上述行业的世界领先地位。本节通过对美国私募股权投资基金发展历程的追溯与梳理，透析全球私募股权投资基金发展的历史坐标，并简要分析介绍了目前全球私募股权投资的主要发展趋势，以期为我国私募股权投资基金的发展提供经验借鉴和启示。

2.4.1 私募股权投资基金的缘起

1946 年，美国研究与发展公司（ARD）由美国哈佛大学教授多里奥特和波士顿联邦储备银行行长弗兰德斯共同发起设立，这一事件标志着全球历史上第一家私募股权投资基金的诞生。20 世纪 30 年代到 40 年代早期，美国新成立的公司数量很少而且普遍无法获得长期融资。当时虽然美国金融系统聚集着庞大的金融资产和货币储量，而美国大多数新型企业和中小企业的资金融通却主要依赖于个人投资。多里奥特和弗兰德斯成立美国研究与发展公司的初始想法是由当时拥有大量资金的美国金融机构筹资建立一个专门投资机构，面向美国创业企业和中小企业提供融资等相关服务。他们认为国家财富越来越集中于金融机构而不是个人，而金融机构一直是基金和中小公司的主要资金来源，于是他们希望通过成立私人部门来吸引机构投资者，创造一种既能够提供资金又能够提供管理经验的投资机构，建立通过私人经济部门解决中小企业长期融资问题的机制。因此，美国研究与发展公司的主要使命是解决新成立企业和中小型企业普遍面临的资金短缺的困局，通过提供资金支持以及相关的管理咨询服务帮助其成长。1957 年，美国研究与发展公司向数字设备公司（DEC）进行资本投资，其中包括 7 万美元的股权投资和 3 万美元的贷款。这笔投资以年均 84% 的增长率增长，到 1971 年这笔投资增长到令人咋舌的 3.55 亿美元，单笔投资收益超过 5 000 倍。从 1946 年成立伊始到 1971 年退出市场，美国研究与发展公司作为一家专业的独立投资机构在其存续期内取得了很大的成绩，为其投资者带来了 15.8% 的年均复合收益率，比同期道琼斯指数 12.8% 的年增长率还高。美国研究与发展公司的设立为美国私募股权投资开了先河，为私募股权投资和风险投资后继的发展提供了最初的蓝本和经验，然而由于其在运作方面不够规范，当时市场上并没有完全认同其商业模式，几乎没有效仿其模式设立的企业。

1958 年，美国国会为了推动高科技企业以及中小企业的发展，为其拓宽融资渠道颁布了《中小企业投资法》。随后的 1959 年出现了一家公开上市的私募股权投资机构小型企业投资公司（small business investment companies，SBIC），SBIC 的出现使得美国私募股权投资基金行业面貌大为改观。由于 SBIC 主要面向中小企业提供资金融通服务以支持中小企业的成长，所以其不仅可以从美国小型企业管理局获得 3 倍于自身规模的贷款，而且还享受国家的税收优惠政策。与美国研究与发展公司主要向拥有大量资金的金融机构募集资金相比较，SBIC 主要通过公开上市向普通公众投资者筹集资金。1978 年，美国劳工部就养老金投资的"谨慎人"条款作出了重新法律解释，在保证整个投资组合安全性的条件下，明确放开了养老金购买新兴企业和小型企业所发行的股份以及参与风险投资的限制。1978 年，总共有 4.24 亿美元投入到新成立的风险投资机构中，其中个人投资占比 32%，养老金占比 15%。而至 1986 年，对风险投资机构的投资总额超过 40 亿美元，仅养老金份额就占据其中一半以上。同时，20 世纪 60 年代至 70 年代美国为支持创业风险投资行业的发展出台了一系列法律法规和税收优惠政策，政策扶持和法律环境的改善使得越来越多的资金涌入美国创业风险投资行业，创业风险投资基金的数量飞速增加并朝着更加专业化和细分化的方向发展。不同投资类型和投资方式的风险投资基金层出不穷，如创业资本、并购资本以及夹层资本等。与此同时，作为世界私募股权投资基金最主要的组织形式（有限合伙制）在美国开始产生并逐渐成为美国创业风险投资基金的主导组织形式。随着不同类型和投资模式的私募股权投资机构的涌现和有限合伙制主导地位的确立，现代意义上的私募股权投资基金正式踏上了历史舞台。

2.4.2　美国私募股权投资基金的历史演进

自 1946 年美国研究与发展公司（ARD）成立以来，美国私募股权投资基金业历经三次比较大的发展浪潮，逐渐形成了当今规模最大、市场体系最健全的私募股权投资市场，也使美国成为全球私募股权投资最发达的国家，引领着世界私募股权投资行业的发展。下面就美国私募股权投资基金业的发展历程作出系统梳理，以此为视角，透析世界私募股权投资基金的历史轨迹。①

（1）私募股权投资基金的萌芽期

1946 年，世界上第一个私募股权投资性质的专业投资机构美国研究与发展公司成立。美国研究与发展公司成立之初并没有引起机构投资者的关注，人们对其募资需求和资金投向也并不认可，公司 500 万美元的计划募集资金量没有顺利完成，募集到位资金仅 350 万美元左右。1949 年美国研究和发展公司所投资的项目还没有到获利期，但可用资金已经全部用完，为了充实资本，公司采取非公开形式发行 400 万美元的附加基金，然而总共募集到位资金 170 万美元。1951 年，美国研究与发展公司不得已公开发行了 230 万股份以摆脱运营困境，然而此后将近 10 年间，公司股份一直折价 20%左右发行致使公司不得不依靠变卖组合公司以补充运营资金，直到其投资的数字设备公司开始获利之后，公司发展状况才大为改观。投资数字设备公司的巨大成功使其在存续的 20 多年里为投资者带来了两位数的年均收益率。总的来说，作为全球第一家私募股权投资机构，美国研究与发展公司取得了一定成功，其最重要的意义是为后续私募股权投资基金的发展开创了先河，积累了宝贵的发展经验。

（2）第一次私募股权投资浪潮（20 世纪 50 年代初至 60 年代末）

自 20 世纪 50 年代开始，美国成立了不少专门为富有个人进行投资的创业风险投资公司，类似于今天的私人银行部门，还不能算是真正意义上的私募股权投资机构。另外，虽然已经出现了美国研究和发展公司这样的私营风险投资公司，但是其商业模式并没有得到市场的广泛认可，在它退出市场之后长达 13 年的时间里再没有类似的公司产生。由于没有可供模仿的成熟制度模式，几乎整个 50 年代，美国真正的私募股权投资机构寥寥无几。一直到 1959 年，一家专门从事创业风险投资的公开上市公司即小型企业投资公司（SBIC）出现后，私募股权投资行业才开始活跃起来。为了缓解 20 世纪 50 年代出现的私募股权资本供给短缺状况，美国国会着手通过出台相关法律法规以及相关的扶持政策

① 邱柯萍.私募股权基金在我国的实践与发展研究［D］.南京：南京理工大学，2009.

来推动私人创业风险投资的发展，其中最重要的措施便是在 1958 年颁布小型企业投资法案，这一法案的颁布实施直接催生了小型企业投资公司（SBIC）的成立。SBIC 属于私人公司，它们经由小型企业管理局批准而设立，主要针对小型公司进行资本投资和管理，享受美国小型企业管理局的优惠贷款以充实资本金，还可以享受税收减免政策，但与此同时，它们的投资额度也受到政策限制的约束。由于各种优惠政策和小型企业投资法的颁布实施，很多家 SBIC 相继成立，相关统计资料表明，这一时期设立的 SBIC 将近 700 家，各家 SBIC 公司为小型且快速成长的公司提供了规模巨大的股权资本。同时，在 20 世纪 60 年代规模较大的 SBIC 中有将近 2/3 属于银行控股公司的子公司，这些 SBIC 子公司将银行控股公司的控股资本投资于小型企业。由于其不需要从美国小型企业管理局贷款，由银行控股公司持有的 SBIC 不受投资额度的限制，因此可以进行涉及金额较大的股权投资。在其快速发展的同时，SBIC 也暴露出了不少问题。其一，由于美国小型企业局的贷款具有杠杆作用，所以很多 SBIC 都倾向于投资那些现金流为正的创业企业，以增加其自身资产规模，并对其实行债务融资而不是股权投资。其二，SBIC 的募资主体是个人投资者，缺少机构投资者很大程度上影响了 SBIC 的规模化和稳定性。其三，大多数 SBIC 缺乏专业的投资管理团队。1968—1969 年新股发行市场表现强劲，很多从事创业风险投资的机构获得了丰厚的投资收益，使得 20 世纪 60 年代初期开始美国掀起了第一次创业风险投资的热潮，与此同时，私募股权投资业内人士也开始意识到改善现存的创业风险投资机构组织形式的必要性，有限合伙制创业风险投资应运而生。1940 年的美国投资公司法中明确规定，公开交易的创业风险投资公司（包括上市交易的 SBIC）的管理者不得享受股票期权或者其他形式基于业绩的利益补偿，因此绝大部分私募股权专业人士收入来自于相对固定的薪酬。在创业风险投资的从业人员看来，有限合伙制的激励机制设计有效地解决了利益补偿问题，有利于避免 SBIC 的相关限制，并且可以吸纳更多成熟的投资者。1969 年新成立的有限合伙制投资公司募集了 1.71 亿美元。1969 年至 1975 年间，美国共成立 29 家有限合伙制公司，募集资金 3.76 亿美元，有限合伙制的产生与发展标志着创业风险投资产业化发展的正式开始。

（3）私募股权投资发展低迷期（20世纪70年代）

随着有限合伙制创业风险投资公司的发展，1973年国家创业风险投资协会（NVCA）正式成立。但是由于20世纪60年代末美国税务改革的展开，使得股票补贴不再具有吸引力，有资质建立运营创业风险投资的企业比例减少。另外，70年代世界范围内发生了严重的石油危机，使全球经济出现下滑，受此拖累资本市场陷入了严重的低迷，小型创业公司的IPO市场几近消亡，创业风险投资公司投资积极性大受挫折，整个20世纪70年代得到创业风险投资的新兴企业为数极少。诸多负面因素使得在有限合伙制创业风险投资公司发展初期整个美国风险投资行业陷入了困境，进入了发展低迷期。

美国国家创业风险投资协会的统计资料表明，1974年至1975年度发生投资案例的创业风险投资会员企业只有会员总数的1/4，针对新兴企业的风险投资总额为7 400万美元，而同期会员企业的总投资额则达到292亿美元之巨。1969年至1977年间，美国资本市场规模大约为25亿~30亿美元，而创业风险投资公司等私募股权投资机构的总投资额却只有2.5亿~4.5亿美元。1970年至1977年间，投资者对私募股权市场年均投资额仅为1亿美元。但正是由于这一时期发生的创业风险公司的股权投资案例少，所以投资收益非常高，并大大推动了美国相关新兴产业的发展，这些都为80年代掀起的第二次私募股权投资浪潮作出了铺垫。

（4）第二次私募股权投资浪潮（20世纪80年代至90年代中期）

随着有限合伙制私募股权投资机构的发展、法律体系的不断完备以及优惠政策的推动，20世纪80年代美国掀起了第二次私募股权投资浪潮，大批社会资金投向私募股权市场。

1981年至1990年美国风险投资交易总额达到388亿美元。1983年至1987年风险投资交易总额更是达到了247亿美元，占整个80年代的64%。从事风险投资的机构已达4 000多家，风险资本总额达1 000亿美元，10 000多家高技术企业依靠风险投资运转。此次风险投资浪潮在1983年和1987年两次达到了顶峰，两年的风险投资交易额都达到了56

亿美元。20 世纪 80 年代末到 90 年代中期美国风险投资推动信息产业迅猛发展，1987 年至 1996 年美国风险资本投资机构向信息技术产业投资从 21 亿美元增加到 48 亿美元，年均增长 7%；信息技术产业总产值从 2 175 亿美元增加到 4 445 亿美元，年均增长 6.5%。围绕计算机的普及和应用，平均每年投入计算机硬件领域的风险投资额占总数的比例超过 15%，很多著名的计算机公司就是在这一时期获得风险投资后快速成长起来的，如戴尔公司、康柏公司等。另外一个值得注意的现象是，从 20 世纪 80 年代开始，很多私募股权投资机构开始对非创业企业进行股权资本投资，私募股权投资基金业由此进入了创业风险投资和非创业风险类私募股权投资机构并存发展的阶段。

与此同时，创业风险投资机构以及一些以银行为主体的金融机构组建的私募股权投资类公司开始对非创业企业进行股权投资，20 世纪 80 年代末以并购基金与夹层基金为代表的非创业风险投资类私募股权投资机构开始进入兴盛期。1983 年非创业类企业获得约 18 亿美元的私募股权投资，在 1986 年同类投资额达到 68 亿美元，1987 年对非创业企业的私募股权投资额更是高达 146 亿美元。1992 年全球经济逐渐开始复苏，美国垃圾债券市场与 IPO 市场表现强劲，交投活跃，非创业风险投资类私募股权投资机构的募资市场不断扩大。1994—1995 年度，非创业风险投资类私募股权投资机构募集资金达到 237 亿美元，年均增长率高达 50%，1996 年增加到 255 亿美元，仅 Kohlberg, Kravis, and Roberts 一家非创业风险类私募股权投资基金募资就达 57 亿美元。相较于创业风险投资公司，非创业风险投资类私募股权投资机构管理的资金规模更大，普遍都超过 10 亿美元，而且主要的资金来源为机构投资者（主要为美国公共养老基金）。创业风险投资类私募股权投资公司的发展使得私募股权的投资领域、投资目标以及投资方式都大为拓展，许多针对大型企业进行投资的并购基金积极从事相关行业的杠杆收购，构建新型的投资策略，投资案例遍及基础设施建设、广播电视出版、电缆等行业，大大促进了相关行业内资源整合和优化配置。同时，作为债权投资与股权投资结合体的夹层基金也得到了快速发展，它们以购买公司次级债、可转换公司债、可转换优先股或认股权证等形式为被投资企业提供类似过桥贷款的夹层资本融资服务。

（5）第三次私募股权投资浪潮（20世纪90年代中后期至今）

20世纪90年代中后期，美国掀起了以信息产业为核心的第三次私募股权投资浪潮。1996年至2005年美国共发生风险投资交易38705项，风险投资交易总额达3298亿美元。2000年美国风险投资达到巅峰，一年内发生7812项风险投资交易，交易额达到1044亿美元。虽然期间经历了1997年东南亚金融危机以及2000年美国网络科技股泡沫破裂的短期低迷，但总的来看，自90年代末期至2005年经历了行业内整合调整后，美国私募股权投资基金行业快速恢复并保持着强劲的增长势头和后劲。2000—2003年美国风险资本支持的软件企业产值年平均增长率达到31%，而整个软件行业年平均增长率只有5%。2006年，美国私募股权基金筹资总额增长较2005年翻了近一番。在美国三大证交所（纽约证交所、纳斯达克证交所和美国证交所）公开发行股票的筹集资金总额为1540亿美元，而同期私募股权投资机构发行股票的筹集资金总额高达1620亿美元。这一时期，私募股权投资机构的募资规模总体上呈现出快速增加的趋势，且越来越多的机构投资者成为私募股权投资基金的募资对象。同时，私募股权投资基金的平均基金规模及募集数目也得到了快速增加。2000年，美国创业风险投资公司和并购基金的平均规模分别达到3.05亿美元和5.42亿美元，与1981年时的水平相比增加了十几倍。2003年美国私募股权投资基金的募集数量为1285家，比1991年292家的水平提高了4倍多。至2005年，私募股权投资机构管理的资金规模达到8000亿美元，管理资金规模超过19亿美元的私募股权投资基金数量超过300家，其中著名的私募股权投资机构黑石集团、凯雷资本、KKR投资集团均管理着几百亿美元的资金。

从全球范围来看，20世纪90年代中期以前，世界私募股权投资活动基本都发生在美国。然而，随着美国第三次私募股权投资风潮的蔓延，私募股权投资在全球市场发展起来，尤其是欧洲和亚洲，私募股权投资基金行业得到了爆炸式的增长。据欧洲私募股权与创业风险投资协会（EVCA）的相关资料显示，20世纪90年代欧洲私募股权投资行业获得了强劲的增长，其中1995年至2000年，欧洲私募股权投资基金募资额从 99 亿美元跃升至 480 亿美元，私募股权投资交易额由 55 亿美元增长到 350 亿美元。截至目前，欧洲私募股权投资市场规模已仅次于美国跃居世界第二。进入 21 世纪以来亚洲地区进行的私募股权的投融资活动日趋活跃，尤其是近几年来一直保持高速发展。有专家指出，亚洲已经开始步入私募股权发展的黄金时代。

私募股权投资基金发展至今，投资市场遍布全球，其中美国、欧洲、亚洲成为世界私募股权最主要的投资市场。2008 年年底，全球私募股权投资基金的资产管理规模已经达到 2.5 万亿美元，其中 1.5 万亿美元为已投资资产，1 万亿美元为可使用的承诺出资。2008 年以后，私募股权投资基金行业受到了次贷危机的较大影响，这主要归因于去杠杆化过程中的信贷萎缩和融资成本提高、资本市场低迷造成的退出困难、经济低迷导致的企业盈利下滑和机构投资者流动性压力增大等。但随着 2010 年以来世界经济逐渐走出金融危机的阴霾，逐渐复苏并企稳，尤其是中国经济率先摆脱危机，充当着世界经济复苏的火车头和引擎，加之创业板市场的退出以及经济增长方式的转变，必然为私募股权投资基金的发展提供更为广阔的舞台和时代机遇。

2.4.3 国际私募股权投资基金的发展趋势

（1）投资领域和投资策略多样化

第一，私募股权投资基金不仅对非上市企业进行股权投资，同时也开始从事一级发行市场的增发活动、企业债券投资以及涉及金融衍生品交易的另类投资。

第二，近年来，除了热门的互联网、可再生性能源以及生物制药等高新技术行业外，传统行业越来越受到私募股权投资机构的关注，尤其是消费类行业和抗通胀类行业。

第三，私募股权投资机构的投资交易策略呈现多样化发展的态势，从传统的对创业企业的资本权益投资延伸到杠杆收购、购买可转化债权以及可转化优先股等多种方式和策略。

（2）投资市场全球化

近年来私募股权投资基金已经在国际化的视角下寻找商机，投资视野更为广阔。例如美国私募股权投资基金新桥资本重组韩国银行事件、摩根斯坦利投资蒙牛、高盛投资阿里巴巴、IDG投资盛大网络等等。

（3）募资主体机构化

私募股权投资发展初期的募资对象一般为富有的个体投资者，随着私募股权投资机构的逐步成熟，主要募资对象也逐渐从以个人投资者为主体转变为以机构投资者为主体，募资主体机构化趋向日益明显。以美国私募股权投资基金为例，目前私募股权投资基金的募资对象主要是公共养老基金、保险基金、大学捐赠基金、慈善基金、银行控股公司、保险公司以及投资银行等机构投资者。

第3章 我国私募股权投资基金发展的历史实践与现状分析

我国私募股权投资基金的历史发展轨迹是与国家经济体制改革的进程相吻合的，随着科技体制和财政体制改革的深化，我国创业风险投资基金应运而生。我国在私募股权投资领域的探索和发展也正是从创业风险投资基金开始的，1985年在政府的支持和引导下，创业风险投资基金开始出现雏形，随后经历了曲折的发展历程，最后在国家政策扶持下逐步进入相对理性规范的发展轨道。而我国狭义上的私募股权投资基金（即投资于创业企业发展中后期的非创业风险投资类私募股权投资基金）则是随着国外私募股权投资机构的进入而逐步发展壮大的。近年来随着我国经济保持持续快速增长和金融市场逐步开放，私募股权投资基金所投资企业在国内外资本市场陆续成功上市完成退出，其所产生的财富效应迅速扩散，私募股权投资基金在我国受到了前所未有的关注，市场发展规模快速扩大，各种背景的私募股权投资基金以不同组织形式在我国相继设立运营，我国私募股权投资基金行业发展驶入快车道。本章遵循历史的轨迹，系统回顾我国私募股权投资基金的发展历程，并对我国近年来私募股权投资基金的发展状况作出分析。

3.1 我国私募股权投资基金的缘起与重要意义

3.1.1 我国私募股权投资基金的缘起

作为一种创新性的金融投资工具，私募股权投资基金在国外已经经历了 60 余年的发展历程，其运作机制、投资手段以及管理水平都已经规范成熟。与国外发展相比，我国私募股权投资基金的发展尚处于初级阶段。改革开放 30 余年来，伴随着改革开放的不断深入，中国经济逐渐进入世界经济一体化和金融自由化的历史进程，经济增长方式的转变、经济结构的调整成为我国经济发展的迫切要求，私募股权投资发展是这一时代进程中的必然产物。

（1）1994 年以来，随着国家经济市场化进程的推进和投资建设体制改革的不断深化，国有经济布局开始进行战略转移，大量国有企业逐步完成在一些行业中的退出，由此产生的市场主体缺位需要新的机构投资者填补。另外，随着资本市场的不断成熟和国有企业体制改革的深入发展，大批国有企业进行股份制改革，建立现代企业制度，整合存量资产，实现整体上市和分割上市，为私募股权投资基金的发展提供了参与国有股权投资的机遇。

（2）伴随着科技体制改革的不断深化，国家对科学技术方面的资金投放政策发生了改变，在国家进行基础性科技投入的同时，引入各类民间资本参与投资科技行业，并设立了一些有政府背景的创业风险引导基金来规范和吸引民间投资者的参与，这也成为当时民间资本参与科技投入的主要渠道。国外经验表明，只有充分引入社会资本参与科技创新，社会资本参与科技产业的监督和管理，科技产业才能真正发展起来。创业风险投资基金的产生为社会资本参与高科技产业发展提供了平台。

（3）随着证券市场的逐步成长，市场需要培育更多的机构投资者来优化投资者结构，引导市场主体进行理性投资，降低证券市场投资风险。大量不同类型的机构投资者的存在是成熟证券市场的标志之一，在这个意义上讲，私募基金的产生是我国证券市场不断成熟的内在要求。

（4）改革开放以来，我国经济一直保持高速增长，国民生活质量和收入状况大大改观。巨额的居民储蓄资金聚集在银行体系之中，储蓄率居高不下，储蓄与投资之间的转换效率低下。而且，由于国有商业银行利率持续保持低位，居民和企业储蓄需求资本保值增值的意愿强烈，尤其是一些中高端的银行客户迫切需要投资收益较高的金融投资渠道来提高资金使用效率。社会资金强烈的投资需求催生了私募基金的出现，它不仅为民间投资者尤其是中高端投资者提供了新的投资渠道，同时盘活了社会闲置资本，从宏观上讲也推动了国家财富的增加。

3.1.2 推动我国私募股权投资基金发展的重要意义

私募股权投资基金是一国市场经济成熟发展和多层次资本市场发展的必然产物和内生需求。私募股权投资基金不仅为社会资本提供了高收益的投资渠道，也为中小型科技企业提供了高效率的融资平台。从宏观角度来看，私募股权投资基金的发展通过孵化和培育高新技术产业发展，推动了经济结构的优化和产业结构的升级，有助于国家经济战略转型；通过其投资活动促进了科技创新，孕育新兴产业，引入新的市场竞争主体，有助于打破市场垄断和行业垄断，促进经济发展的良性循环。从微观角度来讲，它优化了微观市场主体的内部治理结构，培育了现代企业家队伍和投资者群体。同时，私募股权投资基金通过资本市场平台为投资者提供多元化的金融产品，促进了金融创新，进一步促进金融体制改革、金融市场自由化发展以及多层次资本市场体系的完善，从而化解金融市场的系统性风险。其具体作用体现如下：

（1）私募股权投资基金的发展将促进我国金融资产结构的优化，更好地满足金融市场需求，为国民储蓄和民间资本提供投资平台。当前我国金融市场流动性好，市场投资需求旺盛，长期的负利率状态导致高额的居民储蓄需要新的投资渠道，加之各类社会基金诸如社会保险基金、养老基金、互助基金以及扶贫基金都在寻求资产的保值增值，私募股权投资基金适应了社会各类投资者的投资需求，提高了社会资金的使用效率和资本周转效率。随着创业板和三板市场的推出，我国多层次资本市场体系进一步完善，IPO 市场化进程加快，私募股权投资基金的退出平台趋于完善，为以社会资本为主体的私募股权投资基金提供了多样化的投资退出通道。

（2）私募股权投资基金的组织形式——有限合伙制能够有效实现投资资金委托人利益。私募股权投资基金通过签订有限合伙协议，明晰资本权属关系，通过设计合理的激励约束机制和声誉机制，使得基金投资者和基金管理者利益绑定，能够有效化解和控制投资过程中的代理风险。私募股权投资基金由拥有良好的行业知识储备的高端人才管理，通过专业化的运作，在激励机制的作用下往往能够有效实现基金投资人的利益，获得较高的投资收益。同时，由于声誉机制的存在，通常情况下，以往投资绩效出众的私募股权投资基金更容易完成资金募集，更易于获得投资人的青睐和信任。

（3）发展私募股权投资基金能促进我国金融制度改革和金融市场主体结构的成熟。我国金融市场改革获得突破的关键是制度和体制创新。我国金融制度市场化改革和金融市场结构的调整依赖于市场化的微观金融主体发展壮大，私募股权投资基金产权关系明晰，运作规范，是真正市场化的金融投资主体，其通过引导社会资本广泛参与金融市场活动，培育和优化了金融市场的投资者主体结构，有助于资本市场效率的提高，也有助于促进我国金融体系内的产权主体多元化。

（4）私募股权投资基金的发展能够孵化和培育我国战略新兴产业的发展，引导科技产业创新和企业自主创新，有利于我国经济结构调整和产业优化升级，推动我国向创新型国家转型的历史进程。私募股权投资基金通过市场化的运作，优化资源配置，将社会资本有效地配置到具有行业发展前景的优秀企业之中，私募股权投资基金以未上市而具有技术密集、资金密集、经营管理效率高、从事高科技产品研发的科研企业为投资对象，为这些企业的发展提供充足的资金支持和管理咨询等增值服务，使得一大批被投资的创新企业快速成长壮大，从而带动相关产业的整体发展。同时，私募股权投资基金的运营过程也锻炼和培养了一大批金融行业的高端人才，为我国金融市场改革与发展提供相关的人才储备。

（5）私募股权投资基金有助于现代企业制度的建立和完善，促进公司内部治理结构的优化。创业企业运营状况和发展方向直接影响着私募股权投资的成败，私募股权投资基金管理人在激励约束机制和声誉机制的驱使下，有着培育创业企业健康成长的强烈意愿和责任心，私募股权投资基金通过参与被投资企业的运营管理，为创业企业设计股份制改革方案，并通过介入董事会，优化股权结构，明晰产权关系，使董事会经营决策更加符合股东利益，通过为创业企业管理团队设计合理有效的期权激励计划，使得私募股权投资人和创业企业家利益一体化，有效化解私募股权投资中的代理风险，防止创业企业家基于自身利益的短期行为，使创业企业发展规范化，成长为合格的市场经济主体。

3.2 我国私募股权投资基金的历史发展轨迹

我国私募股权投资基金的发展依赖于中国经济高速增长的宏观背景，顺应了中国金融资产结构的变化和资本市场的现实需求。我国私募股权投资基金的历史发展轨迹是与国家经济体制改革的进程相吻合的，随着科技体制和财政体制改革的深化，我国创业风险投资基金应运而生，并由此揭开了我国私募股权投资基金发展的序幕。

3.2.1 萌芽阶段（1985 年至 1993 年）

20 世纪 80 年代，随着我国科技体制改革的深入发展，一些由政府主导的创业风险投资公司开始出现，其主要功能是通过参股控股的方式对高新技术企业进行股权投资，促进高新技术产业区的发展。这类创业风险投资公司大多由地方政府设立，管理资金也主要来源于地方财政，无论从运行模式、管理模式上还是从法律定位上来讲都与真正意义上的私募股权投资基金相去甚远。1984 年，国家科技部下属的科技促进发展研究中心承担了题为"新技术革命与我国的对策"的研究项目，在此课题研究中他们论证了我国发展创业风险投资机制的必要性并提出了相应的政策建议。1985 年 3 月，中央红头文件《关于科学技术体制改革的决定》中明确提出设立创业风险投资机构以支持高风险的相关科学技术研发项目。由此开始，我国创业风险投资基金的发展正式拉开帷幕。1985 年 9 月，我国第一家风险投资机构——中国新技术创业投资公司由国务院正式批准设立，其中科技部占有 40%的股份，财政部占有 60%的股份，其依托中国人民银行和国家科技部，主要面向高新技术创业企业进行股权投资，为高新技术开发和研究工作提供资金支持，以推动高科技企业的成长和发展。1986 年，科技部第一次在其发布的《科学技术白皮书》中明确阐述了发展我国创业风险事业的战略规划和方针政策。在中央政策推动下，"广州技术创业公司"、"江苏高新技术风险投资公司"等一批创业风险投资公司相继成立。

在这一时期里，以高新技术开放产业园区为平台的一批创业风险投资公司或创业中心相继出现。1987 年，各地依托高新技术开发区，以实现高新技术的商业化、产业化以及国际化为主要目标，相继成立作为高新技术企业孵化器的创业中心，其中运作状况较好的有上海创业中心和武汉创业中心。自 1988 年 5 月获准成立我国第一个国家级高新技术开发区——北京市新技术产业开发试验区以后，各级地方政府也陆续设立了高新技术开发区，并大都依托开发试验区设立了相应的创业风险投资机构。北京创业投资协会 2001 年的统计数据表明，截至 1993 年年底，我国境内总共成立了 11 家创业风险投资机构。

3.2.2　初步发展阶段（1993 年至 1996 年）

1993 年，我国第一家以人民币担保为主营业务的全国性金融机构——中国经济技术投资担保公司由原国家经贸委和财政部联合设立，成立这家公司的主要目标是为高新技术企业提供金融担保服务，以促进科技进步和高新技术开发。它一方面为高新技术成果的工业性试验和区域性试验提供担保服务，另一方面也对高新技术产业和高科技企业的技术开发提供投融资服务并开展相关的咨询评审服务。中国经济技术投资担保公司的设立大大鼓舞了社会资源和民间力量参与创业风险投资事业的热情。资料统计结果表明，1994 年，以高新技术开发区为依托平台，由地方财政资金成立的创业风险投资公司总共有 26 家，与 1993 年相比增加了一倍多。自邓小平南巡讲话以来，我国经济发展过热问题持续发酵，导致股票市场过度投机，股票价格飙升，房地产市场泡沫化严重，期货市场混乱，严重威胁着我国经济持续健康发展。中共中央与国务院于1994年下半年开始出重拳治理经济过热问题，平抑物价，大力整顿金融市场和房地产市场，陆续关闭了一大批以债券和基金等金融产品为主要交易标的运作不规范的金融证券交易中心，终止了一系列金融衍生品交易，诸如外汇期货交易以及国债期货交易等，有效地化解了金融风险，避免了经济泡沫的破灭，使物价水平逐步趋于正常，但同时也导致资本市场陷入了持续低迷，市场交易不振，投资者信心受到重挫，大批金融投资者退出了资本市场。在此背景下，1995年至1996年间全国范围内的创业风险投资机构设立数量大幅回落，在各地成立的创业投资机构只有6家。

总体来看，在这一时期，我国创业风险投资基金发展比较缓慢，但值得庆幸的是发展创业风险投资基金的法律和政策环境得到了改善。中央政府与地方各级政府陆续出台了一些鼓励支持创业风险投资基金发展的政策和法律法规。例如，《中华人民共和国促进科技成果转化法》与《关于"九五"期间科技体制改革的决定》对促进我国创业风险投资发展，设立相关的科技成果转化基金与风险投资基金都有积极的指导意义。与此同时，各级地方政府也出台了相关的政策，如北京市政府颁布的《北京市新技术产业开发区暂行条例》。一系列相关法律法规和政策条例的颁布进一步拓展了我国创业风险投资基金的发展空间。

这一时期我国私募股权投资基金发展中的重要现象是一批国外著名私募股权投资机构通过各种方式进入了中国市场并逐渐占据主导地位。1992年，美国国际数据集团（IDG）在我国境内正式成立第一家主要面向中国大陆市场的外商独资私募股权投资基金，管理资金规模为一亿多美元。此后的几年内，凯雷资本、高盛等一批国外著名私募股权投资基金相继进入中国，在中国这一新兴市场搜寻投资项目，他们以先进的基金运营管理模式和专业化的投资手段逐步成为我国私募股权投资基金行业中的主导力量。国外私募股权投资基金在为我国高新技术创业企业提供融资平台和管理咨询服务的同时，也使国人对国际私募股权投资基金的规范化运作有了更为深入的了解。

3.2.3　泡沫式发展阶段（1997 年至 2002 年）

1998 年以来，我国科技体制改革的重点转向加快国家创新体系的建设，大力推动科技成果的商品化和产业化，并出台了以促进科学研究机构的机制转变、建设产业创新能力和推动企业自主创新活动为主要目标的相关政策，激发科技工作人员的科研热情，加快科技成果转化进程。当年 3 月，民建中央委员会在全国政协第九次会议上提交了《关于尽快发展中国风险投资事业的提案》，这一提案引起了社会各界的广泛关注，也得到了我国高层领导的高度重视。

在《关于尽快发展中国风险投资事业的提案》的影响下，我国创业风险投资步入了快速发展的历史阶段。首先，中国国际金融公司成立种子基金，面向国内的高新技术企业开展投融资服务。其次，北京市政府投入 5 000 万元人民币设立 "高新技术产业发展担保资金"，并计划逐步将资金规模扩展到 2 亿元人民币左右。此外，1998 年 5 月 31 日，上海市颁布《上海市促进高新技术成果转化的若干规定》，随后在 1999 年 6 月又对其进行了进一步修订，通过融资担保、贷款贴息等优惠政策促进高科技成果向产业化转换。另外上海市地方财政还设立了规模为 6 亿元人民币的创业风险投资基金用以支持具有市场前景的高科技成果转化优先项目。在北京和上海市政府的带动下，其他各级地方政府也陆续出台相关的地区性法规和政策，促进本地区创业风险投资行业的发展。

1999 年 6 月，国务院为推动中小企业创新基金的设立划拨 10 亿元人民币作为启动资金。同年 8 月，中央政府发布《关于加强技术创新，发展高科技，实现产业化的决定》红头文件，提出加快资本市场建设步伐，逐步建立完善创业风险投资机制，大力推动创业风险投资事业的发展。随着创业风险投资概念在国内的进一步明确，在国家和地方政府引导基金陆续设立的推动下，各种具有创业风险投资特征的机构在全国范围内大量涌现。

1995 年全国只有 27 家创业风险投资机构，管理资金规模只有 51.3 亿元人民币，但是从 1997 年开始创业风险投资机构数量和管理资金规模均表现出急剧增加的态势。1997年，全国范围内设立的各类背景的创业风险投资机构高达51家，管理资金规模达到101亿元人民币。2002年度全国各地的创业风险投资机构与私募股权投资机构更是高达366家，比1996年成立的数量多出了近70倍，管理资金规模也达到了688.5亿元人民币之巨，其中新募集到位资金达到69亿元人民币。据相关统计数据显示，1997年至2001年间我国创业风险投资机构以及私募股权投资机构数量的平均增长率为52.95%，管理资金总额年均增长率达到55.15%。

我国创业风险投资和私募股权投资在这一时期的快速发展，除了得益于国家政策的扶持和政府引导基金带动以外，还有两个重要原因不容忽视。第一，以美国硅谷为发源的互联网行业飞速发展，大批互联网高科技企业在私募股权投资基金的培育下在美国证券市场实现退出，获取了高额的投资收益，私募股权投资在互联网行业取得了巨大成功，由此引发了互联网行业的投资热潮。在此背景之下，私募股权投资基金以及创业风险投资基金大量参与国内互联网企业的投资，推动了搜狐、新浪等一批互联网企业赴海外上市，博取了巨额的收益。国内资本市场管理层也开始酝酿推出创业板，为私募股权投资基金和风险创业投资基金提供国内退出渠道。第二，1997年亚洲金融危机以后，我国经济发展面临通货紧缩的风险，大量国有企业亏损严重。为了有效地刺激经济增长，活跃国内资本市场，在国家相关政策的大力推动下，证券市场引来了一波资金推动型的大牛市，国内外资本市场的强劲进一步放大了私募股权投资和创业风险投资的财富创造效应，从而使得国内风险投资机构和私募股权投资基金大幅度增加，管理资金规模急剧膨胀。这一时期风险投资和私募股权投资行业的急剧发展带有很强的盲目性，很多基金短期化行为严重，投机圈钱风气盛行，并没有形成健康成熟的行业规范，失去了私募股权投资和创业风险投资的真正内涵。

3.2.4 行业洗牌阶段（2002年至2004年）

2001年下半年开始随着美国互联网泡沫破灭，全球资本市场普遍低迷，我国香港创业板几近覆灭，国内沪深两市股票指数暴跌至1 000

点以下，国内外资本市场的恶化，加之当时私募股权投资基金投资的大部分中小创业企业难以形成真正的盈利能力，经营难以为继，无法在资本市场实现投资退出，从而出现大量创业风险投资机构和私募股权投资基金因无法收回投资而倒闭，创业风险投资行业规模急剧萎缩，发展陷入低迷期。2003年至2004年间创业风险投资机构数量呈现出负增长态势，创业风险投资机构管理的资金规模也大幅回落，创业风险投资热情降至冰点。

3.2.5 逐步规范化发展阶段（2005年至今）

2006年3月1日起由国家发改委、科技部等十部委联合颁布的《创业投资企业管理暂行办法》（以下简称《办法》）正式施行。该《办法》对创业风险投资基金的备案、设立、投融资流程以及监管等一系列问题都作了较为明确的规定。其中，对面向初创期和成长期高新技术创新企业进行私募股权投资的创业风险投资备案企业施行一定程度的税收优惠政策，以鼓励私募股权投资机构加强对初创期和种子期的中小企业的资本支持和培育孵化。2006年3月，中国保险监督管理委员会颁布《保险资金间接投资基础设施项目试点管理办法》，明确规定保险公司可以作为私募股权投资基金的投资人参与股权投资，但对资金比例作出了限制，支持保险资金以私募股权投资形式参与通信技术、交通运输、节能环保与清洁能源以及市政建设与国家级重点基础设施等项目的投资活动。同年8月，全国人民代表大会常务委员会对《合伙企业法》进行了修订，明确了有限合伙制私募股权投资基金的法律地位，并对合伙企业破产进行了规定。《合伙企业法》的修订为合伙制的私募股权投资基金扫清了法律障碍，新法的颁布与实施大大推动了有限合伙制在我国的发展，一大批有限合伙制私募股权投资基金在各地纷纷成立，目前，有限合伙制已经逐步成为我国私募股权投资基金的主流组织形式。

中国银行监督管理委员会于2007年3月正式批准实施《信托公司管理办法》和《信托公司集合资金信托计划管理办法》。《信托公司管理办法》和《信托公司集合资金信托计划管理办法》确立了合格投资者制度，明确规定了投资者准入资格和程序，并允许和鼓励信托企业作为受托人发起设立信托制私募股权投资基金。2008 年 10 月 18 日，国家发改委、财政部、商务部等部门联合拟定的《关于创业投资引导基金规范设立与运作的指导意见》（以下简称《意见》）由国务院办公厅转发。该《意见》中提出为了支持创业风险投资基金的发展，依托政府财政发起设立政策性创业风险投资基金，该基金依照市场化方式运行，但并不直接进行创业风险投资业务，而是作为引导基金，充分发挥政府财政资金的杠杆放大效应，撬动民间资本和社会资金广泛参与创业风险投资行业。此后，我国各级地方政府纷纷成立创业风险投资引导基金，作为创业风险投资基金的投资主体以加强对创业风险投资基金的政策支持力度。各级政府引导基金的成立，大大拓展了创业风险投资基金的募资来源，其依托政府信用，引导银行资金、证券基金、保险资金以及社会资本作为多元化投资主体共同设立创业风险投资基金，逐步建立起由国有资本、国内民间资本以及境外资本共同组成的多渠道私募股权投资以及创业风险投资募资市场。

在国家一系列法律法规颁布实施的同时，私募股权投资基金行业自律组织也相继成立。2007 年我国首个私募股权投资基金行业自律组织——天津私募股权投资基金协会率先成立，随后北京私募股权投资基金协会也于 2008 年宣告成立。私募股权投资基金行业自律协会的纷纷设立进一步完善了我国私募股权投资基金行业的监管体系，也意味着私募股权投资基金从业者群体逐步走向成熟。

与此同时，我国多层次资本市场体系也加快建设步伐，以支持中小高科技创新企业的发展。2009 年 3 月证监会颁布了广为期待的《首次公开发行股票并在创业板上市管理暂行办法》，创业板由此开闸，并于同年 10 月正式推出。创业板的推出不仅为规模相对较小的中小企业提供了更为广阔的融资渠道，也意味着私募股权投资基金退出渠道得以进一步拓宽。

随着一系列国家政策的出台和相关法律法规的出台与实施以及多层次资本市场体系的逐步健全，我国私募股权投资基金行业也由此进入了相对规范化的发展轨道。

3.3 我国私募股权投资基金现状的基本分析

3.3.1 我国私募股权投资基金的资本募集分析[①]

（1）基金募资数量与管理资金规模分析

2009 年度，共有 124 只明确投资中国大陆的私募股权投资基金完成资金募集，募资总金额超过 243 亿美元。与 2008 年相比，基金募资数量和基金募资金额都有一定幅度的下降，基金募集数量减少 47 只，基金募资金额减少约 61.47 亿美元，同比减少 20.43%。

2010 年度我国私募股权投资基金募资市场活跃程度明显提升，年内共有 82 只面向中国大陆投资的私募股权投资基金完成募资，募资总额达 276.21 亿美元。新募集基金数量与资金规模分别为 2009 年的 2.73 倍与 2.13 倍。清科研究机构相关资料显示，2010 年新募集基金呈现出小型化的趋势，规模不到 2 亿美元的基金数量占比达到新募集基金总数的 74.4%，相比 2009 年占比 66.7%的水平比例幅度有所提高。从新募集基金的类型角度分析，在 82 只新募集到位的基金当中，共有 68 只成长型基金，10 只房地产基金以及 4 只并购基金。纵观新募基金类型结构，可以看出，一部分新兴私募股权投资机构对募集房地产基金表现积极，2010 年新募集的房地产基金当中，本土私募股权投资机构所募集的基金数量与募资金额分别占比高达 90%与 80%。

（2）本土私募股权投资基金募集资金来源结构解析

就现阶段来看，我国本土私募股权投资基金的资金主要是由政府财政（政府引导基金）、全国社会保障基金和民营资本（民营企业/富有家族与个人）构成，资金来源较为单一，结构有待优化。另外，本土人民币基金受到其资金来源特点的限制比较明显。例如，政府资金往往带有较为浓重的行政色彩，因此一定程度上降低了基金投资决策效率；民营资本由于资金规模较小，普遍变动较大，且持续性不够强，往往过于注

---

① 清科研究中心 .2007 年中国私募股权与创业资本投资研究报告 ［R］.北京：清科集团，2008.

重短期收益，急于求成，不利于人民币基金的长期稳定发展。

目前，我国地方养老金、企业年金、商业银行、保险公司、信托公司等拥有庞大资金存量和投资能力的大型机构投资者由于国家现行政策的限制，尚未能参与到我国人民币基金的募集活动之中。人民币基金的LP（limited partners，有限合伙人）数量相对有限，海外大型机构投资者受到我国相关部门的严格管制，现阶段尚不能进行规模化投资。境内具有像社保基金规模的成熟机构投资者寥寥无几。而现有本土 LP 对投资于人民币基金的风险意识、评价体系等方面的理解尚不够成熟，心理素质、风险承受能力还比较低，不能很好地满足当下国内私募股权基金投资的要求。其具体表现在以下两个方面：① 本土 LP 对基金回报期限要求一般比较短，往往很看重短期收益，短期化行为普遍存在。② 国内部分 LP 对于基金运营过多干涉和对基金投资领域过多限制，甚至强求基金管理机构投资某些项目，以至于管理角色混乱，责任不明，严重影响了基金管理机构的投资决策效率。

从美国私募股权市场的历史发展经验来看，大型成熟机构投资者的积极参与对整个私募股权投资基金行业蓬勃发展起到了至关重要的推动作用。换言之，中国私募股权投资基金募资市场上大型成熟机构投资者的缺位，或将导致人民币基金在将来的发展中遇到难以逾越的瓶颈。

（3）人民币基金与外币基金募资状况比较分析

受 2008 年金融危机的影响，2009 年我国私募股权投资基金资本募集市场整体比较低迷，全年总共募集人民币基金 105 只，美元基金 19只，募资金额分别为 122.95 亿美元与 65.19 亿美元。人民币基金自2005 年以来第一次在新募基金数量和募资金额上双双超越美元基金。其中人民币新募基金数和募资金额分别占 2009 年同期募资总量的84.7%和 65.4%，并且新募基金数在一至四季度均超过同期新募集美元基金数，第三季度人民币基金单季度募资额超过美元基金 2009 年前三季度募集资金总额。无论在新募基金数量上还是在新募集资金额度上，人民币基金与外币基金的地位都发生了全面逆转。主要有两个方面的原因导致了 2009 年人民币基金与外币基金地位发生逆转：其一是，外资LP 在 2008 年金融危机中遭受重创，投资上更为谨慎，外币基金资金募集市场比较冷淡。其二是，中央政府和各级地方政府推出一系列政策支持我国本土人民币私募股权投资基金的发展，各地政府财政、银行及保险资金纷纷组成引导基金来扶持和引导私募股权投资的发展，尤其是以社会保险基金为代表的大型机构投资者持续加大对私募股权投资基金的投资力度和规模，人民币基金的资金来源渠道大为拓展。此外，沪深两市重新启动 IPO 以及创业板的推出使得私募股权投资基金在国内资本市场的退出渠道大为通畅，高额收益和财富效应使得本土人民币基金的资金募集更为活跃，外资私募股权投资机构也根据市场的变化作出战略调整，尝试募集人民币基金，多方面的原因使得人民币基金在 2009 年表现抢眼，跑赢市场基本面，在资金募集方面全面超越外币基金。

2010 年度，人民币基金继续保持 2009 年以来的良好发展势头，资金募集市场十分活跃，并逐渐与外币基金拉开了距离。2010 年人民币基金完成资金募集的共有 71 只，募集资金总额高达 106.78 亿美元。而同期新募集的外币基金数量低于新募集人民币基金数量的 20%，但需要注意的是，由于有大型外币并购基金到位，外币基金募集的资金总额为人民币基金的 1.59 倍。另外，在 2010 年总共有 31 只私募股权投资基金数量设立但尚未完成资金募集，目标募集资金规模为 122.06 亿美元，其中人民币基金数量和目标筹资规模分别占比 80.6% 与 79.3%。

2010 年本土 LP 群体继 2009 年持续扩大。第一，国家和各地政府进一步加大设立政府引导基金的力度与广度，并委托专业化投资机构进行运营管理，运作方式更加市场化，投资政策性限制进一步放宽，报酬分配机制更趋合理。第二，依照现行的"4+3+X"发展规划，社会保障基金每年应至少投资 3 家已在国家发展与改革委员会备案的私募股权投资基金，以期对国内机构投资者产生示范带动效应。第三，随着国家放宽对证券公司直接投资业务限制政策，越来越多的证券公司开展直接投资业务，另外证券公司得益于股指期货业务和融资融券业务的开展，利润大为增加，这也使得证券公司能够将投放到直接投资业务中的资金比例进一步加大。第四，大型国有企业以及实力雄厚的民营企业也作为私募股权投资基金的投资人积极参与私募股权投资市场，随着这些企业对私募股权投资基金了解的不断加深，双方合作的信任度不断提高，在基金管理运营中的角色分配更为明确科学，在报酬分配机制上也更为合理。第五，富有家族和个人纷纷通过银行或直接作为有限合伙人参与私募股权投资市场。越来越多的商业银行依托其公信力和广泛的个人或企业客户资源，通过私人银行部门直接或间接参与私募股权投资。随着我国本土 LP 群体逐渐趋于成熟，私募股权投资基金投资者结构更加多元化和机构化。人民币基金资金募集市场的持续扩展和活跃促使人民币基金更加快速地成长壮大，这将大大推动我国私募股权投资市场的发展和成熟。

3.3.2　我国私募股权投资基金的投资状况分析

（1）私募股权投资基金投资规模和投资策略分析

2009 年度，中国大陆共有 374 家企业获得私募股权投资，比 2008 年增加 2 例，同比增长 0.54%；投资总额超过 166.57 亿美元，比上年增长 20.05 亿美元，同比增长 13.68%；每家平均获得 5 865 万美元投资，比上年增长 1 108 万美元，同比增长 23.29%。从投资趋势来看，本年度整体投资案例呈现上升趋势，投资金额除了 5 月份有个峰值之外，其余的月份都比较平均，投资案例数和投资金额比 2008 年都有一定程度的提高。随着全球经济的复苏，和中国经济的强势崛起，国内外资本市场重新活跃起来，PE 机构在经历金融危机的洗礼之后，整装待发。而 5 月份的投资金额最高，是因为厚朴投资对建行的增发数额相对大得多，因此出现了一个峰值。

2010 年度我国私募股权投资市场共完成 363 起私募股权投资交易，投资交易总额为 103.81 亿美元，这一水平分别是 2009 年度的 3.10 与 1.20 倍。但是在投资交易案例数量急剧增加的同时，交易总金额涨势却有趋弱的迹象，单笔投资规模只有 2 859.75 万美元，创下了历史新低。综合分析 2010 年度所发生的投资案例和投资机构类型我们可以看出，交易额大于 2 亿美元的投资基本都由外资私募股权机构单独完成或者参与完成，我国本土私募股权投资基金投资规模整体上比较小，很少涉及大型的投资交易。

在投资策略上分析，2010 年我国私募股权投资基金在投资策略上呈现出多元化发展趋势，在完成的 363 起投资案例当中涵盖了 325 起成长资本类投资，19 起投资于上市公司的 PIPE，5 起并购投资，12 起面向房地产的投资案例以及 2 起重整资本投资。从案例数量来看，除并购类投资案例数量较 2009 年度有所下降以外，其余几类投资策略均呈现出上升趋势。

（2）私募股权投资基金投资行业分析与区域分布

2010 年，政府陆续颁布了一系列产业振兴计划，重点鼓励发展战略性新兴产业，行业覆盖面广泛，受国家政策导向影响，相关行业的私募股权投资案例数量急剧上升。当年完成的 363 起投资交易案例当中总共涉及 23 个一级行业，其中生物技术与医疗健康行业完成投资交易案例 55 起，成为当年最热门的行业，同时清洁技术、食品饮料、连锁零售、机械制造以及农林牧渔等行业也受到了越来越多私募股权投资基金的关注，人们对这些行业的投资积极性不断提高。从投资金额和规模来看，虽然生物医药、清洁技术、新能源新材料行业获得投资的企业众多，但投资规模普遍较小。所获投资规模较大的行业主要为机械制造业和互联网行业，当年内均有涉及投资金额较大的 PIPE 和并购投资案例发生，投资总金额分别达到 11.78 亿美元与 11.13 亿美元。

从 2010 年度私募股权投资的地区分布来看，私募股权投资交易覆盖了 30 个省市，其中获得私募股权投资最多的地区分别是北京、上海与江苏。受国家政策向中西部倾斜的影响，私募股权投资向中西部地区扩展的趋势表现明显，当年内四川、湖南、河南、湖北、山西等地区的私募股权投资案例数量与投资金额均出现了大幅增长。①

3.3.3 我国私募股权投资基金的退出状况分析

清科研究中心相关统计数据显示，2009 年度中国私募股权市场共发生 93 例退出事件，共有 159 家投资机构实现退出。自 2008 年 9 月以来，受国际金融危机影响，资本市场低迷，投资机构通过 IPO 上市方式实现退出的项目数大幅降低，可谓跌入历史性的低谷。由于 2009 年

---

① 清科研究中心 2010 年度中国私募股权投资年度研究报告。

政府适时出台了一系列的政策措施如 IPO 重启和创业板的推出，中国经济回暖，从第二季度开始，私募股权基金退出状态开始全面改善，本年度 PE 机构退出情况整体向好。

随着我国境内金融市场的不断开放以及多层次资本市场体系的健全和完善，2010 年度我国私募股权投资基金退出案例数量保持了持续稳定增长的发展态势，其中第四季度呈现出明显的翘尾现象。2010 年内总共有 167 起投资案例完成退出，160 起投资案例以 IPO 方式完成退出，而通过股权转让与并购退出的案例数量分别为 5 起与 2 起。从获得私募股权投资的企业所属行业来看，年内完成的 167 起私募股权投资退出案例分布于 20 多个行业之中，其中机械制造行业完成投资退出案例 31 起，成为各行业投资退出案例数量之首。位列第二位和第三位的为生物技术/医疗健康行业与食品饮料行业，退出案例数量分别为 17 起与 16 起。值得注意的是，在各行业退出案例数量中，房地产行业的退出案例数量急剧下滑，由 2009 年度的 19 起下降为 2010 年的 7 起。从退出市场角度来看，私募股权投资基金最主要的 IPO 退出市场依然是香港主板市场，2010 年度在香港主板市场完成退出的私募股权投资基金共有 54 只。另外，2010 年在我国本土资本市场完成的 IPO 退出案例数量也取得了可喜的成绩，在沪深两市实现 IPO 退出的案例数量占比达全年总数的 37.5%。与此同时，我国本土企业赴美上市的热度不减，年内共有 24 起与 13 起投资案例分别在纽约证券交易所与 NASDAQ 证券交易所完成退出，双双创下历史新高。

3.3.4　国内私募股权投资典型案例解析

案例 1：摩根、英联、鼎辉投资蒙牛

内蒙古蒙牛股份有限公司是一家民营股份制企业，自 1999 年 7 月创立以来，一直以惊人的速度发展：年销售额由 1999 年的 4 365 万元增长到 2002 年的 20 多亿元，在中国 1 500 多家乳制品企业中的排名由第 1 116 位上升至第 4 位。2002 年 12 月 19 日，三家国际知名投资公司摩根士丹利、鼎晖投资、英联投资一次性向蒙牛公司投资 2 600 多万美元，外资进入成本为 10.1 元/股，约占蒙牛股份的 32%，私募融资主要经历了以下几步：

（1）壳公司股权结构设计。首先三家外资投资公司在境外注册成立壳公司，章程约定壳公司股份分成 A 类和 B 类，A 类股份 1 股有 10 票投票权，B 类股份 10 股有 1 票投票权，摩根士丹利等三家外资投资者总投资壳公司约 2 600 万美元，购得壳公司 B 类股票 48 980 股，蒙牛管理层与原股东也在境外分别注册两个公司——金牛公司与银牛公司，金牛公司与银牛公司以 1 美元/股的价格购得壳公司 A 类股票 5 102 股。因此，蒙牛老股东与外资投资者在境外壳公司投票权分别是 51%：49%；而实际股份数量比例是 9.4%：90.6%。外资公司与蒙牛管理层约定：①如果蒙牛管理层没有实现维持蒙牛高速增长，投资方将完全控制壳公司及其附属公司账面上剩余的大笔投资现金，并且私募股权投资方将控制蒙牛 60.4%的股份，对蒙牛公司具有绝对控制权，并拥有随时撤换管理层的权力；②如果蒙牛管理层实现蒙牛的高速增长，一年后，蒙牛管理层可以将 A 类股份按 1：10 的比例转换为 B 类股。这样，蒙牛管理层可以实现在壳公司的投票权与股权比例一致，即蒙牛管理层占壳公司 51%的股权。

（2）二次增资：2003 年 10 月，三家投资机构又出资约 3 523 万美元购得 3.67 亿股蒙牛可换股债券，其认购可换股债券除了具有期满前可赎回，可转为普通股的可转债属性，它还可以和普通股一样享受股息。约定未来的转换股价为 0.74 港元/股，这样也锁定了三家战略投资者的投资成本，避免蒙牛业绩出现下滑时产生投资风险。

（3）蒙牛上市：2004 年 6 月 10 日蒙牛乳业在我国香港上市，全球发售 3.5 亿股。3 家境外投资机构向蒙牛投入约 5 亿元人民币，在短短 3 年内获约 2 亿港币的投资回报，投资收益回报率约 500%。

案例解析：本案例中最值得学习的是激励机制的引入，投票权和持股数的分离，这是体现双方对赌协议的精髓，也是 PE 运作的基本手法。蒙牛原股东和管理层如果不能保持企业的高速增长，就可能会失去对企业的控制权，如果实现高速增长，蒙牛原股东和管理层就会获得更多的收益，这也显示了国际私募基金娴熟的运营技巧和高明的操作手段，值得我们借鉴。

案例2：浙创投、深创投入驻西部材料

西北有色金属研究院是国家有色金属工业局直管的重点科研单位，主要从事稀有难熔金属（钨、钼、钽、铌）、贵金属材料（金、银、钯、铂、铑、铱、钌）、稀有金属钛管件和金属复合材料的科研开发、应用及生产，是国家多品种、小批量、高技术军工新材料研究开发试制基地。2000年由西北有色金属研究院转变为企业化运营。

浙江省创业投资集团有限公司、深圳市创新投资集团有限公司两家创新投资企业敏锐地发现业务机会：认为该企业是一家潜力无限的企业，技术领先、产品附加值高、市场前景广阔、管理团队有力、政府大力扶持，符合创业投资选择企业的标准。在创投的帮助下，西部金属材料股份有限公司在2000年12月28日成立，西北有色金属研究院作大股东，两创投参股，引入了公司管理层技术入股、员工持股等机制，签署了业绩考核惩罚条款，大大调动了职工的积极性和创造性，通过设备改造、提高生产效率，企业取得了长足发展。

2002年至2004年，西部材料金属公司销售收入分别为1.17亿元、1.63亿元、2.71亿元，净利润分别达到1 386万元、1 764万元、2 591万元。据统计，公司成立五年来，产值年均增长40%，利润年均增长30%、净资产收益率连续多年保持20%以上的水平。2007年8月，西部材料在中小企业板成功上市，股价最高达61元/股。

案例解析：本案例中投资顾问利用现代企业制度，对西部材料做了很多工作，引入多种激励机制，特别是对一些容易与大股东发生利益冲突的问题，如交叉任职、知识产权归属、关联交易等及时提出了改进建议，解决了企业在发展过程中遇到的机制和体制方面的阻力。

对企业的投资实质就是对企业家的投资，本案例中的领军人周廉教授，是西北有色金属研究院院长，1995年就被选为中国工程院首批院士，在国内外稀有金属材料领域，多次创造国家第一。同时选项上PE更看重企业拥有的独特技术优势，西部金属材料股份有限公司成立后很快承担国家、部委高新技术项目30多项，取得专利10多项，多项产品获得国家重点新产品称号，完全符合PE选择项目的要求。所以通过PE的资金注入，企业很快更换了设备，产品合格率提高了；通过机制创新、职工入股，改善职工待遇，调动了职工积极性和创造性；通过法人治理结构调整，规范企业内部决策、运作流程，充分发挥了 PE 的专业特长优势，极大地激活了企业潜力，使得企业价值大幅提升。

案例3：深国投·铸金资本一号股权投资集合资金信托计划

2007 年 7 月深国投与深港产学研创投公司、深圳松禾投资公司合作推出该产品，募集资金 11 000 万元，存续期 5 年。信托计划运用方式：直接或间接投资拥有核心技术、创新型经营模式的高成长型拟上市企业；收购有增长潜力或管理改善空间的成熟企业；投资于已上市企业向机构投资者非公开募集的股份；尚未进行股权投资的资金或股权投资项目退出后尚未进行分配的资金可用于低风险稳健型投资品种。深港产学研创投公司管理团队及松禾投资管理公司作为该计划的投资顾问，深国投作为受托人负责对该计划进行风险控制与决策管理，保证运作的透明与规范。该信托计划的受益权划分为优先、劣后两种，投资顾问出资人民币 4 000 万元购买该信托计划的劣后受益权，保证利益的一致性。投资顾问的收入主要由两部分组成：一是每年收取的管理费；二是绩效费，即投资项目获得盈利时所获得的提成。

案例解析：该案例的交易结构主线是深圳国投与投资顾问共同筛选出一批优质项目组成项目池，信托计划成立后，深国投按照投资顾问的意见，经审查后以自己名义投资到目标企业中并持有股权，在投资顾问的协助下参与目标企业的管理，信托资金的退出方式设计为上市后出售股权或溢价转让股份给投资顾问。投资顾问负责投资项目初期筛选、中后期管理和变现退出等方面的智力支持，深国投拥有项目事务决策的最终否决权。

第4章　我国私募股权投资基金的组织形式选择与市场定位分析

目前私募股权投资基金所采用的组织形式主要有公司制、有限合伙制和信托制三种，它们分别具有不同的法律属性、契约设计和制度特征。私募股权投资基金选择何种组织形式进行运作不仅要对不同组织类型基金的运营管理成本、投资效益以及权属关系等加以权衡，还要综合考虑一国具体的政治经济制度与法律体系。组织形式选择是否适当往往对私募股权投资基金的投资成败和投资绩效有着至关重要的影响。本章通过对私募股权投资基金主要组织形式的比较研究，并系统分析各种组织形式在我国法律上的界定和现实发展状况，指明我国私募股权投资基金组织形式未来的主要发展方向，最后对我国私募股权投资基金在我国金融资本市场的角色作出分析定位。

4.1　私募股权投资基金基本组织形式的比较考察

依照组织结构和立法模式划分，私募股权投资基金的组织形式主要有公司制、有限合伙制和信托制三种。不同的组织形式有不同的制度特点，这些组织形式在私募股权投资领域运用的效率由这些制度特点与私募股权投资的运作特点相符程度决定。下面通过表 4-1、表 4-2 对三种组织结构进行直观比较。

表 4-1 　　　　　　私募股权投资基金组织形式比较

基金组织形式	公司制	有限合伙制	信托（契约）制
法律依据	公司法	合伙企业法	信托法
法律关系	委托-代理	委托-代理	信托-受托
法律地位	独立法人	非独立法人	非独立法人
基金管理人	专业基金管理公司或自己设立的管理公司	普通合伙人组成的合伙制基金管理公司	专业信托投资机构
基金保管人	指定的托管银行	无	基金托管机构
政府监管力度	限制较多	较松	较松
资金募集方式	公募或私募	私募	私募
投资额度	投资者共同出资	有限合伙人提供99%的资金而普通合伙人提供1%的资金	投资者出资
投资者选择	投资者出资额可大可小，投资者人数没限制	单个投资者出资较大，投资人数较少	单个投资者出资额较大，投资人数较少
投资收益分配	基金管理公司收取固定比例的管理费和投资成功后一定比例（15%~25%）的基金净收益提成；投资者分享剩余的投资净收益	普通合伙人每年可获得基金净资产1%~3%的管理费和全部投资净收益15%~25%的投资收益提成；有限合伙人分享剩余的投资净收益	基金经理人获得约定比例的信托管理费，托管人获得约定比例的托管费，投资者获得基金投资运营的资本增值收益
投资回收	不能回收，只能转让	存续期结束可收回投资	存续期结束可收回投资

表 4-2 　　　　　　　私募股权投资基金不同组织形式的效率比较

	比较项目	有限合伙制	公司制	信托制
对运营成本的影响	税负成本	税收透明（避免双重纳税）	对从企业取得的利润缴纳法人所得税	根据优惠政策而异
	日常开支	以固定管理费的形式有效限制了日常开销	一般不能将日常开销进行固定限制	以固定管理费用的形式有效限制了日常开销
	约束机制	投资家负有善意管理的义务，承担过失责任	投资家负有善意管理的义务，承担过失责任	
		投资者承担有限责任	投资者承担有限责任	投资者承担有限责任
		投资者可以通过约定保留一定的权利对投资家进行监督	投资者作为股东对创业投资专家进行监督，但同时对创业投资专家的独立性和稳定性构成威胁	可以通过约定基金的存续年限、强制分配利润等政策降低风险
对代理成本的影响	激励机制	可以通过约定企业的存续期限、分期缴纳承诺投资额、强制分配利润等来降低风险		基金保管人对创业投资专家的活动进行制约
		投资家可以灵活自主地进行经营活动，经营权不受干涉		
		创业投资专家可以分享高达 20% 的企业利润	创业投资专家可以参与利润分成或获得公司股份，但限制较大	创业投资专家一般不参与基金利润分成，但也不排除其可能性

4.1.1 公司制私募股权投资基金

公司制私募股权投资基金是指由原始投资人认缴出资并依照《公司法》以及相关政策法规发起设立的投资管理公司,公司可根据《公司法》相关规定发行股份吸纳其他投资人作为股东,通过股东大会选举组成董事会和监事会,并在董事会的监督领导下交由专业投资人团队进行具体管理运营的一种组织模式。公司制私募股权投资基金的基本特征是:

第一,由于公司制度建立较早,已相对成熟,相关的法律法规和监管体系都比较健全,所以公司制私募股权投资基金存续性稳定,投资者权益能够得到较好的保护。

第二,投资人及股东不直接参与公司管理,公司日常管理职能由董事会负责,必须通过股权大会行使其对公司事务的决策权。目前,欧洲和亚洲等国家和地区的私募股权投资基金大多采用公司制形式进行运作。

第三,公司原始投资人及其他股东以对基金的投资资本额度为限,对公司承担有限责任。

公司制私募股权基金的主要优点有:

第一,由于各国的公司法及其配套法规比较健全和完善,所以公司制私募股权基金法律基础比较稳定,法律界定也较为明晰。

第二,采用公司制的私募股权投资基金监督机制完备、内部治理结构完善、产权关系清晰、组织架构明确,在实践中较易操作实行。

公司制私募股权基金的主要缺点为:

第一,我国现行法律规定,公司与公司股东须以不同纳税主体分别缴纳企业所得税与个人所得税,虽然也可适用一些减税和免税政策,但双重征税的存在依然是公司制私募股权投资基金不可回避的问题。双重征税问题加大了公司制私募股权投资基金的运营成本,在一定程度上也影响了其投资绩效。

第二,公司制私募股权投资基金有最低注册资本金的限制,因公司股权变动引致的公司章程修改以及工商部门变更登记等手续繁琐,影响了公司制私募股权投资基金运营管理效率；同时，由于公司组织架构及层级设置比较复杂，决策程序繁多，决策效率低下，往往导致最佳投资时机的错失。

4.1.2　有限合伙制私募股权投资基金

有限合伙制私募股权投资基金是美国私募股权投资基金组织制度创新的成果，也是其私募股权投资基金的主流组织形式。在美国，私募股权投资基金总资金规模的 85% 左右都由采用有限合伙制的私募股权投资基金管理，其在美国私募股权市场中占据绝对主导地位。由于有限合伙制私募股权投资基金的组织架构、合约设计、管理运营都更好地契合了私募股权投资本身的特性，运营管理成本低、投资决策效率高、风险控制系统健全有效，因此实务界普遍认为有限合伙制是私募股权投资基金的最佳组织形式。

有限合伙制私募股权投资基金由普通合伙人（general partner，GP）与有限合伙人组成，双方签订有限合伙协议，约定双方的权利与义务，共同设立有限合伙企业开展股权投资业务。依据有限合伙协议，有限合伙人以其出资额为限对有限合伙企业承担有限责任，享有合伙权益和投资收益优先分配权，但不得参与有限合伙企业的日常运营管理以及投资决策，对外不得代表有限合伙企业。有限合伙人可以以投票表决等方式参与合伙事务，但不具有决定权；普通合伙人对有限合伙企业承担无限连带责任，负责有限合伙企业的运营管理，拥有执行合伙事务权和独立投资决策权，对有限合伙企业投资收益享有分配权，并对合伙企业产生的债务负责；有限合伙企业的信息披露在有限合伙协议相关条款的约束下由全体合伙人共同决定。合伙企业的存续期一般为 7~10 年，可根据具体投资状况适当延长，合伙期满则全盘清算合伙企业资产与投资收益。

有限合伙制私募股权投资基金往往具有多层级的结构。例如，在一个有限合伙企业里担任普通合伙人的可以是另外一家有限合伙企业；一家私募股权基金管理公司可以通过建立伞状结构设立多个有限合伙制基金，专注于不同的投资领域。此外，普通合伙人还可以成立独立的投资管理公司，为基金提供日常运营管理的相关服务。

另外，有限合伙制私募股权投资基金的资金募集机制也比较灵活多样。有限合伙人既可以一次性注入资金，也可以通过分期注资与承诺注资等方式进行资金投入。分期注资与承诺注资是指有限合伙人承诺在规定期限内向合伙企业开立的权益账户注入一定额度的资金，但并不需要一次性注入全额资金，而是在出现合适的投资项目的时候，应普通合伙人的要求，将相应的资金数目直接汇入基金在指定银行开立的权益账户。这样的安排使普通合伙人能够较好地控制注入资金的时间分布点，也无需直接管理巨额资金，从而降低了资金的管理风险和保值增值的压力，有利于提高基金的管理运营效率。此外，如果有限合伙人想退出合伙企业也可根据有限合伙协议的相关规定从基金权益账户直接撤资。

通常情况下，为了保证和加强有限合伙人与普通合伙人双方的利益一体化，有限合伙人往往会要求普通合伙人对基金认缴部分出资。依照行业惯例，普通合伙人认缴金额为基金总额的1%，有的基金也允许以无形资产和智力资本投入的方式认缴。

有限合伙制私募股权投资基金的主要优点有：

第一，由于有限合伙制私募股权投资基金不具有独立法人地位，不需要缴纳企业所得税，只需合伙人分别缴纳个人所得税即可，因此不存在重复纳税的问题。

第二，投资收益分配方案灵活合理，激励约束机制科学有效。有限合伙企业的投资收益分配方案以及对普通合伙人的相关激励约束机制由有限合伙人与普通合伙人通过协商的方式共同决定，能够较好地满足双方各自的利益和要求，因此一般能够得到双方认可和遵守。

第三，资金募集模式灵活合理。分期注资与承诺注资使有限合伙人出资较为灵活，降低了出资风险，同时减轻了普通合伙人确保资金保值增值的压力，避免了资金沉淀造成的损失。

第四，多层级的组织架构使得有限合伙制私募股权投资基金能够根据具体投资项目和投资领域的需要而设立相应的基金，增强基金的专业化、精细化程度，提高投资效率和投资绩效，有效化解投资风险。同时，在有限合伙协议框架下建立起来的独特治理结构和激励约束机制，使基金内部利益一体化，能够较好地解决信息不对称引致的道德风险和逆向选择问题。

4.1.3　信托制私募股权投资基金

信托制私募股权投资基金是指相关当事人依据《信托法》的规定订立书面信托合同并交付信托财产发起设立信托产品，不经过工商部门登记，相关责权利关系以契约形式约束生效，不形成法律实体。与公司制和有限合伙制相比，全球范围内采取信托制的私募股权投资基金相对比较少。

从法律关系上来看，信托制私募股权投资基金当中基金投资人与基金管理人之间本质上是一种信托关系，体现的是一种契约安排，它不属于法人实体，不具有独立法人资格。根据信托关系，作为资金委托方的基金投资人需将信托财产所有权转让给作为资金受托方的基金管理人进行运作管理，因此，作为资金受托方的基金管理人不仅拥有信托资产的经营管理权还拥有所有权，作为资金委托方的基金投资人既无法凭借法人治理结构对其进行约束和监督，也无法通过有限合伙制中的有限合伙协议对其加以控制。加之私募股权投资基金本身的信息披露渠道比较少，所以信托制私募股权投资基金委托代理问题比较突出，往往难以规避基金管理人的道德风险和逆向选择问题，基金投资人的合法权益难以得到有效的保障。另外，信托制私募股权投资基金不属于法人实体，在IPO退出方式上存在一定障碍。从信托制私募股权投资基金的优势来看，主要体现在以下两个方面：

第一，由于信托制度具有其独特的风险隔离特性，所以信托资产的独立性和安全性能够得到有效的保障，另外，在破产清算时，委托人的信托财产不需要承担债务连带责任。

第二，由于信托公司筹资方式广泛多样，筹集资金的效率比较高。

第 4 章　我国私募股权投资基金的组织形式选择与市场定位分析

4.2　目前我国私募股权投资基金的主要组织形式及评价

4.2.1　我国私募股权投资基金主要组织形式的法理分析

（1）公司制私募股权投资基金的法律界定。

新《公司法》规定，"股份有限公司的设立，可以采取发起设立或者募集设立的方式。募集设立，是指由发起人认购公司应发行股份的一部分，其余股份向社会公开募集或者向特定对象募集而设立公司"。

根据新《公司法》中的相关规定，只要通过非公开方式募集，募集对象低于二百人，就可以依法发起设立公司制私募股权投资基金。新《公司法》进一步放宽了对公司制私募股权投资基金投资额度方面的限制，取消了对外投资总额不得超过公司净资产 50% 的限制条款。

（2）有限合伙制私募股权投资基金的法律界定。

新修订的《合伙企业法》于 2007 年 6 月 1 日起正式实施。新《合伙企业法》中对有限合伙企业有了明确的规定。《合伙企业法》第二条规定，"有限合伙企业由普通合伙人和有限合伙人组成，普通合伙人对合伙企业债务承担无限连带责任，有限合伙人以其认缴的出资额为限对合伙企业债务承担责任"。第六条规定，"合伙企业的生产经营所得和其他所得，按照国家有关税收规定，由合伙人分别缴纳所得税"。第六十一条规定，"有限合伙企业由二个以上五十个以下合伙人设立；但是，法律另有规定的除外。有限合伙企业至少应当有一个普通合伙人"。

根据新《合伙企业法》的相关规定，只要采取非公开方式募集，并且募集对象不超过五十人即可成立有限合伙制私募股权投资基金。此外，还明确规定有限合伙制企业无需缴纳企业所得税，由合伙人分别缴纳个人所得税，有效地避免了公司制私募股权投资基金面临的双重征税问题。

（3）契约制私募股权投资基金的法律界定。

于 2001 年 10 月 1 日起正式施行的《中华人民共和国信托法》（以下简称《信托法》）第二条规定，"本法所称信托，是指委托人基于对受托人的信任，将其财产权委托给受托人，由受托人按委托人的意愿以自己的名义，为受益人的利益或者特定目的，进行管理或者处分的行为"。第十八条规定，"受托人管理运用、处分信托财产所产生的债权，不得与其固有财产产生的债务相抵销。受托人管理运用、处分不同委托人的信托财产所产生的债权债务，不得相互抵销"。第二十九条规定，"受托人必须将信托财产与其固有财产分别管理、分别记账，并将不同委托人的信托财产分别管理、分别记账"。此外，中国银行监督管理委员会出台的《信托公司集合资金信托计划管理办法》、《信托公司管理办法》以及《资金信托管理办法》中的有关规定对信托公司的业务进行了新的划分。

上述《信托法》中的相关规定以及中国银行监督管理委员会的相关法规条例构成了信托制私募股权投资基金的基本运作规范。

设立人民币基金和外资基金的条件和相关规范见表 4-3。

4.2.2 我国私募股权投资基金主要组织形式现状简析

（1）公司制。我国的私募股权投资基金是从创业风险投资公司开始发展起来的，早期的创业风险投资公司（包括一些民营创业风险投资公司）大多是依照《创业投资企业管理暂行办法》（该《办法》规定创投企业可以采取有限责任公司、股份有限公司或者中国法律规定的其他企业组织形式）发起设立的公司制私募股权投资基金。现在也有不少私募股权投资基金是采取公司制运营的，最著名的是我国最大的主权投资基金——中国投资管理有限责任公司，另外还有像联想集团旗下的弘毅投资管理公司以及一些政府引导基金。

（2）有限合伙制。在新合伙企业法推出之前，国内已经有部分私募股权投资机构尝试在境外注册设立有限合伙制私募股权投资基金。2007 年 6 月 1 日新合伙企业法颁布实施之后，创投机构南海成长创业投资有限合伙企业于 2007 年 6 月 26 日在深圳成立，成为我国本土第一家有限

表 4-3　　　　　设立人民币基金和外资基金的条件和相关规范

类型	人民币基金	外资基金	
组织形式	法人制或非法人制	法人制	非法人制
设立方式	备案制	审批制	
资本要求	实收资本不低于 3 000 万元或首期实收资本不低于 1 000 万元且全体投资者承诺注册后 5 年内补足	最低限额为 1 000 万美元	最低限额为 500 万美元
投资者人数	不得超过 200 人，其中有限责任公司不得超过 50 人	2 人以上 50 人以下，至少拥有一个必备投资者	
投资门槛	单个投资者的投资不得低于 100 万元	必备投资者外，其他每个投资者的最低认缴出资额不得低于 100 万美元	
出资形式	人民币	外国投资者可以自由兑换的货币出资，中国投资者以人民币出资	
管理者	有至少 3 名具备 2 年以上创业投资或相关业务经验的高级管理人员	3 名以上具备创业投资从业经验的专业人员	
必备投资者	无相关要求	至少 1 个	
资本和业绩要求		申请前 3 年管理资本累计不低于 1 亿美元且其中至少 5 000 万美元已经用于进行创业投资。在必备投资者为中国投资的情形下，业绩要求为：在申请前 3 年其管理的资本累计不低于 1 亿元人民币，且其中至少 5 000 万元人民币已经用于进行创业投资	

管理人员要求		3名以上有3年以上投资从业经验的专业管理人员
出资要求		对创投企业的认缴出资及实际出资分别不低于投资者认缴出资总额及实际出资总额的30%	对创投企业的认缴出资及实际出资分别不低于投资者认缴出资总额及实际出资总额的1%，且应对创投企业的债务承担连带责任

合伙制私募股权投资基金。目前，国内私募股权市场比较著名的私募股权投资基金，如红杉资本、凯雷资本、鼎晖资本以及软银赛富资本等均采用有限合伙制。国家法律对设立有限合伙制私募股权投资基金的开闸，使私募股权投资基金的运作进一步走向市场化，只是在一些具体环节上仍然存在一些问题，如设立条件、税收优惠、监管等方面，地方政府在法规上各有差异，有待进一步完善。在国内私募股权市场的巨头们的示范效应下，随着国内有关有限合伙制的法律法规逐渐健全，越来越多的私募股权投资基金采用有限合伙制进行运作管理。

（3）信托制。信托制私募股权投资基金的运作模式是依托信托公司定向发售信托产品计划募集资金，由指定托管银行进行资金托管，委托专业基金管理人开展股权投资业务。这类基金最著名的有2007年7月25日成立的深国投首只私募股权投资信托产品——深国投·铸金资本一号股本投资集合资金。发布此类私募股权投资信托产品计划的还有江苏国信、深圳达晨、中科招商和湖南信托等信托投资机构。此外，很多券商、资产管理公司等金融机构纷纷开展带有信托契约式私募股权投资基金性质的集合资产管理业务，积极参与私募股权投资。

4.2.3　我国私募股权投资基金主要组织形式优劣解析

公司制、有限合伙制和信托制私募股权基金的组织形式各有利弊，选择何种组织形式的私募股权基金取决于国家的法律法规、税收制度、市场环境和社会信用发展程度等外部因素以及每种组织形式的激励约束机制特点等。以下就从我国现行基本法律体系的角度出发分析目前我国私募股权投资基金主要采用的组织形式的优劣。

（1）从我国有关私募股权基金设立法律体系看，合伙制、信托制和公司制私募股权基金的设立已经没有法律障碍，且已有相应的私募股权基金设立，其中公司制私募股权基金仍占主流，契约制的私募股权基金（包括产业投资基金和信托制基金）次之，合伙制的私募股权基金正在试点中。

（2）就双重征税角度而言，在新《中华人民共和国企业所得税法》出台前，股权投资获得的收益是要按投资方与被投资方的税率差额征收企业所得税的，如投资公司适用的所得税税率为33%，被投资的高科技企业适用的所得税税率为15%，则来自于被投资企业的投资收益要按18%征税，当投资企业将所得分给个人时还要再交个人所得税，因而公司制私募股权投资基金存在双重征税问题。对于有限合伙制私募股权投资基金而言，2007年修订后的《合伙企业法》明确规定只对合伙人征税，不对合伙企业征税，从而有效地避免了双重征税问题；对于信托制私募股权投资基金而言，我国相关法律规定对信托理财产品取得的投资收益暂不征税，但对发布信托理财产品的公司依然要征收企业所得税。

（3）从代理成本角度看，三种组织形式各有利弊。中国信托制私募股权基金是根据《信托公司集合资金信托计划管理办法》设立的，它参照的管理模式是信托制的证券投资理财模式。这种模式的缺点有三个方面：一是它通过信托公司发行信托单位计划募集资金，然后由信托公司委托股权投资管理人进行管理，资金由银行托管。显然这种方式的代理链较长，投资人要付出的直接代理费用较高。二是信托计划中虽然设计了优先受益人和次级受益人，但是也仅基于5%左右的损失保障，即基金管理人承担的还是有限责任，对基金管理人的约束仍显不够。三是信托制由于法律主体不明确，我国证监会对信托背景公司的上市申请目前不予受理，使得信托制私募股权基金无法通过上市渠道退出，这将大大降低该类基金的投资收益。

中国公司制私募股权基金主要指根据《公司法》和《创业投资企业管理暂行办法》成立的创业风险投资公司，也包括专注于上市前股权投资的投资公司。但公司制私募股权基金在代理方面存在的问题主要有三点：一是基于业绩的报酬机制难以建立。我国在期权和股权激励方面还处于试点和探索之中，上市公司的股权激励政策目前还是"走走停停"，国资委对国有企业的股权激励政策也是摇摆不定。在没有股权和期权激励的情况下，公司经营管理层的道德风险难以控制；公司通过董事会选择基金管理人来进行股权投资管理，由于基金管理人并不是公司股东，他不承担管理损失，仅收取管理费和业绩提成，公司对基金管理人的约束不足，监督成本较高。二是公司制私募股权基金全是有限责任制，由于承担风险的有限性，代表股东的董事会成员在选择基金管理人时同样会面临道德风险。三是公司一般是永续经营的，经营期限一般较长，很少设定7~10年的经营期，这就很难将基金管理者与投资者的博弈转化为无限次重复博弈，不利于声誉机制发挥作用。

有限合伙制的私募股权基金是在新《合伙企业法》出台后出现的，它加入了无限责任制和剩余索取权制度，加大了对基金管理人的激励与约束，可以最大化地激发人的创造力和工作积极性，从而使有限合伙人和普通合伙人成为完全的利益共同体。

通过上述比较，有限合伙制具有制度上和法律上的优势，同时也是全球私募股权投资基金的主流组织形式，因此有限合伙制将是我国私募股权投资基金组织形式的主要发展方向。

4.3 我国私募股权投资基金组织形式选择——有限合伙制

如前所述，有限合伙制私募股权投资基金是指由作为基金投资者的有限合伙人与作为基金管理者的普通合伙人签订有限合伙协议共同发起设立，有限合伙人以出资额为限对有限合伙企业承担有限责任，但不直接参与合伙事务和投资管理；普通合伙人对有限合伙企业承担无限连带责任并具体执行合伙事务，运作管理投资业务的一种私募股权投资基金类别。有限合伙制可以合理有效地避免双重征税，具有"穿透税制"的制度优势，在实践中被私募股权投资机构广泛地采用，作为其具体运作组织形式，尤其是在私募股权投资行业最发达的美国。同时，有限合伙制对有限合伙人与普通合伙人的责权利有着较为合理的规定，其独特的激励约束机制可以很好地解决在私募股权投资行业中普遍存在的委托代理风险，从人力资本特性角度使其最大程度地减少私募股权投资基金运作过程中的代理成本，因此，有限合伙制应该是我国私募股权投资基金组织形式的主要发展方向。

2005 年我国颁布《私募股权投资基金企业管理暂行办法》以促进我国私募股权投资产业的发展，在法律上为有限合伙制在我国的发展作了铺垫。2007 年正式实施的《合伙企业法》中第一次明确了有限合伙制的法律地位，对有限合伙制的设立程序、法律形态等方面作出了比较详尽的解释，该法第二条第三款规定"有限合伙企业由普通合伙人和有限合伙人组成，普通合伙人对合伙企业债务承担无限连带责任，有限合伙人以其认缴的出资额为限对合伙企业债务承担责任"，并修订一系列相关法律法规（诸如明确合伙人的纳税细则、允许合伙企业开立证券账户等）加以补充，以使有限合伙制能够契合我国现行的法律体系。在我国有限合伙制私募股权投资基金的基本法律架构得以确立的鼓舞下，有限合伙制取得了较快的发展。本小节首先从有限合伙制的两大核心机制——投资决策机制和投资收益分配机制入手，论证有限合伙制之于私募股权投资基金的制度价值以及优势，进而剖析我国现行有限合伙型私募股权投资基金的发展障碍，最后提出在我国实行有限合伙制私募股权投资基金的路径依赖。

4.3.1　有限合伙型基金的核心制度价值体现

私募股权投资基金选择何种组织形式直接影响基金的运营效率和投资绩效。不同类型的组织形式在运作机制、决策程序、权责关系、报酬分配以及约束激励机制等方面都有所差异。作为外在形态的组织形式只有和私募股权投资基金本身的内在属性形成良好的对接才能真正发挥出其制度优势和价值。有限合伙制很好地平衡了私募股权投资基金内部的委托代理关系和双方利益要求，将委托人与受托人的利益通过契约设计与机制安排捆绑在一起，有效地降低了私募股权投资基金投资运作过程中的代理成本，同时，凭借其穿透税制的优势，避免了重复征税，有效地降低了基金的运营成本。有限合伙制以其利益统一、责任明确、分工合理、运营管理权一元化以及责任约束一体化的特性，与公司制和信托制相比较，具有较为明显的制度优势。其主要的制度优势和价值体现在两个方面，即其投资决策机制和投资收益分配机制。这两个机制决定了有限合伙制私募股权投资基金内部的组织结构和权责分配，适应了有限合伙人作为投资人对投资绩效的利益要求，同时也满足了普通合伙人对人力资本与智力资本报酬的诉求。

（1）有限合伙制私募股权投资基金投资决策机制。

有限合伙制私募股权基金的内部权力分配的基本结构是作为基金投资者的有限合伙人拥有监督权，作为基金管理者的普通合伙人具有投资决策权和管理运营权；而双方共同拥有合伙企业的所有权以及合伙企业重大事项的共同决策权（如合伙人的加入与退出、合伙企业的散伙清算以及合伙企业存续期的延长等，主要通过双方举行的合伙人大会行使）。有限合伙人与普通合伙人依照合伙企业法相关规定建立合伙企业的内部组织治理结构，并在有限合伙协议的框架下设立投资决策委员会，构成有限合伙制私募股权基金的最高投资决策部门，投资决策委员会以普通合伙人为主体并对其负责，另外，一般情况下，投资决策委员会都会吸纳一些外部的专业人才作为委员，如来自财务公司、会计师事务所、法律事务所的外聘专家。投资决策委员会受有限合伙人的监督，但主要由普通合伙人主导和控制，投资过程中的项目选择、项目的财务评估和定价、尽职调查、投资时段的选择、私募股权投资协议的订立、投资的退出方式等一系列有关投资活动的事项一般均由投资委员会最终决定。普通合伙人拥有独立投资决策权，可以对投资项目的全局进行宏观把握，对投资项目的成败和绩效具有至关重要的作用，它避免了有限合伙人对投资管理的过多干预，使普通合伙人更好地发挥其专业技能，有利于投资效率的提高。同时，由于有限合伙人的监督和外聘人才的引入，一方面对普通合伙人的权限形成了一定程度的约束和制衡，有效防止其滥用权力，降低了代理成本，另一方面也使得普通合伙人的投资决策更为科学合理，降低了投资风险。

另外，当基金面临重大变动事项时，应召开全体合伙人大会，并在全体合伙人一致同意的条件下共同行使重大事项的决策权。由此可以看出，有限合伙制合理的内部权力匹配、制衡和科学的内部治理结构能够最大程度地降低私募股权投资基金的运作成本与投资风险，更利于投资绩效的提高和投资收益的实现。

（2）有限合伙型私募股权投资基金的投资收益分配机制。

快速的财富创造和高额的投资收益是广大私募股权投资基金的投资人和管理人建立和运营私募股权投资基金的原始动力。新《合伙企业法》规定，"合伙协议应当载明利润分配方式"、"执行事务合伙人可以要求在合伙协议中确定执行事务的报酬及报酬提取方式"。这样有限合伙协议中约定的投资收益分配方案就具有了法律效力，普通合伙人的利益诉求在法律层面获得了有效的保障。一般情况下，有限合伙制私募股权投资基金中每一个投资项目产生的投资收益在扣除运营成本和管理费等相关费用项目后即可进入利润分配程序，通常按照行业惯例，普通合伙人获得投资收益的 20%~30%（某些业绩优良的基金甚至可以达到40%左右），剩余的部分按照出资额度在全体有限合伙人中分配。有些基金还会设计投资期权激励计划以激励普通合伙人。

有限合伙制良好的利益捆绑机制和合理的投资收益分配方案，保证了以智力和劳务出资的普通合伙人的利润诉求，以法律形式确认了普通合伙人投资收益的分配权，能够对普通合伙人形成有效的激励，提升普通合伙人的责任心和工作热情，大大增进了基金运作的效益和效率。

4.3.2 我国有限合伙型私募股权投资基金的发展障碍

随着国家一系列法律法规的完善以及相关扶持政策的推出，有限合伙制私募股权基金在我国的发展已经初具规模。然而，由于国内信用体系不够完善，有限合伙制所依存的信用义务制度的缺位，另外，各地地方政府的相关法规和政策也存在一定程度的偏差，使得有限合伙制私募股权投资基金自身的制度优势难以得到有效的发挥。

由于有限合伙人具有有限合伙企业日常事务的执行权以及投资管理业务的绝对主导权，虽然有限合伙人对合伙企业及普通合伙人拥有监督权，但由于基金运作的私募性质决定了信息不对称情况的大量存在，有限合伙人对普通合伙人的监督渠道和方式受到相当程度的限制，由此造成了双方实际上的不对等，放大了基金运作过程中的代理风险，有限合伙制的约束机制难以有效地发挥作用。为了有效防止这种状况的出现，防止普通合伙人滥用权力作出损害有限合伙人利益的利己行为，保护处于信息劣势地位的有限合伙人的合法权益，英美相关法律体系中建立了信义义务规则，对普通合伙人的信义义务作出了明确规范，即"普通合伙人应当殚精竭虑、忠诚于合伙企业的事务，不利用职权牟取私利而损害合伙企业和有限合伙人的利益；同时还应当谨慎履行职责，千方百计地谋求合伙企业利益最大化"。而在我国新颁布实施的《合伙企业法》中并没有对普通合伙人的信义义务作出明确的规范，难以对普通合伙人形成有效的法律约束，使得有限合伙人普遍对投入资金的安全性存有顾虑，与普通合伙人的信任关系无法从制度层面得到保障和确认，由此导致了有限合伙制私募股权投资基金在实务操作中的障碍，也直接影响着基金运作的成败。

4.3.3 我国有限合伙制私募股权投资基金规范发展的路径依赖

（1）明确普通合伙人承担无限连带责任的具体实现方式。

第一，赋予有限合伙人对普通合伙人的诉讼权。现行《公司法》中赋予了股东"股东诉讼权"，以便当公司管理层存在欺诈、隐瞒等有损股东利益的行为时，对其追究法律责任。应该效仿公司法中的做法，在有限合伙制的相关法律条文中应增设有限合伙人对普通合伙人的诉讼权。

第二，建立普通合伙人财产登记制度。在有限合伙制私募股权投资基金中，普通合伙人以智力与劳务出资的方式使有限合伙人难以对其真实财务状况有所了解，故而难以判断普通合伙人是否有能力对其由于投资失误或其他原因所产生的债务承担无限连带责任。建立普通合伙人财产登记制度，能够使有限合伙人清晰判断企业破产时所面临的财产抵偿风险。

第三，建立普通合伙人个人破产制度。当普通合伙人因投资失误或经营不善而承担无限连带责任时，为其提供合理的法律途径进行债务抵偿，使其作为私募股权投资基金从业者的职业生涯得以延续。

（2）确立普通合伙人信义义务规则。以法律形式确认普通合伙人对有限合伙人负有信义义务，明确规定信义义务的具体内涵，使普通合伙人在经营管理和投资运作过程中对有限合伙人恪守诚信，不得损害有限合伙人利益。

（3）完善私募股权投资基金管理人信用体系，建立声誉机制。成立基金管理人信用评级机构，可由政府出面组建相关的信用评级机构，利用政府公信力增强其权威性，同时明确信用评级的具体标准体系；建立专业行业资讯和发展研究机构，利用公众媒体强化信用评级的公信力和市场影响力，目前国内比较权威的私募股权投资行业研究机构只有清科研究中心一家，应该多建立发展类似的机构强化私募股权投资行业的信息披露渠道，使投资者对私募股权机构的投资业绩有更清晰的了解；建立私募股权投资基金管理人自律组织，加强行业协会监管力度，完善私募股权投资基金从业者监管体系。

（4）确立政府适度监管原则。适度监管的基本含义是指监管主体在保证市场正常运行的前提下，通过市场化手段规范市场秩序，不得通过强制性行政手段干预市场，限制和扼杀市场主体的正常竞争和发展。国家政府监管部门应该在支持私募股权投资发展的前提下，以保证市场规范运作，防止市场风险为目的，明确监管职责和监管领域，有限度地介入市场管理，如建立完善的私募股权投资基金行业的信息披露体系，规范市场运作等。

4.4 我国私募股权投资基金的市场定位分析

4.4.1 私募股权投资基金与我国资本市场的关联度分析

运行规范、稳定成熟的资本市场是私募股权投资基金得以正常运作的前提条件，私募股权投资基金的高效运作又为资本市场培育合格的市场主体，推动资本市场品种创新，增进资本市场的效率和内在价值，二者相互影响，相辅相成。传统资本市场理论认为，从市场功能角度，资本市场可分为发行市场和公开流通市场，我们按照这一分类分别探讨其与私募股权投资基金之间的关系。①

（1）发行市场是私募股权投资基金价值发现和资源整合的场所。

随着私募股权基金行业的发展，其内涵和外延不断扩展，几乎涵盖了企业创立到公开上市的各个阶段，投资于不同企业发展阶段的基金类型不断细化，而且投资阶段不断后移，很多私募股权投资基金将一级发行市场作为搜索投资项目、发掘投资价值、捕捉投资机会、寻找并购对象的平台，如 Pre-IPO 基金（投资于公司上市前夕）、PIPE 基金（投资于上市公司）以及并购基金。同时，私募股权投资基金通过一级市场的投资活动将资本和技术、人才对接，引导市场资源优化配置和整合，使一级发行市场价格发现的功能得以充分发挥，提高了其运行效率。

首先，通过一级发行市场，私募股权投资基金在寻求投资目标、博取高额投资收益的同时，与投资目标实现市场化对接，使市场内的人力、智力、技术、资本等资源优化组合，增进了一级市场的资源配置效率。同时，社会闲置资本通过私募股权投资基金参与一级市场的投资活动，扩大了一级市场的资金来源，提高了其市场活跃度。另外很多私募股权投资基金的投资来自于银行体系居民与企业储蓄的分流资金，因此也间接促进了储蓄向投资转化的效率。

其次，相对于产权交易市场而言，一级发行市场的法律监管体系更

---

① 孙逊．我国资本市场中私募股权基金发展研究［D］．哈尔滨：哈尔滨工业大学，2009．

为完善，交易程序更为快捷，交易规则更为市场化、公开化，市场信息更为透明化，私募股权投资基金通过一级市场进行并购投资的隐性成本更低，同时也能够有效降低私募股权投资交易过程中的代理风险。而且，在统一规则以及规范操作下完成的私募股权并购交易使企业产权定价合理化和市场化，使企业产权价格与其内在价值更趋一致，有效防止价格泡沫的产生，有利于一级市场的价格发现功能更好地实现。

最后，私募股权投资基金通过一级市场认购定向增发的公司股份。通常上市公司在面临拓展新的业务链条、实施新的公司战略或进行并购重组等情形需要募集资金时，会依照股票增发的相关规定以非公开形式面向特定对象增发股份募集资金。由于定向增发的股票价格通常情况下会在二级市场产生一定幅度的溢价，所以私募股权投资基金往往会积极参与上市公司的定向增发计划，成为定向增发的重要对象。而且，私募股权投资基金认购上市公司定向增发股份后成为公司股东，会对公司的内部管理和外部环境产生积极影响，有利于公司价值的提高，所以上市公司也乐于向私募股权投资基金增发股份。

（2）流通市场是私募股权基金完成投资退出、实现投资收益的渠道。

流通市场又称二级市场，是上市公司股票交易和流通的公开市场。上市公司股份在二级市场交易流通，一方面使公司价值通过市场交易得到确认，同时，为投资者所持有的权益证券提高市场流动性，通过抛售变现获取投资收益。私募股权投资基金与二级公开市场的相互关系主要体现在以下两方面：

第一，二级公开市场为私募股权投资基金提供投资退出、实现投资收益的平台。私募股权投资基金的主要投资退出方式就是 IPO 退出，通常收益投资也最佳。各国的主板市场是私募股权投资基金实现 IPO 退出的主要渠道。私募股权投资基金依据二级市场的表现来选择退出的最佳时点，一般情况下，二级市场交易活跃，股价攀升，私募股权投资基金就抛售所持公司股份获取高额投资收益；市场表现低迷，股价下跌，私募股权投资基金则选择继续持股，以待市场回暖。

第二，私募股权投资基金退出抛售行为会导致所持公司股价和相关市场板块价格指数的变动。私募股权投资基金在二级市场退出也会对市场股价产生直接或间接的影响。私募股权投资基金集中抛售退出，往往会导致所持股票价格的下跌，甚至会引致相关行业板块股票指数的疲软下行。私募股权投资基金所持有股票的行业类别、份额以及种类会对相关上市公司和行业的股本结构和股票流动性产生影响，有的时候私募股权投资基金所持股票类型和结构会直接影响二级市场中小投资者的投资倾向。同时，私募股权投资基金也会参照二级市场股票的表现来选择一级市场上的投资标的。

（3）私募股权投资基金与我国资本市场体系关系简析。

通过上述分析，我们可以看出资本市场与私募股权投资基金有着密切的关系。不同投资领域和投资阶段的私募股权投资基金涵盖了企业从创立阶段到公开上市的各个时点，我国资本市场体系中各个层级的子市场无不与私募股权投资基金有着紧密的互动关系，私募股权投资基金的发展对我国资本市场效率的增进、市场主体的培育、市场功能的发挥都有着积极的促进作用。同时，私募股权投资基金投资收益的实现又依赖于多层次资本市场的健全与完善，为私募股权投资基金提供多方位多层级的投资退出渠道。二者的基本市场关联见表4-4。

表 4-4　私募股权基金与我国资本市场各层级子市场的关系

投资于创业企业早期的私募股权投资基金	股权代办交易市场
投资于创业企业中期的私募股权投资基金	创业板市场、产权交易市场
投资于创业企业后期的私募股权投资基金	主板市场、一级市场
投资于非创业企业的私募股权投资基金	主板市场、产权交易市场
投资于股权并购业务的私募股权投资基金	产权交易市场、一级市场

4.4.2　私募股权投资基金在我国金融资本市场中的定位

由于历史和体制的原因，在过去很长一段时期内，无论是政府监管层还是金融界均未将私募市场作为我国金融市场的有机组成部分，反而将其视为地下经济活动加以打压和管制，将私募市场的正常经济行为等同于地下钱庄、非法集资等活动，在法律上和政策上进行管制，这一方面是由于当时的相关管理层对私募金融认识和理解不够深入所致，另一方面也有来自于国有金融系统的阻碍，现有的商业银行、信托公司等金融机构不希望民间金融组织参与金融业务，分摊行业利润。随着科技体制改革的不断深化以及金融体制改革持续推进，人们对私募金融的态度也慢慢发生了改变，政府管理层逐渐认识到私募金融市场是市场经济体系的有机组成部分，以创业风险投资基金为代表的私募股权投资机构是市场经济发展的必然产物，是推动科技创新、金融创新的有力工具，对私募金融的打压和管制不利于金融深化和金融市场效率的提升。因此，对私募股权投资基金等私募金融组织无论从政策上还是从法律上都从过去的抑制转变为扶持。从现实角度来看，我国经济方式的转变也迫切需要私募股权投资基金等私募金融组织的发展壮大。2008 年的金融危机使我们深刻地认识到以投资和出口拉动的经济增长模式已经难以维系，必须通过经济结构和产业优化升级调整来提高经济增长的质量，通过产业创新和科技创新来增强经济发展的可持续性。中小型高科技创新企业是经济结构调整的重要力量，经济结构调整依赖于大批的中小型高科技创新企业的成长壮大来推动战略性新兴产业的发展。目前我国中小企业普遍存在着资金短缺、经营管理不善、内部结构错乱等问题，而我国现有的金融体系无法给中小企业提供充分的金融支持，商业银行基于信用风险角度的考量，为中小企业融资的积极性不高，融资渠道的堵塞大大阻碍了中小企业的成长。私募股权投资基金的发展壮大不仅可以为广大中小型创新企业提供有力的资金支持，而且通过参与所投资企业的管理运营，为它们提供战略规划、优化内部治理结构、营造外部发展环境等增值服务，帮助它们健康快速地成长壮大。同时，金融危机以后我国大批企业产能过剩、资源闲置，财务状况恶化，必须进行大面积的并购重组，通过存量资产的优化组合使这些企业重新获得发展活力。私募股权投资基金可以凭借其专业优势通过金融资本市场广泛地参与企业的并购活动，注入增量资产，盘活存量资产，促进微观经济主体的重构和国民经济的资源整合，夯实我国经济持续健康发展的微观基础。

综上所述，私募股权投资不仅是我国金融市场发展的必然产物，也是经济结构调整的现实需要，私募股权投资市场应当是我国金融市场体系的有机组成部分。如图 4-1 所示，私募股权投资市场是我国资本市场体系内的子市场。私募股权投资基金在我国金融市场中的定位应该是我国私募股权投资市场中连接投资主体和融资主体的金融中介组织。因此，应当将私募股权投资基金作为我国金融市场的有机主体纳入到整个金融体系当中来统筹管理。

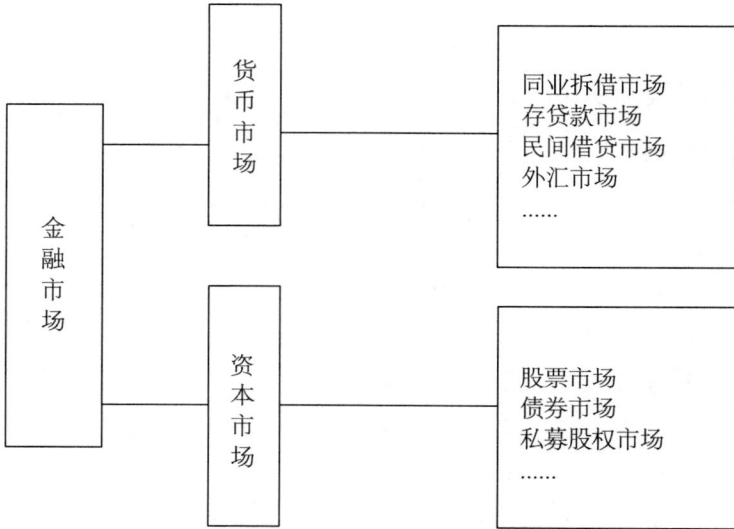

图 4-1　我国的金融市场结构

第5章 我国私募股权基金投资中的估值分析

在私募股权投资过程中如何科学合理地对拟投资企业进行估值不仅对私募股权投资基金的预期投资收益和投资策略具有重要意义，而且也直接影响着投资的成败和效率。在实践中经典估值理论一直是私募股权投资基金对公司进行估值的主要工具。经典估值理论的基本假定是被投资企业所在的产业结构具有稳态均衡性。而这一假定与实践不符，现实中多数产业结构并非均衡结构。简单应用经典估值理论，使得私募股权投资基金之间的竞争低级化、单一化，价格竞争激烈，导致投资成本节节攀升，私募股权基金投资行业的风险不断集聚。本章基于博弈情势提出新的估值假说。基于博弈情势的估值假说假定产业结构是非稳态均衡的，这是与经典估值理论显著不同的地方。本章首先应用简要的博弈模型分析基于博弈情势的估值假说的基本原理，进而运用不同的方法（如博弈分析、案例分析、比较分析等）讨论这一新估值方法在中国私募股权投资实践中的适用性。

5.1 私募股权投资中的传统估值理论简述

欧美等发达国家私募股权基金经过几十年的发展，运营机制比较完善，对私募股权基金的研究也比较成熟，形成一系列关于私募股权投资基金的估值理论。一般来讲，私募股权投资估值方法主要包括相对估价法、现金流量贴现法、资产评估法和期权法等四种。

5.1.1　相对估价法

相对估价法是根据市场上同类企业的价值来确定所估企业的价值，也称为可比公司法。相对估价法认为，相似的资产应该具有相似的价值，这种估值方法的理论前提是市场是完备的或有效的，在有效市场中，企业的市场价值等于或近似等于企业的内在价值，可比资产的价值才能得到准确的估值，应用可比公司的价值来估计目标企业或资产的价值，才能反映其本身的内在价值。相对估价法的步骤是：第一步，确定标准价格，即对不同的企业采用共同的评价标准，如市盈率、价格与账面价值比、价格与销售收入比等指标。其中收益是一个重要的指标，但部分企业的收益为负值，对于这类企业来说，当前的收益无法用于估值，且账面价值对于市值而言一般都很小，无法反映企业真实的价值，此类企业可以用收益的预测值和收入等变量对企业估值。另一个变量是收入变量，利用可比企业的价格销售比、价值销售比来估算目标企业价值，企业的收入不会出现负值，且大部分企业都有正的收入值，因此，这种方法可以计算多数企业的价值。但是这种方法同样存在问题，即如何处理企业因不同的商业模式所产生的不可比性。第二步，寻找相类似企业。一般来说，主要从经营和财务两个方面对可比企业进行考察，其中经营方面考虑因素包括行业、产品、销售渠道、市场、客户、生产销售的季节性、经营的周期性和经营策略等，在财务方面主要考虑的因素有资产规模、销售收入及其增长率、营业利润、净利润及其增长率、负债率、股东结构、红利政策。可比企业应该是相同市场中同一行业或者是经验相同业务的企业，与目标企业拥有大体上相当的股本规模和其他相关指标的增长率。第三步，在控制基本变量差异的情况下比较可比企业与目标企业，判断需估值企业是被高估还是被低估。在控制企业风险水平、增长率、利润率及现金流量特征等变量后对比企业价值。

确定合理的比率和选择合适的可比企业是应用相对估值法的关键所

在。比率必须是可以观测且显著影响企业资产价值的。根据不同的行业属性和经营模式，可以选择的比率有市盈率、估价/每股经营性净现金流量、市净率等。

但是相对估值法也具有局限性，具体表现在下列三个方面：①它只能判断可比企业与目标企业之间相对价值的高低，对于这些可比企业的绝对价值是否全部被低估或高估则无法判断。②市场上无法寻找真正可比的企业，即使在同一个市场内从事同一行业的企业，也具有各自的特点，从而使得相对估值法的适用性受到限制。③相对估值法选择某个变量或参数作为对比基础，任何一个参数都只是反映企业价值的某个方面，无法全面反映企业价值。

（1）市盈率法

市盈率法是采用市盈率作为对比参数的估值方法，其计算公式是：

目标企业的价值=可比企业的平均市盈率×目标企业的净利润

市盈率法适用于盈利相对稳定且周期性较弱的企业，如公共服务业等。而对于盈利为负值的企业、受经济周期影响大的企业、房地产等项目性比较强的企业、金融类企业等，则不适用。同时，多元化企业或市场上无法找到可比性企业的公司也无法应用相对估值法对其进行估值。

（2）市净率法

市净率法是采用市净率作为对比参数的估值方法，其计算公式是：

目标企业的价值=可比企业的平均市净率×目标企业的净资产

市净率法的适用范围包括：受经济周期影响较大的行业；银行、保险和其他流动资产占比高的企业；绩差公司及重组型公司。而对于资产重置成本变动较快的企业、商誉或无形资产占比高的服务行业等，市净率法则不适用。

相对估价法采用单一的比率参数对企业价值进行评估，其前提假定是该参数包含企业价值的所有信息，因而选择参数就显得至关重要，且一旦所隐含的假设条件不成立，就容易得出错误的结论。

5.1.2 现金流量贴现法

现金流量贴现法也是私募股权基金对投资对象企业估值常用的方

法，其基本思想是，任何资产的价值等于其预期未来全部现金流的现值总和，因此，一家企业的价值等于其未来股利或现金流进行折现后的净现值。现金流量贴现法假定企业价值由企业管理水平、未来的盈利能力等内在因素决定，因此，如果能够获得完全信息，准确估计企业未来现金流，应用现金流量贴现法可以准确估计企业价值。由于现金流量贴现法采用企业每一期自由现金流的折现加总来估计企业价值，应用该方法需要确定三个变量：企业每期的自由现金流、折现率及企业存续的期限。一般而言，企业价值与预期现金流量成正比，与折现率成反比。

（1）现金流估算

根据企业自由现金流量的不同，贴现法分为股权自由现金流量贴现法、公司自由现金流量贴现法以及 EVA 贴现法。

①股权自由现金流量贴现法。

公司股权资本投资者拥有的是对该公司产生的现金流的剩余要求权，即他们拥有公司在履行了包括偿还债务在内的所有财务义务和满足了再投资需要之后的全部剩余现金流。所以，股权自由现金流就是在除去经营费用、本息偿还和为保持预定现金流增长率所需的全部资本性支出之后的现金流，其计算方法是：

$$\text{股权自由现金流量} = \text{净利润} + \text{折旧} - \text{资本性支出} - \text{营运资本追加额} - \text{债务本金偿还} + \text{新发行债务}$$

股权自由现金流量是公司当年所赚取的现金流量中尚未使用的现金流量，是公司创造出来的应该为股东所拥有的自由现金流量。

②公司自由现金流量贴现法。

公司自由现金流量贴现法是对普通股股东、优先股股东和债权人的全部价值进行评估。公司自由现金流量是指公司在满足再投资需求后所剩余的自由现金流量，其所有权属于股东和债权人等所有索取权的持有人，其计算方法是：

$$\text{公司自由现金流量} = \text{净利润} + \text{利息} \times (1 - \text{税率}) + \text{优先股股利} + \text{折旧} - \text{资本性支出} - \text{营运资本追加额}$$

$$= \text{股权现金流} + \text{利息费用} \times (1 - \text{税率}) + \text{债务本金偿还} - \text{新发行债务} + \text{优先股红利}$$

由于公司自由现金流量包含流向普通股股东、优先股股东和债权人的现金流量，而股权投资基金对企业估值是估算企业普通股价值，因此，应用该方法估算出企业价值后，还需要减去优先股股东和债权人所持有的企业价值。与股权自由现金流量贴现法采用体现普通股股东的资本成本的贴现率不同，自由现金流量贴现法采用的折现率是公司的加权平均成本（WACC）。公司自由现金流量贴现法的优点在于不用考虑与债务相关的现金流量，在企业财务杠杆波动较大的情况下，可以大大简化计算。

③经济增加值（EVA）贴现法。

对整个企业价值进行估值的另一种方法是 EVA 贴现法。EVA 即经济增加值，是以货币度量投资回报与资本成本之间的差异的指标，其基本思想是投资者只有在企业收入补偿经营成本和资本成本后，才能获得财富。

经济增加值 = 税后净营业利润 − 投资的资本成本

$$= 净利润 + \frac{优先股}{股利} + 利息 \times (1-税率) - \frac{投入资本量（包括权益、}{优先股和有息负债）} \times WACC$$

与公司自由现金流贴现法一样，经济增加值贴现法估算出来的公司价值也包括普通股股东、优先股股东和债权人持有的公司价值，因此，在对公司每一期的经济增加值进行贴现后，还需减去优先股股东和债权人所持有的企业价值。

（2）折现率 r_e 的计算

折现率（r_e）的实质是资本的机会成本，由两部分组成，即无风险报酬和风险报酬。一般情况下采用国债利率计算无风险报酬，而风险报酬则要综合考虑公司所处的领域、行业及投资人的风险承受度等因素。

股权自由现金流量贴现法中的折现率（r_e）计算采用 CPMA 法，其公式如下：

$$r = r_e + \beta_e \times (r_m - r_f)$$

即：

股权资本成本 = 无风险利率 + 波动率 × （市场平均回报率 − 无风险利率）

= 无风险利率 + 波动率 × 市场风险溢价

= 无风险利率 + 风险报酬

r_f 是无风险报酬率，由于我国利率尚未完全市场化，一般使用中长期国债的收益率作为无风险报酬率的替代。β_e 表示系统性风险，也称波动率。

如果采用公司自由现金流量贴现法或者 EVA 贴现法，则应当采用加权平均成本，即 WACC 进行折现。

WACC 是公司的加权平均资本成本，是公司不同融资成本的加权平均值，其计算公式如下：

$$WWCC = \frac{E \times K_e + D \times (1 - t) \times K_d}{E + D}$$

其中：E 表示股权市价，K_e 表示股权预期收益率，D 表示债权市价，t 表示有效税率，K_d 表示公司债务成本。

（3）企业现金流量增长率 g 的计算

企业发展不同阶段的增长率不同，因此，企业现金流增长率包括进入永续期前的增长率和永续期的固定增长率。进入永续期前的增长率可以采用两种方法估算，即分别估算每一期的增长率，或者估算收益期内的平均增长率。

增长率 g 的估计方法包括数据分析法和基本因素分析法。数据分析法可以用平均值法（如算术平均、几何平均、加权平均等），也可以采用回归分析法（如线性回归、对数回归等），还可以采用时间序列模型法，还有一些其他的方法可以用于数据分析，如神经网络模型、小波分析模型等。

基本因素分析法是另一种增长率 g 的估计方法，其基本原理是按产品线对销售收入及成本进行分析。不同的产品所处的生命周期不同，市场竞争环境不同，其现金流量的增长率也就不同，因此，需要区分不同的产品线分别对企业的现金流量增长率进行估算。基本因素分析法对于产品线清晰、产品的增长态势确定的企业估计效果好，但是如果企业数据不完备，按公司产品线进行分析可能会造成较大的误差而无法获得准确的增长率预测结果，进而影响估值结果的准确性。准确估算企业现金流增长率和折现率，进而估计企业价值，需要对目标企业的相关情况，如企业所在的行业的状况、其在行业中的地位、资源禀赋、发展战略、核心竞争力、公司的管理水平等进行深入的了解。

（4）现金流量贴现法的优缺点分析

现金流量贴现法是欧美等发达国家私募股权投资市场使用的主流估值方法，其主要优点如下：一是比其他常用的评价模型涵盖更完整的评价模型，是框架最严谨的评价模型。二是它从多角度全面考察企业发展情况。三是较为详细，预测时间较长，而且考虑较多的变数，能够提供适当的思考。

现金流量贴现法的缺点：一是该估值方法的应用需要对企业运营情况、行业特性等进行深入了解分析，需要耗费较长的时间。二是数据估算具有高度的主观性和不确定性。三是现金流量贴现法模型较复杂，数据收集困难，不易使用。四是对变量变动较敏感，变量的微小变化可能会导致估计结果的较大差异。

实际应用中，适用现金流量贴现法进行估值的公司需要具备如下条件：一是目标公司现金流为正值；二是收集的数据可以可靠地估计目标公司未来的现金流；三是可以测算出适合目标企业的折现率。

5.1.3 资产评估法

资产评估法的理论基础是企业是一系列单项资产的集合体，企业的价值取决于构成企业的各要素资产的价值之和。资产评估法通过对目标企业的各项净资产进行加总来确定企业的价值，是从重建企业的角度来考察企业的价值。该方法的应用前提条件：一是企业各资产可以分离，企业整体获利能力低，企业收益水平不高或者企业收益难以预测；二是企业各要素资产的重置成本能够通过市场准确定价。资产评估法估值的关键是选择合适的资产评估价值标准。根据不同的估值标准，可以把目标企业的净资产分为净资产账面价值、重置价值、调整账面价值和清算价值。

账面价值是指会计核算中账面记载的资产价值，它是一种不考虑现时资产市场价格的波动和资产的收益状况的静态评估方法。

调整账面价值是一种动态的评估方法，它是在账面价值评估法的基础上，根据通货膨胀、过时贬值、组织资本等因素而进行调整的账面价值评估法。调整账面价值评估法比账面价值评估法更加准确。

重置价值是在扣除资产折旧和损耗之后净资产的市场价值。一个企业的市场价值超过其净资产的重置成本，意味着该企业拥有无形资产。

清算价值是目标企业出现财务危机而破产或歇业清算出售时，把企业的实物资产逐个单独出售的资产价值，是目标企业作为一个整体且已经丧失增值能力下的资产评估法。对于股东而言，清算价值是清算资产偿还债务以后的剩余价值。

资产评估法是我国确定企业价值常用的方法，其优点：一是计算简便、直观易懂，适用于对非持续经营下的目标企业价值进行评估；二是客观性，从企业资产的历史和现状考虑企业价值，不确定因素影响小，尤其适用于企业价值主要由其掌握的资源组成的企业；三是应用该方法评估企业价值时受主观因素影响小，且便于会计账务处理。

资产评估法的缺点：一是企业是由各项资产组成的有机整体，而该方法把企业视为单项资产的简单结合，忽视了整体获利能力。二是它仅考虑企业的重置成本，而不考虑企业的盈利能力，不同类型的企业的盈利能力不同，其对企业价值有较大的影响，当企业的获利能力很强时，该方法的评估结果误差较大。

5.1.4　期权法

期权法是利用期权定价模型对具有期权特征的资产进行价值评估。期权法认为企业是若干项实物期权的组合，企业的价值等于现有资产现金流量的现值加上各种期权的价值，企业估值问题也就变为实物期权定价问题。根据是否考虑实物期权之间的关联度，期权法可以分为两类：第一类是单一实物期权的定价方法，它在估价时把期权视为各个独立的个体，忽略其相互影响，对特定期权进行估价后加总得到企业价值；第二类是多个实物期权的组合定价方法，该方法综合考虑单个期权价值以及期权之间的联系，对多个实物期权同时进行联合定价。

高新技术企业具有高风险、高收益的特点，而且创立初期往往利润和现金流量为负，在市场中一般属于创新型企业，难以找到合适的可比性公司，因此现金流量贴现法或者相对评估法等估值方法无法应用到高新技术企业。期权估价法使得管理层能够根据信息的变动相应地调整决策，从而使缺乏实物资产又没有现金流的创新型企业的价值被合理地评估。此外，对于一些其他估值方法无法估值的企业，也可以应用期权法。例如，一家陷入严重困境，收入少、利润低甚至为负的企业，现金流量贴现法或相对估价法均无法对其进行估价，但可以使用期权法对其进行估价。综上所述，适用期权法进行估值的企业有：陷入困境、财务状况恶化的公司，无形资产（如专利产品）占企业资产主要部分的公司，高科技公司等等。

期权定价的经典模型是 Black-Scholes 模型，该模型以不分红股票的欧式期权为标的，在一系列严格假设条件下，通过严密的数学推导和论证，提出期权定价方法。对于一家公司，通过确定其行权价、到期日、现价、波动性、无风险利率等五个变量，就可用 Black-Scholes 模型计算出该公司的价值。

应用期权法通过如下四个步骤可完成对企业的估值：第一，确定企业所包含的实物期权，一般根据市场发展状况、行业特性、产品的寿命周期等因素确定企业所包含的实物期权。第二，确定实物期权的各个期权要素，使实物期权的各个要素符合金融期权的特性，满足各项假设条件。第三，选择估值方法，实物期权的具体计算方法主要有两种：一是直接用 Black-Scholes 期权定价公式计算，二是用二叉树方法计算。第四，考虑企业所包含各种期权之间的相互作用以及在假定条件下进行敏感性分析，因为企业价值所包含的实物期权彼此相互联系，一个期权的变动将引起其他期权价值的变动。

期权定价理论进行企业估值也具有一定的局限性，主要有以下方面：第一，确定企业的所有期权有一定的难度；第二，确定对实物期权定价所需的要素也有困难；第三，现实选择权本身具有复杂性；第四，期权模型过于复杂，且模型中的参数难以准确获取和估算；第五，期权估价法严格的假设前提在现实经济中难以全部满足。基于上述原因，期权估价法在实际中的应用还不太成熟，有待于进一步研究和拓展。

5.1.5　传统估值理论在我国私募股权投资中的应用及缺陷

由于我国市场经济还不够完善，企业的信息披露还不够透明，使得企业和市场的数据的可得性和准确性较差，这一缺点在非上市公司的股权投资中表现更为明显。因此，包含现金流量和折现率等参数才能进行相对准确的估算和预测的现金流折现法难以使用，而期权定价模型又因其严格的假设前提和需要准确估计的参数而使用范围大大缩小。于是，在我国私募股权投资实践中最经常使用的估值方法是相对估价法和资产评估法。

我国处在经济转型期，国有企业改革中对一部分企业进行改制和引进战略投资者。私募股权投资机构参与到国有企业改革过程中，投资于国有企业。而国有企业一般使用资产评估法对企业价值进行评估。资产评估法易于操作，比较规范，但是该方法假定企业是一系列相互独立的资产组成的，单独评估各项资产的价值，而往往企业的整体价值不仅仅是单项资产的简单加总。另外，资产评估法还忽略通货膨胀、过时贬值、组织资本等因素，易导致评估结果偏离企业的实际价值。

近年来，随着我国市场经济的不断完善和私募股权投资的发展，相对简单的相对估价法广泛应用于目标企业价值评估中，其中市盈率法是我国私募股权投资机构在投资中首选的估值方法。市盈率法由于其易于使用，便于迅速作出投资决策，在股权投资市场竞争日益激烈的今天，有其独特之处。但是包括市盈率法在内的相对估价法在我国私募股权投资实践中也存在缺陷：

首先，在日益激烈的竞争中，优良的项目资源是私募股权投资竞争的对象，而单一的市盈率估值方法，目标企业在估值时使用过高的市盈率，导致评估价格过高，致使私募机构要么接受高价和高风险低收益，要么退出竞争。这种情况长期持续下去，可能不利于私募股权投资行业在中国的健康发展。

其次，市场经济的发展和中国经济转型，使得我国产业结构发生变动，对企业未来发展有着重要的影响，同时，企业的发展也与其在行业中的地位以及与竞争对手的发展策略息息相关。而市盈率法等相对估值法没有考虑这些因素，使得投资可能面临高风险。

最后，相对估价法的数据难以准确估算。第一，在选择比率上，多数情况下选择市盈率和市净率两种方法；第二，在选择可比公司上，由于未上市公司要找到可比公司有一定的难度，实践中往往选取同行业甚至选取整个市场的平均估价水平进行比较，很少选择具体的公司进行比较，寻找与目标公司完全一致的可比企业更是难上加难；第三，在目标公司本身财务数据的测算上非常粗放，往往采用当前的利润指标，大致估算一个增长率，较少考虑未来发展。

传统估值理论在我国应用中存在一系列缺陷，其根源是我国当前市场经济不完善、产业结构正处在升级中以及信息披露制度不透明等。因此寻找一种更贴合我国现实环境的估值方法，作为对传统估值理论的有益补充，是本书接下来的任务。

5.2 一种基于博弈情势的估值假说

5.2.1 基于博弈情势估值假说的一般原理

前提假设：

（1）假设目标企业所在行业的产业结构不稳定；

（2）理性人假设，即企业的目标是追求利润最大化，并且假设市场具有完全信息，企业之间的竞争信息对称而且是静态博弈。

在上述两个假定条件下，本书构建基于博弈情势的估值假说的理论模型。

假设某个产业存在 n 家完全一致的企业，其利润函数都是：

$$\prod_i(q_i) = p(Q) \times q_i - C_i(q_i) \quad i = 1,2,3,...,n$$

假定该市场的需求函数是：

$$p(Q) = a - bQ$$

模型中的参数或变量的含义为：

q_i 表示第 i 个企业的产量；

$\prod_i(q_i)$ 表示第 i 个企业在产量为 q_i 时的利润；

$C_i(q_i)$ 表示第 i 个企业在产量为 q_i 时的总生产成本；

$p(Q)$ 表示产品的市场价格；

Q 表示所有企业的产量总和，即 $Q = q_1 + q_2 + ... + q_n$；

a、b 是常数参数。

为简化计算，假设企业的固定生产成本为零，边际生产成本为常数 C。于是，每家企业所面临的最优化目标为：

$$\prod_i(q_i) = p(Q) \times q_i - c \times q_i \qquad i = 1,2,3,...,n$$

由于假定是静态的完全信息博弈，由此可以获得每家企业的最优产量和最大化利润，以及对应的市场价格和市场总产量。其计算的结果如下：

$$Q = \frac{n \times (a-c)}{b \times (n+1)} \qquad q_i = \frac{a-c}{b \times (n+1)}$$

$$p(Q) = \frac{a + n \times c}{n+1} \qquad \prod_i(q_i) = \frac{(a-c)^2}{b \times (n+1)^2}$$

从上式可以看出，企业的最大化利润与行业内存在的企业数量密切相关。

首先，当行业内企业数量 n 代表行业的竞争强度时，n 越大，表明行业竞争强度越大，单个企业的利润水平就会降低。其次，模型假定产业结构不稳定，意味着 n 随时在变化，企业的利润水平也随之变动，模型考虑了产业结构变动导致利润水平变动进而影响企业价值，这恰恰是经典的估值理论难以做到的。

根据前文推导的最优化计算结果，企业最大化利润随着 n 的变动而变动，下面讨论 n 变动的四种情形，分析利润最大化变动的特征。

首先，假定 n 趋近于无穷大，此时企业面临的是一个完全竞争市场，企业的最优利润趋近于零。

其次，假定 $n = 3$，企业面临的是一个寡头市场，单个企业的最优利润为：

$$\prod_i(q_i) = \frac{(a-c)^2}{b \times 16}$$

再次，假定 $n = 2$，企业面临一个双寡头市场，单个企业的最优利润为：

$$\prod_i(q_i) = \frac{(a-c)^2}{b \times 9}$$

最后，假定 $n=1$，该行业市场上只有一家企业，是一个完全垄断市场，企业的最优利润为：

$$\prod(q) = \frac{(a-c)^2}{b \times 4}$$

通过前文对不同形态市场的分析可以得出结论：随着 n 的变动，企业的最优利润也随着变动，表明企业所处的行业内的竞争强度会对企业的利润产生重要的影响。而企业的价值是人们对企业未来收入预期的现值总和，所以 n 的变动也会对企业估值产生不可忽略的影响。中国当前正处于产业结构升级转换阶段，市场经济不断发展，市场中企业数量不断变化，博弈情势随时发生改变，从而对企业的估值水平产生巨大影响。这正是本书提出基于博弈情势的估值假说的基本依据和基本原理。

5.2.2 基于博弈情势的估值方法在我国股权投资中的适用性分析

改革开放以来，我国经济快速发展，同时经济结构也发生着快速变化。在经济高速发展的环境中，企业在获得发展机遇的同时，也面临着行业内企业数量不断增加，竞争强度不断加大的挑战。在这种经济环节中，企业的发展更加面临着不确定性，一段时期内发展迅速的企业可能因为市场环境的变化而经营困难，甚至破产。特别是在经济转型期，产业结构不断调整，某些产业可能因为产业升级而使得行业由朝阳产业变成竞争激烈的产业，企业利润因竞争强度增大而下降。从目前的情况看，我国的很多产业由萌芽期过渡到竞争激烈的阶段，行业内出现大量的企业，行业还处在混乱无序的阶段，竞争异常激烈，行业尚未整合进入稳态竞争状态。在经济结构尤其是产业结构不稳定的情况下，微观企业在竞争中的发展前景难以预测，而且难以准确估计企业的未来自由现金流量和资本成本（也即折现率）。

基于博弈情势的估值假说假定行业内企业数量不断变化，产业结构处在不断调整中，与中国当前的经济相符。而传统的估值理论的前提是产业结构稳定，这一前提假定与中国当前的经济状况不相适应。因此，对我国企业进行估值，基于博弈情势的估值假说比传统的估值理论更具有适用性。

5.3 基于博弈情势的估值理论的应用——案例分析

中国许多产业处于企业数量多、产业结构不稳的阶段。私募股权投资基金投资于某个企业的目的往往是提升企业在行业竞争中的地位，从产业结构优化中使企业增值，进而出售企业以获得巨额的资本回报，而不是仅仅为了获得单个企业的分红或资本利得。在这样的情况下，私募股权投资机构投资某个企业可以认为是投资于某个结构效率可提升的产业。中国产业变化纷繁复杂，产业结构变迁是一个逐步变化的过程，处于结构不稳定产业中的企业，如果私募股权投资基金投资于它之后，能够改变企业的博弈能力，进而获取更高的估值溢价。在这种情况下，传统的估值方法可能难以对之进行准确估值，这种类型的情况若使用基于博弈情势的估值假说进行估值，其结果有可能将更加精准。

下面通过案例分析说明基于博弈情势估值假说的应用。

案例分析：私募股权投资基金 GS 投资西北部某水泥企业

在中国西北部某地区，存在两家最大的水泥企业，为方便描述，分别称之为 XS 和 MX，在该地区，除了这两家水泥企业外，还存在一些规模极其小的水泥搅拌厂，这些企业对这两家企业基本不构成威胁。水泥运输成本高是水泥行业的一个基本特点，一家水泥企业，只能供应半径约 300 公里的区域，超过这个区域，将失去竞争力。因此，这两家企业无法在其他更远的地区开展业务，而其他区域的大水泥企业也难以在该地区对这两家企业构成威胁。

这两家企业存在于同一个地区，产品也是同质化的，其生产工艺、条件、成本也大体相当。两家企业在区域内进行激烈竞争，主要采用的手段就是价格战。

由于搅拌厂规模小，在竞争中可以忽略不计，即可以假定该地区只有这两家企业，下面分析两家企业价格战竞争的结果。

假设市场需求函数为：

$Q = a - p$

假设 XS 和 MX 的成本函数分别是：

$C_1(q_1) = F + c \times q_1$

$C_2(q_2) = F + c \times q_2$

相应地，它们的利润函数分别是：

$\prod_1(p_1) = p_1 \times q_1 - c \times q_1 - F$

$\prod_2(p_2) = p_2 \times q_2 - c \times q_2 - F$

其中：

$$q_1 = \begin{cases} 0 & \text{当} p_1 > p_2 \text{时} \\ q_2 = (a - p_1)/2 & \text{当} p_1 = p_2 \text{时} \\ a - p_1 & \text{当} p_1 < p_2 \text{时} \end{cases}$$

$$q_2 = \begin{cases} 0 & \text{当} p_2 > p_1 \text{时} \\ q_1 = (a - p_2)/2 & \text{当} p_2 = p_1 \text{时} \\ a - p_2 & \text{当} p_2 < p_1 \text{时} \end{cases}$$

博弈的结果是：

$p_2 = p_1 = c$

$\prod_1(p_1) = \prod_2(p_2) = -F$

分析结果表明，两家竞争的结果是两家企业的最优利润都是负值。

现实情况是，两家企业连年进行价格战，两败俱伤，但谁都无法垄断市场，提高价格的一方意味着无法销售，最终退出市场。因此，两家企业都坚持原来的策略。假定产业结构不变，竞争继续下去，那么两家企业都没有投资价值，因为其利润为负，即企业将来收入为负值，最终走向破产，企业也就没有价值。

然而，私募股权投资基金 GS 通过分析发现投资机会。它采取的策略是：首先，其与 MX 谈判，洽购 MX 的股份。由于 MX 经过连年竞争亏损，急需资金投入，而 GS 可供投资的资金是企业发展所必需的，因此达成交易，GS 付出不大的代价即获得了 MX 的控股股权。其次，GS 再与 XS 谈判，表达 GS 有意投资于 XS 的意愿，同时告知 XS，由于其竞争对手 MX 得到 GS 的投资，实力得到加强，在竞争中将更有可

能打败 XS，因此建议两家企业联合起来，由 GS 投资 XS。于是，GS
又以不大的代价获得了 XS 的控股股权。最后，在投资两个企业之后，
两家的控股权都在 GS 手中，价格战停止，从而垄断了该区域的水泥
产业。

根据前文推导结果，当 n=1 时，其利润为：

$$\prod(q) = \frac{(a-c)^2}{4}$$

于是，原本各自亏损的两家企业在经过产业结构效率提升之后，利
润总水平为正，原本没有投资价值的企业估值变为正值。

在此案例中，若采用传统的估值理论进行估值，没有考虑产业结构
变迁，就可能无法取得正确的估值结果，影响私募股权投资基金作出正
确的投资决策。在中国产业变迁剧烈的大环境下，基于产业结构效率提
升的估值方法充分重视企业在产业中的博弈情势的改变，因此能够更好
地进行企业估值，相应地能够更好的指导投资决策。

本章提出基于博弈情势的估值假说并非对经典估值理论的否定，而
是对更加适合中国某些产业或者某些形势下的估值方法的一种探索，它
是经典估值理论的有益补充或者扩展。所以，在实践中我们应根据具体
情况结合两种估值方法对拟投资企业进行科学估值。

第6章　我国私募股权投资基金的风险控制与治理

　　私募股权投资基金是一种高收益、高风险的金融投资工具。私募股权投资基金的募集、投资、退出各个阶段都存在着不同的风险，高风险、高收益的性质决定了风险管理成为私募股权投资成功与否的关键。随着私募股权投资基金投资规模的不断扩大，私募股权投资的信息不透明特征使得监管部门无法对其风险进行评估和管理，人们担心私募股权投资基金的运作风险会导致系统性的金融风险进而影响经济安全。因此，分析私募股权投资基金运作过程中存在的信息不对称问题和委托代理关系以及由此衍生的风险就非常必要。在借鉴发达国家成功经验的基础上，建立符合我国国情的私募股权投资风险评估与控制机制，对于发展我国私募股权投资至关紧要。在当前流动性过剩的大环境下，积极探索私募股权投资的风险管理方法，有效地化解私募股权投资中的风险，防止资产泡沫和潜在的金融风险，以促进私募股权投资行业的持续健康发展显得尤为重要。本章从分析私募股权投资风险的产生根源入手，揭示出我国私募股权投资基金投资过程中面临的主要风险，并通过模型设计和制度安排等方法对私募股权投资中的风险进行有效控制和治理。

6.1 私募股权投资的风险根源分析

私募股权投资基金在整个投资过程中所面临的风险主要是来源于私募股权投资中的信息不对称以及委托代理关系，并由此产生私募股权投资过程中的代理风险，这也是现实中私募股权投资基金的最主要投资风险，具体可归结为逆向选择风险和道德风险这两大类。

6.1.1 私募股权投资中的信息不对称问题

私募股权基金是在信息不公开的市场中投资于未上市股权的机构，倾向于投资一些风险较高的创业企业、财务陷入困境需要重整的企业、成长性高的企业。由于投资对象一般是未上市公司，其企业特征预示着高风险、高收益，也表明投资面临着高度的信息不对称。

（1）信息不对称的理论

信息不对称是指在市场经济活动中，买卖双方不可能拥有所有的信息，拥有的信息是不对等的，掌握信息较多的一方往往处在有利的地位，而拥有信息较少的一方则可能利益受到损害。信息不对称理论是由美国经济学家——约瑟夫·斯蒂格利茨、乔治·阿克尔洛夫和迈克尔·斯彭斯在 20 世纪 70 年代提出的。该理论认为：市场中卖方比买方拥有更多的信息；拥有更多信息的一方可以通过向缺乏信息的一方传递可靠信息而在市场中获益；买卖双方中拥有信息较少的一方会努力从另一方获取信息；市场信号在一定程度上可以弥补信息不对称的问题。信息不对称理论为市场经济提供了一个新的研究视角，对市场中的现象（如失业、信贷配给、股市波动等）提供了解释。以信息不对称理论为基础建立了经济学一个新的分支——信息经济学，被广泛应用于市场经济的各个领域。根据信息不对称发生在交易前或交易后可以分为事前信息不对称和事后信息不对称。在交易发生之前由于信息不对称而引发的市场扭曲现象称为逆向选择问题，而在交易达成之后由于信息不对称的存在而给信息较少一方带来的风险称为道德风险问题。

（2）私募股权投资中信息不对称产生的原因与表现

①私募股权投资中信息不对称产生的原因。

第一，从私募股权投资基金投资对象看，私募股权投资的对象是未上市的高新技术企业、具有增长潜力的企业，其资产主要是高新技术、创新性的商业模式以及高质量的管理团队等无形资产。私募股权投资基金在项目筛选的过程中很难对这类无形资产作出准确的评估。另外，无形资产本身也具有较高的不确定性。在高新技术企业中往往高素质的管理团队和技术团队起着至关重要的作用，而这些人才的流动会导致无形资产的存量和增量的变化不定，这种不确定性的存在进一步增强私募投资机构与目标企业之间的信息不对称程度。

第二，从信息传递的渠道看，各类中介机构是沟通私募股权基金与目标企业之间信息的桥梁。私募股权资本市场是一个高度专业化和信息不对称的市场，在私募股权投资运作过程中，需要对项目的技术、投资期限、市场需求、人力资源等进行风险评估。它们涉及到目标企业等相关交易主体的资信评级、风险资产价值的评估、市场咨询、相关财务审计和司法公证等活动，这些经营活动由中介机构提供。中介机构的素质和专业化水平影响私募股权投资市场上的信息传递效率。

第三，人的有限理性。由于人的生理、心理和知识等因素的限制，同时，交易过程中，面临的是一个复杂的、不确定的外部环境，使人并不能总是作出有效判断和纠正某些错误。随着现代信息技术及中介机构的发展，投资者获取信息的渠道越来越多，信息量也越来越大，在提供更多信息的同时，也需要私募股权投资人具备更强的信息处理能力，大量的信息也意味着信息中的"噪音"也较多。对于多数投资家来说，由于受知识、经验、能力及精力的限制，在纷杂的信息中提炼出有效的信息是一个困难的事情。因此，投资者的有限理性也是私募股权投资市场信息不对称存在的一个重要原因。

②私募股权投资中信息不对称的主要表现。

由于私募股权投资对象的特征、信息传递渠道限制以及人的有限理性，使私募股权投资过程中存在一系列的信息不对称。私募股权投资基金的资金提供者与基金管理人之间存在信息不对称，私募股权基金管理人与被投资企业管理者也存在信息不对称。

第一，私募股权基金的资金提供者与管理人之间的信息不对称。私募股权投资基金的投资者把资金委托给基金管理人进行投资，而基金管理人往往会通过隐瞒其真实的能力或夸大自身的能力来吸引投资者投资。

第二，私募股权基金管理人与被投资企业管理者之间的信息不对称。私募股权基金主要投资于未上市公司，而且一般是中小企业，这些公司的治理结构不完善，信息披露程度较低，相对于私募股权投资方来说，企业管理者对企业的创新性、市场前景以及企业家个人努力程度等更加了解，对企业盈利能力及前景的预测比私募股权基金管理人更加准确。

6.1.2　私募股权投资过程中的委托代理关系

现代企业经营的一个重要特征是企业的所有权与经营权相分离，由于代理人的利益最大化目标与委托人（所有者）最大化目标不一致，以及信息不对称的存在，代理人有可能追求自身的利益最大化而偏离委托人的利益最大化目标，难以观察和监督，从而出现代理人损害委托人利益的现象，形成委托代理问题。代理人与委托人在利益上的潜在冲突，本质上是由于信息不对称的存在，也就是说，信息不对称是委托代理问题产生的根源。

在私募股权投资中主要存在两种委托代理关系。第一，私募股权基金的资金提供者与基金管理人之间的委托代理关系。私募股权基金的资金提供者把资金投入到基金中，由基金管理人对资金进行投资，以使得财产获得增值，资金提供者与基金管理人形成委托代理关系。第二，私募股权基金与企业管理者之间的委托代理关系。私募股权基金投资于被投资企业，一般情况下不直接参加企业管理，由企业的管理层负责企业的经营管理，行使对企业的管理权，私募股权基金与企业管理者形成委托代理关系。私募股权投资中委托代理问题主要形成两种风险：逆向选择风险和道德风险。

6.2 私募股权投资中的主要风险——逆向选择风险 与道德风险

私募股权投资所面临的风险主要分为内生风险和外生风险。由委托代理问题而形成的逆向选择风险、道德风险和控制风险被称为内生风险；由企业外部的不确定性而造成（如市场、技术、新产品开发等方面）的风险被称为外生风险。外生风险通过投资契约部分转嫁到被投资企业管理者身上，由此导致企业管理者与私募股权投资基金的冲突而形成代理风险。由于外生性风险最终还将归结为委托代理问题，所以本书中将主要探讨内生性风险。由于私募股权投资过程中存在着严重的信息不对称和复杂的委托代理关系，从而衍生出私募股权投资中的两大类风险，即逆向选择风险和道德风险，这两类风险贯穿于私募股权投资的全过程，也是私募股权投资中的主要风险。

6.2.1 私募股权投资中的逆向选择风险

逆向选择是指由于交易双方信息不对称造成市场资源配置扭曲的现象。该现象经常存在于旧货市场、保险市场上。例如，在产品市场上，特别是在旧货市场上，由于卖方拥有比买方更多的关于商品质量的信息，买方由于无法识别商品质量的优劣，只愿根据商品的平均质量付价，这就使优质品价格被低估而退出市场交易，结果只有劣质品成交，进而导致交易的停止。在金融市场上，那些最有可能造成违约的融资者往往是寻求资金最为积极而且最可能获得资金的人。

在私募股权基金运营过程中，存在两种逆向选择的问题。首先，相对于基金管理人来说，私募股权基金的资金提供者对基金的运营了解得更少，也就是说，基金管理人拥有更多的信息，那些能力低或不称职的基金管理者为了募集到资金，往往会夸大自身能力或者隐瞒自身不足，导致逆向选择问题。其次，在私募股权基金投资过程中，目标企业的管理者和股东具有信息优势。私募股权基金投资的过程，从另一个角度看，也是目标企业的私募股权融资过程。根据优序融资理论，企业融资一般遵循的次序是内部权益融资、债务融资与外部权益融资。私募股权投资的企业一般都是创新型企业或者陷入困境的企业，对于创新型企业来说，一般缺乏可抵押资产，又缺乏信用记录，难于取得债务融资，而陷入财务困境的企业更是难以取得债务融资。因此，其优序融资顺序变为内源性融资和外部权益融资。目标企业内部人拥有信息优势，若企业好，具有良好的投资价值，首先获得这个信息是内部人和关联人，只有在内部人与关联人的资本无法满足企业发展对资金的需求时，才开始寻找外部的融资。因此，需要股权融资的企业中的一部分最优秀企业的投资势必被内部人和关联人取得，而私募股权基金无法获得投资于这类企业的机会，从而使得寻求私募股权基金进行外部融资的企业的整体质量低于需要私募股权融资企业的质量，私募股权基金面临其独特的逆向选择问题。另外，私募股权基金在追求投资价值最大化的过程中，压低目标企业的股权价格，其结果恰恰是将许多真正优秀的项目排斥在私募股权基金的筛选范围之外，逆向选择问题又发生了。

6.2.2　私募股权投资中的道德风险

道德风险是指由于信息不对称的存在，代理人使用委托人不能观察到的信息（隐藏信息）或采取委托人不能观察到的行动（隐藏行动）增加自己的利益而使得企业偏离委托人利益最大化。投资者作为委托人，只能够观察到企业的最终业绩，但无法观察到代理人的全部行为。在私募股权投资后，由于所有权和经营权的分离，作为外部投资者的私募股权基金管理人无法观察到被投资企业管理者的行动，被投资企业的管理者就有可能在运营企业时，为使自己收益提高而增加外部投资者的成本。私募股权基金将资金投资给目标企业后，目标企业的大股东及管理者可能会为了自己的利益而隐藏损害私募股权基金的行为，形成私募股权基金投资过程中的道德风险。

私募股权投资中面临的道德风险具体表现在下列几个方面：

（1）追求自由现金流。所谓自由现金流，就是企业中现金流超出企业发展和运营需要的部分，这部分现金流可以被企业管理者用来为自己牟利。被投资企业为了尽可能多地获得可支配的自由现金流，在股权融资时，往往会夸大企业的价值和项目的投资需求额。在融资成功后，随着私募股权投资资金的注入和产品经营成功后创造出来现金流的增加，企业管理者开始使用其中的自由现金流为自己牟利，出现关联交易、挪用等现象，这无疑会损害私募股权基金的利益。

（2）投资高风险项目。私募股权基金投资的一个主要对象是创业企业，创业企业家道德风险的主要表现之一是投资高风险项目。私募股权基金投资于企业后，创业企业家可控制的资金数量大大增加，创业企业家在满足于企业技术水平的同时，可能会将资金投入到与企业现有技术关系不大的但他们认为更有发展前途的其他新技术的开发中。创业企业家用私募股权基金投资的资金投资高风险项目，一旦成功，他们将获得巨额的收益，即使失败，这个损失也由企业承担，他们只按股权比例分担相应的部分。

（3）创业企业不作为。创业企业在创业资本进入后，在私募股权投资人的帮助下，企业得到良好的发展，取得良好的经营效益，创业企业家逐步降低创业热情，开始享受成功的生活，工作中开始出现偷懒或不作为现象，从而降低创业企业持续发展的动力。

6.2.3 私募股权投资中的阶段性风险定位

私募股权投资运营过程包括项目寻找与评估、投资决策、投资管理、投资退出四个阶段，每个阶段所面临的风险各不相同。其中由于信息不对称和委托代理问题所造成的风险主要存在于投资决策和投资管理阶段。因此，私募股权投资所面临的风险可以从不同阶段进行辨识，阶段性的风险定位也有利于基金管理者按照项目推进程序进行风险识别与管理。

（1）私募股权投资基金项目投资决策阶段风险——项目选择风险

私募股权基金投资于未上市企业，其面临的第一个风险是项目选择风险。私募股权投资成功的首要因素是选择正确的项目，市场上存在着大量的资金需求者，特别是中小企业，私募股权投资机构需要凭借自己的经验和知识，选择技术领先、有市场潜力、管理团队综合素质较高的投资项目。

信息高度不透明是私募股权投资市场的一个重要特征，无论是项目本身的质量和市场前景，还是融资企业管理者的能力都存在信息不对称性。在存在信息不对称的情况下，私募股权投资基金很难或者需要付出很高的成本才能在众多的融资项目中筛选出好的投资机会，这就导致逆向选择问题。除了信息不对称导致的逆向选择问题，私募股权基金在项目筛选决策过程中的不合理也会带来决策风险。私募股权基金选择项目时面临着融资项目本身的不确定性以及外部环境的不确定性，如果基金管理人的运作经验不够丰富，对项目的技术、市场、管理等方面的不确定性估计不足，采用的决策方法和决策程序存在偏差，就会导致对融资创业项目的评估结论不具有科学性，从而作出错误决策，产生决策风险。

如前文所述，项目选择风险是由于信息不对称和私募股权基金自身决策机制带来的风险，由于决策本身可分为决策程序和决策方法，相应地私募股权投资项目评审阶段的决策风险表现在下面两点：

①项目评审的决策程序偏差。

项目评审的过程是投资项目的信息搜寻和基于搜寻到的信息进行不确定性决策的过程，决策程序存在偏差，可能导致搜寻到的信息不完备或出现信息扭曲失真，无法为决策提供充分准确的信息支持，使基金管理人作出错误决策。

②项目评审的决策方法偏差。

私募股权投资项目评审的决策方法是为了确定投资对象对决策过程中搜寻到的信息进行分析的方法。决策方法存在偏差，可能无法分析出有用的信息或者使用并非最为重要的信息，导致确定的投资对象不合投资要求，加大投资风险。项目评审是私募股权投资运作的核心过程，决策的正确与否直接关系到私募股权投资的成败，因此减少决策失误，降低决策风险，是私募股权投资风险管理的重要组成部分。

（2）私募股权投资管理阶段风险——项目管理风险

在作出项目投资决策后，私募股权基金把资金注入企业。在投资管理阶段私募股权投资基金面临三种风险：道德风险、"敲竹杠"风险和控制风险。

道德风险是私募股权基金在运作过程中最常见的管理风险。私募股权基金还可能会遇到的另一个风险是"敲竹杠"的风险。由于代理契约不可能穷尽未来所有的情况，企业管理者可能会为自己的利益，系统地利用不完全代理契约的缺口或不足"敲竹杠"。当私募股权基金的资金投入到目标企业后，这部分资金就成为委托人的沉没成本。此时，企业管理者可能会利用代理契约中存在的缺口和不足强迫私募股权基金重新谈判。在代理人特别是创业企业家的能力特别强的时候也可能会出现"敲竹杠"问题。当被投资企业企业家或经理人对企业的发展至关重要时，企业家可能会利用其优势对私募股权投资公司进行威胁，以离开企业来要挟私募股权投资机构，从而实现自己的利益。在被投资企业的运营中，私募股权基金还可能会遇到控制风险。私募股权基金资金注入企业后，在私募股权基金不掌握被投资企业的控制权的情况下，私募股权基金不同意被投资企业管理层的经营决策，就产生控制风险。要减轻控制风险，在签订投资契约时，需要明确私募股权基金和被投资企业管理层对企业的控制权，即在哪些情况下私募股权基金拥有控制权，在哪些情况下被投资企业管理层拥有控制权。

（3）私募股权投资退出阶段风险——项目退出风险

退出时机选择是私募股权投资退出最重要的因素。选择不当的时机退出会带来风险，甚至会影响退出的实施。一般情况下，私募股权投资的期限在 3~5 年之间，投机性投资者甚至在 1 年后就出售所投资的企业。私募股权投资基金对退出时机的决定会直接影响现在或潜在的股东对该项投资的看法。投资注入后短期内若存在好的退出时机，能否得到被投资企业管理层、员工及其他股东的认可与支持也存在很大的不确定性。私募股权基金的生命周期对退出的时间决策起着比较重要的作用。在基金生命周期后期，为避免基金生命周期延长而影响后续基金募集，基金管理者应特别注意利用退出的机会。在这一阶段若不能抓住稍纵即逝的退出机会，会降低投资收益。但是许多私募投资机构仍选择较长期的持有，选择在基金生命周期末退出。

退出过程的执行情况是影响私募股权投资退出风险的另一个重要因素，因此在启动退出程序前，应首先对退出的安排与执行问题进行分工与评估，以减少退出执行过程中的风险。私募股权退出执行需要被投资企业管理人员的参与，必然影响到公司的日常经营管理，因此，在评估企业的管理层和私募股权投资基金专业人员的能力的基础上，分配相关人员担负的责任是启动退出过程的极其重要的工作。

已有实证研究证明，退出执行通常是私募股权投资公司退出非常重要的风险因素。可以通过制定一个详尽的退出计划，遵循一些程序，以减少执行风险。但是程序的执行通常需要较高的执行成本、长期的时间安排和巨大的工作量。为了增强退出过程的竞争，私募股权投资者通常寻求多路线退出，以强化退出过程的动态竞争，减少退出执行的风险。多渠道的退出会加大工作量，增加退出的风险。投资银行和专业顾问能促进退出的过程，减轻管理人员和私募股权投资基金经理的压力，因此聘请外部顾问参与退出过程，以提高退出效率是退出的必然选择。雇佣外部中介机构参与退出执行加快了退出的速度，减轻了管理层的工作负担，但同时也会增加退出的成本，也有可能出现新的委托代理问题。

6.3　私募股权投资中的风险控制与治理

私募股权基金投资过程中的风险主要来源于信息不对称，投资过程中企业管理者拥有更多的信息，而基金管理人是信息劣势方。因此，私募股权投资过程中的风险控制和治理主要是针对目标企业管理层因隐瞒自身能力和项目前景的信息而导致的逆向选择和投资协议达成后经营过程中的道德风险。

6.3.1　私募股权投资中逆向选择风险的治理和规避

由于在私募股权投资过程中，私募股权基金与目标企业之间存在着信息不对称，目标企业拥有更多的关于项目和管理层经营管理能力的私人信息，因此，私募股权基金在项目选择时面临着严重的逆向选择问题，有效减少信息不对称带来的逆向选择问题对私募股权基金的发展具有重要的意义。

（1）治理逆向选择风险的模型设计

信息经济学是基于非对称信息博弈论基础上发展的一个经济学分

支，是研究在不确定、不对称信息条件下如何寻求一种契约或制度以规范交易双方的行为。应用信息经济学框架能有效地分析信息不对称给委托人和代理人之间的资源配置带来的影响。从信息经济学的角度来看，信号传递模型是有效解决私募股权投资机构和融资企业之间逆向选择问题典型的理论工具。

信号传递模型假定作为代理人的融资企业知道自己的类型，而作为委托人的私募股权投资机构不清楚融资企业的类型。融资企业为了显示自己的类型，选择某种信号来使自己的类型能够被私募股权投资机构识别。私募股权投资人在知道融资企业的类型之后，就可以选择是否与之签订投资合同。信号传递模型是投融资双方交流信息、解决私募股权投资过程中逆向选择问题的有效工具。私募股权投资基金通过识别融资企业的信号，设计合理的投资方案，才能够筛选到优秀的项目。

在私募股权投资市场上，融资企业为了能够从私募股权基金处得到资金，必须向投资方出让股权。融资企业项目质量高低以及管理层的经营管理能力与其愿意转让的股权比例呈正相关，融资项目质量越高，融资企业管理层的管理能力越强，融资企业就愿意出让更高比例的股权。项目成功带来的超额收益足以补偿其出让更多股权的损失。而对于融资项目质量较差、经营管理能力一般的融资企业来说，对企业控制权的掌握是他们更关注的问题，他们一般不愿意出让更多股权。因此，通过设计不同的股权安排，融资企业就会向私募股权投资机构传递其项目相关的非公开信息。

①信息传递模型的前提假设。

融资企业申请得到私募股权基金投资的第一步，是将企业的产品、技术、生产计划、经营理念等以商业计划书的形式递交给私募股权基金。在此过程中，相当于融资企业向私募股权基金传递关于项目质量和经营管理能力的信号。私募股权投资机构通过阅读投资建议书，考察项目是否符合其投资标准，并初步考察项目的产品、市场、商业模式和管理等内容。其中，融资企业家的能力、项目的质量和市场前景是私募股权投资机构最为关注的方面，融资企业会积极地传递这方面的信号，以期获得投资。

假设一：为便于分析，假设在私募股权投资市场上只有两种类型需要融资的企业：项目质量优秀、管理者能力强的企业和项目质量一般、管理者能力较差的企业。融资企业知道自己的企业属于哪种类型，而私募股权基金不能识别融资企业属于哪一类型。离散变量 θ 表示融资项目的质量，则定义如下：

$\theta = \theta_1$ 表示项目质量较差，市场前景不明，管理人员素质一般；

$\theta = \theta_2$ 表示项目质量优秀，市场前景好，管理人员素质较高。

假设二：假定商业计划书的水平 s 为连续变量，$s \in [0, \bar{s}]$。项目的质量 θ 和商业计划书的水平 s 两个变量共同决定私募股权投资机构向融资企业投资的资金数额。假设对于给定的 θ 和 s，融资企业可获得的预期投资额 E 为：

$$E = \begin{cases} a \cdot s & \theta = \theta_1, 0 < a < 1 \\ s & \theta = \theta_2 \end{cases}$$

公式表明质量较好的项目比质量较差的项目更容易从私募股权投资机构获得投资。也就是说，在商业计划书水平相同的情况下，质量较好的项目与质量较差的项目相比可以从私募股权投资机构融得更多的资金。

假设三：假设项目质量水平 θ 的融资企业的效用函数为 $U_\theta(E, s)$，该效用函数满足以下条件：

$\dfrac{\partial U}{\partial s} > 0$，即投资额给融资企业带来的效用为正。

$\dfrac{\partial^2 U}{\partial s^2} \leq 0$，即随着投资额的增加，每单位新增投资给融资企业带来的效用递减（或不变）。

$\dfrac{\partial U}{\partial s} < 0$，即商业计划书水平给融资企业带来的效用为负值。这是由于要制作更高水平的商业计划书，融资企业需要付出更高的成本。

$\dfrac{\partial^2 U}{\partial s^2} < 0$，即商业计划书水平对融资企业的边际效用递减。

根据以上假设，在由预期融资额 E 和商业计划书水平 s 组成的二维 (E, s) 空间中，融资企业的无差异曲线斜率为正且递增，曲线的左上方表示更高的效用水平，如图 6-1 所示：

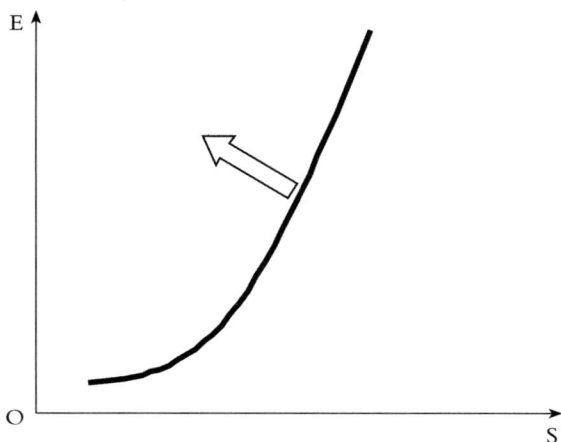

图 6-1 融资企业的无差异曲线

②模型分析。

根据模型假设，项目的质量越高，融资企业制定一定水平的商业计划书的成本越低，在保证效用水平不变的前提下，伴随同等程度的商业计划书水平提升所需要的预期融资额也越低。因此，在任意一个商业计划书水平下，项目质量较差的融资企业无差异曲线的斜率比项目质量较好的融资企业无差异曲线的斜率大。无差异曲线 θ_1 和 θ_2 有且只有一个交点，如图 6-2 所示的 C 点。

在完全信息的条件下，融资企业寻求在给定的投资曲线约束下效用最大化的商业计划水平：

$$\max_s U(E,S)$$

$$st. E = \begin{cases} a \cdot s & \theta = \theta_1 \\ s & \theta = \theta_2 \end{cases}$$

一阶条件为：

$$\frac{\frac{\partial U}{\partial s}}{\frac{\partial U}{\partial E}} = -\frac{\partial E}{\partial s}$$

即效用最大化点为融资企业的无差异曲线与投资曲线相切点。如图 6-2 所示，对于项目质量较差的企业 θ_1，A 点为其最优选择。θ_1 类的企业选择 s_1 的商业计划水平，相应地获得 E_1 水平的投资额。

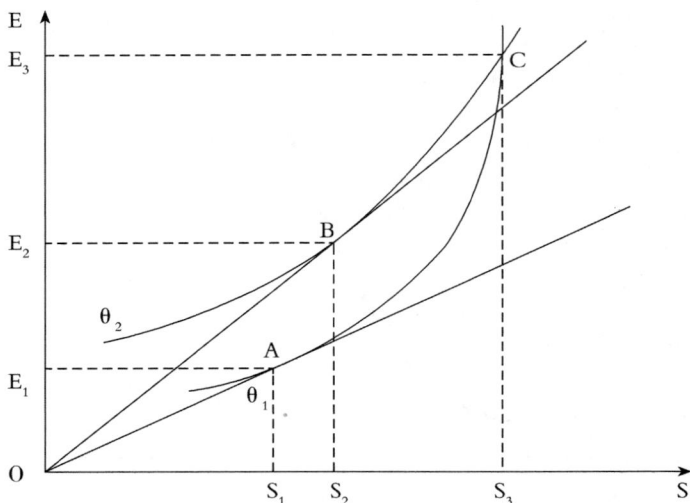

图 6-2 不同类型的融资企业无差异曲线对比

对于项目质量优秀的企业 θ_2 ，B 点是其最优选择。θ_2 类的企业选择 s_2 的商业计划水平，相应地获得 E_2 水平的投资额。

在不完全信息下，A 点和 B 点不能构成均衡解。如果项目质量较差的融资企业 θ_1 知道私募股权基金不能完全辨别融资项目的类型，则选择 s_2 的商业计划水平可能融到 E_2 水平的资金。另外，对 θ_1 类型的企业而言，点（E_2，s_2）的效用水平高于点（E_1，s_1）。因为 B 点在通过 A 点的无差异曲线左上方。

那么，如何才能防止项目质量差的企业模仿项目质量好的企业呢？从图 6- 2 可以看出，θ_1 和 θ_2 两条无差异曲线相交于 C 点。位于 θ_2 无差异曲线上 C 点右侧的所有点的效用水平都低于 θ_1 无差异曲线所代表的效用水平。那么，当 θ_2 类型的融资企业选择 s_3 的效用水平，以融得 E_3 水平的资金，实现与 B 点相同的效用水平时，θ_1 类型的融资企业没有动机来模仿 θ_2 类型的企业。这样，θ_2 类型的企业就通过选择 s_3 商业计划书水平的行为，向私募股权投资机构传递自己的项目信息，使得投资方将其和较差的项目区别开来。但为了将好项目和较差项目区别开来，θ_2 类型的企业在商业计划书水平上要付出额外的努力和成本。该额外付出的成本，可以视为其发送信号的成本。[①]

（2）治理私募股权投资中逆向选择风险的制度安排和合约设计

逆向选择要从甄别筛选机制和信号机制两方面治理。私募股权基金市场上逆向选择问题的存在会导致高能力企业管理者和高质量的项目被驱逐出市场，一定程度上造成市场失效。因此在私募股权基金投资的项目筛选阶段，基金管理人需要通过制度设计和合约安排来解决逆向选择问题：

①建立有效的信息共享网络和投资辛迪加制度。私募股权基金管理人一般拥有相关的业务关系网络，通过联合投资实现信息互补，获得更多的企业管理者能力和项目质量的信息。联合投资主要是在经验丰富和相互了解的基金管理人之间进行。在分阶段投资的情况下，基金管理人通过近距离监督和管理参与获得项目的私人信息，以主导基金管理人为金融中介，有效缓解其他投资者与目标企业之间的信息不对称。

②联合投资。联合投资是指两个或两个以上的私募股权投资机构共同投资同一个企业，联合投资可以是发生在同一投资阶段的同时投资，也可以是在同一项目的不同阶段、不同私募投资机构先后对同一企业进行的序贯投资（Branded，2002）。联合投资在私募股权投资市场上是一种非常普遍的现象。联合投资是投资者为了投资选择和管理过程中分享信息的需要，私募股权基金通过联合投资，与合作投资者共同分担风险来使风险固定，并减少投资中信息不对称导致的逆向选择风险。投资后，通过联合可以获得与管理项目相关的经验。

③设置严格的项目评估标准和体系。

实行初始评估和尽职调查的制度，以此筛选具有良好潜质的项目和高能力的企业管理者。

④签订保护性投资契约。

为了降低逆向选择风险，私募股权基金与企业签订投资合同时一般都设有下列保护性条款：

---

① 戴丽.中国私募基金风险研究[D].北京：对外经济贸易大学，2007.

第一，反摊薄条款。为了保护原始投资人利益，协议中一般设立反摊薄条款。协议规定后来加入的投资者相同投资额所获得的权益不得超过原始投资人。私募股权投资机构往往坚持把摊薄条款作为投资条件之一，或者以附加购股权或股票期权的形式列入股份认购协议中。典型的反摊薄条款只有在未来出现约定的特定事项时，或者新增融资额达到了约定限额以及其他约定事项出现时才允许被摊薄。

第二，肯定性条款和否定性条款。肯定性条款是指被投资企业管理层在投资期内应该从事某些行为的规定；否定性条款是指被投资企业管理层在投资期内不得从事某些行为的规定。

第三，股票被回购的权利。如果被投资企业在约定期限内没有上市，被投资企业应该以约定的价格回购投资者所持有被投资企业的部分或全部股权。投资者可以在约定期满之后，随时行使该项权利。

第四，共同卖股权。在被投资企业 IPO 前，若原股东向第三方转让股权，私募股权基金有权根据拟卖股份的股东与第三方达成的价格和协议，按比例向第三方转让股权，除非私募股权基金放弃该权利。

第五，优先购买权。在被投资企业 IPO 前若原股东向第三方转让股份，在同等条件下，私募股权基金拥有优先购买的权利。

第六，强制原有股东卖出股份的权利。若被投资企业在约定的期限内未能上市，投资人有权要求原有股东和自己一起向第三方转让股份，原有股东必须按投资人与第三方谈好的价格和条件按与投资人在被投资企业中的股权比例向第三方转让。

6.3.2　私募股权投资中道德风险的治理和规避

私募股权基金作出投资决策并向目标企业投入资金后，一般不参与企业的具体管理，由企业的管理层经营管理企业。企业管理者在经营过程中追求其自身利益最大化，而管理者自身利益最大化目标往往与私募股权基金的资本增值最大化目标不一致。目标的冲突导致行为和利益的冲突。首先，私募股权基金管理人对被投资企业管理层是否足够努力工作和是否作出符合私募股权基金利益的决策不能实现完全监督，在这种情况下，企业管理者可能会作出一些对其自身有利但损害投资人利益的行为，如片面追求高收益而作出高风险的投资决策而不是最优的投资决策，或者提供虚假的财务报表等，这便产生了道德风险问题。其次，除了被投资企业的道德风险，由于投融资双方专长不同，双方存在私有信息的不对称，私募股权基金的管理人员也有可能存在道德风险。私募股权基金管理人也可能隐瞒其自身的管理水平，或者为自身利益而鼓励被投资企业参与高风险项目，而非最优项目。于是，就出现双边道德风险。此外，对于私募股权基金来说，其与被投资企业之间的委托代理关系是一次性的，几乎不会有重复博弈的情况，私募股权投资协议签订以后，更易产生道德风险。

私募股权基金一般通过制定激励约束机制和制度安排等方式化解道德风险。在具体措施上，可采取多阶段投资、联合投资、可转换证券、控制权配置、基于业绩的报酬激励等方式监督、约束和激励被投资企业管理者。

（1）分阶段投资安排

私募股权基金对被投资企业的资本注入一般采取分阶段投资的方式，即私募股权基金一般不会将全部投资额一次性地投向目标企业，而是根据被投资企业发展的不同阶段分批次投入资金，并保留在任何时候放弃投资和进行清算的权利。分阶段投资的优点是使信息资源和资金投入有机地结合起来。在每个阶段投入资金前，私募股权基金对投资对象进行各种评估，并且在阶段性投资完成后，私募股权基金通过被投资企业的业绩等指标来修正对投资对象的判断。分阶段投资的时间间隔越短，私募股权基金对被投资企业的评估次数越多，所获得的信息也越多、越准确。分阶段投资对融资企业的管理者来说具有很大的约束作用。因为当企业发展前景不好时，私募股权基金有权单方面终止投资，这就会激励被投资企业的管理者努力经营，以确保能够得到后续的资金注入。终止投资对于融资企业的影响很大，一家企业被私募股权基金终止投资，则是向私募股权市场发出信号：该企业不具有投资价值。融资企业不仅会失去后续的资金，而且很难再从其他私募股权基金取得融资。由此可见，分阶段投资安排是私募股权基金对被投资企业及其管理层进行约束的有力工具。

（2）控制权配置

私募股权基金投入目标企业后取得对目标企业一定的控制权，如分配投票权、参与董事会、管理层招聘、管理参与和监督。一般来说，私募股权基金主要通过董事会席位安排、表决权分配等方式来迫使被投资企业进行自我约束和监控。私募股权基金投资企业的目的是取得资本增值而不是取得被投资企业的绝对控制权，但为了更有效地获得被投资企业信息，私募股权基金管理人会参与被投资企业的重大决策并提供一些管理服务，私募股权基金通常会寻求在董事会中至少占有一个席位。私募股权基金不仅可以向被投资企业委派董事从而在重大决策中行使一票否决权，而且可以通过可转换证券增加表决权。

（3）以期权来激励目标企业管理者

在目标企业实行期权激励的作用表现在两个方面：一是可通过基于业绩的期权来甄别和激励企业管理者。报酬中不确定的期权所占比重影响到报酬业绩的敏感性，因此起到甄别企业管理者能力和项目质量的作用。高能力的企业管理者和质量好的项目通过报酬中接受较高比例的期权可以将其与能力较低的企业管理者和质量较差的项目区分开来。此外，期权的实施将报酬与业绩相挂钩，对企业管理者产生高强度的激励。二是可通过时间期权来增加企业管理者人力资本专用性。

（4）使用可转换证券

可转换证券主要包括可转换优先股和可转换债券。私募股权基金管理人可以根据企业业绩按事先约定的转换率将优先股或可转债转换为普通股；如果目标企业管理者出售其股份，私募股权基金管理人可要求同时以同样的条件出售股份。可转换证券结合了债权和股权的特点，能在签约后内生地配置现金流。企业业绩不好时，私募股权基金管理人偏好债权合约，以保证对企业资产的优先求偿权；当企业业绩好时，则偏好股权合约，以分享企业的利润。可转换证券的使用让私募股权基金既转移风险，又能分享企业发展的好处。

（5）基于业绩的报酬激励

目标企业企业家的报酬一般由工资和权益两部分组成。工资是现金收入，一般低于同期劳动力市场的工资，当期收入的不足由权益（普通股或期权）来弥补。这样，目标企业企业家不仅可以分享企业创造的利润，还可以在企业上市时获得资本利得。企业家的期权分为绩效期权和时间期权，前者是指行权的价格和比例与企业绩效挂钩，后者是指期权的授予与持有人企业服务的时间挂钩，以防止企业家"跳槽"。基于绩效的报酬体系给予企业家极大的激励，绩效越好，报酬越高，从这一角度看，私募股权基金管理人和企业家利益一致。这一体系同时将惩罚企业家的不良业绩。如果企业家离开或被开除，所有未授予的股权都将被企业收回，同时企业保留以预定价格回购其股份的权利。

（6）特殊合约条款

在私募股权投资实践中，私募股权基金还经常用到一些特殊的合约条款来约束被投资企业的管理层，从而保障自身利益。最常见到的条款是对赌协议。对赌协议本质上是一种附条件的投融资合同，约定在条件满足或未满足时，投资方和融资方各自的权利和义务，具有期权性质。附有对赌条款的私募股权投资合同一般规定浮动股权比例及股票期权条款。根据浮动股权比例条款的规定，投资方与企业管理者享有的股权比例将视被投资企业的经营业绩而定。具体而言，当被投资企业的实际业绩超过预定的约定标准时，则提高企业管理层的股权比例，降低私募股权基金的股权比例；反之，当被投资企业的实际业绩低于约定标准时，则降低企业管理层的股权比例，相应地提高私募股权基金的股权比例。对赌条款起到对被投资企业进行约束和激励的双重效果。私募股权基金利用较低的股权转让价格激励管理层，促进他们努力经营。同时，当企业未能达到预定经营目标时，私募股权基金可以以较低的价格取得被投资企业管理层所持有的股份，以弥补企业经营不佳带来的损失。除了对赌协议外，私募股权基金与被投资企业签订的合约中还会用到其他一些条款，如强制分红条款、反稀释条款和特别投票权等来解决委托代理问题所产生的道德风险，保障自身的利益。

第7章　我国私募股权投资基金监管体系的构建与完善

　　改革开放以来，我国经济保持高速增长，年均经济增长率达9.8%，总体经济实力超过日本，成为世界第二大经济体。当前，我国正从粗放型经济向集约型经济转变，处在产业结构升级、建设创新型国家和实现经济增长模式战略转型的时期，这为我国私募股权基金的发展提供了历史机遇。在经济高速发展和产业结构升级的时期，我国私募股权基金得到飞跃的发展，然而，我国私募股权基金的监管体系的建设却与私募股权基金发展不相称，严重制约了私募股权基金在我国的发展。因此，如何构建和完善我国私募股权基金行业的监管体系不仅是私募股权投资基金发展的现实需要，也是时代发展的内在要求。本章首先对私募股权基金监管进行理论分析，并通过对私募股权基金监管模式的国别比较研究，分析探索符合国际惯例并切合中国实际的私募股权基金监管思路和制度体系。

7.1　私募股权基金监管的理论分析

7.1.1　私募股权基金监管的理论依据

由于私募股权基金具有一定的外部性，国外发达国家对私募股权基金都予以一定的监管，针对不同类型的私募股权基金，建立不同的监管体系和准入制度。从国际经验看，对私募股权基金的监管坚持两个原则：一方面充分尊重市场作用，避免政府过度干预；另一方面对不同类型的私募股权基金采取不同的监管制度。

私募股权基金的外部性主要表现在三个方面：一是市场失灵。资本具有逐利的性质，私募股权基金也不例外，这决定了其对财富暴利增长的追求，一方面会漠视一些社会价值高于经济价值的投资项目，另一方面竞相追逐高经济增长的项目，当私募股权基金形成集合化效应后，将会导致市场失灵。二是垄断性。私募股权基金是一种有效而迅速地将高新科技转化为生产力，进而获得高额收入的行为方式。私募股权基金投资高新技术企业的目的是在企业开始盈利，并且前景很好时，通过上市退出或者在场外市场出售以获得高额的资本增加值。大企业为了防止相关技术扩散或者垄断某种技术，通过成立私募股权基金以收购相关的高新技术企业，从而造成技术上的垄断，并可能阻碍技术创新的发展。三是对金融市场造成冲击。随着金融全球化和金融创新的进一步发展，私募股权基金的规模不断扩大，容易产生示范效应，并造成私募股资基金产业的波动，私募证券基金对整个金融市场的外部性凸显出来。亚洲金融危机中索罗斯对冲基金对金融市场造成的冲击就是一个例子。

在完全竞争市场中，私募股权基金市场外部性，即市场失灵、垄断性、不确定性的存在，可能导致私募股权基金投资不足，也可能导致私募股权基金投资效率低下。因此，监管主体对私募股权基金适度监管具有现实意义，一方面可以降低市场失灵，提高私募股权基金的运作效率；另一方面规范私募股权基金的市场秩序，促进私募股权基金市场的有序、健康发展。①

7.1.2　国内对于私募股权投资基金监管的争议

国内关于私募股权基金的监管问题也是学者们关注的一个焦点，不同的学者就是否需要监管以及如何监管私募股权基金问题提出不同的观点。目前，围绕私募股权基金的监管问题，研究人员从不同的角度提出意见，主要形成三种观点：第一种观点是，对私募股权基金无需另行制定特别的法规。我国目前的《公司法》、《合伙企业法》等法律已经出台，不管私募股权基金是公司型还是合伙型，都可以遵循现行法律，不存在任何法律上的障碍，所以无需再制定特别法规对私募股权基金加以特别的规定。第二种观点认为应对私募股权基金加以严格的监管。持该种观点的学者认为私募股权基金属于金融业，由于金融的脆弱性，政府一直对其进行严格的监管。因此，对私募股权基金的监管应该比照金融业监管的严格标准来进行。第三种观点则认为私募股权基金行业属于私募投资领域，资金募集尚不存在向公众外溢的问题，并且私募股权基金主要投资实业，相对于私募股权投资的高杠杆来说，我国私募股权基金的杠杠融资比例十分小，不会形成影响金融稳定的问题。如果在现阶段就加强监管，可能会对我国私募股权基金的发展形成制约。因此，这一观点认为应实行适度监管。

7.1.3　私募股权投资基金政府介入边界——适度监管

私募股权基金本质上是投资人和管理人之间建立的委托代理关系，政府应充分尊重当事人之间的约定，提供制度性依据，确保投资人对自由财产的处置权利。由于私募股权基金存在外部性，存在市场失灵现象，需要政府对其进行监管，对私募股权基金是否需要监管以及如何监管，在很大程度上要根据私募股权基金是否显示出外部性，是否存在风险来定。因此，政府的监管重点应包括以下几个方面：一是实际控制基金资金规模较大的基金管理公司；二是私募股权基金行

---

① 吴先敏.中国私募股权基金发展与监管研究［D］.北京：首都经济贸易大学，2010.

业动态的资金流动方向；三是私募证券投资基金的信息披露，完善基金内部的治理结构，强化投资人保护；四是未上市股权交易对资本市场的冲击等。

对私募股权基金的监管在实行被动监管的同时，还应建立主动监控制度。第一，对于实际控制资金规模总量较大的私募股权基金要求备案，定期披露信息，汇报资金流向；第二，监管部门及时对有关数据进行汇总，实时掌握市场的交易数据；第三，对私募股权基金总体方向性的资金流向、规模、行业整合等进行有效监控，并积极制定相关政策，引导私募股权基金发展，避免风险，保证行业长期平稳发展；第四，对于规模较大的并购交易、涉及敏感性行业的交易以及实际控制人为外资的私募股权基金，要多部门联合进行严格的审查，确保本国经济安全；第五，由于私募股权基金没有明确的主管部门，需要建立有效的联合工作和信息互换机制，有效地共享信息资源，运用非行政化的手段避免政府过度干预而对私募股权投资基金行业造成负面影响。

政府监管的任务在于保障金融经济的正常运行，创造出一个稳定、有效的竞争环境。其模式可表示为：有效金融监管＝市场自由竞争＋政府有限干预。首先，虽然我国私募股权基金发展迅速，2010年在募资规模上首次超过外资私募股权基金，但本土私募股权基金仍处于发展阶段。因此，对本土私募股权基金不宜采取过于严厉的监管，否则会制约私募股权基金的发展。其次，相对于国外私募股权基金高杠杆率，我国私募股权基金只允许运用自有资金进行并购，外部风险小。由于私募股权基金高杠杆收购而危及金融市场稳定的风险极小，基于金融稳定而对私募股权基金的严格监管的现实基础不存在。最后，从各国的发展经验来看，发达国家是在完善的信用体系和产权保护制度保障下进行私募股权的运作，而企图以严格的监管措施来弥补资本市场落后的信用体系和产权保护制度缺陷，很可能事倍功半。因此，我国监管应从我国私募股权基金发展现状出发，遵循适度监管的原则，发挥私募股权基金融资效率优势的同时，降低其负外部性。

7.2 私募股权投资基金监管的国别比较及经验借鉴

美国是世界上最早建立私募股权投资基金体系的国家，也是私募股权投资行业发展最成熟的国家。美国私募股权投资基金的成功使得世界各国或地区纷纷仿效，但是不同国家或地区的经济发展水平、文化背景、政治体制等方面不同，私募股权投资基金的发展方式和路径也不一样，相继出现英国模式、德国模式、日本模式和中国台湾模式。私募股权基金监管出现行业自律和行政监管两种模式。行业自律模式是指由行政制定行规来规制，行政监管是由政府先立法，而后根据法律实行监管的模式。

7.2.1 美国私募股权投资基金的监管模式

私募股权基金发源于美国，是私募股权发展最为成熟的国家，私募股权基金在美国经济转型和高新技术企业发展中起着重要的作用，其成功的经验极具借鉴意义。随着美国私募股权基金的不断发展，相应法律法规得到持续的完善，最终形成较为完备的法律监管体系，从而更加有效地规范和促进私募股权基金行业的发展。美国私募股权基金经过长期持续发展，以模式成熟、机制灵活、体系完备且监管得体成为私募股权基金业效仿和借鉴的对象，美国私募股权基金监管模式是法律约束下的自律模式。

美国没有出台专门的私募股权基金管理办法，在修改金融相关法律（如《1933 年证券法》、《1934 年证券交易法》、《1940 年投资公司法》和《1940 年投资顾问法》等）的基础上，通过《1996 年证券市场促进法》，打造美国私募股权基金的现行法律框架。美国私募股权投资由证券交易委员会（SEC）和小企业管理局负责监管，其监管理念是减少政府干预，其主要特征是注册豁免、鼓励发展和放松监管。私募股权基金监管的主要内容包括：①美国《1933 年证券法》规定，若私募股权基金以私募形式募集资金，则可以豁免 SEC 要求的内容和格式办理注册，避开金融监管，投资自由度大。②对私募股权基金投资者的要求严格，投资人数限制在 100 人以内和只能向"有资格的买主"募集才能获得豁免。③对私募股权基金行为的规制方面，禁止公开宣传发行等。

对私募股权基金市场运行的监管则主要依靠行业自律，全美风险投资协会（NVCA）成立于 1973 年，代表在美国从事私募股权基金的大多数机构，1996 年 NVCA 发布《美国风险投资协会交易标准》。NVCA 要求：①会员应为专门从事 VC 或 PE 进行投资；②会员须雇佣至少 1 名全职直接从事 PE 投资的专业人员的专业团队；③对会员公司管理的专门用于 PE 数额做了最低限制，即不少于 500 万美元，以保证其主要从事私募股权投资的性质；④会员必须在美国有经营场所；⑤私募股权基金经理须为美国人或在美国定居的外国人以便实施有效的监管；⑥会员的行为必须遵守美国的税法和相关法令，会员在投资前后必须使用专业的方法等。

7.2.2 英国私募股权投资基金的监管模式

英国的私募股权基金市场是继美国市场后的全球第二大私募股权基金市场，经过数十年的发展，形成以基金行业自律为主，法律监管为辅的监管体制，即强调通过基金行业自律制定出相应的规则进行自我控制、自我约束和自我管理。根据 2000 年《金融服务与市场法案》的 S235 条款和《2001 年集合投资计划（豁免）推销令》，私募股权基金可以作为一种不受监督的集合投资形式来成立，但必须接受金融服务局（Financial Service Authority，FSA）的批准才能从事私募股权基金的管理业务，由接受金融服务局监管的管理公司来进行管理。对私募股权基金管理公司的监管表现在三方面：一是涉及基金管理公司管理人员的，包括董事和高级经理，以及内部控制制度。二是对基金管理公司在其管理的基金中投入的自有资本数量要求。三是包括反洗钱、商业道德规范等方面的内容。上市的私募股权基金管理机构还需符合该国证券管理机构及证券交易所的相关要求。在英国，对私募股权基金进行直接管理是自律组织"英国私募股权基金协会（BVCA）"。BVCA 是英国风险投资业的代表，现有会员 298 个，其中正式成员 155 个，联系会员 143 个，联系会员是与私募股权投资相关的金融机构、研究机构以及会计师、投资顾问和律师等专业人员。BVCA 的主要职能包括业务培训、政策游说、行业研究和协调关系等。私募股权投资机构及相关机构自愿加入 BVCA，协会理事会对会员的资格进行严格的限定，决定是否接纳会员的加入。对私募股权基金信息披露的要求是英国监管体制的一大特色，通过信息披露，了解私募股权基金的现状，对私募股权投资机构实现全程和实时监管。英国出台《私募股权投资信息披露和透明度指引》，强制要求私募股权基金披露其投资信息、规定必须披露的内容等，从而保证较高透明度的投资和运作过程，维护投资者的利益。除此之外，政府对私募股权基金不进行过多的限制和干涉，保证严格自律基础上的有效监管。

7.2.3 日本私募股权投资基金的监管模式

与英美私募股权市场相比，日本的私募股权投资起步较晚，但得到了日本政府的大力支持，获得迅速发展。

与西方其他发达国家以自律监管为主不同，日本私募股权基金以政府监管为主。日本允许私募股权基金运行，但是禁止经营私募证券基金。日本的私募股权基金的主要来源是政府和金融机构，因此，政府对私募股权基金实行严格的监管。日本行使监管的是大藏省下设的证券局，涉及私募股权基金的法律法规是《证券投资信托法》，仅允许构建信托方式的组织形式，并严格限制资金的投资范围。

日本政府通过私募股权基金的发行和审核等制度对私募股权基金进行严格监管。日本也建立行业自律组织等监管方式予以肯定，授予了其后建立的行业自律组织一定的监管权力，但大藏省的完全监控权使其难以发挥，私募股权基金的运行和发展都在政府的直接引导下。因此，日本私募股权基金的快速发展与日本政府的精心培育和支持密切相关。

日本以政府为主的监管模式的优点是可以充分发挥政府的职能，迅速推进私募股权基金的发展，也有利于发挥私募股权基金在支持高新技术企业和创新型经济发展方面的积极作用。但是，这种政府监管模式带有浓厚的行政和计划色彩，市场竞争不充分，不利于现代、高效、透明的资本市场的培养。①

7.2.4　经验借鉴与总结

英、美、日的三种监管模式都是三个国家经过长期的探索与实践，逐步形成和完善起来的。各国制定对私募股权基金监管的模式时均是基于保护投资者的利益和促进私募股权基金良性、可持续发展的目的，而不是为了监管而监管。

监管的直接成本和监管失效后给社会带来的事后处理成本的比较是各国选择何种监管模式的主要考虑因素。就成本而言，行业自律监管比政府监管要低得多，但行业自律监管模式的基础是良好的声誉机制约束和完善的信用体系。在市场经济发达的国家，资源配置主要由市场机制决定，拥有完善的法律法规，同时在市场中诚信和声誉是市场主体的重要生存资本，这些都是实行以行业自律为主的监管体系的基础。但是任何市场都会存在市场失灵和道德风险，因此采取行业自律监管的前提是行业自律监管要有效且监管失效后带来的事后处理总成本要低，否则应以采取行政监管模式为主。但对于市场经济还不发达的国家来说，在相关法律法规不完善、信用体系尚未建立、声誉机制无法起到约束作用的情况下，政府有必要进行适度监管。政府监管的重点是构建和规范私募股权基金的发展环境，防止将私募股权基金公募化、非法化和关系化，以免造成系统性风险，进而影响整个行业和国家经济的发展。但是行业自律监管和政府监管两种模式本身并不是冲突的，而是相辅相成、相互补充的。

因此，当私募股权基金的发展不足以对投资者利益及整个市场发展造成损害时，大部分国家采取以行业自律为主的监管模式，辅以一些必要的法律约束，以使私募股权基金高效益、低成本的优势得以充分发挥。若一味强调政府的法律监管，制定各项强制性措施对私募股权基金的运作进行控制，必然会大大增加其运行成本，扼杀私募股权基金的活力，不仅不利于充分发挥私募股权基金的优势，阻碍私募股权基金的长

---

① 庞跃华,曾令华.私募股权基金监管模式的国际比较及中国选择［J］.财经理论与实践，2010（9）.

远发展，而且最终也会不利于投资者利益的实现。

7.3 我国私募股权投资基金监管体系的构建与完善

私募股权投资基金监管是指私募股权投资市场监管部门在相关法律框架下，依照一定的规范与准则，综合利用经济手段、法律手段以及行政手段对私募股权投资市场参与主体的市场行为进行监督与管理。私募股权投资基金监管体系涵盖规范和管理私募股权投资基金市场行为和运营活动的监管制度与组织结构、监管法律法规、监管模式、监管主体、监管原则以及监管职责等范畴。

7.3.1 我国私募股权投资基金监管体系现状分析

（1）私募股权投资基金法律体系残缺

随着我国经济持续高速增长、资本市场不断开放和完善以及国家经济结构战略转型的实施，近年来私募股权投资基金行业取得了飞跃式的发展。但与私募股权投资基金行业本身的蓬勃发展相比，我国有关私募股权投资基金的法律建设还严重滞后。其主要表现在以下两方面：

其一，我国《证券法》中没有对"私募"概念作出明确的规范。何种性质的融资行方式属于私募范畴，何种性质的融资行为属于非法集资等概念界定不清。另外，目前我国法律体系还缺乏对私募股权投资基金权威性的法律解释和明确规范，尽管在私募股权投资基金发展比较发达的北京、上海、天津、广州以及深圳等地相继出台了部分地方性规范，对私募股权投资基金的成立方式、成立资格、扶持政策等作出了相关的规定，但缺乏对私募股权投资基金本身属性的明确法律界定很大程度上制约着私募股权投资基金作为更加规范的市场行为主体参与金融市场的投融资活动。

其二，对私募股权投资基金行业的监管缺乏适用于不同类型私募股权投资基金的统一法律。2006 年以后国家修订和出台了《公司法》、《合伙企业法》、《创业投资企业管理暂行办法》、《信托公司集合基金信托计划》等一系列法律法规以鼓励私募股权投资基金行业的发展，但对不同类型的私募股权投资基金法律规范上存在割裂和缺失。首先，不同组织形式的私募股权投资基金受不同的法律规范约束。公司制的私募股权投资基金适用《公司法》的相关法律条款；有限合伙制私募股权投资基金适用《合伙企业法》。其次，不同投资类型的私募股权投资基金相关法律规范不齐全。例如，《创业投资企业管理暂行办法》中只对创业风险投资类私募股权投资基金作出了相关规定，而对并购类基金和产业投资类基金并没有相应的法律规范。

没有一部适用于不同组织形式和投资性质私募股权投资基金的统一法律，相关法律条款不能形成良好的衔接和配套，使得在实际监管过程中经常会出现相互冲突的现象，加之法律法规上的割裂导致很多领域存在法律漏洞，大大降低了监管效率。

（2）私募股权投资基金监管主体职责混乱

私募股权投资基金与很多行业都有着直接或间接的关系，所以目前对私募股权投资基金拥有管理权限的涉及国家科技部、证监会、银监会、财政部、外管局、发改委等多个部门，各个监管主体监管范围和职责界定模糊，并存在职能交叉和重合的状况。国家科技部主管创业风险投资基金，银监会主管信托类私募股权投资基金，发改委主管产业投资基金，证监会主管 PE 基金等，各个监管部门有着不同的利益基础，致使相关政策和法规难以统一协调，经常出现 "政出多门"的现象，使私募股权投资市场参与主体无所适从。监管主体的多元化以及监管职责的模糊和交叉，使私募股权投资基金监管处于混乱状态，加大了监管成本，也不利于私募股权投资基金的健康规范发展。

（3）私募股权投资基金行业自律组织功能失效

由于私募股权投资行业本身的行业属性使得私募股权投资市场的监管比公开市场更为错综复杂，仅仅依靠国家政府监管部门难以奏效，相关的政策法规往往不能符合市场的实际状况，必须建立对私募股权投资基金业更熟悉的行业自律组织以达到综合监督管理的效果，使得国家监管政策法规更贴近行业实际发展状况。

随着 2007 年 9 月 16 日我国第一个私募股权投资基金行业自律组织——天津私募股权基金行业协会的成立，北京、上海等地相继建立了类似的行业自律组织。但是，由于相应的激励机制和监管制度的缺位使得这些行业自律组织并没有有效发挥其行业监管的职能。另外，目前我国还没有建立起全国性的私募股权投资基金行业协会，缺乏统一的权威性行业自律组织对行业内部的相关事务进行统筹和协调，应该参照美国全美风险投资协会和英国私募股权投资基金协会等行业自律组织的运营模式，建立全国统一的私募股权投资基金行业协会，发挥其完善行业内部信用体系建设、行业声誉机制以及行业信息披露渠道的行业监管职能。

7.3.2 构建与完善我国私募股权投资基金监管体系的架构设计①

（1）健全我国私募股权投资基金监管法律体系

近年来，随着私募股权投资基金的不断发展，相应的法律法规建设也加快了步伐。《外商投资创业投资企业管理规定》于 2003 年 3 月 1 日颁布实施，其中对外资股权投资基金的设立条件以及相关的管理办法作出了规定；经修订后的《证券法》于 2006 年 1 月 1 日正式实施，对我国公司制私募股权投资基金作出了相关法律规范；同年 3 月 1 日《创业投资企业管理暂行办法》颁布实施，对创业风险投资类私募股权投资基金的备案管理、设立资格、运作机制、投资范围等进行了法律规范；《关于促进创业投资企业发展有关税收政策的通知》于 2007 年 2 月 7 日实施，进一步对创业风险投资基金的备案企业实行了税收优惠政策；2007 年 6 月 1 日，备受期待的新《合伙企业法》正式颁布实施，为我国有限合伙制私募股权投资基金发展打开了法律通道，正式赋予其法律地位，以法律的形式确认其避免重复征税的制度优势；《信托公司私人股权投资信托业务操作指引》于 2008 年 6 月 25 日出台，明确了集合资金信托产品类私募股权投资基金的运作规范；2010 年 3 月 1 日《外国企业或者个人在中国境内设立合伙企业管理办法》由国务院正式颁布实施，为外资在我国境内设立有限合伙制私募股权投资基金提供了法律依据。虽然目前我国私募股权投资基金相关法律法规建设已经取得了一定

---

① 赵玉 . 我国私募股权投资基金法律制度研究 [D] . 上海：华东政法大学，2010.

成绩，为私募股权投资基金发展注入了活力，但由于各个适用法律法规之间存在割裂以及相关领域存在法律空白，造成了实际操作中的困难，制约着我国私募股权投资基金的进一步发展壮大，必须从多方面加以完善。

第一，尽快制定和出台《私募股权投资基金管理办法》。私募股权投资基金产生和发展于欧美国家，自其产生伊始就被作为金融市场的有机组成部分而纳入证券法的框架内统筹规范，所以欧美国家虽然没有单独对私募股权投资基金进行立法，但与其相关的法律法规衔接和匹配已相当完善。而私募股权投资基金在我国金融市场还属于新兴市场主体，其运作和发展还远未成熟，相关的法律法规建设还处于摸索阶段，可适用于私募股权投资基金的法律体系残缺。因此，应根据私募股权投资基金的法律属性和行业特征，建立适用于不同类型私募股权投资基金的基础性法律，对其组织形式、法理结构、从业者信义义务、运作机制等一系列问题作出统一明确的法律界定和规范。2010 年，国家发展与改革委员会正式提交《股权投资基金和创业投资基金管理办法》，征求各部门意见，希望在各方协调统一后，尽快颁布实施。

第二，出台个人破产法。依据经济学理论与法律理论，个人破产应是破产法的法理基础，企业破产属于个人破产的外延范畴。从国外的法律实践来考察，欧美等发达国家的个人破产法已经相当完善，2000 年在美国全部破产案例当中，个人破产比例高达 90%，个人破产法的完善使得有限合伙制私募股权投资基金所依赖的信用体系具有了坚实的微观个体基础，大大促进了其规范健康发展。

由于我国目前没有个人破产的相关法律规定，使在我国不讲诚信的机会收益远高于机会成本，诚信文化难以形成。私募股权投资基金的规范健康成长有赖于信用体系和诚信文化环境的建立和完善，应尽快制定和出台个人破产法，完善私募股权投资基金管理人的激励约束机制，促进经理人信用体系的健全，营造诚信文化环境，为私募股权投资基金的规范运作提供法律保障。

第三，进一步修订《公司法》，补充优先股、可转化优先股、可转换公司债券等内容，并就优先股、可转化优先股发行程序、发行条件等作出规定，促进私募股权投资基金投资工具多样化，拓大其投资方式选择范围；进一步修订《社保基金管理办法》、《中华人民共和国保险法》、《中华人民共和国商业银行法》，对社保基金、保险资金、商业银行参与投资私募股权投资基金进一步放开限制，拓宽私募股权投资基金资金来源渠道，促进私募股权投资基金募资对象机构化发展。

（2）明确我国私募股权投资基金监管主客体以及监管重点

如前所述，由于私募股权投资基金行业与多个行业具有关联影响，形成了我国私募股权投资基金多部门监管的格局，加之监管部门依据的法律体系不统一，导致我国私募股权投资基金监管处于无序状态。因此，必须形成统一明确的监管主体，并赋予其相应的独立性，以形成对私募股权投资基金行业的有效有序监管。

在第 4 章中，我们将私募股权投资基金定位为我国资本市场体系中的子市场，私募股权投资市场中的金融中介机构，因此，本书建议将私募股权投资基金行业的监管职权统一划归中国证券监督管理委员会，形成统一独立的私募股权投资基金行业监管主体。

私募股权投资基金监管的客体应该包括私募股权投资基金投资者、私募股权投资基金管理者、私募股权投资基金资金托管人以及私募股权投资基金运作状况等。对私募股权投资基金投资者的监管重点应放在建立合格投资人制度与谨慎人规则；对私募股权投资基金管理者的监管重点应放在监督其是否遵守行业行为规范、投资交易是否规范、投资工具使用是否合规、募资行为是否合法等方面；对私募股权投资基金的运作方面的监管重点应放在私募股权投资基金的设立、组织形式、投资业务、信息披露、财务审计以及纳税义务等方面。

（3）明确我国私募股权投资基金监管的基本原则和方式

遵照依法行政和合理行政原则，政府部门的监管应遵循依法监管与和合理监管两大监管原则。依法监管原则是指政府监管部门应该依照相关法律法规明确监管对象、监管领域和监管程序，依照法定程序对监管对象进行监督和管理。合理监管原则是指对私募股权投资基金的政府监管介入程度应该以不影响私募股权投资基金的正常运营管理为前提。超越相关法律规定以及过度干预私募股权投资基金的正常市场行为均构成监管违法或违规，监管客体可以依法提起诉讼。

私募股权投资基金管理者私权自治和行业自律组织的公共商事规则是私募股权投资基金自治和私募股权投资基金行业协会的法律基础，政府监管的主要方式是依照相关法律法规对二者合理有限干预和适度介入。政府监管的根本目的是克服私募股权投资基金自治的盲目性和市场的不完全性，维护正常市场秩序，规范市场主体行为，以保障私募股权投资基金行业的规范健康发展。

（4）建立全国性行业自律组织

依照国内外行业自律组织的相关法律规定，行业自律组织的市场规制权限范围主要为：①许可权；②认证权；③规范制定权；④日常监督管理权；⑤协调配合权；⑥解决争议权；⑦处罚权等。行业自律组织凭借其专业优势和信息优势参与市场规制，可以节约监督成本，并且在其维护市场秩序的过程中还可以通过内部信息交流，促进行业内部沟通和协调，提高整个行业的运行效率。私募股权投资基金行业协会通过法律赋予的市场规制权参与行业监督与管理，维护行业运行秩序是私募股权投资基金监管体系中不可或缺的重要环节。在私募股权投资基金发展最为成熟的美国，以全美风险投资协会为代表的行业自律组织已成为美国私募股权投资基金行业最重要的监管部门。

目前，我国已经相继建立了天津私募股权投资基金协会、北京私募股权投资基金协会、上海私募股权投资基金协会等十余家地区性私募股权投资基金行业自律组织。在此基础上建立定位明确、职能明晰的全国性的私募股权投资基金行业协会已具备了基本条件。通过建立全国性的行业自律组织，使其充当政府监管部门与行业协会会员之间的纽带和桥梁，汇集行业内基金投资者和基金管理者的诉求，集中与监管部门沟通，维护会员的合法权益；搭建行业内部信息交流和沟通平台，促进行业内部协调发展。其主要职能应包括：制定行业自律规则和制度、构建行业信用体系和声誉机制、设立行业培训机构、培育成熟投资者群体和提高从业人员专业技能、防止行业内违规违法行为、促进私募股权投资基金行业的交流、监督协会会员履行职责、举办行业论坛或研讨会、搭建内部交流沟通平台等。全国性私募股权投资基金协会与政府监管部门发挥各自优势，相互配合形成对私募股权投资基金行业的多层次监管，共同促进私募股权投资基金行业的规范健康发展。

（5）建立与完善私募股权投资基金信息披露机制和信用体系[①]

与公募基金相比，私募股权投资基金由于其私募性质，监管部门对其的信息披露要求相对比较低。而且，私募股权投资基金在投资过程中往往会出于投资收益的考量与被投资企业签署保密协议。信息披露渠道的匮乏导致在私募股权投资基金行业内存在着大量的信息不对称状况，委托代理风险增大，基金投资人和基金管理者之间的信任关系基础脆弱。由于我国私募股权投资基金行业规范还未成熟，相关的信息披露渠道尤为缺乏，这对我国私募股权投资基金的发展壮大形成了严重的障碍和威胁。欧美等发达国家为解决私募股权投资基金行业内普遍存在的信息不对称问题，在私募股权投资基金的信息披露方面作出了一系列法律规范。美国的《1940年投资公司法》中明确规定，私募基金须向基金投资者披露运用信托财产的投资内容和策略的相关资料。私募基金设立之后，须向基金投资者提供基金投资说明书，向基金投资者就主要投资计划、往年投资绩效与运营状况、基金管理的相关资料、基金管理费与报酬机制等作出说明和披露，同时，须向基金投资者提交季度报告或年度报告。

2008年金融危机后，各国监管层意识到私募股权投资基金等金融投资机构信息披露机制不健全、金融操作不透明已给整个金融体系带来了严重的危害，纷纷着手实施金融改革方案，以强化金融机构的信息披露力度，治理金融系统内蕴藏的委托代理风险。我国应广泛参考世界各国的相关做法，在现行法律法规基础上建立和完善私募股权投资基金行业的信息披露机制，同时建设行业内部的信用体系，培育诚信文化，为私募股权投资基金的发展营造良好的内外部环境。建立完善我国私募股权投资基金的信息披露机制和信用体系的具体措施包括以下方面：私募股权投资基金须定期向基金投资者与监管部门披露其经营状况和管理资金规模、投资计划、拟投资项目风险以及已投资项目状况、基金管理费以及投资收益分配方案等；由于隐藏相关信息、拖延信息披露、披露虚

[①]　张瑞彬．海外私募股权基金监管风向的转变及其启示 [J] ．证券市场导报，2009（9）．

假信息等情形对基金投资者造成损失，私募股权投资基金须向基金投资者承担利益赔偿责任；建立动态化私募股权投资基金管理人个人财产登记制度，并向全体基金投资人披露，使其了解基金管理人的责任承担能力边界；建立基金管理人信用档案体系，在全国范围内分享此类信息。

参考文献

[1]陈永坚.中国风险投资与私募股权[M].北京：法律出版社，2008.

[2]关景欣.中国私募股权投资基金操作实务[M] .北京：法律出版社，2008 .

[3]巩勋洲.私人股权基金监管的英国经验及对中国的启示[J].新金融，2008（6）.

[4]李寿双.中国式私募股权投资[M] .北京：法律出版社，2008.

[5]李连发，李波.私募股权投资基金理论及案例[M].北京：中国发展出版社，2008.

[6]李昕旸，杨文海.私募股权投资基金理论与操作[M].北京：中国发展出版社，2008.

[7]鲁育宗.产业投资基金导论——国际经验与中国发展战略选择[M].上海：复旦大学出版社，2008.

[8]韩广智.信息不对称下私募股权投资基金金融契约的选择[J].中央财经大学学报，2008（7）.

[9]时峰.私募股权投资基金法律监管研究[D].上海：华东政法大学，2008.

[10]周炜.解读私募股权基金[M].北京：机械工业出版社，

2008.

　　[11]欧晓燕.公司型基金与契约型基金比较研究——基金治理结构的视角[D].上海：复旦大学，2009.

　　[12]陈柳钦.我国股权投资基金发展轨迹综述[J].价格与市场，2009（9）.

　　[13]陈向聪.中国私募基金立法问题研究[M].北京：人民出版社，2009.

　　[14]高正平.关于金融危机对我国股权投资行业的影响与机遇[G]//全视角观PE——探索 PE 中国化之路．北京：中国金融出版社，2009.

　　[15]李盈.我国私募股权投资基金发展及监管对策研究[D].北京：中国石油大学，2009.

　　[16]孙向聪.中国私募基金立法问题研究[M].北京：人民出版社，2009.

　　[17]赵雷.我国私募股权投资基金法律组织形式研究[D].北京：中国政法大学，2009.

　　[18]清科研究中心．2009 年中国私募股权年度报告[R]．北京：清科集团，2010.

　　[19]王苏生，向静.私募股权基金理论与实务[M].北京：清华大学出版社，2010.

　　[20]李晓峰.私募股权投资案例教程[M].北京：清华大学出版社，2010.

　　[21]朱奇峰.中国私募股权基金：理论、实践与前瞻[M].北京：清华大学出版社，2010.

　　[22]清科研究中心．2010年中国私募股权年度报告[R]．北京：清科集团，2011.

　　[23]隋平，董梅.私募股权投资基金操作细节与核心范本[M].北京：中国经济出版社，2012.

　　[24]张元萍.创业投资实验教程[M].北京：中国人民大学出版社，2013.

关键词索引